Culture

The Story of Us, From Cave Art to K-pop

文化的故事

从岩画艺术到韩国流行音乐

[美国]
马丁·普克纳
——著——

黄峪
——译——

译林出版社

图书在版编目（CIP）数据

文化的故事：从岩画艺术到韩国流行音乐 / （美）马丁·普克纳（Martin Puchner）著；黄峪译． -- 南京：译林出版社，2025. 4. -- （译林思想史）． -- ISBN 978-7-5753-0403-0

Ⅰ．K103

中国国家版本馆CIP数据核字第2025FG8745号

Culture: The Story of Us, From Cave Art to K-Pop by Martin Puchner
Copyright © 2023 by Martin Puchner
Published by agreement with Calligraph LLC through The Grayhawk Agency Ltd.
Simplified Chinese edition copyright © 2025 by Yilin Press, Ltd
All rights reserved.

著作权合同登记号　图字：10-2023-162号

文化的故事：从岩画艺术到韩国流行音乐　［美国］马丁·普克纳 ／ 著　黄　峪 ／ 译

责任编辑	张海波
特约编辑	陈秋实
装帧设计	韦　枫
校　　对	梅　娟
责任印制	董　虎

原文出版	W.W.Norton, 2023
出版发行	译林出版社
地　　址	南京市湖南路 1 号 A 楼
邮　　箱	yilin@yilin.com
网　　址	www.yilin.com
市场热线	025-86633278
排　　版	南京展望文化发展有限公司
印　　刷	徐州绪权印刷有限公司
开　　本	718 毫米 × 1000 毫米 1/16
印　　张	21.25
插　　页	16
版　　次	2025 年 4 月第 1 版
印　　次	2025 年 4 月第 1 次印刷
书　　号	ISBN 978-7-5753-0403-0
定　　价	78.00 元

版权所有·侵权必究

译林版图书若有印装错误可向出版社调换。质量热线：025-83658316

致那位被爱的人

中文版序言

我和中国一直保持着联系，中国对本书而言也十分重要。所以，本书中文版得以面世，让我感到大为欣喜。关于玄奘的第五章，是我最早写成的章节之一，也在我的脑海里落实了本书关于文化接触和中介（cultural contact and mediation）的主题。更重要的是，玄奘由此成了我的个人英雄。他是一位坚定不移的旅行家，对其他文化有着无穷无尽的好奇心。他是一位加强中印文化交流的文化中介者（cultural mediator），从而也对其祖国产生了深远影响。尽管他对印度大为着迷，但仍然深受熏陶自己成长的文化影响，旅印16年后，他最终还是回到了祖国。

在我看来，玄奘可以为此刻的我们指点迷津。在我所居住的美国，我观察到各种对其他文化持怀疑态度，由于害怕失去文化身份而退缩到各自本土传统中的趋势，也许在其他国家情况也是如此。玄奘却充分提醒我们：对其他文化持开放态度并不意味着失去自己的文化。相反，玄奘在印度旅行时才更好地体会到自己的中国文化身份。同样，我也相信文化接触。因此，我多次去中国旅行，并著书立说以赞美玄奘这样的人物。

让我的世界观发生变化的关键时间点是在20年前。当时我开始编辑《诺顿世界文学选集》，它分为六大卷，其中收录了来自世界各地数千年来的文学作品（包括数十位中国作家的相关作品）。这项工作让我学习到怎样以鸟瞰的视角来看待文学和文化的历史，以寻找跨越千百年的广泛模式。这个观察视角也向我展示了我们的文化是如何相互关联的，而这种关联一直以来都确然存在。

我首次尝试展示这一视角，写成了一本名为《文字的力量》（The Written World）的书（此书中文版也已出版）。它集中讨论文学技术及其在世界范围产生的影响，尤其还包括纸张和印刷——正如各位所知，这两者都是中国的发明。在我看来，这些早期的技术革命可以帮助我们理解当前的写作革命。它们是互联网的前身。

在研究这些广泛的主题时，我开始特别留意环境变化，也对气候变化的文化维度产生了兴趣。气候变化不仅与气候科学和工程解决方案有关（尽管两者都非常重要），这也事关对自然的态度、习惯，以及对过去和未来的根深蒂固的信念。在此期间，我注意到关于气候变化的文化维度的讨论大多局限于过去两百年。这也颇有道理，因为那是工业化和碳开采的时代。但在研究古代社会和文本的过程之中，我意识到我们需要追溯得更远。

世界文学史上第一部较长的文本《吉尔伽美什史诗》（The Epic of Gilgamesh）来自今天的伊拉克。这部作品为我提供了理解人类对自然态度的关键切入点。其中包含了最早版本的大洪水故事，后来被收入《希伯来圣经》。这就让我们拥有了一个描写极其严重的自然灾害的早期文本。当我们想到即将到来的气候厄运时，它仍然在我们的脑海中（以及在好莱坞的灾难片中）浮现。更重要的是，《吉尔伽美什史诗》赞美了城市生活的兴起。它的主要情节围绕着杀死一头怪物展开。但在仔细观察之下，人们发现这头怪物是森林的守护者，而我们的英雄吉尔伽美什国王正在进行伐木探险，以带回用于建造城市的木材。这意味着《吉尔伽美什史诗》是资源开采和森林砍伐的早期证据。

对《吉尔伽美什史诗》的解读表明，我们当下的关注点其实回响于整个人类历史进程。为了理解现在，我们需要回到过去，而这个过去往往非常遥远。由此，《写给一个变化中的星球的文学》[1]（*Literature for a Changing Planet*）这本书得以成形。

我对世界文化视角的最新尝试，便是你此刻正在阅读的这本书，它写于美国所谓"文化战争"（culture wars）之中。从表面上看，他们把左翼与右翼对立起来。但我也注意到，某些左翼和右翼人士的立场，在基于群体身份和财产的文化观上是基本一致的：右翼想加倍增强西方文化，而左翼想保护少数族裔文化。这两种立场都反对文化流通，反对文化融合（cultural mixing）。右翼认为这是对西方文化的淡化；左翼则认为这是对少数民族文化的挪用（appropriation）。

在我看来，这两种立场都与文化的实际运作方式——融合——大相径庭。无论向我展示哪一种文化，我都可以证明它是由从其他地方借来的东西组成的，或者至少是受其影响的。这正是文化的运作方式。

本书赞颂艺术家和作家，但也同样赞颂文化中介者，如教师、考古学家、破译被遗忘语言的语言学家，以及像玄奘那样使文本得以在其原生领域之外传播的翻译家。正是出于这种理念，我要感谢我的译者黄峪博士对本书做出的重要贡献。译者很少得到他们应得的认可。从某种意义上说，这本书就是为了赞美译者而写成的。所以，感谢黄峪，让这本书能够进入中国读者的视野。这也正是本书的目的所在。

马丁·普克纳
2024 年 9 月 4 日

---

[1] 普林斯顿大学出版社 2022 年出版。——译者注

目 录

前　言　文化运作的内里乾坤　// 001
导　言　在肖维洞穴里，公元前35 000年　// 003

第一章　纳芙蒂蒂王后和她的无面之神　// 001
第二章　柏拉图烧掉悲剧，发明历史　// 022
第三章　阿育王给未来发送了一条信息　// 035
第四章　庞贝古城里有一位南亚女神　// 052
第五章　佛教朝圣者寻找古代遗迹之旅　// 069
第六章　《枕草子》和文化外交的危险　// 085
第七章　当巴格达成为智慧宫　// 101
第八章　埃塞俄比亚女王欢迎"夺宝奇兵"　// 119
第九章　一位基督教神秘主义者与三次欧洲复兴　// 136
第十章　阿兹特克首都面临欧洲敌人与崇拜者　// 159
第十一章　一个葡萄牙海员写了一部全球史诗　// 180
第十二章　启蒙运动在圣多明各，在巴黎沙龙　// 201
第十三章　乔治·艾略特推广远古科学　// 221
第十四章　日本巨浪迅速席卷世界　// 240
第十五章　尼日利亚独立运动很有戏　// 259

后　记　公元 2114 年还会有图书馆吗？　// 279

致　谢　// 295

索　引　// 299

译后记　公元 2062 年还会有译者吗？　// 314

前　言
文化运作的内里乾坤

有这样一种文化观：地球上居住着不同的人群，这些人通过共享的实践而得以成群结队；由此形成的每一种文化都有自己独特的习俗与艺术，从属于生长其中的每一个个体；他们也必须抵抗外来干扰，守护自己的文化。这种观念认为文化是某种类型的财产，这种文化属于生活于其中的人群。这种观念的好处，一方面在于能够鼓舞我们珍惜自己的文化遗产，另一方面也给我们资源来守护和捍卫这笔遗产，比如说现在有不少博物馆也被迫将来源可疑的藏品归还给其名正言顺的主人。让人吃惊的是，"文化可以被拥有"这一观念的受众极广，其中包括致力于维护本国传统的本土主义者，以及宣称某个群体的文化财产不容外人侵犯，希望以此制止文化挪用的人士。

还有第二种文化观，极力反对"文化可以被拥有"的想法。持此观念者的代表人物是玄奘，这位中国旅行者远赴印度，将佛经手稿带回中土。翻译希腊哲学的阿拉伯与波斯学者也作如是观。实际上，无数从外来文化中汲取灵感的学者、教师、艺术家，也在身体力行，推广这种文化观念。在我们的时代，沃莱·索因卡（Wole Soyinka，尼日利亚剧作家）与众多艺术家也秉持这种观念，共渡欧洲殖民主义余波。

对上文提到的这些杰出人物来说，文化的诞生，并不仅限于某个社区、群体的资源，也从与其他文化的相遇和交往而来。文化并非仅从个人的生活经验而来，外借而来的形式与观点也帮助不同个体更好地理解与表达自己的生存经验，创出新路。若我们仅将文化视为财产，这些人物有可能会被看作盗窃者、挪用者，甚至是入侵者。但是，他们以谦卑姿态，全心投入于毕生创作，因为他们感悟到文化要通过传播才能发展，也深知将文化视为财产并拥有之的做法是作茧自缚，最终只能导致思维表达的贫瘠、干枯。

本书主旨不在于致敬传统著作，也不在于捍卫西方经典。书中出现的文化观念更为凌乱，我觉得也更加有趣：它写的是来自遥远之地的各种影响，被带到一起相互接触；它写的是不同传统被打破成碎片，又被缝补在一起，从而产生无限新意。那些弘扬文化交流观念的人物，往往不获认可，有些人也被少数专家的光芒掩盖，至今仍无声无息。直到我放眼传统经典之外，开始写这本书之后，我才发现许多新的人物踪迹，跟着他们深入探索那些鲜为人知、未被踩踏的路径。我从他们身上学到的是，如果我们要向剥削性的旅游（exploitative tourism）说不，停止对其他文化的轻侮借用，保护身处危机的各种传统，就必须在财产主权思维之外，找到一种截然不同的语言，以此来维护文化实际运作的方式。

在这批文化创造者的各种作为之中，关于文化的全新故事冉冉升起。这个故事讲的是跨越时空界限的相遇，讲的是惊动世人的联系与深藏不露的影响。这个故事不总是美好的，也不应该被视为美事一桩，但它是我们手上仅有的故事：作为文化生产物种的人类历史。这是一个关于我们的故事。

导　言

在肖维洞穴里，公元前 35 000 年

　　早在人类出现在地球上之前，法国南部的肖维洞穴里一度充满了水。时间流逝，水在脆硬的石灰岩里切出一道道深沟，排干之后，在阿尔代什河上方高处留下了一系列的空洞，渐渐吸引来访者。几千年来，熊群来到这里的深室冬眠。熊群撤退之后，来了一匹狼，后又离开。有一次，一只野山羊步入黑暗的深处，跳了起来，狠狠落地，滑进一个狭窄的石窟里。[1] 发现自己陷入了死胡同后，它惊慌失措，迅速收回脚步，直到脱身才转过身来，最后完全停了下来。

　　在熊、狼和野山羊离开洞穴，不再回来之后，人类才开始进入此地。[2] 他们带着火把，照亮了网状分布的众多房间，里面的地面极其平整，令人惊讶；天花板和地面长出一根根奇形怪状的柱子，由数千年来的滴水形成。[3] 在火把光芒闪耀之下，洞穴里前居民留下的痕迹清晰可见。作为狩猎者和采集者，拿着火炬的人们是阅读各种踪迹的行家里手。成年熊类身躯

1　Jean Clottes, *Chauvet Cave: The Art of Earliest Times*, translated by Paul G. Bahn (Salt Lake City: University of Utah Press, 2003), 41.
2　Jean-Marie Chauvet, Eliette Brunel Deschamps, and Christian Hillaire, *Dawn of Art: The Chauvet Cave. The Oldest Known Paintings in the World*, translated by Paul G. Bahn (New York: Harry N. Abrams, 1996), 99. 这部著作是由发现肖维洞穴的团队撰写出版的。
3　*Ibid*, 96.

重达 800 磅，它们在睡觉的地方留下了一个个坑穴，它们锋利的爪子在墙上划出一道道痕迹。狼也留下了各种踪迹，野山羊不幸遭遇的每一步都被记录在柔软的黏土地面上。

人类不仅阅读这些动物的踪迹，还在其上继续增加，开始漫长的转化过程，把洞穴变成一个全新的环境。[1] 在某些情况下，他们像熊一样，在洞穴的墙上划出一道道痕迹，在洞穴风化的石灰岩上涂上一层黏土膜，用手指或简单的工具雕刻出单个人物和场景。[2] 他们画出了熊、狼和野山羊的轮廓，仿佛是为了纪念这些洞穴里的前任居民。但他们也凭空召唤出其他动物——黑豹和狮子、猛犸象和野牛、驯鹿和犀牛——要么单独出现，要么成群结队地逃离那些饥饿的捕食者。

除了雕刻之外，人类还用余烬中的煤块来绘制更为精细的人物和场景，有时也用黏土和灰烬的混合物填充轮廓。洞穴的墙壁并不平整，艺术家们将这种凹凸不平融入其中，在拐角处突然出现一群疾驰的骏马，让观众惊奇不已。有些艺术家在单一构图的过程中提升了技巧，能够更加精确地描画狮鼻或马鬃。他们将这些画作安排在洞穴周围的"战略要地"，通常高悬在洞壁上，让持火炬者能够最大限度地看到，当他们穿过这昏暗空间的时候，这些画作会在他们面前逐一展开。[3]

与熊不同的是，人类从未在洞穴中生活过（没有一个火坑里有动物骨头或其他烹饪迹象）。那里面的火只用于照亮这些空间，烧出木炭用来对洞穴进行装饰。他们在 37 000 多年前开始了这项装饰工作，过程长达数千年，在对特定动物——犀牛、野山羊、猛犸象——应该如何绘制的集体感觉指导之下进行。

---

1 让·克洛特甚至在动物的刮擦痕迹和后期人类的绘画之间看到了系统的联系，"似乎前者吸引了后者"。Clottes, *Chauvet Cave*, 62.

2 有时候，人类会在动物的印记上刮擦出自己的版画。Chauvet et al., *Dawn of Art*, 99.

3 Clottes, *Chauvet Cave*, 72.

后来，在34 000年前，山腰的一部分倒塌，封住了入口。[1]没有一位艺术家当时身处现场，但这个封锁对他们来说无异于一场灾难，让他们无法继续从事前几代人开展的工作。但这对我们来说却是意外收获，因为坍塌保存了这个洞穴，不让后面出现的数代动物和人类继续使用这个场所，从而对它造成改变或破坏。

肖维洞穴展现出了文化运作的核心机制。最初，人类可能从熊随意留下的痕迹中得到灵感，在洞穴中开展绘画工作。时光流逝，他们将这些痕迹转变为精心刻画的艺术，以令人惊叹的连续性代代相传。这就是熊和人类之间的根本区别：熊（以及洞穴中的其他动物）是经历了查尔斯·达尔文首先提出的自然进化过程而发展过来的。这个过程非常缓慢，以至于要用数十万甚至数百万年来衡量。

当然，人类也经历了同样的缓慢过程。但与其他动物不同的是，我们已经发展了第二个进化过程，一个基于语言和其他文化技术的过程。第二个过程取决于将信息和技能从上一代传给下一代，而不必等待基因突变的能力。这是一个传播过程，不会改变人类的生物构成，或者只带来最低程度的改变，但这种小的变化使他们能够积累、存储知识并与他人分享。这第二个过程比生物学上的进化过程快得多，使人类成为我们星球上分布最广的物种之一（与微生物和蚯蚓并列，其生物量超过人类）。

为了保存和传播文化，人类需要完成储存知识，并通过DNA以外的途径将其传递给下一代的任务。为此，人类发展了记忆技术，通过教育和使用外部记忆存储设备来传播知识。肖维洞穴就是这样一个设备，让一代又一代的人类都能回到此处，合作开展一个他们无法单独完成的项目。每

---

[1] Anita Quiles et al., "A high-precision chronological model for the decorated Upper Paleolithic cave of Chauvet-Pont d'Arc, Ardèche, France," *Proceedings of the National Academy of Sciences of the United States of America* 113, no. 17 (April 26, 2016): 4674.

一代艺术家都学到技巧，并在前人工作基础上继续发挥，保留和改进这些前辈所创造的东西。对我们来说，"人类以相同风格在单一洞穴系统里工作数千年"的这个念头几乎无法想象。但这批早期人类对于储存知识以及传承思想的重要性有着非常清醒的认识。

在肖维洞穴等地，这些代际合作传播了什么？从一开始，人类就传播关于怎样去做的技能知识（know-how）——关于自然世界本身以及如何操纵它的知识，其中包括制造工具和生火的方法。随着时间流逝，这种技能知识逐渐发展，包括农作物种植技术，还包括科学技术。要增加技能知识，就需要更为复杂的机构，如寺庙、图书馆、修道院和大学，一起致力于保存这些知识，并将其传授给别人。

但是，肖维洞穴墙壁上所记录下来的并非技能知识：它更接近于我们今天所说的艺术与宗教的结合。在其中一个房间里，洞穴艺术家将熊的头骨放在一块裸露的岩石上，就像放在祭坛上一样，这是此处曾举行仪式的证据。有幅画描绘了一个女人的下半身与一个牛头人身的动物纠缠在一起，这幅作品显然与生育能力有关，并不像其他描绘成群动物逃离追捕的洞穴壁画那样重现其创造者的世界。它代表了一个神话，一个与它相关的图像，一个具有特殊意义的故事。最后一组标记由抽象符号组成。也许，这些符号也正是通过仪式或故事而获得其意义的。这些仪式或故事使它们成为象征秩序的一部分，与洞穴外的日常生活截然不同。

熊头骨、神话人物和抽象符号都表明，这个洞穴是融合仪式、照明效果、故事以及音乐的特殊体验的一部分。[1] 人们在史前洞穴里面找到了长笛和打击乐器，墙壁上的一些痕迹可能标出了具有独特声效的地方，以及歌

---

[1] 要了解洞穴中仪式的详情，可参见 Jean Clottes and David Lewis-Williams, *The Shamans of Prehistory: Trance and Magic in the Painted Caves*, translated by Sophie Hawkes (New York: Harry N. Abrams, 1998), 也可参见 Gregory Curtis, *The Cave Painters: Probing the Mysteries of the World's First Artists* (New York: Knopf, 2006), 217。

手和音乐家应该所处位置的说明。[1] 人类前往如肖维洞穴之类的场所，以创造自己版本的现实，并了解外部世界的生活，在洞壁上也描绘了反抗捕捉者的不懈斗争。这些人类来到洞穴里，并不是希望提高技能知识，而是因为这里能够回答人类存在的基本问题：他们为什么在这个地球上？为什么他们发现自己与其他动物有特殊的关系？还有关于生与死、起源与终结的问题；也有关于为何他们有能力和需要来理解自身与宇宙关系的问题。洞穴是人类创造意义的地方。这与"知其然"的技能知识无关，而更关乎"知其所以然"的原理知识（know-why）。

时间流逝，在洞穴中开始生成的绘画、符号和仪式慢慢发展成为其他类型的实践。技能知识日积月累，使人类能够建造房屋，其中有些用于居住，而另一些则成为人类只有在特殊场合才会访问的地方，用来举行仪式（寺庙和教堂）、表演（剧院、音乐厅）和讲故事。我们慢慢发展了更多的技能知识，也形成新的方法来理解我们在宇宙中的位置，使我们的存在变得具有意义。

从我们今天的角度来看，技能知识的故事涉及的是工具、科学和技术，以及理解和操纵自然世界的能力。而原理知识的故事则涉及文化历史，认为文化是一种创造意义的活动。这是人文学科的领域。

在肖维山体发生滑坡的数千年后，第二群人类也许是在另一次泥石流爆发后暂时找到了洞穴的入口。这群人类与原来住在洞穴里的艺术家差异很大，在时间上也与他们生活的年代相隔数千年。这些后来者来自不同的文化，具有不同的神话、故事、仪式、符号和理解世界的方式。他们可能和我们一样，为他们遥远前辈绘制的精美画作所迷惑。但也有某些东西把他们吸引到山洞里去；他们一定试图解释自己所看到的，把自己的文化认

---

1 我推荐一部关于史前洞穴中音乐的纪录片：*Swinging Steinzeit*, directed by Pascal Goblot (France: ARTE F, 2020)。

知用于理解这些来自遥远过去而难以捉摸的残余物品。他们甚至可能继续装饰洞穴，在已有基础上添加自己的作品。

然后，第二次山体滑坡在接下来的28 000年里封闭了洞穴，其中宝藏被隐藏起来，但也因此得以保存下来。直到1994年，由让-马里·肖维（Jean-Marie Chauvet）领导的业余探险队发现了它们，现在洞穴以他的名字命名。

山体滑坡现象提醒我们文化传播十分脆弱，这通常取决于代际之间交流的延续。这与生物进化不同，生物进化过程缓慢，但更持久地保留了DNA的适应性变化。文化传播依赖于人造记忆和教学技巧。当人们对这些技巧失去兴趣时，这些技巧及其相关实践机构很容易退化，也可能会被外力摧毁。如果交流中断的话，无论是因为山体滑坡、气候变化或是战争，知识都会消失不见——除非它留下了某些痕迹，如洞穴壁画或某些具体残余物品，可以让后来者了解前人曾打算把什么留传给后代。洞穴的装饰只是某种规模更大的文化的碎片，这些碎片无从解释。在这里缺少了人与人之间传播的故事、表演、仪式和神话，它们可以赋予这些痕迹充分的意义。但有些痕迹总比空无一物要好。这些痕迹让第二群人类——以及作为第三群人类的我们——瞥见了早前出现的一些东西。

在某些情况下，洞穴艺术家将他们的手浸入黏土或染料中，并在洞壁上留下他们的痕迹——也许是为了纪念熊的旧日印记。在其他情况下，他们在置于岩石上的一只手周围"喷漆"，轮廓线条与岩石其他部分相去甚远。其中一些手印清晰独特，应该都来自同一个人。这些手印是一种个人化的表达：**我来过这里。我为创造这个象征世界做出了贡献。我把这些痕迹留给未来。**

第二群人类进入肖维洞穴的经历说明了文化传播的另一个重要方面：恢复。自肖维洞穴以来，天灾人祸摧毁了无数的洞穴、寺庙和图书馆。每

导 言

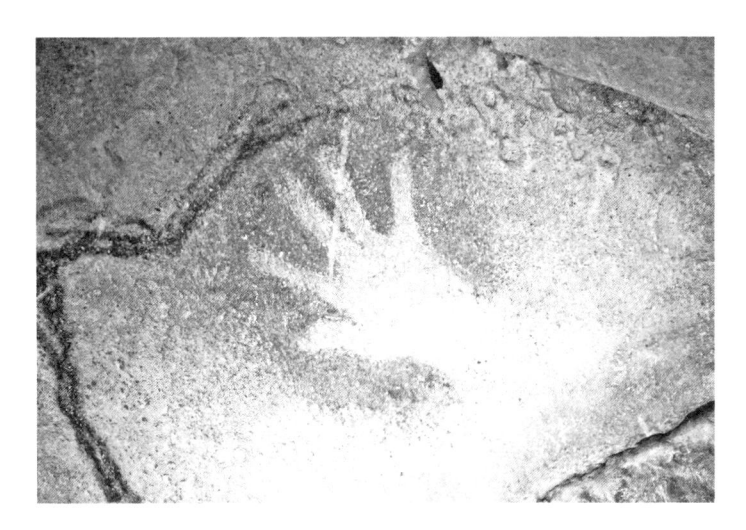

肖维洞穴里"喷漆"的手的负式印模,它反映了一位独特个体的风格
(摄影:Claude Valette)

一次破坏行为都会切断一条文化传播的途径,有时只有在长期中断后才能真的恢复过来。这意味着人类一次又一次地经历了类似于第二群洞穴游客的经历,也就是面对某种被遗忘文化的残余。实际上,这种经历十分普遍,其生产能力令人惊讶。大部分古埃及文明都发生在遥远的过去,在矗立着的一座座大金字塔阴影之下。中国文人十分尊崇周朝的黄金时代。阿兹特克人对他们在墨西哥盆地遇到的寺庙废墟致以崇高敬意。现代的意大利人对被火山摧毁却存于灰烬下的庞贝古城着迷不已。回顾过去,尝试理解乃至复兴过去,往往会带来惊人的创新和革命——甚至"革命"（revolution）这个英文词的原意就是"回归"（return）。

碰巧的是,作为一门学科而出现的人文学（humanities）,正是为了复兴被重新发现的过去。这种情况曾多次出现。在中国,学者韩愈（768—824）批驳佛教,主张回归儒家经典。他认为儒家的典范力量已经消失。[1]

---

[1] 如果要对中国和欧洲人文精神发展有所比较,可参见 *The Norton Anthology of World Literature*, 5th edition, volume C, cluster on Humanism, edited by Wiebke Denecke and Barbara Fuchs (New York: Norton, forthcoming)。

在中东，哲学家伊本·西拿（Ibn Sina，980—1037）参与了翻译和解释前伊斯兰时代文本，其中也包括希腊哲学，由此而在伊斯兰教背景下创造了一种不同形式知识的新型综合。[1]

在欧洲也有类似情况，当时一小群意大利诗人和学者开始寻找古典手稿，而其中一些手稿是通过阿拉伯评论家传到意大利的。慢慢地，这些好奇的意大利人发现了一个（仅对他们而言）失落的世界，于是他们搜索和编辑旧手稿，并利用他们所学到的知识来改变自己的文化。后来的学者通过命名这段中间时期来纪念这次交流的中断，这段时期被命名为中世纪（the Middle Ages），即古典知识丢失的时代。随后是古典知识的重生，或称文艺复兴（Renaissance）时期。这些术语所掩盖的是，意大利文艺复兴并不是一个特殊的重生时期，而只是与未被理解的过去碎片的又一次相遇。甚至在所谓中世纪或黑暗时代，恢复过程也一直在发生。文化历史其实一直都由各种中断和恢复过程组成。

这本书关注保存、损失和恢复的相互作用，以此讲述文化的故事。此书同时也关注某些特别的场所和创造意义的机构：从人类留下最早痕迹的肖维洞穴等地，到埃及金字塔、希腊剧院、佛教寺庙和基督教修道院等人造文化空间，再到墨西哥的岛上城市特诺奇蒂特兰、意大利工作室和巴黎沙龙，以及如今让喜爱过去之人参观的收藏、珍奇屋和博物馆。这些都是生产、保存、改变艺术和人文主义知识并将它们传播给下一代的机构。

这些机构建立的基础是不同的存储技术，从雕塑、绘画到讲故事、音乐和仪式，还有其中可能是最强大的一种：写作。不同书写技术的发展带来了美索不达米亚与埃及的抄写学校、阿拉伯的图书馆、中世纪的抄写室

---

[1] 也可参见 Rens Bod, *A New History of the Humanities: The Search for Principles and Patterns from Antiquity to the Present* (Oxford: Oxford University Press, 2013), 5。

（scriptoria）、文艺复兴时期的收藏、启蒙运动的《百科全书》和互联网的创建。印刷术最初发明于中国，然后在北欧重新发展，成为能使书面故事更易获得的重要工具，也使图像得以广泛传播。但是，除了写作和印刷之外，我们自己所处的时代也继续存在着不同的口述传统和非正式的知识网络，提供了将知识传给下一代的另一种重要方法。

无论这些记忆和存储技术多么出色，文化物品和文化实践活动仍在被丢失、破坏或遗弃，接下来的数代人只能试图在仅部分或未充分保存的文化表达形式中寻找相关意义。这种退化和损失必然导致广泛的误解，让后面每一代人都对过去产生错误的信念。

传播的中断和错误虽然令人遗憾，但并没有阻止文化的发展。事实上，它们可能极具生产力，能够催生兼具新意和创意的作品。正如生物适应是通过基因序列中的（随机）错误进行的，文化适应也是通过传播错误进行的。这些错误是文化实验的方式，允许新一代人将自己的关注投射到过去，并将延续过去变得更加迫切。

如果文化传播的一出戏码是保存、损失和（通常容易出错的）恢复，那么另一出戏码就是文化之间的互动。这种互动既是由战争侵略带来的，又是通过商业旅行带来的，并产生了新的文化形式。一些最伟大的文明是通过借鉴其他文明而发展起来的，例如印度国王从波斯引进石柱艺术，罗马人从希腊借鉴文学、戏剧和神话，中国人去印度寻找佛经，日本外交官远赴中国学习文本和建筑风格以及新的宗教仪式，埃塞俄比亚人发明一个与希伯来人和基督教《圣经》相关的建城传说，阿兹特克人借鉴他们在墨西哥盆地遇到的先前文化。

随着其优势逐渐显现，跨文化交流得到一批高瞻远瞩的统治者的大力鼓励，其中包括派遣外交使团前往中国的日本天皇和巴格达的哈伦·拉希德。哈伦·拉希德将来自地中海和近东的知识吸收到他称之为"智慧宫"

的地方。所有这些文化借用的例子都伴随着误解和错误，但这些误解通常也具有创造力，可以促生出知识和意义建构的全新形式。

更令人不安的是，文化的相遇（cultural encounters）还导致了破坏、盗窃和暴力。在欧洲殖民帝国崛起过程中尤其如此，世界上不同地区被迫与这些意图榨取他们的劳力和资源（包括文化资源）的陌生人产生接触。但是，尽管广泛存在的暴力经常伴随着文化接触，受到攻击的文化也发展出令人惊叹的抵抗和复原策略，展示出文化适应是怎样快步前进的，这与生物进化的痛苦的、缓慢的过程大不相同。

以上数页中勾勒出的文化史，给今天的我们带来很多启示。在某些方面，我们比任何时候都更渴望追踪和恢复关于遥远过去的知识，尽管在环境影响、人为忽视或蓄意破坏之下，历史的丰碑正在加速消失。新的存储技术让我们可以用最低成本保存文本、图像和音乐，而社交媒体和视频网站让共享这些存储内容变得更加简便。为这么多人提供的文化物品和实践活动随时可得，实在是前所未有的。

然而，尽管数码形式的文化内容如此丰富，旧的文件格式、网站和整个数据库正以惊人速度变得无法读取，这引出了一个问题——我们是否真的比自己的祖先更善于保存过去？虽然文化保存和传播的技术发生了变化，但管理文化运作方式的规律——如何保存、传播、交换和恢复——却没有改变。在一个几乎使所有人类文化不停接触的世界里，破坏与保存、损失与恢复、错误与适应的相互作用有增无减。我们比从前更多地为过去及其意义，为文化的拥有和使用权争论不休。

在关于独创性和完整性、挪用和融合的辩论过程中，我们有时会忘记文化不是一种财产，而是我们传承下来以便其他人能够以自己的方式来使用的东西。文化是一个庞大的回收项目，在这个项目中，关于过去的细小碎片被回收，从而产生全新的、惊人的建构意义的方式。这本书说的是一位苏丹偷走了一根本应被发现的古老石柱；一位阿拉伯考古学家挖出了一位本应消失于史册的埃及王后；一位哈里发收集所有人创作的知识；一位希腊人编造了一个关于希腊的虚假故事；一位罗马人编造了一个关于罗马的虚假故事；一位埃塞俄比亚女王用《十诫》讲述了一个新的起源故事。这些文化史上的典型事件都在描述人类在意义建构的艰巨工作中怎样辛辛苦苦创造文化。我们应该如何记住和判断这些事件呢？

最重要的，是要保持谦逊。自肖维洞穴以来，人类已经创造了如此多的文化物品，而幸存下来的的确少之又少。这往往是因为傲慢的人类后代忽视了珍贵的文化物品和文化实践活动，只因为它们不符合当时的宗教、社会、政治或道德理想。我们会做得更好吗？我们会让更多类型的文化表现形式有机会更加蓬勃地发展吗？

文化史给我们带来的主要教训是，我们需要与过去互动，也要和彼此互动，这样才能让文化充分发挥其潜力，尽管这种参与互动往往伴随着错误、不解和破坏。如果我们要把文化从过去或彼此中分离出来，就会剥夺使它们得以存活的环境。

所有创造者都相信未来不会摧毁他们的作品，尽管他们知道各种价值差异无法避免，定将出现。《文化的故事》这本书意在向读者展示我们人类作为一个物种所创造的各种令人惊叹的文化作品，希望能够将我们共同的人类遗产传承给下一代，甚至流传更久。

第一章
纳芙蒂蒂王后和她的无面之神

穆罕默德·埃斯-塞努西是第一个看见她的人。午休之后,他和手下的工人们挖出了一座严重受损的国王半身像,也在附近发现了其他易碎物品的痕迹。显然,他们发现了一个不同寻常的考古地点。作为最细心熟练的挖掘者,埃斯-塞努西担心别人可能会弄坏埋藏于此的精美雕塑,于是把他们都打发走,独自继续前行。房间里堆着三英尺半高的碎片,埃斯-塞努西轻手轻脚地提起一把锄头,像从前多次做过的那样,小心翼翼地把这些碎片清理掉。他穿着平时所穿的那件宽大的束腰外衣,这件外衣曾经是白色的,但如今显示出久经使用的痕迹。他头戴一顶遮住硕大脑袋和浓密黑发的帽子,慢慢地走向房间的东墙,沿途找到了几件雕塑碎片。[1]

埃斯-塞努西和他手下的工人在该地区挖掘了一年多,发现了一个大型建筑群的遗迹。经过证实,这个建筑群是雕塑、小雕像和浮雕的一大宝

---

[1] 埃斯-塞努西在这次发掘过程中的重要职责并未得到多位评论家的认可。认同其重要性的例外评论可见于此著作:Evelyn Wells, *Nefertiti: A Biography of the World's Most Mysterious Queen* (New York: Doubleday, 1964), 8。

库。埃斯-塞努西目前工作的小房间里似乎容纳了大量此类雕塑,密密麻麻挤在一起。找到一些埋在干燥的泥土和沙子中的小碎片之后,他发现了一截真人大小的脖子雕塑,色彩生动,令人惊叹。

埃斯-塞努西把锄头放在一边,继续运用双手清理。这双手属于一个高大魁梧的男人,并非纤纤玉手,但埃斯-塞努西在处理脆硬碎片时,展示出了巧妙、高超的技巧。他跪在泥土里,手指在这座雕塑周围摸索。一顶圆锥形的王冠逐渐出现在他面前。

挖掘雕塑难度很大,首先要把埋在附近的其他碎片移走。但埃斯-塞努西终于找到了一座面朝下趴着的女人的半身像。他把雕塑从地上抬起,把它翻转过来,看到了她的脸庞:这是三千多年以来,第一个这样做的人。写于1912年12月6日的一篇日记这样记载:"这些颜色看起来就像刚刚涂上一样。工艺精湛。试图描述它没有用:你得亲眼看到才行。"[1]

埃斯-塞努西看到的这张脸庞有着惊人的对称性,皮肤为古铜色,颧骨突出,眼睛椭圆,嘴唇饱满但线条分明。嘴角有些细纹,不足以构成微笑。这座半身像得以保存,近乎奇迹,只是耳朵部分有些轻微损伤,一只眼睛不见了。半身像上没有名字,但这顶富丽堂皇的王冠清楚地表明,埃斯-塞努西手上的这座雕塑是一位王后。埃斯-塞努西打电话给其他人,请他们来检查自己的发现,之后拍了一张照片,镜头下的他用双臂环抱着她,一只手支撑着她的重量,另一只手小心翼翼地平衡着她巨大的头颅,面部充满自豪关怀之情,俯视着他的宝藏。王后没有回看埃斯-塞努西,而是平静地望向远方,似乎没有被自己引起的兴奋打扰,也没有意识到,她是,或者很快就会成为代表古代的最著名面孔。

---

[1] 埃斯-塞努西发现的详情基于这部发掘日记:Ludwig Borchardt, *Tagebuch*。引用于这部德文著作:Friedericke Seyfried, "Die Büste der Nofretete: Dokumentation des Fundes und der Fundteilung 1912-1913," in *Jahrbuch Preußischer Kulturbesitz* 46 (2010): 133-202。

这座雕塑是一个未解谜题的一部分。其发现地点在阿玛纳，与古埃及的两大城市，即北部的孟菲斯和南部的底比斯之间等距。这些废墟长期以来一直被人忽视，因为与孟菲斯附近的吉萨大金字塔或底比斯的宫殿和寺庙相比，它们实在微不足道。但在过去的一个世纪里，建筑物和坟墓的地基被逐渐发现，考古学家们认为这里曾矗立着一座伟大的城市，尽管它的名字无人知晓。[1] 墓穴和雕塑，如埃斯-塞努西所发掘的这座半身像，表明这座城市曾居住过一位王和一位王后。寻觅多年之后，人们发现了相关铭文，并找到半身像的名字。它塑造的形象是纳芙蒂蒂王后，"优雅夫人"（Lady of Grace）、"赞美之尊"（Great of Praises），上埃及和下埃及的主母，以及阿蒙霍特普四世国王的妻子。这位神秘的王后是谁？

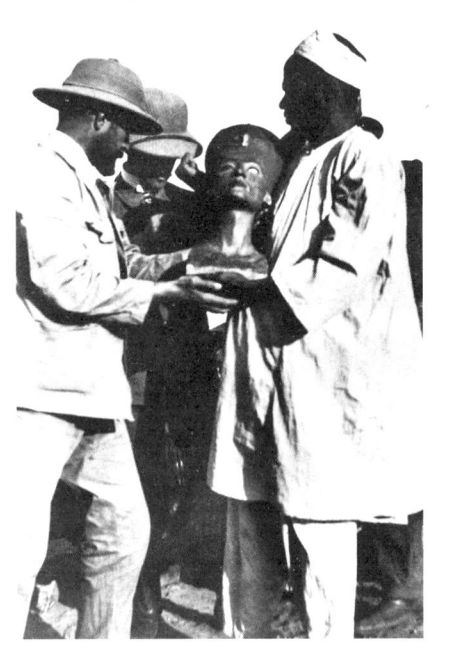

埃斯-塞努西抱着纳芙蒂蒂王后半身像，这座雕塑刚从雕塑大师图特摩斯的庭院里出土（弗莱堡大学档案馆）

埃及人保留了他们的国王和王后的记录，但在其中无法找到纳芙蒂蒂和阿蒙霍特普四世的具体信息。发掘工作继续开展，更多的谜题也相继出现。这座城市一定是用泥砖建造的，这就是它所存无几的原因。显然，它已经被建造者遗弃了。同样神秘的是，他们的雕塑，如纳芙蒂蒂的半身像，与古埃及任何发掘出土的人物都不同——为什么她原本完美的脸上会

---

[1] 要了解这几次挖掘的详情，可参见 Cyril Aldred, *Akhenaten: King of Egypt* (London: Thames and Hudson, 1988), 15，也可参见 Erik Hornung, "The Rediscovery of Akhenaten and His Place in Religion," *Journal of the American Research Center in Egypt* 29 (1992): 43–49。

少了一只眼睛？人们重金悬赏，要找回这只眼睛，但不管是埃斯-塞努西还是其他任何人都没找到。

有一件事很快就变得清晰起来：埃斯-塞努西挖进了一位雕塑家的储藏室。古埃及的雕塑家不会在自己的作品上签名，但在这所庭院中发现的马具上的名牌表明，主人是一个叫作图特摩斯的人，这使他成为一种罕见的存在，一位我们知道名字的古代艺术家。从他这个庭院的规模来看，图特摩斯颇有成就。一堵墙环绕着整个庭院，只能通过一扇可能有人看守的门进入。该建筑群包含一座宽敞的院子，可通往几座建筑物，包括作坊和狭窄的学徒生活区域。最令人印象深刻的是图特摩斯和他家人的生活区域，通向一座花园，里面有一口大井，这在这片干旱的土地上至关重要。生活区域旁边是粮仓，有四个容器用来盛放大麦和小麦。这些谷物的作用不仅仅是全年为家庭成员和作坊提供食物。在无货币的经济中，谷物可以像黄金一样作为财富储存，几乎可以换取任何东西。[1]

图特摩斯功成名就的另一个标志，在于这座庭院的地理位置——远离尼罗河及其繁忙码头。码头后面是存储区域，放置乘船到达的各种货物，例如小麦、大麦、啤酒和牛。再后面则是城市中主要由作坊占据的部分，虽然图特摩斯的大院并不在其中。这座庭院位于更远的安静住宅区，几乎到了城镇边缘地带。在他的工作坊后面，再远处是工人居住的村庄，靠近采石场，工人们在那里完成繁重的石头切割工作。在图特摩斯的工作室中还发现了纳芙蒂蒂的其他雕塑，说明这位雕刻师得到王后的特别庇护。在埃斯-塞努西等发掘者的耐心工作下，埃及历史上最不寻常的事件之一得以重见天日。

纳芙蒂蒂和阿蒙霍特普四世在向南 200 英里的底比斯（今天的卢克

---

[1] 从艺术史角度分析纳芙蒂蒂的最佳著作是 Joyce Tyldesley, *Nefertiti's Face: The Creation of an Icon* (Cambridge, MA: Harvard University Press, 2018), 31。

索)长大。当时,底比斯是世界上最大的城市之一,大概有八万名居民。埃及的心脏地带从北部的尼罗河口向上游延伸约 800 英里,一直延伸到南部的底比斯,它的南部中心。底比斯曾经只是一个面向苏丹的贸易站,在纳芙蒂蒂之前数代就已经成为埃及首都,城中大型庙宇、巨柱拔地而起,游行大道两旁狮身人面像林立。与城市隔河相望的是帝王谷,数百年来法老和贵族都埋葬于此地。对于纳芙蒂蒂和阿蒙霍特普四世来说,在底比斯长大意味着在过去的一座座丰碑之间长大,成为历史的后来者。

古代历史在底比斯随处可见,但这和埃及北端的吉萨大金字塔相比,根本算不了什么。一千多年前,古埃及王国的法老们在那里建造了三座巨大的金字塔,其中一座由巨大的狮身人面像守卫。事实上,几乎所有关于埃及的事物,都是为了让人感受到过去的重量。埃及投入极为巨大的资源来对抗时间,远超过任何其他文明。不仅是法老,还有贵族、任何真正花得起钱的人,都把目光投向了永恒(关于那些出力建造庙宇和墓室的普通人的愿望,我们却所知甚少)。在隐藏在金字塔深处的墓室和在山上雕刻而成的坟墓里,配备了未来可能有用的一切,从食物直到裸女同伴。[1] 可以肯定的是,埋葬和纪念死者是所有人类社会都在做的事情,但在埃及,死者不仅被埋葬和记住,而且还被保存下来。

阿蒙霍特普四世的父亲阿蒙霍特普三世正是这种崇拜过去的代表人物。他继承了一个统一的埃及,拥有众多附庸国,疆域一直延伸到美索不达米亚平原。阿蒙霍特普三世拥有极为大量的资源,发起了一个以卡纳克的大型古老寺庙建筑群为中心的恢弘建筑项目。[2] 他修复了某些部分——修复是过去的古迹对现在提出的要求之一。[3] 阿蒙霍特普三世对简单的修复并

---

[1] Klaus Dieter Hartel and Philipp Vandenberg, *Nefertiti: An Archaeological Biography* (Philadelphia: Lippincott, 1978), 68.
[2] Tyldesley, *Nefertiti's Face*, 15. 也可参见 Aldred, *Akhenaten*, 148。
[3] Hartel and Vandenberg, *Nefertiti*, 114.

不满意，他以更为宏伟的风格重建了其他寺庙，其中包括古老的卢克索神庙及其巨大的柱廊。

阿蒙霍特普三世在公元前1351年去世时，他的儿子阿蒙霍特普四世按照要求主持了父亲的木乃伊制作和埋葬仪式，这才登上王位。然后，他迎娶了纳芙蒂蒂，并指定她为他的正妻。对于法老来说，婚姻具有政治性。过去许多法老娶了自己的姐妹或其他亲戚作为他们的正妻，此外还与外国公主缔结二次婚姻，以建立利益联盟。纳芙蒂蒂并非王室贵胄，但她可能由权倾朝野的抄写员、内政大臣阿伊[1]抚养长大，甚至可能是他的女儿。宫廷里见惯了强大的女性——阿蒙霍特普三世的母亲曾是一名权力掮客，丈夫去世后仍继续在宫廷中发挥影响力。阿蒙霍特普四世登基，并与纳芙蒂蒂结婚，这使得该家族的延续得到了保证。

但纳芙蒂蒂和阿蒙霍特普四世对延续不感兴趣。相反，他们想告别传统，至少在建筑和机构方面有所改变。作为开始，他们战略性地忽略了最为显著的古迹之一：修复后的卡纳克神庙，这座神庙供奉的是重要神祇阿蒙（Amun）[2]。而负责维护他的神庙的祭司也因此极具影响力。忽视阿蒙神的居所，意味着瞄准权力中心开火。火上浇油的是，纳芙蒂蒂和阿蒙霍特普四世大力推崇一位相对而言不太重要的神，叫作阿顿（Aten）。几年之内，底比斯以阿蒙神及其巨型神庙为中心建立的旧秩序被彻底颠覆，对新神的崇拜占据了舞台中心。

在古埃及的多神教世界中，神祇的更替并不罕见。（阿蒙本人就是由两位早期神祇融合而成的。）但这种更替必须循序渐进，小心翼翼地开展，而不是用暴力推翻阿蒙，力推阿顿直至最高职位。然而，纳芙蒂蒂和阿蒙霍特普四世对这种猛然逆转还不满足。他们把其他所有神祇都放在一边，

---

[1] 参见 Aldred, *Akhenaten*, 220–222。
[2] 关于阿蒙职责的描述，参见 Aldred, *Akhenaten*, 134。

日渐将他们的阿顿尊为唯一重要的神祇。不出所料，每个投身于旧秩序的人——不仅是数目众多的阿蒙祭司，还有大部分统治精英——都十分不满，并对此展开反击。

正是在这场权力斗争中，纳芙蒂蒂和阿蒙霍特普四世做出了一个极为大胆的决定，将一切抛在身后：寺庙、埋葬他们祖先的墓穴、充满过去古迹的城市，其中不少古迹是献给阿蒙的。他们把整个宫廷里的人，包括雕塑家图特摩斯，都赶上一艘艘大船，向尼罗河下游航行了200英里，驶向一个全新的开始。[1]

纳芙蒂蒂和阿蒙霍特普四世初次抵达目的地时，那里根本没有人居住，只有一片沙漠，一侧是尼罗河，另一侧是悬崖峭壁。[2] 新城市是一座规划好的，从头开始兴建的城市，定当不同寻常。

新城市将摆脱过去的负担，仅仅专注于以其名字命名的新神：阿克塔顿（Akhetaten），意即太阳（阿顿）的地平线。（今天的名字叫阿玛纳，来源于后来定居在那里的一个部落。）这座城市围绕着一座大阿顿神庙和一座小阿顿神庙而建，两座神庙之间是大王宫。其他一切都围绕着这条象征性的线。阿克塔顿，太阳的地平线，是一个新奇的城市，有精确的几何轴线，寺庙和宫殿以直角排列，清晰地划定和规划了作坊和工人居住的村庄。显然，离开旧首都后，纳芙蒂蒂和她的丈夫并没有放弃对大型建筑项目的热情：他们自己有一套建造整个城市的计划，与建造吉萨大金字塔一样艰巨。

但两者也有一个显著的区别：这一切都需要迅速完成，物美价廉，即刻投入使用。[3] 这就导致几乎所有东西都是用泥砖建成的，石头只用于柱子

---

[1] Tyldesley, *Nefertiti's Face*, 12.
[2] 迄今为止，还没有发现任何证据与埃赫那顿的说法相矛盾，即他在一个完全没有人类居住的地方建立了这座城市。Aldred, *Akhenaten*, 60.
[3] Tyldesley, *Nefertiti's Face*, 12–13.

和大型寺庙。这并不意味着宫殿不够雅致。宫殿，包括皇家卧室的墙壁都经过精心装饰。纳芙蒂蒂是一位不同凡响的王后，不仅因为她没有皇室血统，还因为她和她的丈夫显然共享一间卧室；或许这也是他们所发起的震撼整个国家的革命的一部分。[1] 他们的宫殿正好坐落在水面上，因此纳芙蒂蒂和她的丈夫可以享受埃及这片旱地所能召唤的任何微风。（像许多埃及女王一样，纳芙蒂蒂剃了光头，好在炎热的沙漠中更凉爽，也让她得以在不同的场合戴上不同的假发。[2]）为了完成革命，阿蒙霍特普四世放弃了他祖先的名字，称自己为埃赫那顿（Akhenaten）。纳芙蒂蒂保留了她的名字，但添加了太阳或圆盘这个词（aten）作为第二个名字的一部分，也就是奈菲内芬鲁阿顿（Neferneferuaten），意思是"阿顿的美貌在于白皙"。[3] 新城市的新寺庙供奉着他们的新神，两位王室成员发誓再也不会离开。

　　纳芙蒂蒂和埃赫那顿要求用一种新的风格来表现这些神祇，以此与过去决裂。这就是为何新城市能够吸引图特摩斯等渴望接受新任务的雕塑家。虽然古埃及的视觉表现形式绝非一成不变，但数百年来一直存在着相当程度的连续性。金字塔、狮身人面像、方尖碑、墓棺和墓室的装饰都是传承下来的技艺传统中的一部分。法老们也许会在三维雕塑中向前迈出一步，或者在二维浮雕中侧身转动，以显示出其独特轮廓。雕塑家和画家并没有被鼓励创新，原创性不具备价值，反而是一种失败。

　　在新城市里，一切都改变了。图特摩斯和他的同事们正在打破传统，设法发出信号让观众明白纳芙蒂蒂和埃赫那顿是与他们的祖先完全不同的统治者，因此需要另外一种艺术形式。这种新风格有时会让今天的观察者感到夸张与怪异。

1　Hartel and Vandenberg, *Nefertiti*, 99-113.
2　Wells, *Nefertiti*, 68.
3　Aldred, *Akhenaten*, 21.

从侧面看，纳芙蒂蒂和她的丈夫被画上了细长的下巴和嘴巴，所以他们的脸看来几乎像是狗的鼻子。他们的头在不自然的长脖子上向前倾斜。最奇怪的是他们的后脑勺，长度看起来很不自然。就连被埃斯-塞努西挖出来的，图特摩斯涂色的纳芙蒂蒂半身像，也具有这些特征，包括细长的王冠——谁知道它下面藏着什么样的脑袋——以及向前倾斜的长脖子。另一项创新是对埃赫那顿雌雄同体的描绘，他经常以带着乳房和宽臀的形象出现；19 世纪的考古学家有时会把他误认为女人。[1]

埃赫那顿的试验雕刻片，石灰石，呈现出埃赫那顿时期典型的细长头部和鼻子状的脸（纽约大都会艺术博物馆）

埃及的绘画和雕塑并不是自然主义的，我们没有理由相信纳芙蒂蒂和埃赫那顿实际上看起来就是那样，就像没有理由相信埃及人是侧身行走一样。[2] 在古埃及，绘画和雕塑更接近于书写，后者是一种高度抽象的视觉交流系统。毕竟，象形文字是标准化的图像，代表着思想和声音的组合，因此埃及人习惯于将绘画、浮雕和雕像作为象征进行阅读。例如，纳芙蒂蒂和埃赫那顿的长头和细长的脸可以被视为符合王冠的形状，就好像这些人注定要戴上它们一样。或者他们被描绘成头戴王冠般的形状，因为王权已经成为他们的第二天性，使其看来与众不同。（这些人物的肤色同样也不是自然主义的。埃及艺术家使用了各种色调，从浅棕色到几乎黑色，但这

1　Hornung, "The Rediscovery of Akhenaten," 43.
2　不同意对这些描绘进行自然主义解释的最有说服力的论据，参见 Dorothea Arnold, *Royal Women of Amarna*（New York: Abrams, 1997），19.

些色调几乎没有说明所描绘人物的种族，部分原因是古埃及人没有将民族与生物种族的概念联系起来。如果人们说埃及语并像埃及人一样生活，他们就是埃及人。[1]）

这些新形象也具有重大意义，因为它们与新神阿顿密切相关。通常，其他神祇会被视为中介，但纳芙蒂蒂和埃赫那顿已经在他们的新城市站稳脚跟，打破了这个系统，将自己呈现为他们的神和其他人类之间的唯一中介。[2] 在许多图像中，他们俩都沐浴在阿顿的光芒中，是神赋予生命的力量的唯一直接领受者。其中许多图像还包括他们的孩子，这也是极不寻常的，形成了耐人寻味的家庭场景。在贵族家中发现了许多类似的图像，它们很有可能是用作祈祷和仪式的敬献对象。[3]

图特摩斯的纳芙蒂蒂头像可能也有类似目的，但更有可能的是，这座半身像被用作模型，以便他向助手和学徒展示应该如何塑造王后——这就可以解释这座雕像为何少了一只眼睛，因为图特摩斯借此机会来展示其手艺。埃斯-塞努西在图特摩斯的院落中发现了多座其他模型和未完工的作品，这些例子向我们展示了石雕是如何制作的。首先，图特摩斯会用蜡或黏土塑造一张脸；然后制作石膏模型，也许是要给纳芙蒂蒂本人看；在此之后，雕塑才会被刻在石头上。[4]

把纳芙蒂蒂半身像作为模型的做法，也解释了雕像的极端对称性。这种对称性让许多观察者感到震惊，认为这是至高无上的美的标志。但这与图特摩斯和其他雕塑家描绘的娜芙蒂蒂截然不同。雕塑家使用了一种测量比例的系统，和一根手指同宽，而纳芙蒂蒂雕像完全符合这种测量系统。[5]

---

1 Tyldesley, *Nefertiti's Face*, 41.
2 *Ibid*, 41.
3 *Ibid*, 100.
4 Arnold, *Royal Women of Amarna*, 47.
5 *Ibid*, 67.

描绘埃赫那顿、纳芙蒂蒂和他们的三个女儿沐浴在太阳神阿顿的光芒下的石灰石浮雕（埃及画廊，新博物馆，柏林。摄影：Gary Todd）

这表明半身像是一种抽象表现，一种示范模型，其中去除了所有独特个性和象征意义，这使得我们更难理解对王后的其他描绘。尽管如此，纳芙蒂蒂和埃赫那顿的新形象帮助阿顿确立了作为一位新神的地位，同时也确立了一个新神的类型。这意味着阿顿本身也需要一种新的视觉描绘形式。阿顿最初呈现为一位长着隼头的神，但这个隼头逐渐变为圆盘形状，就像太阳的圆形一样。然后，艺术家们再进一步发展出让阿顿代表光本身的想法。

这种抽象的过程再也无法用视觉呈现，这就是为什么对新神的最高描绘不是用雕塑而是用文字来实现的：《阿顿颂诗》。这首颂诗被发现铭刻在阿克塔顿的一个墓室里，如果没有铭刻这首诗的话，这里也可能会放置《死者书》中的段落，以确保死者进入冥界。（阿克塔顿的部分私人坟墓确实包含《死者书》第151章的咒语。[1]）它首先赞美阿顿，就像其他颂诗可能赞美早期的太阳神一样，描述黑暗之失败、日出之奇观和日落之忧

---

1 Aldred, *Akhenaten*, 32.

郁。但很快，这首颂诗走得更远，将这位阿顿神提升为地球上所有生命的寄托，包括从植物和动物到人类。

> 阿顿是神，
> 他让种子在女人身上生长，
> 他用精子创造人类；
> 他在母亲的子宫里喂养儿子
> 他抚慰儿子停止流泪。
> 子宫里的养育者，
> 呼吸的给予者，
> 滋养他所造的一切。[1]

这是一位维持所有成长的神，他是使每一次呼吸成为可能的原则，也就是生命本身。

这首赞美诗并没有完成其抽象和浓缩的工作。这位神不仅维持着所有的生命；他要为创造整个地球负责。"如你所愿，独自一个，你创造了地球，芸芸众生，鸟兽成群。"阿顿是造物之神，他独自创造一切，没有任何其他神的帮助。我们这些习惯了一神论思想的人很难理解这种思想的激进本质。而对于一个习惯于多神并存，而且神祇之间关系复杂的社会来说，这一定是令人震惊，且几乎是不可理解的。

这首《阿顿颂诗》有时被认为是埃赫那顿所作，考虑到他与这位神的高度认同，也有一定道理。但它也可能出自纳芙蒂蒂之手，毕竟她与埃及最重要的抄写员有关系。过去，王家妻室通常在崇拜中扮演次要或

---

1 "The Great Hymn to the Aten," in Miriam Lichtheim, *Ancient Egyptian Literature*, vol. 2, *The New Kingdom* (Berkeley: University of California Press, 2001).

至少从属的角色，但纳芙蒂蒂在阿顿崇拜中的作用与她的丈夫相当。[1]有趣的是，《阿顿颂诗》最初关注的是女性身体，关注其中何以滋养和维持了她们体内尚未诞生的生命。它甚至描述了分娩过程："当他从子宫里出来呼吸时，在他出生的那天，你将他的嘴巴打开，你供应他的需要。"虽然阿顿是一位越来越至高无上的神，但在这首诗里，他诞下生命的过程被仔细记录，以保存经验。《阿顿颂诗》以对"伟大的王后"纳芙蒂蒂的祈求结束。

> 上下埃及的女士，
> 奈菲内芬鲁阿顿·纳芙蒂蒂，永远存在。

发生在阿克塔顿的艺术革命提醒人们，艺术与宗教之间有着密切的关系，它们是意义创造的盟友。在参与过去的过程中，我们倾向于将我们当前的想法和分类投射到几乎肯定不会承认它们的不同社会之上。艺术与宗教的区别——意味着艺术可以与宗教脱节，宗教也可以与艺术脱节——就是这些投射之一。阿克塔顿革命表明，在遥远的过去，甚至在今天的许多社会中，创造意义都是一种寻找方向的练习，其中涉及的基本问题跨越了泾渭分明的艺术和信仰领域。

阿克塔顿革命的结束几乎和它的开始一样突然。相较于维持帝国统治，纳芙蒂蒂和埃赫那顿对建造他们的新城市，崇拜他们的新神和委托建造新的雕塑更感兴趣。由于越来越迫切地需要军事援助，他们的附庸国从治区各地写来信函，用的往往是当时中东的通用语阿卡德语，也在泥板上使用楔形文字。来自底比斯的宿敌一定是利用了他们对帝国的忽视来为自

---

[1] Arnold, *Royal Women of Amarna*, 10.

己谋取利益。[1]

在这些压力之外,最致命的当属疾病。肺结核、疟疾和其他未命名的瘟疫在埃及流行,这是密集型城市生活的结果。甚至有人猜测,纳芙蒂蒂和埃赫那顿决定建立一座新城市正是为了逃离这些疾病。但疾病接踵而至,不久之后,他们的城市也被疾病笼罩。[2] 即使发生了这些祸害,纳芙蒂蒂和埃赫那顿仍然忠于自己的誓言,永不离开他们的新城市。埃赫那顿死后得到厚葬,遗体保存在专门为他建造的王陵中。他与过去的决裂并非绝对,他对永恒的思考方式仍十分传统。也许他甚至想象过,自己的城市一旦建立,就会在更持久的基础上重新建造。

与法老去世一样,继位至关重要。埃赫那顿的继任者是两位非常短命的法老,每位在位都不到一年,有人猜测纳芙蒂蒂可能是其中之一。在位高权重的抄写员和行政长官阿伊(他自己后来继承王位)的指导下,当时还是个孩子的埃赫那顿之子图坦卡顿(Tutankhaten)登上王位,这才确保了局势获得进一步的稳定。

但维持局势稳定需要消除纳芙蒂蒂和埃赫那顿创造的一切。图坦卡顿将自己的名字改为图坦卡蒙(Tutankhamun),以表明他放弃了父亲的新信仰,回归阿蒙神。更重要的是,他将宫廷和相关一切都搬回了底比斯。他并没有完全取缔阿顿异教,他本人的陵墓在 20 世纪初被发掘,惊人的发现中甚至包含对阿顿的描绘,似乎是为了纪念他父亲的非凡实验。但无论出于何种意图和目的,阿顿时代已经告一段落。

王室宫廷离去之后,人们越来越没有理由在这片严酷的沙漠高原上生

---

1 Carl Niebuhr, *The Tell El Amarna Period: The Relations of Egypt and Western Asia in the Fifteenth Century B.C. According to the Tell El Amarna Tablets*, translated by J. Hutchinson (London: David Nutt, 1903).
2 G. R. Dabbs and J. C. Rose, "The Presence of Malaria Among the Non-Royal of the North Tombs Cemetery," *Horizon* 16, no. 7 (2015); G. R. Dabbs and M. Zabecki, "Abandoned Memories: A Cemetery of Forgotten Souls?," in B. Porter and A. Boutin, eds., *Remembering the Dead in the Ancient Near East* (Boulder: University Press of Colorado, 2014), 236–238.

活，因此阿克塔顿被渐渐遗弃。依赖王室庇护生存的雕刻师图特摩斯的情况也正是如此。他没有匆匆离开，而是小心翼翼地挑选了他想要带走和留下的东西。[1] 他正在制作的作品的石膏铸件毫无用处，不需要花费巨资运到底比斯或孟菲斯。关于埃赫那顿和他的神的所有未完成或完成的雕塑和浮雕，现在都已经过时，它们同样也会被抛诸脑后。

纳芙蒂蒂优美的半身像的遭遇也与此相同。图特摩斯不再向自己的学徒展示如何使用精确的手指方法测量这座半身像的比例，也不会演示如何在这张脸上添加一只眼睛。为了纪念自己多年来服务于这两位具有革命开拓意义的王室成员，他小心翼翼地将所有这类雕像放在储藏室中，并用墙密封起来。王室宫廷可能会遗弃这座城市和它所代表的一切，但图特摩斯不希望掠夺者玷污他的剩余作品。在那封闭的储藏室里，半身像仍然存在，不受打扰。在某个时刻，存放纳芙蒂蒂半身像的木架子裂开了，半身像掉在地上。在那里，它逐渐被尼罗河带来的泥土覆盖。幸运的是，在往后三千年里，这些泥土将它完整地保存，直到埃斯-塞努西细心地用他那双硕大的双手将泥土清除掉，把半身像翻过来，惊讶地凝视着它。

即使我们不断尝试，摆脱过去也并非易事。过去埋在地下，有时长达数千年，等待被再次发掘，重见天日。

除了我以外，你不可有别的神

古埃及统治者和抄写员们并不怎么关注生活在帝国边缘的人们。反之却并非如此：半定居的牧羊人知道他们的命运与埃及霸主的命运密切相关。其中有一个特别的团体讲述了他们这批民众的故事，而埃及在其中扮演了极为重要的角色。这个故事的主角是一位名叫约瑟的牧羊人，他是雅

---

1 Tyldesley, *Nefertiti's Face*, 43.

各的儿子，被卖到埃及作奴。作为一名积极勤奋的工人，他得以在帝国行政机构中步步高升，并最终获得了此地最高的职位之一。他精于管理资源，以此获得法老（名字不详）的注意。

约瑟对存储方式的管理让人惊叹，因为在历史上埃及的确从存储方式革命中得到收获。这场存储方式革命的基础在于农业，使人类能够在城市空间中定居下来，聚集生活。尼罗河不仅为埃及提供了水源，还为埃及提供了肥沃平原，非常适合这种新的生活方式。

谷物和其他食物的储存使得另外一种储存，即财富的储存成为可能。游牧民族是相对平等的。虽然他们有自己的领袖，但财富的差异仅限于人们可以背在自己背上或马背上的东西（当然，他们可以拥有好几匹马）。但现在，随着存储革命的到来，财富的差异可能无限巨大。[1] 那些控制土地和劳动力的人可以榨取巨大的财富，这些财富可以储存在粮仓中。

根据这些故事，约瑟了解到储存的力量，并说服法老在丰收时储存谷物，以抗衡天灾。当干旱袭击该地区时，他能够养活埃及，并扩大其力量。在这段艰难的时期，约瑟把他的牧羊人部落从迦南带到埃及的心脏地带，法老允许他们在那里定居。约瑟去世之后，尸体被做防腐处理，并以埃及的方式埋葬，这与他的地位相称。

约瑟和那位友善的法老相继离世之后，埃及开始仇视外国人。幸运的是，有一位名叫摩西的外国人被一位新法老收养，并享受了王室成员的特权和教育。经过多番努力，他最终设法说服法老，让牧羊人部落回到他们祖先在迦南的家园，在那里他带领这群人信奉基于单一神祇的宗教。

在古埃及抄写员保存的大量记录中，没有任何地方提到过这些迦南牧羊人，也没有人期望能够找到相关记录。来自这个遥远帝国边缘的半游牧

---

1 也可参见 James C. Scott, *Against the Grain: A Deep History of the Earliest States* (New Haven: Yale University Press, 2017)。

民族来来去去，在法老的脑海中和他们的国事史册上并未留下任何踪迹。埃及人没有关于国家民族的相应观念，他们迎娶外国妇女，也会根据自己需要购买外国奴隶。（有人猜测纳芙蒂蒂可能来自美索不达米亚，因为她的名字的意思是"美丽的人来了"，这暗示了她来自国外。）牧羊人与他们的埃及主人之间这些复杂关系的唯一记载，见于牧羊人后来的书写著作，后人称之为《希伯来圣经》。当时他们在迦南定居，建立了一个以耶路撒冷城为中心的小王国。[1]

这个群体中的两个重要人物——摩西和约瑟——根据他们自己的经文，被描述为埃及的行政长官和抄写员。摩西的名字在埃及语中意为"孩子"，就像"……的孩子"一样。根据传统，他写下了这些人的故事，从而将埃及的抄写文化带进一个生活方式不依赖于书写的群体当中。

《希伯来圣经》中定义的宗教，基于一位单一的神。这与当时的其他任何信仰都截然不同，除了一个例外：纳芙蒂蒂的短命神阿顿。[2] 这两种文化如此紧密地联系在一起，以一神论的形式提出了一种全新的实验，这难道是巧合吗？当然，埃及的记录中抹去了阿顿实验。在此之后，《希伯来圣经》可能想强调其人民独立于埃及（尽管它承认埃及在摩西和约瑟的生活中发挥了巨大的作用），可能想避免提及埃及模式。哪怕借用真的存在，关于它的所有痕迹也都已然消失无踪。

自从19世纪末发现阿顿实验以来，不同的文化人物一直对阿顿崇拜与犹太教之间可能存在的联系深感兴趣。诺贝尔文学奖得主托马斯·曼用了十多年的时间将约瑟和他的兄弟们的故事改写为一部四卷本的小说，其

---

1 这是在《摩西律法》中记载的故事，也被称为"摩西五经"。
2 研究这些问题的最为重要的当代人物是扬·阿斯曼，他著有两部被高度赞赏但有时也被质疑的作品，包括 The Price of Monotheism (translated by Robert Savage; Stanford: Stanford University Press, 2009) 和 Of God and Gods: Egypt, Israel, and the Rise of Monotheism (Madison: University of Wisconsin Press, 2008)。

中他将约瑟置于埃赫那顿的宫廷。[1] 与他同时代的西格蒙德·弗洛伊德走得更远，提出更为激进的观点。他认为摩西只是一个埃及人，是阿顿实验的坚定支持者，他在埃赫那顿死后流亡，并向一群迦南人传扬新的一神论信仰。在那里，它慢慢变成了我们所知道的犹太教。[2]

我认为没有必要推论得那么极端。尽管纳芙蒂蒂和埃赫那顿以及图特摩斯等雕塑家建立的阿顿崇拜具有激进性质，但这种崇拜与我们和犹太教乃至其后继一神论如基督教和伊斯兰教相联系的一神论完全不同。虽然纳芙蒂蒂和埃赫那顿忽视了其他神，但他们并没有像《希伯来圣经》的第一条诫命那样禁止他们的崇拜——"除了我以外，你不可有别的神。"[3] 与犹太教相反，阿顿崇拜对普通民众来说不是强制性的，只对朝臣和精英阶层强制执行（在工人的房子里没有发现纳芙蒂蒂和埃赫那顿或阿顿的雕像）。其他埃及神灵的崇拜者继续在新建的首都之外发挥作用。

阿顿的实验并不包括任何激进的法律，反对我们从犹太教和伊斯兰教中知道的任何神性描述（否则雕塑家不可能描绘纳芙蒂蒂和埃赫那顿沐浴在他们神的光芒中）。最后，犹太教、基督教和伊斯兰教发展成为基于文本的宗教：神圣的经文。埃及确实将一些经文与神圣存在联系在一起，但《死者书》和《阿顿颂诗》与《希伯来圣经》或《古兰经》完全不同，后者是神与其子民之间的唯一来源和中介。[4]

然而，仍然存在一个有趣的事实，即两种紧密交织的文化发展出我们所谓一神论想象，尽管它们可能出现在不同的时期。也许最重要的问题不在于影响力，也不在于直接借用。每个人都受到某个人的影响；每个独创

---

1 Thomas Mann, *Joseph and His Brothers*, translated by John E. Woods (New York: Everyman's Library, 2005).
2 Sigmund Freud, *Moses and Monotheism* (New York: Alfred A. Knopf, 1939).
3 埃赫那顿似乎禁止了某些与其他神，如欧西里斯有关的仪式。参见 Aldred, *Akhenaten*, 244。
4 参见 Martin Puchner, *The Written World: The Power of Stories to Shape People, History, and Civilization* (New York: Random House, 2017), 46。

第一章 纳芙蒂蒂王后和她的无面之神

性的例子都可以追溯到从别人那里借来的东西。我们都是后来者，自从我们发展出文化保存技术以来，这些技术将过去交给我们支配。重要的不是我们借的**内容**，而是我们借的**方式**，我们从自己发现的东西中发展了什么。如果这群犹太流亡者真的遇到过阿顿实验的话，他们从中借鉴发展所得出的做法却与它完全不同，但无论如何都应该被铭记为一项伟大的成就。

我们如何向他人借鉴的重要性，与我们如何借鉴过去有关，也就是说，我们如何记忆。就纳芙蒂蒂和埃赫那顿而言，他们几乎被遗忘了，因为他们的名字在国王名单、雕像和其他记录中被删除了。如果有人提到这两个激进分子，那只会是对他们进行谴责。在接下来的几千年里，埃赫那顿只被称为"阿玛纳的罪犯"。[1] 这种抹杀出人意料地有效，成功地将纳芙蒂蒂、埃赫那顿和他们的实验从历史中移除，创造了一个直到19世纪和20世纪才逐渐被解开的谜题。这是一个苦涩的讽刺：两位竭尽全力与过去决裂的王室成员自己也被从史册中抹去了。

如果说纳芙蒂蒂和埃赫那顿的一神论实验是他们几乎被遗忘的原因，那么现在我们记住他们的原因也正是同一个实验。我们非常关心埃及历史上的这个短暂插曲，因为我们现在生活在一个由一神论塑造的世界里。如果世界有可能继续以多神论的方式运作，那么阿顿实验将只不过是一种好奇心，是历史的一个注脚。我们将自己的价值观和经验带入过去。正是未来，我们的未来，使得阿克塔顿不仅是对过去的伟大反叛，而且是首次投向全新事物的一瞥。

埃赫那顿事件提醒我们，过去从来都不是就在那里的，它随时可被发现或忽视。我们经常为过去争吵。正如纳芙蒂蒂和埃赫那顿放弃了阿蒙神

---

[1] Assmann, *The Price of Monotheism*, 46.

庙并让它们坍塌一样，他们的继任者也让新城市日趋没落。一个人眼中的罪犯，也可能是另一个人眼中的创新英雄。在使用过去时，我们根据自己的需要和偏见，也在不断地创作和抹除过去。

纳芙蒂蒂、埃赫那顿和他们的神被故意抹去，他们的城市被遗弃，但吊诡的是，这座城市也由此得以保存。可以肯定的是，盗墓贼摧毁了许多坟墓，这就是图坦卡蒙将他父亲的木乃伊转移到底比斯的原因。[1] 他知道这座被遗弃的城市将毫无防备，随时会被劫掠。

但是，一座被遗弃的城市，即使是一座被洗劫一空的城市，对后来的考古学家来说，所揭示的东西也远胜于一座正在持续运作的城市。持续运作往往会具有惊人的破坏性，因为艺术模型会被回收利用，旧建筑会被拆除以建造新建筑。尽管阿克塔顿的遗迹不多，但由于其廉价和临时的建筑材料，这座城市未经破坏，冻结在时间之中，从而让我们对古埃及王室和平民的生活得到前所未有的深刻了解，其中也包括图特摩斯等雕塑家的工作技术。

今天，纳芙蒂蒂半身像位于柏林的新博物馆，拥有一个属于自己的小房间。房间里灯光昏暗，精心调光的间接照明衬托出她的色泽斑斓。她如何最终到达那里的故事也呈现出保护和破坏的动态。埃斯-塞努西亲手发掘出来的物品由普鲁士考古学家资助和监督，他们是沉迷古埃及文明并渴望挖掘其古迹的多批欧洲人中最晚入场的一批。

第一波进驻的欧洲人是在拿破仑入侵埃及之后出现的，那时候让-弗朗索瓦·商博良（Jean-François Champollion）设法破译了已经从人类的知识中消失了多年的象形文字。然而，许多欧洲埃及学家也像盗墓贼一样，以殖民主义的方式将他们的发现运送到欧洲博物馆，并通过把自己包装成

---

[1] Tyldesley, *Nefertiti's Face*, 15–20.

保存者来逃避惩罚。后来，埃及——以及这些贪婪的科学家访问过的其他国家——才逐渐制定了防止盗窃文物的法律。1912年，埃斯-塞努西在发掘出纳芙蒂蒂之时，在这次由普鲁士资助的挖掘中可能发现的任何宝藏就已经被安排好了去向：其中一部分送往埃及，另一些则送往德国。纳芙蒂蒂最终落入德国人之手。

纳芙蒂蒂身在德国的那个世纪动荡不安，危机四伏。考古学家必然具有破坏性：一旦他们清除了保护遗址的泥土层，该遗址就会永远受到干扰和暴露。只有最为细致的文献记录和清理程序，才有可能证明这种对过去的侵入性搜索是合理的。与此同时，像纳芙蒂蒂半身像这样的易碎物品一旦被挖掘出来，就会暴露在地球表面的各种致命危险之下，包括天灾人祸。在柏林的纳芙蒂蒂经历了两次世界大战。"二战"即将结束时，柏林几乎完全被摧毁，新博物馆也遭到轰炸。幸运的是，包括纳芙蒂蒂在内的大多数物品都被移走，存放在保险库中。

东德时期，新博物馆在东柏林被夷为废墟，直到2008年才被精心修复。修复方式与我们现在对待古代雕像的方式完全相同，也就是将"新"和"旧"分别展示眼前。因此，当人们今天参观纳芙蒂蒂时，必须穿过博物馆的废墟，走上楼梯，穿过直到最近才对外开放的庭院，到达这座宁静的半身像目前所在的黑暗房间。她似乎没有受到岁月喧嚣的干扰。实际上，纳芙蒂蒂已经见惯了动荡和革命。在几年之间，她作为核心人物开展了人类进行的最为非凡的实验之一，几乎从无到有地创造了一座新城市、一位新神和全新艺术。这个创造过程的真正意义，只有在遥远的未来，方能被人理解。

第二章
柏拉图烧掉悲剧，发明历史

"哦，梭伦，梭伦，"埃及女神伊西丝的祭司嘲笑他们的雅典访客，"你们希腊人总是像孩子一样，世界上不存在什么希腊老人。"梭伦要求解释。祭司回答说："你们每一个人的灵魂都很年轻。因为在灵魂深处，你们并没有一个单一信仰，这个信仰历史悠久，从古老传统而来。"[1]

根据这个故事，雅典民主的创始人之一梭伦曾前往位于尼罗河三角洲的雄伟城市塞易斯，期望能找到年代久远、精辟教诲般的智慧。在过去的几个世纪里，希腊城邦在整个地中海东部建立了贸易站和定居点，作为希腊文化崛起的前哨。希腊人普遍看不起其他文化，称他们为"野蛮人"——这个词虽然最初只是指不讲希腊语的人，但也会带有贬低意味的负面联想。

但埃及有时被排除在希腊人的傲慢之外。也许是因为，即使是希腊人

---

[1] Plato, *Timaeus*, 22.

也认为它极为古老、神秘，并且拥有由祭司守卫的神圣书写系统，这就是梭伦前往那里的原因。当伊西丝的祭司继续教训他时，他找到了自己寻求的东西：埃及享有古老的、连续的文化传统。根据记录，埃及文化起源可以追溯到八千年前，从那时起，埃及就建立了确保文化世代相传的机构，其中最为重要的是存放抄写手卷的伟大神庙，例如梭伦和伊西丝祭司对话的那座（祭司没有提到有时他们会将一些人从国王名单中除名，就像纳芙蒂蒂的情况一样）。运气不佳的文化，也包括希腊文化在内，曾遭受火灾和洪水袭击，而埃及文化却安然无恙。尼罗河的周期性洪水得到很好的控制，实际上有利于农业发展。埃及拥有稳定的环境，创造了一种绵延多年的文化。与埃及相比，希腊是一个后来者，不过是一个孩子而已。

埃及祭司说得有道理。梭伦的希腊直到最近才发展出广泛使用的书写系统（两个早期的系统，现在称为甲种线形文字和乙种线形文字，用途较为有限）。很久以来，希腊一直依赖魅力十足的歌手，他们朗诵神话故事并加以音乐伴奏，有时甚至像今天的摇滚明星一样饶富盛名。这些训练有素的歌手通过将长篇故事分成独立章节来记住它们，并把重要人物与可以在整个朗诵过程中重复的短语联系起来。自从人类进化出语言来讲述故事，口述传统便成为人类使用的主要储存技术之一，并且已被证明非常有效。特洛伊战争的故事正以这种形式被代代相传。但是，至少根据这个记载，埃及祭司和大多数以书写文字为基础的文化代表一样，看不起口头传播，认为它转瞬即逝，并不可靠。

来自腓尼基（今天的黎巴嫩）的商人给希腊带来了一种新的书写系统：一个基于声音的系统。在接下来的几百年里，这种字母表比其他书写系统更容易使用，被证明具有革命性。虽然早期的书写系统是专业抄写员的专属领域，新的字母表使阅读和写作的学习速度大大加快，开创了一个广泛识字的时代。

因此，从某种意义上说，埃及祭司是对的：希腊没有持续的识字传统，似乎已经忘记或放弃了以前的书写系统，而采用了一种新的、进口的书写系统。也许祭司们自己也看不起新字母书写的简单性，这与他们自己那套艰深而古老的文字系统大不相同。

对梭伦和埃及祭司的对话进行报道——或者更确切地说，构思了这场对话——的人，是哲学家柏拉图。柏拉图在其著作《蒂迈欧篇》的对话中叙述这个故事时，明确表示自己与埃及祭司的思路相似，也会嘲笑希腊的年轻善忘。但柏拉图并没有点到即止，而是通过他笔下的埃及祭司向惊愕的梭伦说明，希腊实际上和埃及一样古老。希腊也有着深厚的历史，但这段历史已经被人遗忘。希腊陷入了一种永远年轻的状态，没有意识到它的伟大过去，因为希腊缺乏能够将其过去储存和传播到当下的相关制度和文化技术。幸运的是，埃及已经记录了雅典的古代历史，伊西丝的祭司们现在正准备向梭伦透露这段历史。柏拉图做了一件大胆的事情：他为希腊发明了一部光荣的历史，并通过埃及祭司的嘴巴把它讲述出来。

根据这个故事，雅典曾经是一个实力强大且秩序井然的城邦。它曾经与埃及和其他国家一起，在反对亚特兰蒂斯的军事侵略的战争中发挥了领导作用，这是雅典最为光辉的英雄时刻。亚特兰蒂斯曾是靠近非洲海岸的一个岛屿，现已消失。雅典当时英勇地与亚特兰蒂斯作战，付出巨大代价将这个共同的敌人打败了。从那以后，地震和洪水使亚特兰蒂斯沉没，同时也摧毁了雅典关于这些伟大事迹的所有记录。幸好有埃及保留的完整记忆、古老文字、众位祭司，亚特兰蒂斯的知识才得以幸存下来，现在可以传达到梭伦手上。柏拉图所面临的两难境地，正好与纳芙蒂蒂的两难境地相反。埃及的古老过去对纳芙蒂蒂来说是沉重负担，但对柏拉图而言却是渴求对象。由于找不到这样的过去，他干脆自己编造了一个，还声称可以在塞易斯的档案中找到它的记录。

第二章 柏拉图烧掉悲剧，发明历史

但是，一个永葆青春的文化又有什么问题呢？它可以被看作是一笔珍贵的财富，使一种文化能够摆脱过去的负担，发明全新的艺术和表达方式。从梭伦到柏拉图，这两百年间便发生了这种情况。当时希腊经历了一场惊人的创造力爆发，催生了一种新的戏剧形式，还出现了其他创新。[1] 但是柏拉图却对此毫不关注。他崇敬古典传统，发明了雅典与亚特兰蒂斯战争的故事，专门以此来贬低自己的同时代人。他所贬低的还包括荷马史诗、希腊悲剧和民主制度等，这些都是我们现在极为喜爱的希腊文化成就中的一部分。柏拉图通常被视为古典希腊的代表，但他实际上是一个异类，是埃及的崇拜者，极其喜爱埃及的古老文字系统、神庙和祭司。他利用对埃及的钦佩来攻击自己的文化。

柏拉图并不总是与希腊和希腊艺术作对。年轻时，他完全沉浸在他后来鄙视的文化活动中，尤其是雅典戏剧。根据他的传记作者的说法，他成了合唱团的领导者。合唱团由大约二十几名公民组成，他们作为一个团体一起表演和跳舞，还代表着更大的社区。作为合唱团团长，他负责提供服装、面具和住所，并得到一位负担得起这些奢侈费用的富有赞助人的支持。由于戏剧是一种高度公开的艺术，要在大批观众面前现场表演，合唱团团长深受公众爱戴。早在年轻时期，柏拉图就成功地在一种艺术形式里获得中心地位。这种艺术形式尤其重视即时性，可说是关于当下的终极艺术。[2]

古希腊的戏剧表演是雅典城最壮观的节日的一部分。酒神节在冬季暴

---

1 魏朴和（Wiebke Denecke）以下作品对后来者在文化中的地位进行了深刻的思考，我这本书中多方得益于其讨论观点，参见 Wiebke Denecke, *Classical World Literature: Sino-Japanese and Greco-Roman Comparisons* (Oxford: Oxford University Press, 2014). 她将日本文化和中国文化的关系与罗马文化和希腊文化的关系进行了比较。她的著作以柏拉图关于梭伦和埃及祭司的故事开始。
2 Diogenes Laertius, "Plato," in *Lives of Eminent Philosophers*, translated by R. D. Hicks (Cambridge, MA: Harvard University Press, 1972), vol. 1, 3: 6.

风雨过后，海洋再次通航的春天举行，献给狂欢和戏剧的守护神狄俄尼索斯。这个节日吸引了成群结队的游客，其中部分人从附近村庄步行而来，另一些人骑着驴子或骡子，还有一些人从附近的岛屿或更远的定居点和贸易站乘船前来。无论来自何方，游客们都会穿着最好的衣服，有时甚至面戴戏剧面具，而那些花得起钱的人还会乘坐马车。

这个节日欢迎雅典社会各界广泛参与，对象不仅包括公民（完全是男性），而且很可能还包括女性、"梅提凯"（metikoi，即从事大量体力劳动和技术性工作的外国人）和"杜洛伊"（douloi，即主要从事农业工作的奴隶）[1]。

作为合唱团团长，柏拉图是节日组织工作中的重要一员。酒神节将以狄俄尼索斯雕像在街上的巡游为开始。人们会站在街道两边，目睹山羊和绵羊的献祭过程，然后跟随雕像上山，到达伟大的狄俄尼索斯剧院。这个剧院是一个建造在山腰上的露天竞技场，周围环绕着芬芳的柏树和橄榄树。从那里，观众可以远眺港口，观赏这个航海帝国的力量之源。在此上方矗立的是古老的城堡，也就是雅典卫城。

但柏拉图并不满足于担任合唱团团长。他还写了一部悲剧，希望它能作为节日庆典的一部分上演。[2] 柏拉图生活在希腊戏剧创作黄金时代的末期。在前几代人中，埃斯库罗斯、索福克勒斯和欧里庇得斯这三位伟大的悲剧家创造了一种全新的、强大的公式来撰写悲剧。主角，通常是国王或其他地位很高的人物，由戴着面具的男演员扮演，这些面具夸大了他们的面部表情，也将他们的声音放大。舞台几乎没有布景或道具，但后面的

---

[1] 至少从 1776 年开始，就一直存在着关于女性是否真的参加了希腊戏剧表演的争论。有些消息来源忽略了这些争论，而另一些消息来源则表明女性的确参与其中，其中包括柏拉图在此书中的对话：*Laws*, 817c。参见 Marilyn A. Katz, "Did the Women of Ancient Athens Attend the Theater in the Eighteenth Century," *Classical Philology* 93, no. 2 (April 1998): 105–124, 也可参见 Jeffrey Henderson, "Women at the Athenian Dramatic Festivals," *Transactions of the American Philological Association* 121 (1991): 133–147。

[2] Laertius, "Plato."

第二章　柏拉图烧掉悲剧，发明历史

一个棚子被逐渐改装用作背景。[1]由于只允许两三个演员参与，这个棚子[skene，也就是英文中"场景"（scene）一词的起源]使他们能够改变角色。暴力场面从未在舞台上上演，而是在舞台外发生，例如在棚子中，然后可以从中推出一具尸体并展示给观众。一个由大约15名男性公民组成的舞蹈演讲合唱团，例如柏拉图领导的合唱团，将代表公民发言，对剧中行动发表评论。

雅典人可以看到带领希腊人对抗特洛伊的阿伽门农在经历了一场长达十年的痛苦战争后返回家园。在另一部戏剧中，观众可以看到在血腥内战后成为底比斯统治者的克瑞翁与安提戈涅之间的斗争。安提戈涅坚持要为她的兄弟举行一场得体的葬礼，即使他背叛了这座城市。观众还可以满怀惊恐地目睹被伊阿宋辜负的妻子美狄亚怎样通过谋杀他们的孩子来惩罚她的丈夫。[2]

将舞蹈和演讲、合唱和表演、面具和音乐结合为一体，这种做法实在是引人入胜。人们聚集在这个特殊地点，观看自己的同胞在合唱团中引吭高歌，但同时也是在观看自己，以此体会到自己存在的意义。这些戏剧有时极为有效，以至于激怒人群，引发公众骚乱。当我们将大约17 000名来自不同阶层的雅典人聚集在一个空间中，就形成了一个"高度易燃"的场景，随时都会被一场激动人心的表演引爆。作为回应，当局将更有可能引起麻烦的当代话题列为非法主题。只有一部以近代为背景的悲剧得以幸存——埃斯库罗斯的《波斯人》（很少有希腊悲剧被完整地保留下来，那些幸存下来的悲剧被收集在图书馆中并重新复制）。《波斯人》这部戏剧也可能导致某些混乱场面的发生。尽管该剧描绘了希腊人如何战胜波斯

---

1 参见 Thomas G. Rosenmeyer, *The Art of Aeschylus* (Berkeley: University of California Press, 1982); David Wiles, *Tragedy in Athens: Performance Space and Theatrical Meaning* (Cambridge: Cambridge University Press, 1997)。
2 关于女性在悲剧中的角色，参见 Froma Zeitlin, *Playing the Other: Gender and Society in Classical Greek Literature* (Chicago: University of Chicago Press, 1996)。

027

人,但它以波斯为背景,从失败者的角度讲述了这个故事。后世所有幸存下来的悲剧都以过去为背景,这些过去也都以神话为主题,大概是为了避免激怒雅典的观众。但其他类型的戏剧,包括喜剧,继续在今天的雅典上演。所有的戏剧,无论何时上演,都表现得似乎这些动作正发生在此时、此地。

希腊人很容易被戏剧感动,因为他们生活在一种以表演为基础的文化中。他们会定期参加游行、仪式或朗诵赞美诗,例如与酒神节相关的赞美诗。但是,尽管希腊戏剧持续使用宗教节日作为时代背景,剧作家们也开始讨论与特定神祇或与特定仪式无关的话题。这意味着戏剧与宗教之间的密切联系日渐变得松散,尽管两者之间从未完全断绝关系。这种较松散的联系意味着我们可以在酒神节的背景之外理解和欣赏希腊戏剧,这反过来又意味着希腊戏剧成为一种高度便携、适应力强的艺术形式。这种艺术形式随后会找到对希腊戏剧产生的原始狄俄尼索斯崇拜知之甚少的追随者。

在希腊文化之后,希腊悲剧仍然具有深远影响,这在许多方面都令人惊讶。因为这种艺术形式具有高度地方性,专为特定剧院和观众而设计,并严格遵守规则,精确规定了可以使用多少演员(两个或三个),合唱团应该有多少成员(12到15个),表演应该在什么样的剧院进行(舞台是空的,但可使用场景棚),暴力应该发生在哪里(舞台之外),以及故事应该采取什么形式(基础是一个身居高位者如何沦落至此)。但不知何故,这个特定的公式超越了它的起源。文字写作对此有所裨益,因为它使得戏剧同时得以被阅读和表演。由于字母表、商业贸易和军事征服,希腊文字得以传播,也使得书面戏剧随之传播,并被储存在千里之外的各个图书馆里。

其他传统经历了类似的发展阶段。柏拉图如此尊敬的埃及也有一种表演形式,在宗教节日的背景下结合了舞蹈、歌曲和叙事,其中某些表演已被记录下来。在南亚，用梵文写成的戏剧，如卡利达萨的《沙恭达罗》（*Shakuntala*），就是根据史诗故事改编的。而同样受到规则和惯例限制的日本能剧（Noh），也发展成一种可以与希腊悲剧相提并论的戏剧类型。最终，所有这些戏剧都离开了它们原来的语境，走得越来越远，然后混合、交融。特别是在20世纪，导演们在希腊悲剧和能剧之间创造了各种融合，尼日利亚剧作家沃莱·索因卡将希腊悲剧与约鲁巴（Yoruba）表演传统联系起来。

这些发展都发生在未来。如果柏拉图笔下的埃及祭司们当时真的听说过希腊戏剧及其超越仪式背景的倾向，他们可能会确证，认为希腊人没有深刻的历史感，觉得自己并无负担顾虑，乐于选择改编自己的故事，以服务于全新目的。

柏拉图对戏剧的深度参与为一次邂逅所动摇，这次邂逅也改变了他的一生。就在他准备提交自己创作的悲剧时，他碰巧遇到一群人与苏格拉底进行激烈辩论。苏格拉底——这位臭名昭著的麻烦制造者——并非来自社会上层，而是雕塑家和助产士的儿子，衣着古怪，有时不穿凉鞋，赤脚游荡。尽管他行为特异——或者正因为如此——他还是成了市场上和体育馆前的常客，在那里，男性公民赤身裸体进行锻炼（希腊语动词"gymnazein"是英文中"gymnasium"的起源，意思是"裸体运动"）。[1] 在那里，他通过问一些简单的问题成功地让人们参与对话。通常，这些问题表明人们要么自相矛盾，要么未能意识到自己最珍惜的信念毫无意义。

苏格拉底不仅挑战了普通人的观点，也挑战了最重要的文化权威的观点，尤其是荷马的观点。特洛伊战争和排除万难返回家园的故事已经在歌

---

[1] 关于苏格拉底的生动描绘，参见 Emily Wilson, *Th Death of Socrates* (Cambridge, MA: Harvard University Press, 2007)。

手们的口中代代相传，在语音文字被引入希腊后不久就被记录下来，并被塑造成连贯的作品。这些书面版本的作者是荷马，尽管几乎没有外部证据表明这个人曾经存在。但是，无论这些故事的书面版本的作者是谁，这两部史诗《伊利亚特》和《奥德赛》都已成为希腊文化的基础文本：任何学会阅读和写作的人都是通过研究这些文本来学习的；剧作家深受荷马的影响；雕塑家和画家经常使用荷马史诗中的场景来装饰寺庙以及日常物品，如储物罐、搅拌碗和饮水杯。随着时间的流逝，荷马已成为最重要的文化权威。许多希腊悲剧都发生在荷马世界。

但是，苏格拉底宣称，仅仅因为荷马（或他的抄写员）写下了一些东西，并不一定说明这件事是正确的。每个人都应该有权提出问题，探究假设，梳理后果。人们并不总是感谢苏格拉底的服务；有些人很生气，不再和他说话。但苏格拉底总能找到新的对话者，甚至在雅典的特权青年中获得了追随者。也许这就是为什么柏拉图越靠越近，好奇地想听听苏格拉底要说什么。

在苏格拉底攻击的所有文化形式中，戏剧表现最差。苏格拉底担心戏剧影响力巨大，尤其是对像柏拉图这样易受影响的年轻人更甚。他担心大批观众很容易被煽动而诉诸暴力（就像早期的统治者宣布悲剧中禁用当代话题一样）。他不信任那些巧妙扮演不同角色的演员，认为他们只是在虚构情绪。更重要的是，他认为戏剧只是一个纯粹的幻觉空间，让观众错以为自己正在目睹现场发生的真实事件，而事实上一切都是由胸怀野心的剧作家编造的，他们唯一的兴趣就是赢得一等奖。

柏拉图听的时间越长，就越被这位粗野不文的老师迷住。谈话结束时，他决心要做苏格拉底的学生。但只有一个问题：由于他参与了合唱团，最近刚写完一部悲剧，柏拉图作为戏剧爱好者的身份被当场识破。他现在面临两个选择：戏剧或哲学。突然间，他把自己辛苦完成的悲剧付之一炬。剧本在火焰中燃烧时，柏拉图大声叫喊，仿佛在举行一个重要的仪式："来吧，火神，柏拉图需要你。"[1] 他选择了哲学。[2] 从烈火之中，诞生出柏拉图的第二个身份，这个身份使他成名：一位批评家，一位反对者，一个公开钦佩埃及的人，他将发明希腊的另类历史。正是苏格拉底将柏拉图带到了雅典最重要的文化形式的对立面。

在扮演苏格拉底追随者的新角色时，柏拉图抨击了戏剧以及另一个可被视为与之相关的希腊制度：民主。由于戏剧享有如此广泛的参与度，也由于合唱团由公民组成，戏剧似乎是一种特别适合民主的艺术形式。（这种联系反之也起作用：就像只有在雅典享有特权的男性居民才能在合唱团中表演一样，也只有他们被允许投票。[3]）无论戏剧和民主之间的联系多么紧密，有一点是肯定的：柏拉图在成为苏格拉底的学生后，对两者都极力反对。在晚年，柏拉图尝试担任西西里岛希腊殖民城邦叙拉古的暴君狄俄尼索斯一世的顾问。这一尝试结果并不理想，某些消息声称，柏拉图因而被卖为奴隶（一位朋友后来买下了他的自由）。

柏拉图反对民主还有另一个理由。当时由雅典民主选举产生的领导人以引入新神和误导青年的莫须有罪名判处苏格拉底死刑。苏格拉底的学生和追随者在绝望中策划了一个阴谋：贿赂狱警以帮助他逃脱。但苏格拉底拒绝接受这个安排。相反，他在学生的陪伴下度过了最后的几个小时，其中一些人已经开始哭泣，而苏格拉底却在做他一直在做的事情：从特定情况——一个人的死亡——抽离，进行抽象思考，并检查其相关原则。

在那一天，为了追随苏格拉底而放弃了剧作家职业的柏拉图并没有和

---

1 Laertius, "Plato."
2 参见 Martin Puchner, *Drama of Ideas: Platonic Provocations in Theater and Philosophy* (Princeton: Princeton University Press, 2006)。
3 S. Sara Monoson, *Plato's Democratic Entanglements: Athenian Politics and the Practice of Philosophy* (Princeton: Princeton University Press, 2000)。

老师在一起。也许他不忍心看着老师死去。或者，他已经开始以另一种方式哀悼苏格拉底：书写他。首先，他写了关于审判和苏格拉底拒绝与法官合作的故事。后来，他写了逃跑的阴谋和苏格拉底令人心碎的最后几个小时。随着时间流逝，柏拉图将苏格拉底改写为哲学的化身，尤其是通过描绘后者死亡的相关事件。作为一个曾经的悲剧家，他意识到苏格拉底之死将使其成为哲学领域的悲剧英雄。[1]

柏拉图将这些对话的背景精心设置在苏格拉底经常流连的地方，例如经常散步的城外或繁忙的港口和市场，这使得他的老师在读者的想象中栩栩如生。[2] 在此之后，柏拉图用他的哲学戏剧来贬低古典希腊的文化成就。他攻击演员，攻击朗诵荷马史诗的歌手。[3] 对他来说，这就是哲学的真正含义：对一切事物的批判。

这种批判的对象甚至包括书写。柏拉图质疑书写是否是一种不折不扣的善，声称我们越相信书面文字，我们的记忆就越会萎缩。柏拉图通过书写提出这一论点时，就已经知道这个做法违背了自己提出的建议。就像他发明希腊的另类历史一样，柏拉图用一位埃及牧师之口表达了这个观点。由于埃及在书写文字方面经验更为久远，它也会更好地理解书写本身的缺点所在。

柏拉图对一切事物的哲学批判最终延伸到所有现实中，并导致他设想一个由纯粹形式构成的世界，我们的世界在其中只不过是一个影子。柏拉图主义，正如这种观点后来所称的那样，是他最宏伟的另类愿景。正如亚特兰蒂斯是希腊实际历史的替代者一样，他的纯粹形式的世界也

---

1 Andrea Wilson Nightingale, *Genres in Dialogue: Plato and the Construction of Philosophy* (Cambridge: Cambridge University Press, 1995). 正如柏拉图所描述的那样，苏格拉底的死催生了关于苏格拉底的整个戏剧传统。参见 Puchner, *The Drama of Ideas*, 37-71，也可参见 Wilson, *The Death of Socrates*。

2 关于苏格拉底对话的最佳历史可参见 Charles H. Kahn, *Plato and the Socratic Dialogue* (Cambridge, MA: Harvard University Press, 1972)。

3 也可参见 Jonas Barish, *The Anti-Theatrical Prejudice* (Berkeley: University of California Press, 1981)。

是现实的替代者。柏拉图不只拆毁，他还建立了一座完整的哲学大厦，从此开始塑造哲学。

尽管柏拉图反对戏剧——在他那个时代，戏剧是创造模拟现实的最有力媒介——并且担心写作的广泛使用，但他的哲学对话与希腊悲剧一起在图书馆和私人收藏中幸存下来，特别是在塞易斯附近的亚历山大图书馆，据说梭伦和埃及祭司之间的讨论就发生在那里。[1] 事实上，希腊字母比埃及象形文字更容易使用，这带来了更高的识字率，这意味着戏剧和哲学对话得以广泛流传。（出于同样的原因，埃及开发了更容易使用的通俗文字。）广泛传播是一种有效的生存机制，就像埃及神庙等戒备森严的学习堡垒一样。

但是，文化还有另一种——也许更有效的——生存方式，即通过模仿，以激励新一代来保持文化实践的活力。这种人对人的过程——我们可以称之为教育——对石头或字母表的依赖要少得多，但依靠大量个体。为此，柏拉图在雅典郊外的一片橄榄树林中建立了一所哲学学校，后来被称为学院（the Academy），这就是这个词被用来描述各种哲学流派的原因。他的学生中有一位是亚里士多德，他对老师的哲学进行了大刀阔斧的修改。[他对戏剧的态度比较积极，为我们提供了详尽的悲剧描述；这部作品的改编作品《诗学》（*Poetics*）至今仍被好莱坞编剧使用。]

柏拉图和亚里士多德之所以幸存下来，很大程度上归功于他们对教育的投入，以及他们吸引新一代学生的能力。这一遗产给埃及祭司与所有信任文字和神庙的人上了重要的一课：不要仅仅依赖文化储存，因为神庙和图书馆可以被摧毁，书写系统可以被遗忘，埃及象形文字正是如此。甚至亚历山大图书馆被烧毁，许多希腊文本因而也遭销毁，而无数其他文本因

---

1 Eric A. Havelock, *Preface to Plato* (Cambridge, MA: Harvard University Press, 1963); Walter J. Ong, *The Technologizing of the World* (London: Methuen, 1982).

基督教僧侣拒绝抄写前基督教时代的材料而消失殆尽。柏拉图之所以能够幸存下来，部分原因是他激励了一代学生，而一代学生反过来又激励了其他人，使他的哲学广为人知，得到分享。

多亏这些传播方式，柏拉图在哲学领域内外都对后来的思想家和作家产生了各种影响，有时甚至出人意料。一心想构建乌托邦社会的有远见者受到他的亚特兰蒂斯神话启发，而科幻作家则被他对未来的另类愿景吸引。与此同时，柏拉图对模拟现实的批判，最初源于他自己的戏剧经验，已经被后人更新，以适应新媒体时代。1998年，电影《楚门的世界》(The Truman Show)想象了一个在典型的美国郊区长大的人物，发现自己所认为的现实只不过是一套精心制作的现实电视节目。一年后，电影《黑客帝国》开始采用计算机模拟，向那些愿意承认计算机模拟现实真实面貌的人发出了红色药丸。如果"脸书"(Facebook)最近宣布的元宇宙真的应运而生，我们可以肯定，剧作家和哲学家、虚假历史和另类未来的发明者柏拉图对此会有很多话要说。

第三章

阿育王给未来发送了一条信息

德里，公元 1356 年

对于苏丹菲罗兹·沙阿·图格拉克（Firoz Shah Tughlaq）来说，狩猎是一项节日活动；既是消遣，也是国家事务，能够以此展示自己的技能、勇气和力量。他会在城外的某个地方搭建一座大本营，安排大批侍从满足自己的每个需求，再派侦察兵去寻找猎物。如果他们找到更加惊人的捕食者，如狼、狮子或老虎，苏丹会坚持要求包围这些动物，小心翼翼地安排狩猎队的成员，先杀死它们再继续跟踪鹿或野驴等较小的动物。[1]有一次，苏丹杀死了 73 头大象，数量多到让他几乎无法带着它们跨越崇山峻岭回到德里，他在那里骄傲地展示了这些猎物。[2] 如果你想乞求苏丹原谅，最好在他狩猎时去找他。如果你幸运的话，他不仅会原谅你，还会送你一匹神

---

[1] 这个信息基于 *Tarikh-I-Firoz Shahi*，这本书是关于菲罗兹·沙阿的苏丹国的，作者是当代历史学家沙姆斯·西拉杰·阿菲夫。这本书的英文译本已经出版：*Medieval India in Transition: Tarikh-i-Firoz Shahi*，edited by R. C. Jauhri (New Delhi: Sundeep Prakashan, 2001), 180。

[2] Siraj 'Afif, *Tarikh-I-Firoz Shahi*, 113.

骏的阿拉伯马作为礼物。[1] 他在这种场合展示宽宏气度，也许是因为他知道狩猎将他与先辈紧密相连。先辈们当年骑着快马从中亚驰骋到此，征服了印度次大陆的大部分地区。

今天的狩猎让苏丹远离德里，向北100英里进入喜马拉雅山脚下。正是在这次狩猎中，苏丹在托普拉村（Topra）附近发现了一个出人意料的标本：这并非老虎或大象，而是一根巨型石柱。它仿佛奇迹般地从地面立起，直冲云霄。它体积巨大，超过40英尺高，由砂岩制成，表面经过巧妙修饰，触感出奇光滑。谁制作了这根柱子？它为什么能一直矗立？

回到德里之后，苏丹菲罗兹还是无法忘记这根神秘的柱子。在他的王国里，也存在着其他来自遥远过去的遗迹，比如说堡垒废墟和定居点的遗迹，证明了印度在被其穆斯林祖先征服之前也有自己的文明存在。但这根柱子似乎与过去的其他残余物不同，如此高大而自成一体，似乎没有受到时间影响。他应该拿它怎么办？柱子并非伊斯兰建筑的一部分。[2] 他是否应该把它推倒，证明现在谁才是这片土地的统治者？

这种破坏行为实在违背苏丹菲罗兹的本性。他帝国的某些属地最近发生了叛乱，但苏丹菲罗兹决定不举兵刃，让这些领地独立。他没有发动战争，而是用建筑和基础设施项目来维系自己的统治——挖掘运河和水井，建立客栈和花园，甚至建立整座城市。在仔细考虑应如何处理这根柱子之后，他想出了一个更符合这些做法的计划：他决定把它带到德里，安置在自己的宫殿里，把它立在清真寺附近。运输柱子本身就是一个几乎不可能的挑战，这也比推倒柱子能更有效地展示他的实力。[3]

---

1 Siraj 'Afif, *Tarikh-I-Firoz Shahi*, 177.
2 William Jeffrey McKibben, "The Monumental Pillars of Firuz Shah Tughluq," *Ars Orientalis* 24 (1994): 105–118, esp. 111.
3 菲罗兹·沙阿并不是首位试图搬走这根柱子的领袖，在他之前也有几位苏丹有所尝试，但未能成功。McKibben, "The Monumental Pillars," 111.

苏丹菲罗兹骨子里是一个建造者，他详细规划了这次行动，动用了数百名工人。首先，他用丝绳固定柱子，防止它倒塌。然后，他的工人开始挖掘。他们很快就发现了这根柱子能长久直立的原因：埋在泥土之下的是一个石头底座，由一块巨大的平板组成。他们一挖出这个底座，就慢慢地将柱子放倒在地上，直到它停在为此目的特意建造的棉花支撑架上。然后，他们小心翼翼地用芦苇和树皮包裹柱子，将它吊到专门定制的车辆上。柱子已经准备好要起行了。

拉柱子的车辆本身就是一个奇迹。它如此之长，需要用 42 个轮子；每个轮子都系在一根巨大的绳子上，由 200 人拉着，至少目击者是这样描述的。在数千名工人的肌肉力量的推动下，柱子一步一步地向亚穆纳河挪

柱子由阿育王在托普拉竖立和铭刻，并由菲罗兹·沙阿·图格拉克运送至今天的新德里，也就是当年的菲罗扎巴德的城堡（Kotla）所在的位置（摄影：Varun Shiv Kapur）

动。从始至终，苏丹菲罗兹都没有让它离开自己的视线。一队客船和驳船将大量货物运往新首都菲罗扎巴德（今天的新德里），在那里柱子被拖到宫殿大门内，最后停在贾玛清真寺附近。

最后一项任务是再次将柱子竖立起来。为此，人们用石头建造了一个支撑结构，另一队人马用粗绳子和木滑轮一寸一寸地拉起柱子，直到它最终再次直立，高于所有其他建筑物。苏丹菲罗兹为他的最新藏品添加了一个金色的圆顶。柱子上反射着太阳光芒，提醒着人们苏丹仁慈统治是何等辉煌。

在苏丹心目中，运输和竖立这根柱子的壮举将永葆他治下威名。700年后的今天，这根柱子仍然屹立不倒。这给所有想要与未来交流的人上了一课：使用最耐久的材料，确保它引人瞩目，吸引未来的统治者保护它、使用它，让后代对它的出处和历史感到好奇。

在思考未来的同时，苏丹菲罗兹也希望探究过去。柱子上刻着有规律的铭文，似乎是某种书写文字，但他却不懂这个系统。他希望了解这个古老信息的含义，因此邀请了精通各种前伊斯兰传统的学者，也就是那些了解梵语和次大陆其他语言的学者来破译它。但没有人能读懂这些文字。圣人们对这些文字迷惑不解，于是转而讲述了柱子怎样被一位巨型人物，也就是《摩诃婆罗多》(Mahabharata) 中的人物怖军（Bhima）用作拐杖的故事。至少，这是他们所能透露的全部内容。[1] 还有其他柱子与之相似，有一次，苏丹菲罗兹甚至亲自在柱上铭刻，似乎想在他的建筑信息中添加文字。

苏丹菲罗兹并不是第一个被这些古老柱子及其神秘信息震撼的人。还有另一个人，他在几个世纪前便发现了这种石柱：玄奘，一位来自中国的访客，他前往印度寻找佛教起源。在7世纪中叶，他遇到了几根柱子，并提出

---

[1] Jauhri, *Medieval India in Transition*, 176; 也可参见 John S. Strong, *The Legend of King Asoka: A Study and Translation of the Asokavadana* (Delhi: Motilal Banarsidass Publications, 1989), 10。

了与苏丹菲罗兹在700年后提出的同一个问题：它们的铭文说了什么？玄奘声称自己能够阅读这些文字，或者将它们翻译过来，但他的翻译似乎很不准确。[1]和苏丹菲罗兹相似，玄奘可能依靠当地的传说来获取信息。而玄奘更具有优势，因为他在时间上更接近柱子的起源。公元640年，口头传播的知识对谁留下这些柱子提出了不同的解释：那不是古代史诗中的巨人，而是伟大的孔雀王朝（The Mauryan Empire）国王——阿育王。[2]

如果苏丹菲罗兹当时知道他的柱子何其古老，定然印象深刻。在他那个时代，即1356年，这根柱子已经有大约1 600年的历史了。由于它的重量、尺寸和坚固的石头底座，这根柱子得以幸存，但它的文字已被遗忘。

柱子的最初建造者是阿育王，他的统治从公元前268年左右持续到公元前232年。他从父亲和祖父那里继承了一个辽阔的王国，创建了孔雀王朝。[3]佛教僧侣在一篇名为《阿育王传说》的文本中赞颂了他的丰功伟绩（玄奘正是由此得知阿育王的存在）。[4]《阿育王传说》讲述了国王生活发生突变的故事。最初，阿育王通过武力来扩大和捍卫王国边界，以其貌丑和凶残闻名天下，被称为"凶猛的阿育王"。[5]他不仅对外敌残忍，对臣民也同样如此。据载，他有一次杀死了500名被怀疑叛逆的官员；还有一次，他觉得有一名妇女对其不敬，于是一口气杀死了500名妇女。

但有一天，阿育王偶遇一位佛教僧侣，开始追随佛陀教导。在说服身

---

[1] 玄奘，《大唐西域记》。英译本译者为塞缪尔·比尔，书名为 Si-Yu-Ki: Buddhist Records of the Western World, 2 vols. (London: Trübner, 1884), 2: 85 and 91。Hwui Li, The Life of Huien-Tsiang (London: Kegan Paul Trench, Trübner, 1914), 82, 93, 102。总而言之，玄奘辨认出了许多柱子，有些柱子上有铭文，但托普拉的柱子不在其中。也可参见 Erik Zürcher, The Buddhist Conquest of China: The Spread and Adaptation of Buddhism in Early Medieval China (Leiden: Brill, 2007)。

[2] Strong, The Legend of King Asoka, 7.

[3] Marlene Njammasch, "Krieg und Frieden unter den Mauryas," in Altorientalische Forschungen 14, no. 2 (January 1, 1987): 322–333, esp. 324.

[4] 玄奘，《大唐西域记》，9。

[5] Strong, The Legend of King Asoka, 210.

边亲近的人也同归佛教之后，他出发去和佛陀有关的各地朝圣，包括佛陀出生地和经历开悟的菩提树。根据《阿育王传说》，他还收集了佛陀的遗物，并建造了 84 000 座佛塔和圆顶形寺庙，用以安置它们。他去世前几乎花光国库资金用于修建佛教寺院。忠实于佛教教义的《阿育王传说》还向读者讲述了阿育王的前世。在他早期的一次轮回中，年轻的阿育王遇到了历史上的佛陀。当时的他还是个穷困潦倒的男孩，想送些什么给这位光芒四射的人物，但唯一拿得出手的是一把泥土。作为一项不净的祭品，这把泥土解释了为什么阿育王是好与坏的混合体，既是"凶残的阿育王"，又是"正义的阿育王"。[1]

尽管我们不应该将《阿育王传说》当作史实对待，其中也没有专门提到柱子，但它对任何读过它的人来说，都提供了关于柱子起源的一些解释。因为柱子显然符合阿育王的建筑计划——他致力于标记和纪念与佛陀有关的地点。[2] 但柱子的原始铭文在 19 世纪被破译时，便明确显示出它不仅反映了一位佛教国王的虔诚，还反映了一种来自古代、非同寻常且罕见的声音，这种声音宣告了关于王权和在世间存在的全新观念。[3]

在他的铭文中，阿育王一开始便援引幸福、善行和真理等观念来反思道德问题。他一次又一次地提到佛法。婆罗门祭司最初用这个词来表示国王的职责，但对佛教徒来说，这意味着佛陀的教义。[4] 阿育王宣称，应该避免残忍和愤怒等激情，减轻各地的苦难。国王所用的语言风格极具反思

---

[1] Strong, *The Legend of King Asoka*, 199. 也可参见 Strong, "The Legend and Its Back-ground," in *The Legend of King Asoka*, 17。

[2] 《阿育王传说》读者群极其广泛，它向读者暗示了佛塔和阿育王之间的联系。Strong, "Aśoka and the Buddha," in *The Legend of King Asoka*, 109.

[3] 本书作者是 H.G. 威尔斯（H. G. Wells）的地球大历史著作的忠实粉丝，这本著作宣称阿育王是人类历史上最伟大的高峰之一。H. G. Wells, *A Short History of the World* (New York: Macmillan, 1922), 163ff. 关于阿育王的最佳学术著作是 Nayanjot Lahiri, *Ashoka in Ancient India* (Cambridge, MA: Harvard University Press, 2015).

[4] 关于对古印度与政治暴力有关的佛法和其他政治范畴的详细批判分析，参见 Upinder Singh, *Political Violence in Ancient India* (Cambridge, MA: Harvard University Press, 2017).

性，富有哲理，兼谈宗教——这与古代世界的其他公开宣言截然不同。

在以其臣民为对象的讲话之中，阿育王概述了一套福利计划。该计划的覆盖范围从所有阶级的人类扩展到动物甚至植物，其基础在于对世间众生的尊重。这个想法与众不同，十分激进，在阿育王之前几百年，佛陀就有力地提出了这个观点。这一想法违背了人类社会赖以生存的一切。[1] 人类没有得到平等对待。根据后来的传说，阿育王本人杀死了敌人、不忠的仆人和自行其是的配偶。[2] 动物受到更糟糕的对待，被宰杀作为食物，或在仪式中被献祭，森林经常被砍伐以生产木材。

对于超凡脱俗的佛教僧侣来说，反对这种秩序是一回事，而对于国王来说，这样做又是另一回事。当意识到这套新信仰异常激进的性质之后，阿育王表示有意妥协。他在柱子上明确指出，应该避免**不必要的**受苦，而不是所有的受苦，只有**某些**动物应该免于屠宰。他利用柱子上的宝贵空间看似随机地列出几组应该避免进食的动物，其中包括鹦鹉、蝙蝠、蚁后和鳄鱼。还将"所有既无用也不可食用的四足动物"补充在内。[3] 人们可以感觉到他的下属松了一口气。婆罗门祭司的收入来自他们为进行动物祭祀仪式收取的费用；当地经济依靠森林和驯养动物来维持发展。[4] 有了这个新的妥协版本，就有足够的回旋余地来应付规定。但是，如果他的臣民以为这种更宽容的语气意味着阿育王已经放弃了激进地改变他们生活的做法，那可就大错特错了。阿育王的柱子毫无疑问地表明，他正在将整个国家的力

---

1 Peter Harvey, *An Introduction to Buddhism: Teachings, History, and Practices*, 2nd ed. (Cambridge, MA: Cambridge University Press, 2013). Richard F. Gombrich, *How Buddhism Began: The Conditioned Genesis of the Early Teachings*, 2nd ed. (London: Routledge, 1996). 在耆那教徒中也可以找到类似的想法，根据传说，阿育王的祖父是作为耆那教徒去世的，这意味着这个想法是更大传统的一部分，而不仅仅是佛教徒的传统。

2 Strong, *The Legend of King Asoka*, 211.

3 *The Edicts of Asoka*, edited and translated by N. A. Nikam and Richard McKeon (Chicago: University of Chicago Press, 1959), 56.

4 Romila Thapar, *Asoka and the Decline of the Mauryas* (Oxford: Clarendon Press, 1961), 74.

量置于其全新的佛法概念之后。[1]

阿育王是幸运的，因为他从祖父和父亲那里继承了印度次大陆上第一个中央集权的、统一的王国。这个王国甚至延伸到阿富汗。阿育王急于实现他的普世福利愿景，决定建立一个新的结构：一个帝国官僚机构，其下的各类监察官有权让任性的地方统治者屈服。这些监察官只向阿育王本人报告，给了他前所未有的中央指挥权。苏丹菲罗兹后来发现的这根柱子提醒了所有人，阿育王统治的国家具有深远影响。[2]

阿育王对福利国家的新愿景并不仅仅停留在这一根石柱上。他也在人迹罕至的道路旁的岩石上写下告示。即使对于大多数看不懂的人来说，这些告示也足以表明中央统治者已经控制了这片领土。但最受关注的是他的柱子。他把这些柱子立在战略要地，给新佛法即将盛行的领土做出标记（苏丹菲罗兹最终会找到另一根比这一根略小的柱子，并将其运到新德里）。

对阿育王的臣民来说，这些石柱一定特别引人注目。因为当时印度的大多数建筑都是用泥砖和木头建造的。这些材料可以用来建造精致的多层楼房和宫殿，却并不耐用。这就解释了我们为什么对印度早期文明及其建筑风格知之甚少，仅对印度河流域沿岸以及拉贾斯坦邦、古吉拉特邦和哈里亚纳邦的定居城市有稍微了解。阿育王决定使用石头作为建材，开辟了以耐用性战胜时间流逝的全新可能，得以思考未来后代如何看待这些柱子，并将其视为阿育王的建造实力的产物。

最有可能的是，阿育王从波斯旅行者和工匠那里得到了竖立石柱的想法。[3] 波斯的首都波斯波利斯是一座宏伟的城市，时常举行典礼，满城

---

[1] 所有法令是否都出自于阿育王之手，克里斯托弗·贝克威斯等少数学者对此有所怀疑。Christopher I. Beckwith, *Greek Buddha: Pyrrho's Encounter with Early Buddhism in Central Asia* (Princeton: Princeton University Press, 2015), 234.

[2] Thapar, *Asoka*, 137.

[3] John Irwin, "Aśokan Pillars: A Reassessment of the Evidence," *Burlington Magazine* 115, no. 848 (November 1972): 706–720, esp. 717.

都是柱子，有些柱子高达 65 英尺。通常，它们的顶部雕刻有兽头，有时还刻有铭文。尽管阿育王的大多数柱子都倒塌或折断了，但我们知道它们最初是以模仿波斯的动物雕刻为特色的。阿育王时期并没有用石头建造的传统，更别说建造和竖立石柱了，所以他可能依靠波斯工人来建造这些柱子，并在顶端雕刻坐立着的狮子。这些柱子出现在阿育王王朝后期，也就是他在岩石上宣扬佛法之后。也许他觉得这些早期的岩石法令没有得到人们的充分重视，他需要一种全新的、更壮观的呈现形式，一种在这片土地上从未出现的形式。[1]（阿育王可能也知道希腊的石柱和埃及的方尖碑。）

一些刻在岩石和柱子上的法令详细阐述了阿育王为更严格地管理帝国而建立的行政结构。其他的法令则具体列出了他为人类和动物的福祉，将国家的资源用于实现他的崇高理想而建立的机构。第三组法令敦促大家，要对包括耆那教、佛教和印度教在内的不同信仰体系以及阿吉维卡人的信仰等其他信仰保持宽容。这表明阿育王并不试图用他的激进思想制造分裂。虽然《阿育王传说》将他描绘成佛陀的虔诚追随者，但柱子显示出他独立的思维和愿景，这种思维和愿景受到佛教的影响，但绝不仅限于佛教。

也许最令人惊讶的，是阿育王在一些铭文中所表现出的强烈的个人语气，责备自己在早期王权征战时表现出的残忍不仁——这个情况也预示了后来在《阿育王传说》中所讲述的故事。

> 卡林加国在国王统治的第八年为普里亚达西国王［阿育王］——"诸神挚爱者"——所征服。15 万人被俘虏，10 万人成为刀下鬼，死亡总数是这个数字的数倍之多。在卡林加人被征服后，普里亚达西国王马上全身心投入到研究佛法，热爱佛法，灌输佛法当中。"诸神挚爱

---

[1] 也可比较 Lahiri, *Ashoka in Ancient India*, 275。

者",卡林加国的征服者,现在被感化,懊悔。他深感悲伤和遗憾,因为要征服一个以前未被征服的民族就意味着屠杀、死亡和驱逐。[1]

一位国王宣布自己深感懊悔,因为他在一次成功的军事行动中带来了各种苦难——这是统治者对其臣民说话的一种全新方式。

这种个人化的语气是阿育王对王权观念实施的改变之一。在征服卡林加人的过程中,阿育王表现得像一个典型的国王,就像他的父亲和祖父,贯彻的是一篇名为《政事论》(Asthasatra)的论文中所概述的王权理想。[2] 战争和征服被认为是合法的方式,用以统治国家与扩张帝国。尽管阿育王对这次征服中出现的暴力深表遗憾,但他并没有将卡林加国从他的统治中释放出来。他只是在战争计算中注入了一个新的道德维度。

阿育王利用佛教在他的臣民之间创造了一种新的凝聚力,将他极为庞大而多元的帝国置于一个统一愿景之下。[3] 铭文显示了一种新的统治方式,使阿育王能够实现关于王权理念的变革。

这个情况与纳芙蒂蒂不同,她只改变了统治阶级的信仰体系,而阿育王想改变他所有臣民的心灵和思想。他拼命地试图建立新的思维方式,这就已经够不容易了,而他还想建立新的生活方式,这样做的难度更大。为此,他必须直接与他的臣民交谈。这种公共书写文字的使用方式与埃及祭司或大型图书馆所使用的储存技术截然不同。过去,统治者竖立了刻有律法的纪念碑,这一历史始于美索不达米亚的《汉穆拉比法典》(前1754)。但阿育王正在以一种新的方式来使用佛法和文字:用它们来标记领土,让这片土地说出他的话语,表达他的心意的改变。有了柱子和石头,这些故

---

[1] Nikam and McKeon, *Edicts of Ashoka*, 27 (Rock Edict XIII).
[2] Strong, *The Legend of King Asoka*, 14. 然而,这个文本有可能晚于阿育王出现。
[3] Irwin, "Aśokan Pillars," 717.

事可以直接刻在土地风景之中。

那时文字还远未普及，所以阿育王的公开铭文特别富有冒险精神。南亚次大陆最早的文字仍然笼罩在神秘之中，因为大多数文字都是在——古代世界的纸张——棕榈叶上完成的，这是一种高度易腐的材料。[1] 一些带有抽象符号的黏土碎片幸存了下来，但我们至今仍不知道这些符号是否是完整书写系统的一部分，如果是的话，它们又说了什么。[2]

在缺乏广泛使用的文字的情况下，印度出现了一种基于复杂记忆方法的文明（就像古希腊在文字出现之前那样）。最古老的创世故事吠陀（the Vedas）通过口头传播代代相传，被精心保存下来。始创者们必须学会逐字背诵，甚至要倒背如流。这些故事以惊人的准确性保存下来，并附以评论。最早的语言学论文之一由伟大的学者帕尼尼（Panini）撰写，解释了声音的结构和意义，并在几代人之间口口相传。[3]

佛陀的教诲被一代又一代的学生记住，他们将佛陀生前说过的话语系统地组织起来，一句都不遗忘。他们定期聚集在一场大会中，比较自己所记得的内容，保存已故领袖的谈话。但是，书写系统最终出现了，并被更广泛地用于记录从佛经到皇家通告的一切内容。有一种基于阿拉姆语（Aramaic）模型的字母表叫作"佉卢文"（Kharosthi），阿育王用它在岩石

---

[1] Lahiri, *Ashoka in Ancient India*, 120. 早期写作在印度的作用是一个激烈争论的话题。在其文章 "How the Mahayana Began," Buddhist Forum 1 (1990): 27 中，理查德·贡布里希声称，在佛陀的生平被写下来之前，没有任何文字存在。我参考的著作还有 Harry Falk, *Schrift im alten Indien* (Tübin-gen: Gunter Narr, 1993), 337。在其论文中，彼得·斯基林提出假设说当时的确存在一些文字，但仅用于行政方面，此文章信息为："Redaction, Recitation, and Writing: Transmission of the Buddha's teaching in India in the early period," in Stephen C. Berkwitz, Juliane Schober, and Claudia Brown, eds., *Buddhist Manuscript Cultures* (Basingstoke, UK: Routledge, 2009): 63。还有一个谜题是所谓印度河流域文字，它更为古老，可能是一种语言文字，也可能不是语言文字，至今仍未被破译。参见 Peter T. Daniels and William Bright, eds., *The World's Writing Systems* (Oxford: Oxford University Press, 1996)。

[2] 在阿育王时代之前，印度南部的两个村庄孔顿马纳尔和坡仑撒尔被发现曾使用婆罗米文字。

[3] 有少数人文历史学家提到这位非凡人物，其中一位历史学家是伦斯·博德（Rens Bod），参见其著作：*A New History of the Humanities: The Search for Principles and Patterns from Antiquity to the Present* (Oxford: Oxford University Press, 2014), 14。

上书写自己的两道法令。[1]

在阿育王王朝之前 80 年，波斯和印度的政治和文化世界被亚历山大大帝干扰、中断。他不依不饶地起兵东征波斯波利斯，然后到今天的阿富汗，一直到印度西北部。建立了一个从希腊延伸到印度的短命帝国。[2] 这导致希腊字母的传播，并对文字造成最为持久的影响。（亚历山大大帝曾师从亚里士多德，并在征战时随身携带一本由老师注释的荷马史诗，每天晚上都在它的陪伴下入睡。[3]）这个字母表可能影响了婆罗米文字（Brahmi），这是阿育王用于他的大部分法令的书写系统，包括后来被苏丹菲罗兹发现的大石柱。[4]

阿育王并没有只顾着推广婆罗米文字，而是务实地决定使用哪种书写系统。塔克西拉（Taxila）这个国际化城镇的居民包括许多在亚历山大大帝征服后来到这里的希腊人。在此镇附近，阿育王发布了一份用希腊字母写成的希腊语石制法令。[5] 毕竟，阿育王是亚历山大大帝留下的王朝继承人，因此在目的合适的情况下，他对使用希腊书写技术并不感到内疚。但是，即使阿育王灵活地使用不同的书写系统，仍然存在一个问题。阿育王知道，无论用什么文字，识字能力都局限于数量相对较小的人群。怎样能让不识字的大多数人接触到信息？为了解决这个问题，他以书面形式宣布，他的使者应该定期大声朗读他的诏书。事实上，许多法令都放置在可

---

[1] Thapar, *Asoka*, 9, 162. 也可参见 Falk, *Schrift im alten Indien*, 104-105。

[2] For an account of Alexander's effect on the East, see Amélie Kuhrt and Susan Sherwin-White, eds., *Hellenism in the East: The Interaction of Greek and Non-Greek Civilizations from Syria to Central Asia after Alexander* (Berkeley: University of California Press, 1988). 我也参考了这部著作：Daniels and Bright, *The World's Writing Systems*, and Falk, *Schrift im alten Indien*。

[3] Plutarch, *Lives*, translated by Bernadotte Perrin, Loeb Classical Library 99 (Cambridge, MA: Harvard University Press, 1919), VIII, 2-3.

[4] Lahiri, *Ashoka in Ancient India*, 166ff. 尽管没有考古证据，但婆罗米文字很可能在阿育王时代之前就在北方使用，就像在印度南部和斯里兰卡一样。

[5] Thapar, *Asoka*, 367. 尽管事实上不太可能成立，但阿育王本人也许甚至有部分希腊血统。参见 Thapar, *Asoka*, 25。

以让一大群人聚集的地方。[1] 有了这种新的通信技术，阿育王能够与他的臣民互动，并希望能够影响他们的行为和思想。利用亚历山大大帝开始的加速文化交流网络，阿育王将印度的过去与精选的波斯和希腊进口文化相结合，创造出全新的东西，一种为了服务新目的而有针对性地、极为具体地使用的文化技术。

文化的发展往往通过直面自己遥远的过去来进行：纳芙蒂蒂和埃赫那顿拒绝过去；柏拉图在希腊所做的是发明过去；或者我们还可以恢复过去，重新理解过去，使它适应新的环境。阿育王的柱子呈现了一种全然不同但仍然相关的剧情：遇到早期的碎片，对它们只有模糊理解，但将它们用于全新目的，就像苏丹菲罗兹所做的那样。文化接触在广阔的地理区域里不断增加，越来越多的人也遇到了他们并不了解的文化遗迹。有时，他们会断然拒绝这些片段，对自己知道（和不知道）的东西感到开心满意。但更多的时候，他们遇到这些物品时心怀好奇，试图尽可能地理解它们。有时，他们甚至决定根据自己的目的来对这些物品做出改造。

在亚历山大大帝之后，欧亚交流网络得到加强，并很快远远超出了他的领土范围，成为古代世界最为巨大且最紧密联系的网络。[2] 从种植农作物和驯养动物到技术和文化表达形式以及疾病传播的一切交流，正因为这个网络而成为可能。[3] 印度北部、波斯、美索不达米亚和近东都大致处于同一气候带，这意味着农作物和驯养的动物能够很容易地适应这些地区（尽管不是全部：希腊旅者没有怎么提及佛教，但他们因为皇家大象而对印度国王钦佩不已）[4]。这就使得从印度河流域到所谓新月沃地的部分早期文明得

---

[1] Lahiri, *Ashoka in Ancient India*, 120.
[2] J. R. McNeill and William H. McNeill, *The Human Web: A Bird's-Eye View of World History* (New York: Norton, 2003), 41.
[3] Jared Diamond, *Guns, Germs, and Steel: The Fates of Human Societies* (New York: Norton, 1997).
[4] Thapar, *Asoka*, 147.

以相互接触——这种接触通常是暴力的，正如从亚历山大大帝到苏丹菲罗兹的征服占领史所记录的那样。然而，这种接触也促进了技术和文化的交流和进步，从石柱和文字到王权和宗教的新观念。

与美洲和非洲等其他地区的文化相比，欧亚交流网络在某种程度上给参与其中的文化带来了更多的优势。美洲和非洲不是东西走向，而是从北到南，跨越了不同的气候带。[1] 对于这两个大洲而言，步行穿越和航海旅行在多数情况下也更加困难。可以肯定的是，生活在相对孤立环境下的人类也能种植庄稼，驯养动物，开发新技术和文化习俗。跨越遥远距离发生的跨文化接触往往会伴随着明显的弊端，不仅包括暴力，也包括疾病传播，这就使得被孤立的情况看起来似乎是一件好事。[2] 但从长远来看，文化接触引发了一个动态过程，增加了人类相互交流受益的方式。

阿育王在这个新的交流网络中的角色不仅是进口商。一旦他成功地将制作石柱的技艺和不同的书写系统用以服务他自己的目的，并将两者与佛教的口头传统相结合，他就开始将这种新的文化成套打包输出到国外。[3] 佛教关于克服苦难和实现觉悟的思想非常适合输出，因为它们并不针对特定的群体或阶级。阿育王成为这些思想最重要的早期倡导者，用国王之力来支持这场具有普遍吸引力的传教运动。[4] 在一道石制法令中，他为自己这套哲学的普遍吸引力感到自豪：

> 到处都有人遵循"诸神挚爱者"在佛法中的指示。即使"诸神挚爱者"的使者没有去过那里，这些人也听说过佛法的修持和诸神所传授的佛法教仪和指示，正在遵循之，也将继续这样做。这种征服在任

---

1 McNeill and McNeill, *The Human Web*, 36.
2 如需其他资源，也可参见 Diamond, *Guns, Germs, and Steel*。
3 Thapar, *Asoka*, 159.
4 Compare to Karl Jaspers, *The Origin and Goal of History* (Basingstoke, UK: Routledge, 2011).

何地方都大获全胜，它带来了极大的喜悦——只有佛法的征服才能带来的喜悦。[1]

在另一道法令中，阿育王宣称，他将王权的新观念——佛法——带到了波斯和希腊，他正是从这两地的文化中借鉴了某些文化技巧。尽管阿育王正确无误地将佛教打造为一种潜在的、成功的出口产品，但他对佛教的发展走向却有所误判。西方只有很少的资料提到佛教，也很少有迹象表明阿育王的佛法对美索不达米亚、希腊或埃及产生了持久的影响，虽然波斯具有佛教传统。

当阿育王向西张望时，佛教却将在东方迎来最大的成功。佛教僧侣前往中国，后来又前往韩国和日本以及东南亚，传播佛陀的话语（并最终将朝圣者玄奘吸引到印度）。这种出口创造了第二个更为先进的交流网络，即丝绸之路，加速了欧亚大陆的一体化。[2]

阿育王在考虑如何能够让自己的影响力超越空间和时间。毕竟，能够将自己的思想投射到未来，这是在石柱上写作的一大吸引力。在记录着他的丰功伟绩的，也就是后来由苏丹菲罗兹运到德里的那根柱子上，阿育王宣称："我下令刻下这道关于佛法的法令，以便它永世长存。"这几乎逐字逐句地呼应了苏丹菲罗兹的愿望。1 500年后，这根柱子成为他自己的纪念品，直到审判日。[3] 在另一份法令中，阿育王以同样的想法表示："凡有石柱或石板的地方，都要刻上这道法令，以便长存。"[4] 在石头上写字创造了

---

[1] Ven. S. Dhammika, *The Edicts of King Ashoka* (Kandy, Sri Lanka: Buddhist Pub lication Society, 1993), 27. 也可参考 Nikam and McKeon, *The Edicts of Asoka*。此书中有这样一句："他对此地居民和王国界外之民一再实现这种道德征服，影响甚至远至纳纳国王安提约卡统治的600个约贾纳斯（Yojanas），甚至超越安提约卡的四位国王的王国，分别是图拉玛亚、安提基尼、马卡和阿里卡苏达拉，以及南部的朱拉斯（Cholas）和潘迪亚斯（Pandyas），远至锡兰。"（29）约贾纳斯是古印度、柬埔寨的一种长度单位。

[2] 参见 Peter Frankopan, *The Silk Roads: A New History of the World* (London: Bloomsbury, 2015)。

[3] Nikam and McKeon, *The Edicts of Ashoka*, 38.

[4] Dhammika, *The Edicts of Ashoka*, 34; Nikam and McKeon, *The Edicts of Ashoka*, 36.

一种新的永恒感。阿育王的文字是婆罗米文字中最早的文字记录,也是印度国王现存最早使用文字的例子。

然而,与口头传播相比,阿育王高估了文字的寿命,因为口头传播在以文字塑造的文化中并不典型。(柏拉图高估了文字,尽管他也对文字持批评态度。)阿育王不太理解的是,文字不仅要经受住时间的侵蚀——这个问题可以通过在石头上书写来解决——而且必须能够被人破译。如果你想与未来对话,你需要相信整个写作基础设施的存在,包括学校和其他代际传播方式。阿育王的法令即使能够保全,也将变得难以认读。正是口头的传统保留了阿育王和柱子之间的联系,而柱子上的文字已经变得无法阅读。

作为另一次暴力跨文化相遇的一部分,阿育王的文字在19世纪30年代被解码,这就最终证明了阿育王对文字持久性的信念。到19世纪,穆斯林对阿育王王国的统治已经结束,印度被一家庞大的英国公司,也就是东印度公司控制。这家公司利用印度次大陆,以一种崭新的、贪婪的殖民主义形式来填满其股东的腰包。[1] 对领土和人民的控制也需要文化知识,这就是为什么东印度公司开始研究印度遥远的过去,收集手稿和文物,并把其中许多物品运往伦敦(就像纳芙蒂蒂的半身像后来被运往柏林一样)。与这种文化征用行为同时发生的,还有破译婆罗米文字的努力尝试。考古学家、哲学家和东印度公司官员詹姆斯·普林塞普使用统计方法并借鉴挪威学者克里斯蒂安·拉森(Christian Lassen)的工作成果,为破译这一书写系统做出了重大贡献。[2] 他使用了印度-希腊国王阿加索克勒斯统治时期(前190—前180)的希腊-婆罗米双语硬币,就像让-弗朗索瓦·商博良使

---

[1] Thapar, *Asoka*, preface. 也可参见 William Dalrymple, *The Anarchy: The East India Company, Corporate Violence, and the Pillage of an Empire* (London: Bloomsbury, 2019)。

[2] 关于詹姆斯·普林塞普的生平记载,参见 Charles Allen, *Ashoka: The Search for India's Lost Emperor* (New York: Little, Brown, 2012), 120。

用罗塞塔石碑来破译埃及象形文字一样。就这样，在阿育王去世两千多年之后，他的声音、他的王权观念以及他为佛教所做的努力再次变得清晰可读。

阿育王提出了许多关于过去和跨文化接触的有趣问题。当一种文化派遣传播使者到另一种文化时，会发生什么？像阿育王石柱这样的文物应该留在原地，还是应该移到新的地方？可以肯定的是，苏丹菲罗兹只是抓住了这根柱子，并用其服务于自己的目标。但话又说回来，有人可能会争辩说，这根柱子是要在未来才被发现和使用的，而阿育王正是为此目的才把它放在那里。文化接触同时会带来破坏和创造，每一代人都必须克服这种复杂纠缠。事后看来，当我们的过去被挖出、拿走并用于新的目的时，许多文化都与中断、误读、误解、借用和盗用相关。在这位不寻常的国王和他的柱子上，我们能学到的正确教训就是要意识到这些纠缠状况确实存在。这根柱子被竖立、遗弃、误解、遗忘、重新发现、移动，最后再次被破译。愿它的信息永远留存。

第四章
庞贝古城里有一位南亚女神

这座雕像个头纤小，高9.5英寸，做工精细，雕刻的是一个女性形象，她面向前方，姿态曼妙复杂。她的左脚跨过右脚，右臂伸向背部下方，左手向上伸展，头部略向左偏。她的两侧是两位小侍从，身高仅及她的腰部，其中一位拿着一个化妆盒。这位女性留着长发，编成辫子，上面缀以精美珠宝，小腿和手臂上都戴着环饰，脖子上戴着珍珠，腰间系着腰带。这尊雕像由已被列入濒危物种名单的亚洲象的象牙制成，上有印度西北部使用的佉卢文文字中的单个字母"sri"（阿育王也在其两道北方石制法令中使用此字母），表明雕像源自何方。这也意味着该人物可能代表拉克希米（Lakshmi）女神，也可能代表在南亚女神和众灵神庙中与生育有关的另一位人物。[1]

从南亚西北部开始，雕像开始向西旅行。她可能通过陆路，途经巴克

1　Mirella Levi D'Ancona, "An Indian Statuette from Pompeii," *Artibus Asiae* 13, no. 3 (1950): 166-180, esp. 168.

特里亚（在今天的阿富汗）到达波斯，然后从那里到达美索不达米亚，穿越高山和沙漠，然后到达今天的土耳其。她也可能会选择海路航行，经过陆路向南前往印度洋，再乘船前往波斯湾；或绕过阿拉伯半岛，冒着被季风和海盗袭击的风险进入红海。[1] 在那里，她将被一艘平驳船运送到亚历山大港，这是由亚历山大大帝建立的伟大港口城市。从亚历山大港出发，她将被装到船上，经过地中海而驶入罗马帝国的心脏地带。[2]

到公元 1 世纪，罗马帝国的版图已经扩展到南部的埃及和巴勒斯坦，东部的希腊、小亚细亚和美索不达米亚，北部的高卢和西部的伊比利亚半岛。罗马的崛起势不可挡，很快就会达到其领土扩张的最高点。帝国内部的人员和货物交换极其活跃，将相距数千英里的人们吸引到一张单一的网络之中。

然而，这个扩展的网络仍无法满足罗马人对奢侈品的需求，这就是为什么商人要与帝国之外的不同地方建立关系，其中也包括印度。从印度进口的商品包括棉花、宝石、生丝和丝绸服装（可能最初来自中国），以及胡椒、生姜、姜黄和豆蔻等香料，其中一些用于烹饪，另一些用于医疗。[3] 我们在印度发现了罗马硬币，这表明罗马几乎没有货物可与印度进行贸易交换，所以只能用上硬通货。[4] 庞贝城的别墅里配备的希腊马赛克镶嵌画和东方奢侈品，就是这种不平衡贸易的完美例子。罗马人用硬通货来购买这些商品，而他们眼中的印度也被笼罩上一股异国情调，被视为盛产香料、

---

[1] 参见 Elizabeth Ann Pollard, "Indian Spices and Roman 'Magic' in Imperial and Late Antique Indomediterranea," *Journal of World History* 24, no. 1 (March 2013): 1–23, esp. 7。

[2] Grant Parker, "Ex Oriente Luxuria: Indian Commodities and Roman Experi-ence," *Journal of the Economic and Social History of the Orient* 45, no. 1 (2002): 40–95, esp. 73. 关于这次长途贸易的详细记载，参见 Kasper Grønlund Evers, *Worlds Apart Trading Together: The Organization of Long-Distance Trade between Rome and India in Antiquity* (Oxford: Archaeopress, 2017), 22。埃弗斯怀疑这座雕像是否代表拉克希米，因为雕像与女神的常见表现形式之间有明显差异。

[3] Parker, "Ex Oriente Luxuria," 44, 48.

[4] *Ibid*, 68. 也可参见 Pollard, "Indian Spices and Roman 'Magic'," 8。

药品和魔法的国度。[1]

庞贝城位于罗马以南150英里处，与这座首都之间关系复杂。附近的维苏威火山为它带来特别肥沃的土壤，在公元前800年左右吸引人们来到此地的山麓定居，而附近的萨勒诺湾则提供了通往地中海的便捷通道。到公元前523年，当意大利北部的主要文明，即伊特鲁里亚文明向南传播，庞贝城早就被伊特鲁里亚化。但随着罗马势力范围的扩大，庞贝城慢慢被并入罗马帝国，这意味着庞贝人开始采用罗马方式生活。在一场内战中，庞贝城无奈落败，只能被迫放弃其独立地位，被正式吞并为殖民地。

当印度雕像运到时，庞贝城是一座热闹非凡的罗马风格小镇。许多房屋都拥有带屋顶的中央庭院，镇上最繁忙的地段设有酒吧和餐厅，其中一间配备了优雅的大理石酒吧（2020年，有关一间"小吃店"的新证据被发现）。[2] 我们不知道这座印度雕像何时结束长途跋涉到达庞贝城，但可以确定它在公元79年夏天之前就已经抵达，因为那正是火山爆发的时候。

火山爆发始于多次微震。这个警告本来应被众人熟知，因为就在17年前，庞贝城就发生了一场造成广泛破坏的大地震。但也许这些震动实在轻微，可能并未被认为是更糟糕情况的预兆。最终喷发时，火山释放出浓密的火山云，时浅时深，取决于其组成物质，它们像松树树干一样射向空中。这棵不祥的云树一旦达到20英里的超常高度，树干就长出向四面八方蔓延的树枝，形成更宽的树冠，挡住太阳。风从东北方向吹来，沿着海岸向南吹动树冠。这个风向对庞贝城来说足以致命，由富含气体的熔岩泡沫形成的火山灰和轻质火山岩，雨点般阵阵洒落在城中。为了逃避这种炼

---

[1] Pollard, "Indian Spices and Roman 'Magic'," 2. 关于庞贝人的别墅和奢华生活，参见 Martha Zarmakoupi, *Designing for Luxury and the Bay of Naples: Villas and Landscapes (c. 100 BCE–79 CE)* (Oxford: Oxford University Press, 2014).

[2] 关于庞贝城酒吧和食品店的新证据不断涌现。2020年还出土了关于"小吃店"的证据。Elisabetta Povoledo, "Snail, Fish and Sheep Soup, Anyone? Savory New Finds at Pompeii," *New York Times*, December 26, 2020.

狱般的轰炸，有些居民躲在家中。但随着灰烬和岩石开始堆积，许多人逃离此城，试图带走自己最珍贵的财产，并用枕头盖住头，透过湿布呼吸来保护自己。

在一片恐慌中，没人注意到这尊印度雕像。它可能是一小件家具的一部分，因为它的背面有一个洞，表明它是一个更大物体的一部分。这就使得它不便运送，也可能是因为它的主人当时立即明智地逃跑了，把所有值钱的东西留在身后。

岩石和灰烬如雨落下，持续了一个又一个小时。碎屑不断积累，一寸又一寸地堆积起来。但热熔岩流还没有从火山口喷出来，尚未用火海吞没这座城市。所以部分跑到岸边准备乘船逃离的居民又鼓起勇气，回到已经着火的城里，营救更多的财产。这种做法被证明有生命危险，因为在最初喷发的大约18小时后，第二个甚至更致命的阶段开始了。火山的一侧喷出一股炽热气体和熔岩碎片，从山腰上一路冲下，温度高达500华氏度，将沿途的一切烧毁。火山气体首先袭击了赫库兰尼姆（Herculaneum），由于风向对其有利，该镇幸免于焚毁沿途一切的大部分灰烬和岩石。火山气体移动得如此迅速，那些留在城里或返回的居民没有时间寻找庇护场所，无论他们在哪里被困住，都会被烧死。他们的衣服、皮肤和肉体在极高温度下被立即焚化。他们的尸体呈现出怪诞的姿势，因为肌肉在被烧得脱离骨头之前会在高温下收缩；他们的大脑爆炸了，头骨看起来像破裂的鸡蛋。

火山气体云将赫库兰尼姆摧毁之后，就开始向庞贝袭来。由于这座城市距离火山有几英里远，当气体到达城市时，温度会稍微降低，这对其居民来说意味着另一种死亡方式。他们被热气窒息倒地死去，但他们身上的衣服却未被烧毁，肌肉没有疯狂收缩，大脑也没有爆炸。火山不断喷出灰烬，积聚在尸体的上部，最终将它们埋在9英尺深的碎片之下。庞贝城和赫库兰尼姆只能被遗弃，再也无法住人。

庞贝古城的毁灭过程中尚存一丝幸运：出现了一位极不寻常的目击者，他叫作小普林尼，当时只有 17 岁，此后他将成为他那一代人中最伟大的作家之一。他看到火山爆发时距离较远，得以幸存。在一位历史学家的请求下，他后来记录了这段经历，其中结合了精确描述的文字与引人深思的图像。正是由于他的观察记录，我们现在才能重新构建火山喷发，导致庞贝城的生命戛然而止的两个阶段。[1]

如果说小普林尼的羽毛笔是保存庞贝城毁灭过程的一种方式，那么另一种方式就是火山喷发本身。它将这座城市和其所剩下的一切全部封印于灰烬保护层之下，为我们提供了罗马帝国生活的罕见快照。从历史保护的角度来看，地震、洪水和火山喷发并非好事，因为它们具有破坏性，但人类的持续使用却会更加彻底地毁坏城市。如果庞贝城没有被埋在灰烬下，那里的生活就会继续下去，这意味着现存的房屋将被拆除并被新房取代，几乎所有的艺术和文化痕迹迟早都会消失。

随着时间流逝，火山灰烬就像一张密封条，保护雕像和庞贝城的其余部分免遭天灾人祸。无论她曾经归属于哪件家具，它都已经被烧毁了，但这座象牙女神像却幸免于难，毫发无损地躺在灰烬下，实在是奇迹。她在那里隐藏了 1 800 年。如果没有火山，她还能被保存多久？这很难说。最有可能的是，这座雕像会被打破或丢弃，以追随奢侈品的新时尚。

庞贝城提供的快照就像一颗时间胶囊。它是如此不同寻常，以至于历史学家谈到了"庞贝偏见"：我们对公元 79 年的日常生活的认识主要基于这个乡下小镇，从它推断到整个罗马帝国的情况可能会产生误差。但庞贝城实在是一颗很棒的时间胶囊，让我们不能不用。

庞贝城揭示了罗马帝国如何向世界各地甚至敌国借鉴，充分汲取各种

---

[1] 关于火山喷发，最近期且最出色的研究著作是这本书，其中特别提到小普林尼：Daisy Dunn, *The Shadow of Vesuvius: A Life of Pliny* (New York: Liveright, 2019).

艺术与商品。印度雕像并不是这座城里唯一的外国艺术品。最早被挖掘的神庙之一是献给埃及神伊西丝的。它的墙壁上刻有埃及象形文字，可能没有人能看懂。[1]在罗马的多神论世界中，吸收兼用外国神灵并不罕见。通常来说，这些神灵会获得适合他们的新一批崇拜者的全新名字和属性。在这里，伊西丝和奥西里斯与他们的儿子荷鲁斯融合在一起，创造出一种三位一体的存在。荷鲁斯是埃及的天空之神和王权之神，其典型的形象是隼头人身。他们三位的神庙提醒我们，罗马对外国影响持有极为开放的心态，即使这些影响来自其长期敌人迦太基。将外国神灵纳入罗马万神殿的做法甚至可能标志着军事胜利。但有时也会引起麻烦，比如说备受欢迎的酒神狄俄尼索斯崇拜被禁止时就出现了这样的状况。

和希腊相比，埃及对罗马帝国的影响力则相形见绌。罗马在火山爆发前两个多世纪就击败了希腊，同年，即公元前146年，它终于成功地摧毁了迦太基。[2]在击败迦太基的战功鼓舞之下，罗马将目光投向了一个势力较小却仍顽强抵抗的敌人——亚加亚（Achaean）同盟，此联盟由所有主要希腊城邦组成，领导者为科林斯（Corinth）。罗马军团共有约3 500名骑兵和23 000名步兵，从北部的马其顿进攻，击败了同盟，然后向位于伯罗奔尼撒半岛的科林斯进军，攻占了这座城市。科林斯的败亡影响深远，既巩固了罗马对东地中海的控制，同时也导致希腊在军事与政治方面长期一蹶不振。为了彻底羞辱科林斯，大多数男人被杀死，女人被奴役，城市被夷为平地。

显而易见的是，这次失败并没有令罗马人蔑视希腊文化。相反，任何

---

1 人们在罗马城市中发现了一座供奉埃及神的神庙，在18世纪时，这个发现令人震惊，重新燃起了人们对埃及的兴趣；其中一位受其启发的是莫扎特，他的歌剧《魔笛》借用了伊西丝和她的丈夫奥西里斯，也借用了其他受埃及文化启发的主题。Mary Beard, *The Fires of Vesuvius: Pompeii Lost and Found* (Cambridge, MA: Belknap Press, 2008), 303. 莫扎特受到的另一个重要影响来自拿破仑的远征。参见 Jan Assmann, *Moses the Egyptian: The Memory of Egypt in Western Monotheism* (Cambridge, MA: Harvard University Press, 1997), 16。
2 Dexter Hoyos, *Rome Victorious: The Irresistible Rise of the Roman Empire* (London: I. B. Tauris, 2019), 29.

罗马公民如果在庞贝城里走上一圈，只需看看绘画作品，就已经上了一堂希腊文化的速成课。在一所房子里，他们原本可以欣赏欧里庇得斯的戏剧场景。希腊剧作家们能够让雅典观众群情激昂，让苏格拉底和他的学生柏拉图感到沮丧，欧里庇得斯就是这些剧作家中的一位。[1] 这些场景以典型的壁画风格绘制，用油漆涂在潮湿的石膏上并与其一起硬化。在这种绘画风格和火山灰保护层的双重作用之下，庞贝古城的马赛克镶嵌画和壁画在近2 000年后仍然色彩鲜明，效果生动。

有一栋房子本可作为极佳范例，介绍希腊最重要的进口文化产品之一：戏剧。这座房子现在被称为梅南德之家（the House of Menander），因为它里面保存了这位希腊喜剧作家极为精美的肖像画作，拥有一座宏伟的内庭，门口有一排柱子，中庭极为宽敞，比印度雕像主人所享受的中庭要大得多。梅南德的肖像采用了庞贝城中常见的赭石色调，他坐在椅子上，一只手肘放在椅背上，轻轻地支撑着他的头，另一只手拿着一份文本（大概是剧本），一件长袍随意地扔在肩膀上。除了肖像之外，这座房子还有错视画柱、拱门、壁龛和窗户，通向想象中的远方景致。

梅南德并不是庞贝人唯一感兴趣的希腊戏剧元素。他们采取了与住在其他地方的罗马人相似的做法，复制了希腊剧院，有半圆形的摊位、侧门、半圆形的演奏区和舞台后面的建筑。但他们决定将舞台建成全面封闭式，这样观众就不会再忽视台上表演而眺望远处的风景。几个世纪以来，罗马剧院都是用木头建造的，方便在节日期间搭建起来。直到后来——尽管在火山爆发之前——它们才像希腊剧院一样是石头建造的。尽管庞贝城只是一个有约12 000名居民的省份城镇，但它拥有两个剧院，此外还有更大的圆形剧场，该圆形剧场是为容纳角斗士决斗而建造的，后者是一项真

1　Beard, *Fires of Vesuvius*, 254.

正的罗马发明。[1]

希腊对罗马的影响也延伸到其他领域，尤其是教育。罗马军队得胜之后，希腊教育家往往以奴隶教师的身份来到罗马，而受过教育的庞贝人则可能会在希腊完成学业。这使他们能够在对话中转用希腊语，并援引希腊作家的原文。[2] 庞贝城中许多壁画描绘了两部荷马史诗的场景，尤其是《伊利亚特》，

希腊喜剧作家梅南德的壁画，在庞贝城的一栋私人别墅中被发现，此处现在被称为梅南德之家（摄影：Wolfgang Rieger）

而荷马也是关于希腊诸神知识的主要来源。一幅保存完好的壁画上画有罗马人钦佩不已的亚历山大大帝，这是亚历山大大帝的现存最早描绘。庞贝城的许多神庙都供奉着希腊诸神，现在所有这些神灵都被赋予了罗马名字，有时还赋予了新的功能。印度雕像的主人很可能会将她解释为维纳斯的某个版本，维纳斯则是希腊女神阿佛洛狄忒的罗马改编版本。[3]

罗马人对一切希腊事物的迷恋实在令人惊讶。因为即使在他们权力的巅峰时期，希腊人本身对其他文化也兴趣欠奉（唯一的例外是柏拉图钦佩的埃及文化），也很少学习另一种语言。从历史的共同趋势来看，罗马转向意大利半岛本土的文化资源似乎更自然，例如伊特鲁里亚文化就在庞贝和意大利的许多地方留下痕迹，其中包括伊特鲁里亚统治者曾经君临的罗

---

1 罗马人对角斗竞技游戏产生兴趣之后，从国外进口包括大象在内的大型动物就成了一桩大买卖。Pollard, "Indian Spices and Roman 'Magic'," 7.
2 Beard, *Fires of Vesuvius*, 143.
3 D'Ancona, "Indian Statuette," 180.

在庞贝古城的牧神之家发现的马赛克镶嵌画,描绘了亚历山大大帝和波斯大流士国王之间的伊苏斯战役（the Battle of Issus）。这幅画是对希腊版本原作的摹仿（那不勒斯国家考古博物馆。摄影：Marie-Lan Ngyuen）

马。但这种情况并未发生。与此相反，罗马人将一种生成于不同语言，基于不同历史的文化嫁接到他们自己的本土传统上。

　　罗马人选择希腊文化而非当地历史，实在令人惊讶，因为这个选择与地理状况正好相悖。可以肯定的是，意大利半岛上有着多个希腊人的定居点，尤其集中在西西里岛，其历史可以追溯到古代——叙拉古成立于公元前734年，为希腊文化传入早期罗马打通了渠道。（即使在今天，一些保存得最为完好的希腊神庙也在西西里岛。）迦太基战败后，叙拉古最终落入罗马之手，但仍保持其希腊特色。但叙拉古和其他希腊人定居点一样，规模太小，无法用以解释希腊对罗马的巨大影响。

　　最重要的是，罗马人对希腊文化的运用似乎颠覆了我们对军事力量及其与文化进口关系的直觉。通常，当一个帝国通过征服扩大其影响力时，其文化会侵占另一种文化，从而将自己的文化带到异国他乡。比如说亚历山大大帝在亚洲各地留下的希腊定居点就是如此。几个世纪前，庞贝城就正处于这种接受强势文化的一端，当时它仍然是一个伊特鲁里亚城镇，创作伊特鲁里亚艺术，并向伊特鲁里亚诸神祈祷，然后被崛起的罗马城邦同化。但对于罗马和希腊而言，情况正好相反：希腊在科林斯的联盟被击败，但希腊得以继续存在，其文化影响力甚至还得以扩张。在取得了惊人而持久的军事胜利后，罗马人决定在几乎所有文化事务方面都听从他们的老对头，其中包括宗教、艺术和文学。[1]（伊特鲁里亚人曾经在早期引进一些希腊元素，包括奥林匹斯山的十二主神。）罗马诗人贺拉斯在给皇帝奥古斯都的一封信中诙谐地描述了希腊文化在罗马的惊人存在："被俘虏的希腊俘虏了野蛮的征服者，并将艺术带到了质朴的拉提姆地区。"[2] 这个关于希腊影响罗马的寻常故事隐藏着人类历史上更不常见的东西：一个国家主动且刻意地将战败敌人的文化嫁接到自己的制度和实践上。

文化嫁接的对象也包括戏剧，率先这样做的人是一位名叫李维乌斯·安德罗尼库斯的作家和演员，他开始采用希腊风格，借用希腊主题编写和表演戏剧，剧本标题包括《阿喀琉斯》《埃吉斯图斯》《安朵美达》和《特洛伊安努斯》等。[3] 他还借鉴了希腊模式创造了喜剧。李维乌斯·安德罗尼库斯很可能是一个被奴役的希腊人，当他成为自由人时，他采用了其主人李维乌斯的罗马名字。他的传记证明了政治权力和文化影响力的结合。[4]

李维乌斯·安德罗尼库斯的戏剧表演备受关注，其他作家也纷纷效仿，其中表现突出的是泰伦斯和普劳图斯，两位都不是希腊人。泰伦斯［全名为普布利乌斯·特伦提乌斯·阿弗（Publius Terentius Afer）］出生在

---

[1] 关于伊特鲁里亚人对罗马影响的描述，可参见 Mary Beard, *SPQR: A History of Ancient Rome* (New York: Liveright: 2015), 108。关于罗马时代之前和期间意大利伊特鲁里亚文化的具体案例研究，可参见 Sinclair Bell and Helen Nagy, *New Perspectives on Etruria and Early Rome, in honor of Richard Daniel De Puma* (Madison: University of Wisconsin Press, 2009)。

[2] Horace, Epistle 2.156-157: *Graecia capta ferum victorem cepit et artis intulit agresti Latio.*" 此书英译者为 Elena Theodorakopoulos，未出版。 要了解罗马借用希腊文化的更广阔语境，参见 Wiebke Denecke, *Classical World Literatures*, 36。

[3] Denis Feeney, *Beyond Greek: The Beginnings of Latin Literature* (Cambridge, MA: Harvard University Press, 2016), 58。

[4] 关于罗马戏剧的概况介绍，可参见 Gesine Manuwald, *Roman Drama: A Reader* (London: Duckworth, 2010)。

北非的迦太基，而普劳图斯出生在现在的意大利北部。但他们都确保罗马戏剧借鉴希腊模式，市场上充斥着这些作品，其中有些戏剧改编自梅南德喜剧，但更多的是在宽泛意义上受到希腊模式启发的新戏剧（我们现在能够找到大约有 53 个归于普劳图斯名下的戏剧标题，但其中只有 20 部真正的戏剧幸存下来。一个早期消息来源声称普劳图斯写了 130 部剧本）。[1] 泰伦斯和普劳图斯使得梅南德名声大噪，以至于庞贝城梅南德之家的主人把这位剧作家放在家中显著位置。[2] 梅南德的戏剧本身不太可能在庞贝城的剧院演出，打造梅南德名声的主要是他的忠实追随者李维乌斯·安德罗尼库斯、普劳图斯和泰伦斯。在庞贝古城可以找到的希腊戏剧中的其他场景也是如此：这些场景和戏剧是文化精英可以分辨的参考点。如果你想成为一位受过教育的罗马人，就需要知道这些名字，即使你没有去看正在上演的戏剧。（罗马剧院也借鉴了伊特鲁里亚的舞蹈和表演传统。[3]）

希腊与罗马的嫁接也延伸到了荷马身上。同样，这位李维乌斯·安德罗尼库斯在翻译《奥德赛》的过程中更加倾向于服务其目标读者。按照今天的判断标准，他用的是意译（free translation），对从神人名字到诗歌音步（the meter）等各种方面都进行了罗马化。李维乌斯没有使用希腊的六音步（hexameter），而是选择了罗马风格的音步，从而使其译作更容易进入罗马。

今天看来，翻译另一种语言和文化的文本似乎是世界上最自然不过的事情。毕竟，这就是我们大多数人当下阅读希腊和罗马文学的方式。翻译是文学在其起源范围之外传播的方式，从而使之成为我们现在所说的世界

1　George Fredric Franko and Dorota Dutsch, *A Companion to Plautus* (Hoboken,NJ: John Wiley & Sons, 2020), 11.
2　Sebastiana Nervegna, "Plautus and Greek Drama," in Franko and Dutsch, *Companion to Plautus*, 33. 也可参见 Elaine Fantham, "Roman Experience of Menander in the Late Republic and Early Empire," *Transactions of the American Philological Association* 114 (1984): 299–309。
3　Franko and Dutsch, *Companion to Plautus*, 19. Timothy J. Moore, "The State of Roman Theater c. 200 BCE," in Franko and Dutsch, *Companion to Plautus*, 24.

文学。[1]但对古代世界而言，翻译另一种文化的文学是十分罕见的。[2]最常见的例外是对实用知识，如农业和医学手册以及宗教文本的翻译。佛教文本从印度语翻译成中文；居住在亚历山大港，讲希腊语的犹太人将《希伯来圣经》翻译成希腊语。但是，翻译另一种文化的整套文学经典，在此之前从未发生。至少，关于这种做法的记录无从查找。如果我们现在经常通过翻译欣赏源自另一种文化的文学作品，我们的做法就与罗马人在人类历史上的首次创举相像。[3]这是他们文化嫁接的卓越实验的一部分。以下这个想法是错误的：在希腊到罗马之间出现了一场自然的文化发展过程。但正是因为文化嫁接实验的巨大成功，我们才会产生这样的误会。文化嫁接果然奏效了。[4]

这种嫁接移植产生了意料之外的后果。通常，戏剧、史诗、雕塑和绘画等文化形式会随着产生它们的文化一起发展，以适应本土接受者不断变化的环境。当文字得以传播时，就开始有人收集记录口述故事，口述的史诗则被转化为书面文本，使得后来的文学作品能够回顾这些早期文本，但同时也将它们视为来自更早年代的过时之作。

当一种文化从其他地方借鉴并采用它的整套艺术形式时，这些在最初的历史语境下跟随时间推移而逐渐演变而来的艺术形式，瞬间全部降临，以一系列令人眼花缭乱和令人困惑的选择来面对嫁接文化。这些选择似乎是一场造福众生的及时雨，但它们也会让人感到无所适从。以上两种情况都在罗马出现了。虽然许多罗马人显然欢迎由希腊启发创造的戏剧和文学，但其他人却将这种文化流入视为失去纯真的表现，似乎罗马本身就被

---

1 David Damrosch, *What Is World Literature?* (Princeton: Princeton University Press, 2003).
2 Feeney, *Beyond Greek*, 43.
3 另一个例外是日本，在这本著作中有详细介绍：Denecke, *Classical World Literatures*。
4 迈克尔·冯·阿尔布雷希特在其著作中提供了对这种现象的另一种描述，参见 *A History of Roman Literature* (Leiden: Brill, 1997); 他把罗马文学称为"第一部'衍生'文学"（12）。

禁止发展自己的文学。[1] 有些人，例如老加图（前234—前149），就完全拒绝希腊文化流入。其他人则回溯罗马建国的最早故事，也就是双胞胎罗慕路斯和雷穆斯被一头母狼哺乳的神话故事，作为响应。他们还在熙熙攘攘的罗马城中心搭建了一座小屋，据说在罗马兴起和采用希腊文化之前，这里曾经是罗慕路斯的住处。[2] 许多罗马人兼具两种反应：既怀念他们城市失落的起源，也享受一系列令人目眩神迷的进口文学、翻译文学或根据外国模式创作的全新文学作品。

希腊文化嫁接到罗马的过程，向我们提出了一个关键问题：罗马人应该如何看待自身历史与被自己热情采用的文化之间的关系？回答这个问题的人是维吉尔。他意识到罗马需要一个更完整的故事来讲述它自己的起源——一个解释它与希腊之间奇怪关系的故事。光有罗慕路斯和雷穆斯被狼哺乳的神话是不够的。维吉尔决定以《伊利亚特》和《奥德赛》的方式将这个故事写成史诗。

维吉尔之所以能够做出这样的选择，本身就是文化嫁接实验的结果，而李维乌斯·安德罗尼库斯的翻译则促成了这一实验。通常，关于起源的史诗故事来自口述故事，这些故事逐渐变成更长的书面记录。这就是几个世纪前荷马史诗的出现方式，也是其他史诗的形成方式，从美索不达米亚的《吉尔伽美什史诗》到印度的《摩诃婆罗多》和《罗摩衍那》，皆是如此。史诗并非由使用其他史诗作为模型的作者规划，编写而成。

然而，这却正是维吉尔决定要做的：集合各种当地传说来写成一部荷马风格的史诗。[3] 这是一种全新的史诗类型：一部后来者的史诗。更奇怪的

---

1 Denecke, *Classical World Literatures*, 21.
2 *Ibid*, 157.
3 维吉尔采用了几个当地的传说，例如特洛伊人登陆西西里岛的传说；在伊特鲁里亚也有与埃涅阿斯有关的传说。关于这些传说来源的讨论，参见 Karl Galinsky, *Aeneas, Sicily, and Rome* (Princeton: Princeton University Press, 2015)。

是，作为一位后来者，维吉尔关注的并非与自己文化有关的过去，而是另一种文化的过去，这也许可以与柏拉图面对埃及文化的感受相比。

后来者能获得各种巨大优势，可以使用各种范例和选项。维吉尔面前有两部荷马史诗，这使他处于独特位置，能够从两者中做出选择。在《伊利亚特》中，荷马描述了特洛伊战争接近尾声时的一个插曲。当时阿喀琉斯因为觉得自己在分配战利品时被轻慢对待，愤然退出战斗。他拒不参战，使得特洛伊人处于优势地位，直到他回心转意，希腊人才再次占据上风，最终取胜。在《奥德赛》中，荷马描述了他的主人公奥德赛缓慢艰辛的回家之路，流浪途中克服了各种各样的艰难险阻。

借鉴这两种模式，维吉尔让他的主人公，罗马的未来创始人，经历了一段在地中海流浪的时期，途中遭受风暴袭击、神灵折磨，就像在《奥德赛》中一样。一路走来，他有好多次都差点偏离了自己的方向，尤其是在被迦太基女王狄多（Dido）分心时，就像奥德修斯在仙女卡吕普索的岛上几乎乐不思蜀一样。但是，维吉尔的主人公抵达意大利之后，就必须在一系列让人联想到《伊利亚特》和其中描绘的特洛伊围城战斗中，与当地居民作战。除了挑选情节和场景，维吉尔还借用了缪斯女神的呼唤、众神的频繁干涉，以及荷马著名的明喻和延伸隐喻，通过运用这些修辞手法，诗人可以任由幻想翱翔。

为了在事后解释和证明罗马采用了文化嫁接，维吉尔所做的不仅仅是将两部荷马史诗合并成一部新的罗马史诗。他直接将自己创造的史诗情节与荷马的世界联系起来。他的史诗以荷马式的方式开始，"在事物的过程当中"，首先描述埃涅阿斯已经可以望见西西里岛，但随后又回到了按时间顺序排列的故事开端，描述战火燃烧的特洛伊城。这个完美的场景——荷马所描述的城市废墟——让维吉尔能够创造一条弧线，从荷马世界延伸到意大利，埃涅阿斯的后代将在那里建立罗马。像柏拉图一样，维吉尔为自己的文化创造了一个虚假的背景故事。

在实施这个巧妙的情节设置时，维吉尔做出了一个令人惊讶的决定：他没有选择一位希腊英雄作为他的主角。考虑到希腊文化的重要性，这本应是个显而易见的选择。在这样做的时候，维吉尔会向他的读者发出信号：你看，我们的起源实际上不在于伊特鲁里亚人的过去，也不在于罗马城建成之前的当地史，而在于这些希腊人，其中一人后来航行到罗马并建立了我们的血统和帝国。但维吉尔并没有选择这条路。相反，他选择了失败者之一：特洛伊的埃涅阿斯。公平地说，荷马并没有诽谤特洛伊人。尽管他以希腊人的身份，为希腊读者写了一场希腊人最终获胜的规模宏大而所费不赀的战争，但他从来没有感觉到特洛伊人在根本上有何不同。特洛伊战争不是一场文化战争或宗教战争，也不是不同政治制度或不同种族群体之间的战争。正如荷马所描写的，特洛伊人和希腊人说同一种语言，向同一批神灵祈祷，拥有相同的价值观，并将彼此视为具有同等价值者。所有这些都与后来出现的许多战争文学大相径庭，现代情况更是如此。

尽管如此，维吉尔在《伊利亚特》中居然选择了我们之前稍微提及的埃涅阿斯，这依然十分令人惊奇。他放弃战斗并逃离燃烧的特洛伊城，这让他不太适合担任一个正在崛起的帝国的创始人。比如说，为什么我们不让奥德修斯从伊萨卡出发，经历了20年的冒险后不愿再安守家中，于是建立了罗马呢？

维吉尔并不是第一个在罗马和埃涅阿斯之间建立关系的人。之前就有关于罗马起源于特洛伊的传说，也有传说讲述奥古斯都皇帝和恺撒大帝都在对其名字的可疑词源学考据基础上，将自己的起源追溯到埃涅阿斯。维吉尔将这些传说和家谱编织成一个完整的故事情节，并迅速成为经典。

选择埃涅阿斯作为故事主人公也让维吉尔获得了一些具有价值的东西：与希腊保持距离。在将罗马的史前史与希腊史缝合的同时，他还在故事的结构中编织了一条新的线索，一条将特洛伊和罗马连在一起的非希腊线索，让希腊人成为胜利者，但同时也成为这出罗马建国戏剧中的旁观者。在荷马史诗中，希腊人陶醉于胜利，让埃涅阿斯偷偷溜走；他在希腊故事中的角色也到此为止；但对维吉尔，对罗马却绝非如此。对于罗马而言，这个故事才刚刚开始，尽管其中希腊具有压倒一切的重要性，尽管维吉尔借用一篇被两个希腊建城故事所启发而成的史诗来讲述自己的故事，以此表明罗马毕竟与希腊不同。选择特洛伊战争的失败者之一，体现出来的并非软弱，而是信心。我们罗马人不只是在模仿希腊；我们积极主动，精心刻意地使用希腊文化，从而讲述我们自己的故事。罗马人对他们所谓的特洛伊血统也做了同样的事情。到《埃涅阿斯纪》尾声部分，特洛伊人必须放弃他们的语言和文化，并被意大利同化。

维吉尔的《埃涅阿斯纪》成为罗马的建国故事，它说明了文化嫁接确实充满荣耀，蕴含无限可能；采用微妙策略，并不代表某方失败或身处劣势。这也适用于描述其他领域的罗马文化。以其影响而言，泰伦斯和普劳图斯所写的剧本已经超越了希腊戏剧家在数百年甚至数千年内所写的剧本（直到希腊悲剧在 19 世纪开始复兴并再次上演）。[1] 罗马建筑师通过借鉴希腊模型创造了新型的建筑和寺庙，罗马雕塑家和画家也是如此。普鲁塔克通过撰写一本传记集将两种文化联系在一起，他在其中将希腊人和罗马人配对，表明他们之间是多么相似。

庞贝古城拥有复杂精致的壁画、中庭建筑和剧院，仍然是欣赏罗马文化嫁接成果的最佳场所。庞贝古城广场旁边的一座大型建筑上刻有引自维吉尔的铭文，描述了特洛伊埃涅阿斯时期罗马的神话起源。可见整座城镇，无论从壁画到剧院，都是这种文化实验的证明。

---

[1] Helene Foley, *Reimagining Greek Tragedy on the American Stage* (Berkeley: University of California Press, 2012).

今天，我们敬佩、赞美罗马在治国方略、基础设施（从道路到浴场）、军事组织和政治决断方面取得的各种进步成就，但罗马最值得一提的遗产是嫁接艺术。事实上，当历史和地理意义上相距遥远的文化（如美国文化）回到罗马寻求灵感时，它们都在间接地向这项遗产致敬，因为它们跨越了极为遥远的距离，将罗马文化嫁接到自己的文化上，就像罗马曾经对希腊所做的那样。

与此同时，南亚雕像已经在那不勒斯考古博物馆安家落户。那不勒斯这座大型城市崛起于庞贝城附近，可以看到那座迟早会再次爆发的火山。如果它真的如此，我们必须希望雕像不会被劫走或拿走，因为那样会增加它丢失的可能性。在理想情况下，当火山在未来喷发时，她将留在原地不动，准备再次被考古学家挖掘，重见天日。

第五章
佛教朝圣者寻找古代遗迹之旅

当玄奘（602—664）到达印度河岸边时，他真的很想回家。[1] 水流湍急的印度河源头来自世界上最高山脉的冰川，河面宽达数百米。玄奘明白渡河并不容易，但也别无他法。如果他真的还想回到中国，就必须涉过这条河，才能到达开伯尔山口。这将把他带到兴都库什山，这座山是世界上最宏伟的屏障之一。从那里，他可以转向东方，穿越山脉跋涉沙漠数千英里后，就有希望到达唐代的国都长安。

玄奘其实不太确定回家之后会面临什么。皇帝可能下令逮捕他，因为他偷偷离开了中国，违反了明确禁止外国旅行的律令。禁令成因是中国与

---

[1] 以下的记载基于玄奘的《大唐西域记》。英文译著信息为：*Si-Yu-Ki: Buddhist Records of the Western World*, translated from the Chinese of Huien Tsiang by Samuel Beal, 2 vols. (London: Trübner, 1884)。另外一个来源是玄奘的弟子撰写的传记（《大慈恩寺三藏法师传》，沙门慧立著），英文译著信息为：*The Life of Huien-Tsiang*, by Hwui Li, translated by Samuel Beal (London: Kegan Paul Trench, Trübner, 1914), 191。最佳的东亚地区概况介绍见于此书：Charles Holcombe, *A History of East Asia: From the Origins of Civilization to the Twenty-First Century*, 2nd ed. (Cambridge: Cambridge University Press, 2017)。此外，我也非常感谢魏朴和，我们俩都担任《诺顿世界文学选集》（*Norton Anthology of World Literature*）编辑，从她为此选集撰写的前言眉注里，我学到了很多关于东亚的知识。

突厥游牧民族和西方诸国之间的连年战争。[1] 玄奘溜出玉门关，走进大唐帝国以外的荒野的时候，差点被抓住，但有一个外国人出手相助，帮他启程前往印度。[2]

他从玉门关偷偷离境，是在16年前。16年间的旅行方式主要是骑马和步行。16年来路程长达数千英里，他穿越了印度次大陆，从西部的纳西克，到东南部的坎奇普拉姆（在今天的泰米尔纳德邦），沿着东海岸到达孟加拉国的塔姆拉利普塔，然后转向西北，再次穿越印度河回家。也许这段不寻常的经历、他能提供的关于外国领地的信息以及他行囊中沉甸甸的异国财宝，会说服皇帝忽视他当时的擅自离境之举。这也意味着他耐心收集的种子、手稿和雕像是幸免于难的最大希望。

玄奘把自己的贵重货物装在一艘船上，交给一个可靠的人来看守。他选择用一种更有尊严的方法过河：骑大象。尽管这条河水势很急，但一头成年大象通常可以安全穿越，不被冲走。这个计划奏效了。玄奘穿过汹涌洪流，安全到达彼岸。他用这样充满戏剧性的方式，到达印度河对岸属于他的另一侧，这一侧指向家乡。

玄奘回头眺望，想确定船上的货物也能安然渡河，却看到水流忽然对冲而产生波浪，将船猛地抛起。他的货物开始松绑，有些还掉到水里。看货人试着保住货物，但自己也被卷进水中。一切似乎都将毁于一旦。但最惊险的一刻终于过去，同船乘客把看货人救了回来，船也终于抵达了对岸。这次损失的确惨重。玄奘费九牛二虎之力收集和抄写的大量经卷都被河水冲走。在他积攒的所有东西里面，它们是最重要的，他知道自己没有这些经卷就没法面对皇帝。他现在应该回头，再也不与祖国相见吗？他是否在思忖多年前自己为何坚持违反皇帝的禁令，开启这场前往印度的漫长旅途？

---

1 Hwui Li, *The Life of Huien-Tsiang*, 10–13.
2 *Ibid*, 13–17.

很久以后，在他终于归国返乡之后，玄奘将这次损失惨重的渡河经过和其他所见所思所述都写在《大唐西域记》里面。在这本书里，玄奘煞费苦心地描述了每个地区，提供了地理信息，并评论当地居民及其文化、语言和书写系统。《大唐西域记》成为经典之作，展示了世界文学的一个重要体裁：游记。玄奘创作的这种旅行写作在文化流动过程中发挥了极为巨大的作用。

玄奘为什么要踏上这场旅途？

玄奘在一种立足于文本研究的文化中长大。他的家庭属于所谓文人阶层，这是中国特有的一个阶级（这种阶级也以不同的形式出现在朝鲜和越南）。能否获得官职，是否可以晋升，都取决于对一套古典文本的掌握程度。为选拔文学艺术方面的出众人才，当时的中国已经建立了一项范围广泛的考试制度，让年轻男子（女性被排除在外）在数日之内备受折磨。如果他们通过了这场考试，就得以晋级参加下一场考试，以此从本地乡试晋升到省级会试，最后到最高级别的殿试。科举考试制度的建立目的在于从军人阶级和本地乡绅手中夺走权力，确保只有文雅复杂的教育，而非野蛮的军事力量，才能让人获得薪酬丰厚的官职。由此诞生了第一个基于教育优绩体制的政府制度——一种以文学为基础的精英政治。

科举考试的核心文本，即所谓儒家经典，来自遥远的过去，并将这段过去作为一种理想来高度颂扬。这套经典包括：一本以周朝初期为背景的诗集，创作时间约为公元前 1000 年；一本可能由西周统治者撰写的演讲和其他文本；一本礼仪书，详细记载宫廷礼节和礼仪，以及社会行为形式；一部介绍占卜系统，英文标题被译为 *Book of Changes* 的《周易》；以及一部关于鲁国的历史记录。[1]

1　Michael Nylan, *The Five "Confucian" Classics* (New Haven: Yale University Press, 2001).

儒家经典创造了一种基于对过去的崇拜的文化。它们之所以被称为儒家经典，是因为生活在公元前 5 世纪的圣人孔子对此非常赞赏，后来也被视为这套文本的编者（他的家乡是鲁国，这也加强了他与该国历史记录的联系）。严格意义上讲，这个联系并不完全正确，因为孔子没有写下任何东西，而只是将他的教义口头传授给弟子（很像佛陀、耶稣和苏格拉底的做法）。[1] 但他也向自己的追随者灌输了对过去的深深敬畏，尤其敬畏在这些文本中被描绘得活灵活现的西周时代。根据孔子的说法，西周是一个和谐、秩序井然的时期，是一个善治国家的典型例子，与孔子自己所在的战乱时代形成鲜明对比，在孔子的时代，敌对国家陷入了持续战争阶段。对于孔子来说，过去是从对现在的厌恶中诞生的一种理想。

这种对待过去的态度极具革命性，难以理解。我们习以为常的想法是过去的一切都更好，过去的某种黄金时代已经过去，我们目前生活其中的是堕落时代，《希伯来圣经》中的伊甸园就正是如此。孔子的举措与众不同：他挑出一个独特的历史时期，有些幸存下来的记录和残余也许与其相关，以此作为一种理想。这种做法非常激进。不少人回望历史，从而在现在挑出各种毛病，孔子就是其中之一。他的做法和柏拉图一样，而后者比他晚了一百多年，两人之间几乎隔着整个欧亚大陆。

这个想法惊人地强大。孔子学说在他死后被记录流传，与古代文本书籍相结合。然后，这个过程产生的经典被置于考试系统的中心，该系统将整个文化引导过去，并将一种传统与连续之感贯注其中。

对于从小就钻研儒家经典的玄奘来说，对这部古老经典的崇拜与当今文化的非凡繁荣有关。[2] 作为最近建立的全新朝代，唐朝（618—907）重新

---

1 Wiebke Denecke, *Dynamics of Masters Literature: Early Chinese Thought from Confucius to Han Feizi* (Cambridge, MA: Harvard University Press, 2011).
2 Hwui Li, *The Life of Huien-Tsiang*, 2.

统一了中国。唐朝的国都变成世界上最宏伟、先进的城市之一。一种新型的诗歌出现了，并被后世公认为中国文学的巅峰。在罗马沦陷之时，中国重新统一，经历了一个黄金时代。在财富和文化生产方面，这个黄金时代远远超过了儒家经典中如此推崇的西周王朝。

但玄奘既不满足于儒家经典，也不满足于自己移居的国都正在形成的新文人时代。他的兄长向他介绍了另外一种思想，一种最终将他带到印度的思想：佛教思想。[1]

佛教是沿着后来的玄奘途经兴都库什山和阿富汗的同一条路线，在无意之中被带到中国的。[2] 当时，这种文化输入是不寻常的。很快，这种情况就会越来越频繁地发生，因为基督教被罗马帝国接受，伊斯兰教被中东和北非的大部分地区接受。但在公元前的几个世纪里，宗教信仰的流动性是很罕见的。很少有宗教渴望赢得来自其他文化的皈依者。佛教是最早的这些新型传教宗教之一，阿育王早在试图将佛教输出到远方之时，就认识到了这一点。

佛教在公元 2 世纪带给中国的最重要创新可能不是它的佛法、转世和涅槃的教义，而是实践这一教义的机构：僧侣团体。他们放弃所有财产，自愿保持贫穷和独身，剃度，以别人的布施为生：这种生活方式在中国闻所未闻（在印度也是新的做法，那里有个别苦行僧生活在贫困中，佛陀圆寂之后的几个世纪以来，佛教徒团体出现，由此形成寺院形式的崇拜者群体）。最初，人们强烈反对这种新的生活方式，因为它违背了最重要的儒家原则。儒家思想是面向政府服务的，而佛教则主张退出世界。儒家宣扬政治稳定，而佛教则认为世俗的安排必然是短暂而不稳定的。儒家要求敬畏父母，而佛教则要求皈依者离开家人，保持独身。尽管佛教和儒家思想之间存在差异，但佛教徒群体已经在中国各地形成，成为中国文化的一部

---

[1] Hwui Li, *The Life of Huien-Tsiang*, 3.
[2] 可以比较 Peter Frankopan, *The Silk Roads: A New History of the World* (London: Bloomsbury, 2015)。

分，甚至在位高权重的文人阶层里吸引了一批行家，而文人阶层是最受儒家思想熏陶的一群人。也许正是佛教和儒家思想之间的根本差异，导致了像玄奘的兄长这样的文人接受了这种新的生活方式。

佛教徒热心传扬教义与生活方式，这就是玄奘的兄长向其介绍佛教的原因。玄奘在20岁时出家，剃度之后持守独身戒律，长时间潜心研究佛教经典。[1] 他还学习了梵文，这是佛陀的部分对话在几代人口头传播后被记录下来所用的语言之一。[2] 精通儒家经典之后，玄奘潜心研读佛教经典。他花了七年时间成为一名佛教僧侣，毕生致力于练习冥想诵经，出家修行，充分展示了参与这个虔诚团体成员的应有做法。

此后，玄奘变得躁动不安。他长期遵循佛陀戒律，其思想因此转向西方——这位早已开悟者的故乡。玄奘研究的佛教典籍都围绕着与佛陀有关的地方：他的出生地、他坐在菩提树下的开悟之地、他宣讲特定经文之地。诚然，佛教是一个易于携带的思想体系，可以在任何地方实践，特别是在佛教徒群体形成的地方。但是，有种特殊的神秘感与佛教的原始遗址密切相关，这是一片在经文中备受缅怀的土地。玄奘开始有种亲自去这些地方的冲动。在这一点上，他的计划不一定是带回由一头大象背负的宝藏，甚至根本不是回到家乡。据他自己说，他真正想要的是寻找"圣迹"。[3] 在佛陀的一生中，印度发生了一件非同寻常的事。玄奘想见证那件事在数百年后的残余影响。

玄奘被某种力量吸引到印度，这种力量是文化流动的必然产物：一种来自远方的外来文化的诱惑。被外来思想束缚的人们常常担心自己所知道

---

1 Hwui Li, *The Life of Huien-Tsiang*, 4–7.
2 Peter Harvey, *An Introduction to Buddhism: Teachings, History, and Practices*, 2nd ed. (Cambridge, MA: Cambridge University Press, 2013). Richard F. Gombrich, *How Buddhism Began: The Conditioned Genesis of the Early Teachings*, 2nd ed. (London: Routledge, 1996).
3 Hwui Li, *The Life of Huien-Tsiang*, 44.

的只是真实事物的影子，是部分的、经过过滤的，并因穿越时空而被彻底改变。因此，人们渴望源头，在那里，无论是怎样的文化创新都能够以其原始状态，或者至少通过它留下来的任何痕迹而得到欣赏。玄奘只需要崇拜佛陀所留下的思想，便可以成为我们今天熟悉的人物：一位朝圣者。

玄奘选择走一段丝绸之路，绕着北部的塔克拉玛干沙漠，一直走到玉门。此地得名玉门，是因为驮着玉石的商队会经过这个唐朝时代的中国哨站，这些哨站遗址至今清晰可见。这是他不应跨越的边界。再往前是塔里木盆地，这个地区最近战役频频，因为它被不同的突厥部落争夺。唐朝正在蚕食这些部落的领土，导致冲突不断。16年后，当玄奘壮游归来时，该地区已成为唐朝国土的一部分。（今天，它被称为中国西北部的新疆地区。塔里木盆地也被称为"Altishahr"，在维吾尔语中意为"六城"。）

玄奘一出玉门关，就一直身临险境，被卷入小规模冲突或以其他方式受到攻击。他知道自己生命脆弱：孤身一人，逃亡在案，还是虔诚的佛教徒。玄奘早已知道佛教徒可能会遭到迫害。他一路低调行事，安然穿越了这片饱经战火之地。他经常得到在绿洲和城镇中出现的佛教团体的帮助，当地的国王和统治者向他提供食物和给其他统治者的信函，其中部分统治者与唐朝皇帝保持着友好关系。

对于玄奘来说，主要的风险来自路上的普通劫匪，他们并没有把他当作不怀好意的中国入侵者，而只是一个容易下手的对象。另一个危险来自难以捉摸的地形。他差点死在沙漠里，直到最后一刻才被其他旅行者救出。他死里逃生之后，这样描述那些惊险事件："……入大沙碛。绝无水草。途路弥漫。疆境难测。望大山，寻遗骨。以知所指。以记经途。"[1]

---

[1] Xuanzang, *Record of the Western Regions*, translated by Samuel Beal in *Si-Yu-Ki: Buddhist Records of the Western World*, 2 vols. (London: Trübner, 1884), vol. 1, 32. 英文引文信息如上，中文引文来自《大唐西域记》卷一，描述玄奘经过窣堵利瑟那国的经历。——译者注

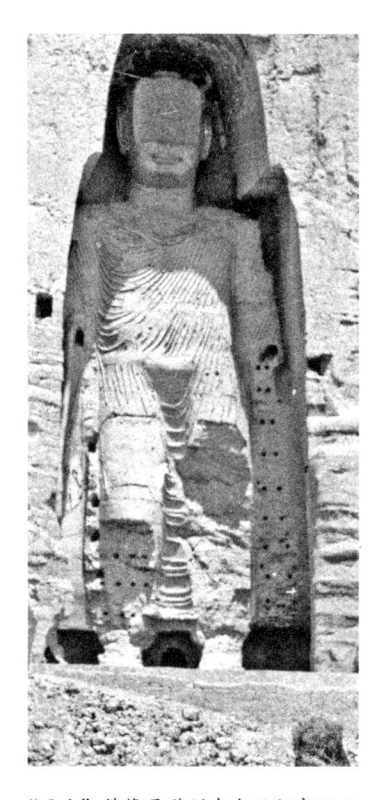

"西方"佛像是雕刻在今天阿富汗巴米扬山谷砂岩悬崖上的两尊大型佛像之一,这是它被塔利班摧毁之前,在1940年的模样(瑞士国家图书馆,摄影:Annemarie cwarzenbach)

2001年3月被塔利班摧毁后,巴米扬山谷的"西方"佛像状况(摄影:Squamar Abbas)

玄奘逐渐接近印度,开始掂量此次朝圣将获得何种程度的支持,其中包括不同的佛教团体,还有统治者们对宗教的态度。佛教最引人注目的标志之一是雕像。在巴米扬山谷(在今天的阿富汗),玄奘被直接刻在山腰上的一尊巨大佛像惊呆了。在雪山的映衬下,"金色晃曜,宝饰焕烂"[1]。这尊雕像从砂岩山上凿出,用泥土和灰泥修饰而成,其中一部分,包括伸出的手,涂成金色,其他部分则用闪闪发光的宝石装饰。它是一组此类雕像的

---

1 Xuanzang, *Record of the Western Regions*, 51. 英文引文信息如上,中文引文来自《大唐西域记》卷一,描述玄奘经过梵衍那国的经历。——译者注

第五章　佛教朝圣者寻找古代遗迹之旅

一部分，其中一尊高140英尺，宏伟壮观，证明了佛教在该地区长期具有重要地位。

这些雕像如此巨大、坚固，以至于即使在玄奘访问的几个世纪后，在该地区的人们转为信奉伊斯兰教后，它们仍然是文化景观的一部分。有些人将它们用作避难所，甚至永久居住在山腰上雕刻出来的空洞壁龛中。2001年，塔利班部队使用高射炮和重型火炮破坏了这些雕像，但即使是这些现代武器也无法完全将其摧毁。这些雕像的轮廓仍清晰可见，宛如幽魂般萦绕在这些遗址上，人们甚至讨论过重建它们的可能性。

玄奘对这些雕像着迷，不仅因为它们极为巨大，还因为这是他以最近距离看到佛陀容光焕发脸庞的方法。佛教徒创造了不同的视觉表现风格，将佛陀描绘成一个人，探索发展各种适合他教导的特定手势和姿势，这是宗教与艺术之间密切联系的另一个例子。玄奘在旅程开始之时，就以朝圣者的热切心情，吸收学习了这些发展内容。

但是，玄奘知道自己尚未进入印度境内，于是继续前进。在越过希巴尔山口，到达今天的喀布尔地区后，他觉得自己离佛陀的心脏地带越来越近了。最后，他进入了犍陀罗（在今天的巴基斯坦），那里在800年前曾是阿育王王国的一部分。玄奘从《阿育王传说》中得知这位传说中的国王，《阿育王传说》是被翻译成中文的佛教典籍之一。传说称赞阿育王建造了84 000座佛塔，这些圆形寺庙存放着可能属于佛陀的遗物。作为这部经文的细心读者，玄奘现在将他遇到的许多佛塔和巨型石柱归功于阿育王。[1]这些柱子、雕像、寺庙和寺院给玄奘带来了一种穿越圣地的感觉。他终于到达了此行的终点：佛教统治时间最长的地方，佛陀之地。

然而，玄奘在记录中极为遗憾地写道，代表昔日辉煌的各种建筑经

---

[1] 有关阿育王的传说和想法如何塑造玄奘和其他中国旅行者观念的更多记录，请参见 John Kieschnick and Meir Shahar, *India in the Chinese Imagination* (Philadelphia: University of Pennsylvania Press, 2013), 5。

年失修，几乎数不胜数。（他还写到一位国王故意试图抹去阿育王的佛教铭文。[1]）他对此做法深感失望，非常反对，也由此想起自己此行意义并不取决于这些雕像、柱子或佛塔是否能够幸存。玄奘在儒家和佛教两种重视文本的传统中长大，所以此行原本就计划要寻找佛教经文。一旦他到了印度，寻找经文手稿就变得至关重要。

随着时间流逝，不同的佛教传统和流派在印度各个地区发展起来，传到中国的教义取决于哪些僧侣带回了哪些卷轴，然后怎样将它们翻译成中文。儒家经典在时间推移中显得出奇稳定，与长期积累而成的儒家经典相比，新兴的佛教经典似乎不太可靠：不拘一格，容易出错，导致误解，脱离其原始语境而存在。例如，最早被翻译成中文的佛教文本在印度根本不存在，而只是一本"荟萃"选集，汇集了佛教经典中的著名段落，这本经典被称为大乘佛教（Mahayana），或"大乘"。就像在罗马，李维乌斯·安德罗尼库斯将荷马史诗翻译成拉丁语一样，一位著名翻译家与这种原始文本的转移颇有渊源，他就是鸠摩罗什。鸠摩罗什本人在塔里木盆地的库车（玄奘穿越过此地）长大，但被俘虏监禁，最后被运送到中国国都，在那里他因将佛教经典翻译成中文而受到皇帝的尊敬（这是他在狱中得知的）。[2]

自鸠摩罗什时代以来，中印之间的文化交流不断加强。在玄奘之前几百年，一位名叫法显的旅行者怀着同样目的出发，寻找神圣的佛教典籍。[3] 到玄奘时代，中国翻译佛教典籍的传统就已有数百年的历史。被吸引到佛教中心地带的不仅仅是中国的佛教徒。玄奘得知朝圣者来自南方的锡兰，由于这些朝圣者被敌意对待，他们的国王特意为他们建造了居所。[4]

---

1 Xuanzang, *Record of the Western Regions*, 2: 91.
2 Shashibala, ed., *Kumarajiva: Philosopher and Seer* (New Delhi: Indira Gandhi National Centre for the Arts, 2015).
3 Hwui Li, *The Life of Huien-Tsiang*, 10.
4 Xuanzang, *Record of the Western Regions*, 2: 135.

玄奘自己对佛教的启蒙主要是通过大乘经典开展的。他现在正是通过这些经文摘录来观察自己在印度所接受的佛教修行。虽然他对佛教的所有形式和表现都十分好奇,但也对不同派别的数量感到惊讶,每个派别都有自己的一套神圣经文。他偏爱大乘佛教,对其他学派不屑一顾,包括所谓"小乘"。他对遇到的其他宗教习俗更加不屑一顾,尤其是印度教婆罗门的宗教习俗,他认为印度教婆罗门是佛教的敌人。尽管如此,玄奘无论走到哪里,都会受到友好接待。一位来自中国的旅行者寻找佛教手稿,实在不同寻常,所以人们往往会非常敬重他。

玄奘走遍了大部分与佛教有关的地方,向著名的佛教学者学习,并收集了珍贵的手稿、雕像和种子等其他货物。他开始思考自己应何去何从。应该留在印度还是回国?他的印度东道主不明白他为什么要回去。玄奘长途跋涉,不就是为了在佛教中心地带生活吗?中国与他所珍视的神圣土地距离遥远,那里对他来说有什么重要的呢?[1]

玄奘对这些善意恳求的回应,是游记中最富戏剧性的片段之一,因为这些回应表明他仍然是一名儒生。他向心存疑惑的主人解释:中国是一个秩序井然的国家,由贤明君主统治,孩子们敬重父母;中国的天文学家设计了一套复杂的历法,音乐家们演奏优美精妙的乐曲,人们试图在阴阳之间取得平衡。他的印度东道主当时应该很难理解这篇演讲,因为他们觉得这些基础价值观和术语非常陌生,而他们自己可能想过印度也有优美的音乐和听话的孩子。[2]

作为文化中间人,玄奘不能只赞美一种外国文化;他还必须称赞目标受众的文化,他们身在中国。但这种转变的背后还有其他原因:在尽可能多地吸收了外国文化之后,他现在转向内在,反思经历,意识到尽管自己

1　Hwui Li, *The Life of Huien-Tsiang*, 167.
2　*Ibid*, 168.23.

对印度佛教如此虔诚，但出身成长过程也从根本上塑造了自己的旅行经历与回国后对此次旅行的叙述。在其游记中，玄奘引用了孔子关于正确命名的重要性来解释自己希望获得更准确的佛经版本。[1] 从那时起，寻找更好与更可信的基础经文与更加准确的译文，便一直是人文学科的核心关注点，使玄奘成为中国人文知识传统形成过程中的核心人物。

玄奘对自己所受儒家教育的反思，也让他得以用新的眼光看待这次旅行。他同意东道主的观点，印度的确因为佛陀的诞生而拥有了重要地位。正因如此，他才要排除万难抵达那里。但这并不意味着佛教应该永远与印度联系在一起。尽管玄奘一生的大部分时间都致力于寻找佛教起源，但他坚信，通过佛教典籍和小型便携雕像的形式，这个起源是可以移植的。

就这样，玄奘踏上了回家的旅程，骑着大象横渡印度河，眼睁睁地看着他无比珍贵的手稿——16 年旅行的成果——掉到河里。他对佛教的全新认识是以他带回手稿和宗教物品的能力为前提的，因此手稿的丢失带来了双倍痛苦。这批手稿对于安抚皇帝很重要，但也为他对佛教的全新理解奠定了基础，用对便携式物品和可翻译文本的崇拜取代了对圣地的崇拜，并最终用他自己的游记取代了对圣地的崇拜。

由于部分手稿无法取回，玄奘停止了他的旅程，并派使者前往几间曾向他提供手稿的寺院，恳求他们送来新的手稿。在接下来的几个月里，他设法收集了大量的经卷和小雕像。尽管这些无法弥补他所失去的一切，但也已经足够了。[2]

有了这批重新得来、数量较小的文本和雕像收藏品，玄奘终于可以穿越兴都库什山脉了。[3] 在开伯尔山口的另一边，他偏离了原来的道

1　Xuanzang, *Record of the Western Regions*, 2: 15.
2　Hwui Li, *The Life of Huien-Tsiang*, 191.
3　*Ibid*, 209.

路，通过一条向南的路线绕过了塔克拉玛干沙漠，来到了于阗，这是一个以佛教徒为主的王国，环绕其间的是一片郁郁葱葱的桑树绿洲，一个丝绸生产中心（位于丝绸之路上，交通便利），还有敦煌石窟，这是一座以雄伟佛塔为标志的佛教重要地点。[1] 敦煌也靠近长城和玉门关，玄奘16年前就曾经过玉门关。再次穿过这座边境大门之后，他终于又回到了中国。

玄奘仍须前往国都，面见皇帝。幸运的是，在他离境期间，有一位新皇帝登基了，他不仅愿意忽视16年前玄奘违反旅行限制的行为，而且还给了玄奘一份官职。玄奘早年获得的儒学训练让他得以胜任此职，但他深受佛教熏陶；在印度生活几年，他具有更强烈的使命感。他拒绝了皇帝任命，反而请求加入佛教寺院，希望用余生时间来翻译自己在国外收集的经文。[2]

对于中国佛教徒来说，玄奘几乎成了神话般的人物，一位设法纠正、改进和扩展佛教经典的中文版本的旅行者和朝圣者。译者往往被视为可疑对象。在意大利语中，有一个笑话的笑点在于译者（traduttore）和叛徒（traditore）的发音的相似性——人们往往会忘记翻译者的开创性工作。（很少有人记得李维乌斯·安德罗尼库斯，但每个人都知道荷马和维吉尔。）即使在今天，书籍封面上也经常省略译者的名字，就好像我们愿意相信自己总是能够读懂原文，书籍无需文化中间人的帮助便可由个人天才创作而成。这种态度尤其令人惊讶，因为我们现在生活在一个译者成倍增加的世界里，所有文化都依赖于他们通常不被重视的劳动。在古代世界，大规模的翻译操作几乎不存在，但就像将希腊文学翻译成拉丁语一样，佛教经典

---

[1] 敦煌石窟还藏有重要的古籍，其中包括世界上现存最古老的印刷卷轴，即《金刚经》的副本。参见 Martin Puchner, *The Written World: The Power of Stories to Shape People, History, and Civilization* (New York: Random House, 2017), 90。

[2] Hwui Li, *The Life of Huien-Tsiang*, 209.

传入中国也是主要的例外之一。[1] 这是对唐朝中国的致敬，它不仅依赖像玄奘这样的翻译家和旅行者，而且还把他们变成了文化英雄。

比玄奘的翻译工作更重要的，是他所代表的东西：一个追随进口文化回到源头的人（就像基督徒后来开展朝圣之旅那样）。文化输入创造了复杂的力场，在这种力场中，即使文化输入早已被新的东道国文化同化，其遥远起源也可能会启迪促成某种宗教运动。中国佛教徒感受到了印度的吸引力，但很少有人敢于犯险向西而行。玄奘代表他们所有人启程出发。更重要的是，他带回来一个消息，告诉我们访问神圣景观的重要性其实被高估了。幸好有他带回的文本和物品、观察和经验，中国佛教才能蓬勃发展，不至于在佛陀故乡的佛教面前相形见绌。作为一位朝圣者，玄奘向中国佛教徒保证，留在家里也没有问题。

玄奘的游历意义重大，因此记录自己所经历的一切对他而言至关重要，《大唐西域记》也由此诞生。这部作品将塑造中国对印度的看法，并成为文化流动的经典之作。这也是反映不同文化的相遇令人担忧的绝佳案例。像翻译家一样，旅行者是跨越文化界限者，他们常会被怀疑"朝秦暮楚"。在战时，翻译者和旅行者都受到特别的审查，经常被视为间谍（玄奘也被怀疑是间谍）。最近，旅行者往往被指责将自己的家乡文化投射到异国他乡。这的确如此：受到自己的成长经历影响，旅行者和旅行作家会犯很多错误。玄奘也不例外。他通过自己的儒家修养，也通过在中国出现的独特佛教形式来理解印度。他还错误地将许多纪念碑归于阿育王名下。

但是，当旅行者出错时，他们也会注意到当地人耳熟能详而无心注意

---

[1] Wiebke Denecke, *Classical World Literatures: Sino-Japanese and Greco-Roman Comparisons* (Oxford: Oxford University Press, 2014). Denis Feeney, Beyond Greek: *The Beginnings of Latin Literature* (Cambridge, MA: Harvard University Press, 2016).

的事情。作为一名旅行者，玄奘在他的游记中不厌其烦地描述了许多印度作家没有记录的东西，因为它们被认为是理所当然的，包括佛塔、寺院和佛像。对于生活在这些古迹中的人来说，以书面形式对其详细说明是没有意义的。对于像玄奘这样的旅行者来说，这些古迹令人着迷，因此成为他叙述的中心内容。

无意之中，玄奘创作了一篇关于印度的叙述文章，不仅对他在中国的同时代人，而且对所有后代都非常重要。玄奘所描述的许多建筑和雕像，后来都消失得无影无踪——如果不是他的记载，我们根本不知道它们曾经存在过。托玄奘的福，我们对印度的建筑和雕塑有了比当时许多其他地方更为全面的了解。他对佛像的描述甚至比他设法从印度河上的船上救出的，并穿越山脉和沙漠带到中国首都的真实佛像更加珍贵。这些雕像没有幸存，他的描述却幸存下来。

在翻译家和旅行者的推动下，佛教从一种文化转移到另一种文化，这对于保存佛教思想至关重要。在玄奘之后的几个世纪里，佛教思想在印度衰落。传统的婆罗门设法改革自己的印度教信仰，赢得新的信徒，从而大大减少了佛教支持者。此后，印度的大部分地区被穆斯林统治者的后代入侵、统治，包括苏丹菲罗兹的祖先。他们没有取缔佛教或其他地方的信仰和习俗，但也不支持它们。玄奘曾抱怨印度各地许多寺庙和寺院沦为废墟。在他访问之后的几个世纪里，更多的佛教寺院和社区消失了。

虽然佛教在印度衰落，但它在东方蓬勃发展，不仅在中国西部，而且在整个中原王朝，一直到朝鲜半岛和日本，离佛陀留下的圣迹非常遥远。这一远距离影响是玄奘最为重要的遗产。

玄奘死后的几百年里，由于他撰写的游记和回国后完成的大量翻译工作，他的地位变得更加重要。玄奘的名声在16世纪进一步传扬开来，当时突然兴起了另一种文学流派：白话小说。吴承恩所作的《西游记》描写了玄奘和一群有趣的同伴（包括一只猴子）的各种奇妙邂逅，使得玄奘的旅程更加鲜活有趣。这部小说在小说史上一经出现便大获成功，至今仍是中国最受欢迎的古典小说之一，题材被无数次改编，形式包括戏剧、动画和电影等。

作为一位被神化了的旅行者，玄奘提醒我们，虽然长城有时会被误解为中国文化与世隔绝的标志，但中国文化实际上是文化交流的一个主要例子。通过纪念玄奘，中国将一位开展秘密之旅的翻译家和旅行者，变成了文化流动的英雄。

第六章
《枕草子》和文化外交的危险

很久以前，中国皇帝向日本天皇发起了一场斗智挑战。首先，他送来了一根看起来完全对称的棍子，发问："这棍子的本末在哪一端？"一位年轻的日本中将在与他睿智的父亲商量后，建议他们把棍子扔进河里，观察哪一端转向下游。实验完成后，他们将正确标记的棍子送回中国。接下来，中国皇帝送来两条一模一样的蛇，问："何者为雄？何者为雌？"年轻中将请教父亲，又找到了解决方案：如果他们在蛇的尾巴附近举起一根树枝，雌蛇会有所反应，而雄蛇却会无动于衷。日本人对找到答案感到高兴，于是把这两条蛇送回中国。

最后，中国皇帝送来了一颗精美复杂的宝石，上面有七个孔洞，还有一条穿过这七个孔洞的细小通道，要求日本人将丝线贯穿这些迷宫般的孔洞，还补充说在中国人人都能轻松做到。这一次，日本人似乎无法解决这个挑战，但中将父亲继续出手相救，建议他们在两只大蚂蚁身上系一根线，让它们爬行穿越蜿蜒的通道。中国皇帝看到他们成功解题，认为日本人比自己想象得要更聪明，于是不再威胁他们。[1]

这个故事收录在清少纳言的《枕草子》一书中，展示了日本和中国之间的复杂关系。《枕草子》是10世纪平安宫廷生活的独特记录，而清少纳言正是描写这个主题的完美人选。作为女官，她在日本宫廷跟随、侍奉皇后。她大部分时间都在首都（今天的京都）这个与世隔绝的小天地里度过，离开这片天地的时候也只是为了短期参观地处偏远的寺庙和神社。（她参观了专门为纪念日本人智斗中国皇帝而建的名为"蚁通"的神社，由此得到关于中国皇帝的这个故事。）

在这个关于傲慢的中国皇帝的故事之外，清少纳言还记录了宫廷生活的种种细枝末节，比如她的哪些女官同僚得到了皇后的青睐；高级政府官员怎样来来去去，争夺职位。但宫廷八卦只占日记内容的一小部分。清少纳言还列出了她欣赏的事物，从在黑暗中翩翩起舞的萤火虫到某些特别的服装，例如少女"穿着一袭生丝的单衣，相当弊旧的，花色已褪，那上面又搭袭了一件淡紫色的夜裳"[2]。清少纳言捕捉了种种精致细腻的自然与人工美态，还评论了宫廷生活中的社交礼仪和愉悦时光：情人应该如何在早上（依依不舍地）分别；一个年轻女孩应该如何着装（稍微随意，无须穿笔挺的正式裙裤）[3]；以及如何（在严谨的守则规定之下）开展前往神社的远途旅行。当与她身处类似位置的其他女性转向内在，记录她们内心的挣扎和感受时，清少纳言将目光转向外部，描述自己周围的世界，却从未采用中立观察者的态度。她迅速判断，用自己独特视野观察，并为我们呈现世间百态。

---

[1] 这个故事来自清少纳言的《枕草子》，英文译本为 Sei Shōnagon, *The Pillow Book*, translated by Meredith McKinney (London: Penguin, 2006), 198-199. 本章要感谢魏朴和与我们在《诺顿世界文学选集》中所做的工作。中文译文参考了林文月翻译的《枕草子》相关章节。——译者注
[2] Sei Shōnagon, *The Pillow Book* (trans. McKinney), 3, 46.
[3] *Ibid*, 55, 87.

第六章 《枕草子》和文化外交的危险

　　正如《枕草子》中所描写的那样，平安宫廷里的中国元素无处不在。许多类型的服装和屏风都受到中国款式的启发——清少纳言特别欣赏精美的中式纸张和扇子——但中国的影响在诗歌方面最为强大。宫廷成员每天都会多次抄写诵读，纪念初雪或立春，也可能纪念某些主要或次要的祭礼。[1] 有时，某位皇后会要求自己的侍女们即兴赋诗，并从中择出最佳作品，为更正式的诗歌比赛进行彩排。[2] 诗歌还有其他用处，比如可以解决某个棘手的状况。根据清少纳言描述，有天晚上，一只狗追赶着公鸡，鸡飞狗跳，天皇也被吵醒。宫廷的一位侍从（大纳言）高吟道："声惊明王之眠。"清少纳言继续写道："这实在很是漂亮也有意思的事，连我自己渴睡的眼睛，也忽然地张大了。主上和中宫也觉得很有兴趣，说道：'这实在是，恰好的适合时机的事。'"[3]

　　最重要的是，诗歌具有社会性。它们经常会通过信使发送给特指的对象，期望对方以同样方式回应。诗歌应对技巧在于间接交流，巧妙地暗示或引用中国古典诗歌，然后添加一小行评论，为引用的诗歌翻出新意。这种交流与今天的互发短信颇为相似，在朋友之间，女官和她们的上司之间，以及恋人之间发生。清少纳言曾说自己折服于一首优美的诗，同意与作诗之人共度一夜，然后也期望他创作一首"早晨之后"的诗，希望这首诗同样合宜。[4]《枕草子》的许多篇章都着力描写这类交流和幽会，在高度规范下尚存宽容的宫廷世界里，这种事情屡见不鲜，在根深蒂固的父权制社会中，接近皇帝就是一切。

　　中国诗歌对这种以短诗交流的做法有重要影响，因为日本已经改编了

1　Helen Craig McCullough, *Okagami, The Great Mirror: Fujiwara Michinaga (966–1027) and His Times* (Princeton: Princeton University Press, 1980).
2　Sei Shōnagon, *The Pillow Book* (trans. McKinney), 101.
3　*Ibid*, 246. 此处中文翻译参考周作人译本，《枕草子》卷二十，第二七六段 "声惊明王之眠"。——译者注
4　*Ibid*, 39.

中国的诗歌经典,也改编了仪式和历史记录以作为自身写作文化的基础。在平安宫廷,官方文件是用源自中国的汉字写成的,并按照中文格式构思组织而成,这意味着宫廷的所有成员都应该了解中国的书写体系和文学传统。清少纳言关于中国皇帝向日本发起斗智挑战的故事,是对中国文化无处不在的回应,一方面表现为中国皇帝的傲慢,另一方面也表现为日本人展示其优越感的愿望。

中国文化在日本的盛行,是两国几个世纪以来推行审慎文化外交政策的结果。中日交流始于公元1世纪,并在外交谈判已成制度的隋唐时期加速发展。这些文化使命代表着一种不同寻常的文化转移策略。除了罗马与希腊的关系之外,日本与中国的关系也是另一个很好的例子,说明批发式的文化输入不都是以对文化输入国的武力征服来驱动的。尽管在清少纳言的故事中,中国被视为霸道强势的,构成潜在威胁,但事实上它从未试图入侵日本。相反,日本心甘情愿地开展了各项外交使命,目的在于将新的文化物品和知识带回本国。

罗马征服了希腊,并吸收了希腊文化。但在中国与日本之间并不存在这样的关系。在罗马,引进希腊文化主要是个人工作,虽然这些个人影响巨大,但在日本,以天皇为代表的国家本身是文化转移的组织者。在日本,文化输入是一项政府政策。

有一位人物记录了日本如何执行其文化外交政策,因为像清少纳言一样,他用日记写下了自己的经历。这是一位名叫圆仁的僧侣,他的旅行(838—847)让我们得以了解这些跨文化使命过程中出现的各种危险,这些使命几百年来塑造了日本,影响持续到清少纳言时代及以后。

圆仁的任务在他动身的几年前就已经安排妥当,因而十分典型,其中涉及复杂的选择机制,包括谁能获准随行以及百来号人的分工,包括水

第六章 《枕草子》和文化外交的危险

手、士兵、劳力、工匠、学者和僧侣。[1] 准备工作从建造异常巨大的船只开始，还扩展到精心挑选礼物，如有观赏用途的刀具、水晶、毛笔和海螺壳。[2]

然后就是危险的横渡黄海。尽管指南针在日本还不为人所知，但日本水手逐渐获得了足够的经验，可以冒险穿越日本冲绳群岛，再穿越450英里的公海，这条路线将他们带到了中国南部的权力中心——苏州。[3] 圆仁执行任务过程中，两次早期的过境尝试都不成功：船只搁浅，被迫折返。只有第三次尝试终于勉强达到目的。圆仁的船被暴风雨掀翻，然后搁浅。桅杆和船锚必须加盖，这意味着船上的人无法掌舵，只能任由风浪摆布。幸运的是，出行队伍里的另一艘船前来救援，使船员和货物安全抵达中国东部海岸。

下一个困难是沟通。没有一个日本人会说中文，反之亦然。有时候，与两种文化有更多接触的新罗（今韩国）人能够充当中间人的角色，但在大多数情况下，圆仁和他的同行伙伴们会用一种特定形式来沟通交流。尽管日本使用的语言与汉语无关，但汉字是日本书写系统的基础，这意味着中文是一种通用语言，而中国经典是中日共通的参考点。[4] 这套共享书写系统允许日本使节在纸上书写中文字样，以此与中国东道主交流。他们读出这些字样的方式不同，互相之间无法理解，但这种交流方式就像两种不同语言的使用者可以通过在一张纸上写下数字来协商价格一样。因为书写是用毛笔完成的，所以这种在基于拼音字母的书写系统中无法实现的交流形

---

1 参见 Edwin Reischauer, *Ennin's Travel in T'an China* (New York: Ronald Press, 1955)。
2 *Ennin's Diary: The Record of a Pilgrimage to China in Search of the Law*, translated from the Chinese by Edwin O. Reischauer (New York: Ronald Press, 1955), 50. 中文译文中的引文来自《入唐求法巡礼行记》原文。——译者注
3 比较 Charles Holcombe, *The Genesis of East Asia, 221 B.C.-A.D. 907* (Honolulu: University of Hawai'i Press, 2001)。
4 参见 Wiebke Denecke, *Classical World Literatures: Sino-Japanese and Greco-Roman Comparisons* (Oxford: Oxford University Press, 2014)。日本与中国的关系和罗马与希腊的关系还有另一个区别：罗马人需要希腊作品的翻译，而日本读者不需要翻译中国作品。

式被称为"笔谈"。[1]

圆仁记载了自己第一次接触中国时的谈话："日本僧等昔有大因，今遇和尚等，定知必游，法性寂空，大幸大幸。"[2] 这种交流在某种程度上是一种使命宣言，它揭示了日本朝廷出使中国的兴趣在于各种文化发展，而圆仁特别感兴趣的是佛教，在此简称为"法"。

佛教是另一项来自中国的文化输入。作为一名佛教僧侣，圆仁希望将最新的敬奉形式和崇拜艺术带回日本。对他来说，佛教不仅仅是一种宗教教义。佛教是一种生活方式，也是无数艺术品的源泉，因为中日文化发展均与此密不可分。（佛教，尤其是《法华经》的诵读，在清少纳言的《枕草子》中无处不在，其中也提到了许多佛教绘画、雕像和节日。）

为了解中国佛教的最新发展，圆仁希望前往天台山上的寺院，他认为天台山是研修佛教的中心。很快，他就发现自己必须要获得好几个部门的文书许可。圆仁与中国官僚制度开始了一场纸上大战。这种做法是中国科举考试和写作文化的副产品。他顽强地追求自己的目标，寄送数不胜数的信函请求许可，缓慢地在官僚层级系统里步步攀爬。几个月后，他终于等到答复：不予准许。[3] 失望的圆仁在出使剩下的时间里收集手稿、法器和绘画，而朝贡使团的其他成员则继续开展外交工作。

临近回国之时，圆仁和同伴们忙着收拾行李。他把一个装满卷轴的竹盒和两个曼荼罗带上了船，曼荼罗是佛教徒在冥想时用来代表宇宙的几何图表。为了提供额外的安全保障，他把这些珍宝放在一个特意添置的中国皮箱里。[4]

---

[1] 关于对"笔谈"的上佳描述，可参见 Wiebke Denecke, "Japan's Classical Age," in *Norton Anthology of World Literature*, 4th ed., vol. B (New York: Norton: 2012), 1161-1169.
[2] *Ennin's Diary*, 45. 中文译文中的引文来自《入唐求法巡礼行记》原文。——译者注
[3] *Ibid*, 86.
[4] *Ibid*, 102.

第六章 《枕草子》和文化外交的危险

这些船只满载行李，启程离去，但三名日本访客却偷偷地留在岸上。他们是圆仁和他的两个弟子。在对帝国行政体系发动并输掉了一场纸面战争之后，圆仁决定不按规矩，自行其是。

在此之前，圆仁的经历和典型的日本遣唐使相似，尽管他更感兴趣的是佛教，而非中国文化的其他方面。但是当圆仁决定留下来时，他就可以说是知法犯法了。他和他的弟子此时只能依靠自己。过了一段时间，一艘船驶近，问他们在做什么。是迷路了，还是遭遇海难了？措手不及之下，圆仁含糊回答说他们是新罗人。为了表示友好，他们被带到邻近的村庄，这是一趟艰苦的山间徒步旅行。在那里，他们被介绍给当地人，包括一位官吏。这位官吏很快确定这三位并非新罗僧人。尴尬之余，圆仁改变说法，终于承认他曾是日本朝贡使团的一员，但声称自己因病被抛弃。最后，他嘟囔着说，自己只是一个来中国求佛法的日本国僧。

对这些形迹可疑的外国人应如何处理为妥？在当地的一座寺院度过了一个冬天后，圆仁被允许前往中国北方的五台山巡礼。五台山上遍布宝塔、寺庙、厅堂和寺院，以其五座梯田命名，每座梯田朝向不同，还有一座中央梯田，要走一段陡峭山路才能到达。它峰顶平坦，每年大部分时间都被白雪覆盖，雄伟高耸，茂密翠绿的松树、冷杉、杨树和柳树拔地而起。

圆仁和他的两个弟子留在一座寺院接受教导，研习经卷，学习新的仪式实践，然后再去下一座寺院修行。在他造访的一座寺院里，有一座一丈六尺高的雕像，刻画着历史上佛陀死亡并达到涅槃状态的过程，使圆仁深受触动。刻画佛陀达到涅槃状态的雕塑通常采用仰卧姿态。但这座佛陀雕塑是侧卧的，"于双林树下，右而卧"。雕塑还刻画了"闷绝倒地"的佛陀之母，以及大批半神形象和诸圣众，"或举手悲哭之形，或闭目观念之貌"。[1] 这一切都极为新奇，令人惊叹，这正是圆仁来华希望观摩的那种创新。

应该如何描绘刻画佛陀和诸位菩萨——也就是那些正在开悟者，由此而起的争论持续了几个世纪，也是整个亚洲艺术发展的核心问题。在许多文化传统里，特别是在古代的文化里，宗教和艺术的关系密不可分。最初，佛教艺术家根本不想描绘佛陀，而是将自己局限于描绘佛陀开悟的菩提树、法轮和象征进入涅槃的圆形佛塔。[2] 但一套精心设计的，用以描绘佛陀的系统很快便应运而生，还具有显著的地方差异。正如经文中所描述的那样，画家和雕塑家全心投入，描画佛陀生命各个阶段的形象。因为实现涅槃关乎冥想，也关乎消解自我并放下对世界的执念，所以描绘佛陀的图像和雕塑强调静态，为佛陀赋予高远宁静的姿势。他通常坐在莲花之上，即使采取站姿，也很少做出动作。运动，或任何形式的激动和焦躁，都是为时常环绕在佛陀或菩萨周围的低级众生和弟子而设的，圆仁欣赏的雕塑就是一个很好的例子。[3]

佛教艺术家一方面尝试描绘镇定姿态，另一方面也发展出一套复杂精致的系统来渲染佛陀的脸部、姿势和其他特征。其目标不在于捕捉解剖学意义上的细节，而是在视觉上表现佛家强调的超脱。为了描绘其静态，佛陀几乎总是以正面示人，完全对称，四肢和身体形状柔和圆润，以示休息，没有任何肌肉或肌腱用于劳累或运动。这些艺术家没有必要担心人体解剖学，更不用说解剖尸体了，一些欧洲画家在几百年后才会开始这样做。任何现实主义的绘画尝试都会违背佛教徒所相信的一切：它会让观

---

[1] *Ennin's Diary*, 230, and Reischauer's comments, 198. 中文译文中的引文来自《入唐求法巡礼行记》原文。——译者注

[2] Dietrich Seckel, *Buddhist Art of East Asia*, translated by Ulrich Mammitzsch (Bellingham, WA: Western Washington University, 1989), 10.

[3] *Ibid*, 24.

众关注古怪特别、引人注目、不同寻常的事物；它强调独特个性和身体怪癖。相反，佛教雕塑则试图捕捉佛陀所象征的东西——空性的哲学。[1]

佛陀的脸也是如此。他天庭饱满，眼眸深蓝，直视观众，眉毛之间一绺白发，象征着第三只"智慧之眼"。佛陀身穿一件朴素僧袍，别无装饰，只用双手摆出引人注目的姿势，由"手印"（mudra），即手势或"手瑜伽"组成，使艺术家能够以此表达出某种特别的内在修为。[2] 一切都象征着佛教哲学的某个方面。

在圆仁全心投入钻研佛教时，中国对佛教的态度发生了变化。公元840年，新皇帝唐武宗即位。与前朝皇帝不同，武宗偏爱道家。道家是以《道德经》为基础而发展的中国哲学流派，这本书由圣人老子所写，在几百年前就影响深远。长期以来，道家弟子吸收了民间仪式、占星术、医学及佛教的元素，将哲学和宗教相结合。与佛教徒相比，道教徒人数较少，资源也较差。他们会将佛教徒视为竞争对手，憎恨他们的权势。这种情况在国都尤为明显。武宗即位，为道教提供了解决多年积怨，获取更多资源的机会。

道家弟子新近得势不饶人，而儒家弟子也仍对佛教存有敌意。儒家信仰体系以辅弼朝廷和孝敬父母为基础，对强调个人开悟的佛教持怀疑态度。此外，在国都和五台山上的佛教寺院收益可观，十分富裕。儒家管理者现在希望得到新皇帝支持，没收和重新分配这些财富。

当然，佛教徒也有自己的拥护者，包括在宫廷中身居要职的宦官们，但越来越明显的是，佛教处于守势。尽管它在中国已经存在了数百年，但儒道二家都将其称为外国输入之物。

公元842年，唐朝通过了首条反佛教法令，迫使寺院关闭，资产遭到

---

1 Seckel, *Buddhist Art*, 25.
2 *Ibid*, 27.

没收，经文被烧毁。在日记中，圆仁不带感情色彩地记录这些对僧侣同胞的迫害。有时，他甚至责怪受害者，比如说有些佛教文士明明知道皇帝仇视佛教，还居然愚笨到向他提供佛经，实在令人不屑。[1] 他自己的策略是低调行事，全心投入研修，希望反佛教浪潮会最终消退。

实际上却事与愿违。公元844年，对佛教的迫害程度更进一步，小型寺庙被大批拆毁，寺院财富被全部充公，众多僧尼被勒令还俗，佛教雕塑与绘画尽毁。佛教寺院的珍贵梵钟被移走转送给道观。圆仁逐渐意识到这个新的现实，终于承认新皇帝显然崇道恶佛。[2] 佛教艺术的破坏让他觉得尤其痛心："况乃就佛上剥金、打碎铜铁佛、称其斤两、痛当奈何！天下铜铁佛、金佛有何限数，准尽毁灭化尘物。"[3] 圆仁特意来华观摩的佛教艺术世界，已经在他眼前摇摇欲坠。（基督徒也受到过迫害，产生了毁灭性的影响。）

这位躲在国都的日本僧侣迟早会遇到灭佛运动。圆仁被勒令还俗，遣送回国。他两手空空，离开国都。来华8年期间，他已经积攒了不少经文卷轴和艺术品，准备带回日本。但他意识到自己必须把这些都抛诸脑后。佛教已被正式废止，在满载图像和卷轴的路上他已无立身之处，能带走的只有储存在自己脑海中的东西。临别时，一位心怀恻隐的中国高官给他留下了一个悲伤的念头："此国佛法即无也。佛法东流，自古所言。"[4]

846年，武宗皇帝去世，灭佛迫害最为严酷的阶段结束，此时圆仁仍在中国。与那位高官的悲观预测相反，中国的佛教在845年的法难中幸存下来，但再无法恢复几位先皇在位时的权势和影响。五台山大部分已被毁去。关于这座山峦与寺院一体，自然与艺术结合的非凡景观，圆仁的日记

1　*Ennin's Diary*, 332.
2　*Ibid*, 341.
3　*Ibid*, 382.
4　*Ibid*, 370–71.

留下了最为详尽的记录。(在此后几百年间,他的日记成为部分寺院重建的参考来源,而该地区现在被列为联合国教科文组织世界遗产。)这和玄奘的情况类似,一个外国访客比本地人更彻底、更详细地记录了一种艺术和文化,不仅给他的日本读者,而且给所有后代留下了关于这个神奇地方的独特记录。

正如那位高官所预言,佛教继续东流。它在印度兴起,但在那里地位日渐低微,后来才在今天的阿富汗山区、中国西藏和中国东部兴起,然后转移到韩国和日本,然后再从那里拓展到世界其他地方。那位高官未有明说但有所暗示的是,佛教东流的推动者是玄奘和圆仁等旅行者,他们向西而行,是为了将佛教带回东方。

圆仁等人是日本派往中国的最后一批遣唐使。几年后也曾有开展另一次任务的计划,却中途而废,部分原因是海上航行的风险,但也有中国局势不稳的原因。当清少纳言写下日记时,文化外交与中国文化(从诗歌到佛教)输入日本的时期已经成为过去。

在之后数百年里,日本越来越以文化独立为荣。为此,它发展出一种新的文字,即假名文字,这是一种不依赖汉字的音节文字,并以日语为重点。(据说这种文字是由一位佛教僧侣开发的,他从印度带回了这个想法,灵感来自当地语言的拼音字母。)假名文字扩大了日本的识字率。虽然在日本,识文断字者主要是男性,但新的文字让更多女性更易进入文学界。这些女性包括女官,如写日记的清少纳言,还有比清少纳言稍年轻的同代人紫式部,后者写下了世界历史上第一部伟大的小说《源氏物语》。[1] 尽管这种新的文字最初被认为不太复杂,但它最终催生出最富原创性及意义的

---

1 Ivan Morris, *The World of the Shining Prince: Court Life in Ancient Japan* (New York: Knopf, 1964).

作品，部分原因在于它为女性作家创造了一个空间，使其在以男性，以中国为主导的文学束缚之外进行创新，并拥有既定的经典和文学惯例。（它还催生了日本最早的敕命编辑诗歌选集《古今和歌集》。）这些用假名文字写成的日记大多数出自女子之手，日记生动鲜活，大获成功，使得男性作家也开始模仿写作。

虽然日本文化最近开始独立，但中国文化仍是日本非常重要的参照对象。例如，紫式部的《源氏物语》收录了近八百首中式诗歌，也时常提及中国文学。[1] 紫式部也是为数不多写过清少纳言的同代人之一，并将她视作竞争对手："清少纳言善于自得其乐，不同寻常。然而，如果我们认真检查一下她在篇章之中矫揉造作，肆意散落在各处的那些汉字，就会发现遍布瑕疵。"即使当时日本已经停止派送遣唐使几百年，而假名文字也繁荣发展，打倒对手的最好方法还是批评她的汉字写作错漏百出。

一幅图文并茂的卷轴，描述了曾担任日本遣唐使的传奇官员吉备真备的旅行经过。它是对文化独立新精神最为明晰的表达，也是对帝国使命的另一种描述。它与《枕草子》大概同期出现，其中蕴含了不少后见之明，可与中国皇帝考验日本人的故事相媲美。

其他资料表明，历史上的吉备精通中国文化知识的 13 个领域，其中包括儒家的"五经"、历史、阴阳、历法、天文学和占卜，以及围棋。[2] 这种惊人的中国文化知识储备对他极有帮助，因为这幅卷轴描述的是其中国之行遭遇大祸。最初似乎一切正常：从日本至中国渡海顺利，载着日本游客的船舶到达岸边，遇到一艘较小的船只，带他们登陆，得到亲切接待。但在此之后，麻烦接踵而至。吉备被带到一座塔楼监禁起来。鬼魂警告他

---

[1] Haruo Shirane, *The Bridge of Dreams: A Poetics of "The Tale of Genji"* (Stanford: Stanford University Press, 1978).
[2] Noriko T. Reider, *Seven Demon Stories from Medieval Japan* (Boulder: University of Colorado Press, 2016), 89.

大限将至，这些主人给吉备安排了各种考验折磨。他知道自己如果想活命，就必须打动这些凶残的主人。

首先，他将接受考试，证明自己对中国文学选集的了解。好在他会飞翔，所以能和出手相助的鬼魂在俘虏自己的中国人准备文学考试时飞到空中窥探考试内容。通过考试后，吉备还必须在一局围棋对弈中展示他的才智，他通过吞下关键的一颗棋子完成了挑战。主人们对此有所怀疑，打算安排一次中场休息，然后检查他的粪便来证明这一点。艺术家向我们呈现了一群检查者的形象，他们目不转睛地盯着地面，同时小心翼翼，不至于扰动仔细检查的对象。其实中国人并不知道，在吉备众多令人钦佩的天赋中，还包括完全控制自己排便的能力，这使他能够将围棋棋子留在腹中。通过类似的各种伎俩，吉备深深折服了这些中国人，甚至使得他们对他心生恐惧。当吉备威胁要摧毁太阳和月亮时，他们放了他。[1]

这幅画卷尽管幽默可笑，但它残酷无情地描绘了一幅中国的负面图景，并警告日本游客在那里可能遇到的各种危险，包括一场致命的斗智，就像清少纳言在其日记中记录的那样。这种对中国的负面刻画值得关注，因为没有迹象表明历史上的吉备真的被囚在塔中或者几乎饿死。

这幅画卷没有描绘历史事件，而是用对怀疑中国人的做法来表示文化输入实在令人担忧。文化输入往往将两种文化纠缠在借用和影响的复杂运作中，往往引起人们对优越感和依赖性的焦虑。从另一个国家借用技术、文化和艺术意味着什么？如果借用别人的文学经典又会怎样？

日本的例子和罗马的情况相似，都表明借用可以成为一项巨大的资产，自愿借鉴他者的文化由此变得更加丰富。与此同时，这种借用几乎不可避免地会造成一种竞争感，一种后来者的感觉，一种必须证明自己价值

---

[1] 吉备真备手卷被收入在此书中：Noriko T. Reider, *Seven Demon Stories from Medieval Japan* (Boulder: University Press of Colorado, 2016).

的感觉。如果输入文化并非来自被击败的军事敌人，也许这种竞争感会尤其强烈。这就像希腊之于罗马一样，会引起对被另一文化统治的恐惧的反弹。圆仁的日记记录了中国对佛教输入的强烈反对，而他自己的日记也间接地成为佛教输入日本时的强烈反对对象。

对文化强加的焦虑情绪普遍存在，但也是有所偏差的。诚然，圆仁的日记在某种程度上通过加强天台宗佛教而改变了日本佛教的面貌，但这种基于他的原始著作和运回卷轴所产生的影响，在日本演变成新的形式。随着时间流逝，日本佛教产生了其他不同类型的宗派，尤其是禅宗，这个名字来源于汉语"禅"字，意为冥想；它发展出自身特有的礼拜和艺术形式。

吉备卷轴本身就是一部极具原创性的作品。尽管融合书法和水墨画的叙事画卷创作实践始于中国，但那里并无和此卷轴相似的作品。画卷成为一种独特的日本艺术形式。它巧妙地交替运用文字和图像，烘托出无处不在的运动状态：船只抵岸，被众人迎接；客人坐着马匹拉着的车辆来往交

部分卷轴描绘了吉备大臣的中国历险记，12世纪作品（波士顿美术馆）

第六章 《枕草子》和文化外交的危险

通；旅人和鬼魂在空中飞翔，头发被风吹向后方。在众生景象中，每个人都忙忙碌碌：打伞弯腰，拉缰牵牛，奔向宫殿，爬梯登塔，阅读卷轴。即使是那些貌似在等待或睡觉的人，也采用极富戏剧性的姿势，趴在楼梯上或靠在长矛上，随时准备采取行动。

这个卷轴是在常盘光永的作坊绘制的，他赋予卷轴格式一种向前的驱动力，一种运动之感，完善了动态飞行的艺术，它的出现时间早于漫画（manga），也就是日本创造并在20世纪风靡全球的图画小说。

圆仁的日记和吉备的卷轴虽然表达了对文化输入的焦虑，但也说明日本并没有什么衍生产品，无论是在文学、绘画、雕塑和建筑方面，还是在佛教和佛教艺术形式上。和罗马的情况一样，自愿输入有助于创造一种全新且原创的文化，具有深远影响。

在这些原创作品中，清少纳言的《枕草子》仍然是最重要的作品之一，使她在世界文学中稳占一席之地。在日记尾声，清少纳言向读者讲述了日记是如何诞生的。

> 内大臣曾奉献纸张于皇后。
> "在这上面写些什么才好？"皇后垂询于我，又说道："皇上已经写下《史记》的一部分文章了。我想用来抄写《古今》那本书。"
> "若蒙赏赐，将当作枕头。"我如此启上。
> "那么就赏了你罢。"遂以之赐下。
> 我将它带回家中，由于十分思念皇后，遂将种种故事啦什么的，想写满在无限的纸张之上，怎料，竟然都是些莫名其妙之事占了大部分。
> 这里面又多数是选自世间许多趣事，或了不起的人物所想的事。[1]

---

1 Sei Shōnagon, *The Pillow Book* (trans. McKinney), 255-256. 中文译文出自林文月所译的《枕草子》。——译者注

这则轶事记录了纸张（一项来自中国的发明）的重要性。它让我们知道，这张纸之所以可用，是因为皇帝不再需要它来抄写《史记》，这是中国经典的核心文献之一，尽管日本早已停止派送遣唐使，但这部作品显然仍然重要。这张纸原本是用来抄写中国经典的，但一次偶然的机会，最终落入了清少纳言手中。在那里，它将被用来创作一种完全不同的历史记录，主题并非武器、战争，而是文化、艺术，关于诗歌交换，关于审美理念和社会礼仪，关于气味、声音和景象，关于日常观察和有趣（与无趣）之事的清单。这部作品并非出自中国男人之手，作者是一位日本女子；也不是用汉字而是用日语音节写成。它让我们难得有机会瞥见了一个隐藏的世界，这个世界对所有人来说都是封闭的，除了极少数的同时代人。如果不是这位敏锐的观察者、这位非凡作家的勇敢和聪明才智，这个世界就会从历史中消失。

　　在评估文化时，我们倾向于过分强调原创性：某物首次发明的时间和地点。对原产地的主张通常被用来支持可疑的优越感和所有权。这种说法让我们很容易忘记，所有一切都来自某个地方，被挖掘、借用、移动、购买、盗窃、记录、复制，并且经常被误解。比起某些东西最初来自哪里，更重要的是我们用它做什么。文化是一个巨大的回收项目，而我们只是中介人物，负责保存其遗迹以备不时之需。没有人真正拥有文化，我们只不过为下一代保管而已。

第七章
当巴格达成为智慧宫

有天晚上,哈里发马蒙做了一个梦。他看到一个男人,额头高高,眉毛浓密,头顶光秃,双眸深蓝,五官英俊。他的肤色白里透红。做梦者声称,他当时站在幽灵面前,充满敬畏地问道:"你是谁?"幽灵回答说:"我是亚里士多德。"哈里发进一步表示自己当时很高兴,还在梦醒之前继续向这位哲学家提出各种问题。[1]

哈里发在统治巴格达的20年间——从813年到833年——一直在做这个梦。他发现这个梦非常重要,所以向侍从们讲了这个梦,但他似乎对希腊哲学家的造访毫不担心。相反,据他自己所说,这次造访让他感到很愉快。马蒙显然很熟悉亚里士多德的著作,也确知应该怎样应对他,即使只是在梦里。

---

[1] 关于这个梦的论述有两个来源,版本略有不同,作者分别为阿卜杜拉·伊本·塔希尔和叶海亚·伊本·阿迪。这两个版本都被这本书收录并讨论:Dimitri Gutas, *Greek Thought, Arabic Culture: The Graeco-Arabic Translation Movement in Baghdad and Early 'Abbasid Society (2nd-4th/8th-10th centuries)* (London: Routledge, 1998), 97–98。

为什么巴格达的哈里发会梦见一位已经死了1 200年的希腊哲学家？

马蒙上台掌权的过程迅速而残酷。他被命名为阿布·阿巴斯·阿卜杜拉·伊本·哈伦·拉希德：正如他名字的最后一部分所表明的那样，他是哈伦·拉希德的儿子，哈伦·拉希德是巩固迅速扩张的阿拉伯帝国的著名统治者。他将阿拉伯半岛、西部的埃及和北非以及东部的叙利亚、伊拉克和伊朗作为遗产留给他的儿子。虽然马蒙是哈伦·拉希德的长子，但是他的父亲却决定让他同父异母的弟弟掌管以巴格达为中心的王国，而马蒙只留在波斯中部。后果不可避免地随之而来。马蒙最终入侵了巴格达，将他的弟弟斩首，并拿走了哈里发的头衔。这场政变成功之后，他在813年改用了新的君主名号。

自从先知穆罕默德在近两百年前去世以来，阿拉伯军队以惊人的速度征服了一个又一个绿洲，一座又一座城市。由于采用半游牧生活方式，拥有长途贸易的专业知识，他们有着极高的流动性，迅速控制了贸易路线，获得了一连串的胜利，使当地统治者难以抵挡。许多统治者也认识到成为单一贸易帝国的一部分的好处，心甘情愿地投降。

帝国沿着非洲北部海岸向西扩张，向东则扩张到美索不达米亚和波斯。这次扩张成功的原因也变得更加清晰：以部族或地区为单位组织起来，没有中央指挥的骑马机动部队。但这个做法却不适用于正在成为世界帝国的统治体系。必须有一个新的政治组织来巩固当地发生的变化。面对这一挑战，马蒙之前几代人的回应是建造巴格达。

建立一座新城市是建筑师（和统治者）的梦想。巴格达没有遵循景观的自然轮廓，而是由阿拔斯王朝的第二任哈里发曼苏尔按照一个完全不同的原则建造的，这个原则就是几何学。这座城市被建造成一个完美的圆形，象征着阿拉伯围绕单一中心崛起的力量。[1] 建造一座新城市，标志着帝

---

1 Gutas, *Greek Thought*, 52.

国的年轻历史进入新阶段。从头开始的好处是，新城市不必与旧的建筑布局或现有的统治阶级相抗衡。它的统治者可以设想一种新型的中心。这是一个经过专门设计，将政治和物质力量集中在单一的焦点上，用于控制新型帝国的中心。[1]（与此相同的做法，还有纳芙蒂蒂和埃赫那顿将其宫廷迁往新城市阿克塔顿，巴西在1960年建立巴西利亚，以及缅甸自2002年开始建立新首都内比都。）

这个全新的圆形城市代表了更加宏伟的目标：将知识集中起来。在巴格达，统治者将主持一项鸿图大计，从他们急速扩张的疆域乃至其界外收集信息。来自不同文化的文本积累盛况空前，对不同类型知识的分类方法提出了新的需求，由此产生了一种新的类型：总结（the summa），或是所有知识的总结。亚里士多德在这项工作中发挥了核心作用。

通过建立一座用以巩固帝国的新城市，马蒙的祖先选择了正确的地点。巴格达位于底格里斯河畔，位于美索不达米亚肥沃的洪泛平原上，靠近巴比伦古城。大约5 000年前，第一批城市就在此地兴起，它们得到充足的水源滋养，也出产一种廉价的建筑材料——黏土（与用于建造埃赫那顿的材料相同）。[2] 这是人类历史新阶段的开始——城市革命。

推动城市革命最重要的技术是农业的集约化。为了支持一个城市，从周边地区运输足够的食物来养活大量人口是很有必要的，他们困在原地，无法跟随牧群或搬到新狩猎地点。城市化的关键并不在于军事征服，而在于种植粮食的能力。

但种植粮食并不足够，另一种技术十分必要——储存。最好的储存方法

---

[1] 这是采用文字的游牧征服者所在更大模式的一部分。相关例子可参见 Robert Tignor et al., *Worlds Together, Worlds Apart: A History of the World*, 2nd ed. (New York: Norton, 2008), 99, 105, 252。

[2] J. R. McNeill and William H. McNeill, *The Human Web: A Bird's-Eye View of World History* (New York: Norton, 2003). 也可参见：James C. Scott, *Against the Grain: A Deep History of Earliest States* (New Haven: Yale University Press, 2017)。

用于保存谷物（正如纳芙蒂蒂半身像的雕塑家图特摩斯所知道的那样——他的院落也包括谷仓）。谷物一旦收获，就可以保存很长时间。人们很快就发现，储存谷物能保障安全，免受干旱和害虫影响；在此之外，那些控制粮食储存的人也获得了巨大权力，从而创造了具有等级的社会结构，使得个人或群体可能拥有自己的财富，这些财富只受储存规模和武力控制能力的影响。[1] 埃及中央集权国家的兴起就是储存革命的早期结果之一。

在建立巴格达时，马蒙的祖先不仅在控制粮食方面，而且在信息管理方面也借鉴了古代储存革命。美索不达米亚产生了第一套完整的书写系统，一个能够捕捉语音的符号系统，用来存储故事和其他形式的口头知识。世界上最早的图书馆之一是由亚述国王亚述巴尼拔在尼尼微城（这座城市也是为了巩固他的统治而创建的）。[2] 因此，巴格达新城里面有一座规模宏大的图书馆也就不足为奇了。这座图书馆的目标在于保存过去的书面记录，是一座"智慧宫"（the Storehouse of Wisdom）。在这里，知识可以积累，也可以借助于管理不同类型信息的新系统来重新分类。

巴格达的新统治者希望储存的是什么？最初是来自过去的记录，从穆罕默德和伊斯兰教诞生之前的一段时间开始。这意味着被储存的大部分是波斯语的著作，因为美索不达米亚长期以来一直受到波斯的影响，波斯的文学作品包括《卡里来和笛木乃》（*Kalila wa Dimna*），这是一部寓教于乐的动物寓言故事集。一旦阿拉伯人占领了美索不达米亚和波斯，波斯的这段历史就被翻译成了阿拉伯语。[3] 翻译是阿拉伯新统治者的致敬之举，但这

---

[1] 关于斯科特《作茧自缚》一书的相关讨论，可参见我的书评："Down With the Scribes?," *Public Books*, April 16, 2018, https://www.publicbooks.org/down-with-the-scribes/。我应该补充一点，从那以后，我对斯科特观点的理解比我首次阅读和评论他的书时要深刻得多。

[2] David M. Carr, *Writing on the Tablet of the Heart: Origins of Scripture and Literature* (Oxford: Oxford University Press, 2005), 47–56. 也可参见 David Damrosch, *The Buried Book: The Loss and Rediscovery of the Great Epic of Gilgamesh* (New York: Henry Holt, 2006).

[3] Gutas, *Greek Thought*, 54. 对于《一千零一夜》最好的概况介绍，可参见 Robert Irwin, *The Arabian Nights: A Companion* (London: Palgrave Macmillan, 2004).

第七章　当巴格达成为智慧宫

也是一个精明的做法,使他们能够利用被征服地区的文化资源。很快,对波斯文学的翻译便为新兴阿拉伯文学奠定了基础,尤其是《一千零一夜》,它使规模更小的波斯文学相对失色,更成为世界文学的经典之作。在这个过程中,这本著作使马蒙的父亲哈伦·拉希德永垂不朽,他出现在许多以巴格达为背景的故事中。

哈伦·拉希德在推广另一种来自东方的舶来品方面发挥了至关重要的作用,这种舶来品来自中国——纸张。在智慧宫之外,以巴格达为中心的整个官僚机构不断扩大,极大地增加了对书写材料的需求。最为普遍的书写材料是由纸莎草制成的。纸莎草是一种在沼泽环境下茂盛成长的植物的横切叶子。尼罗河三角洲遍布沼泽地,这也是亚历山大图书馆在那里建成的原因之一。但是这种植物在美索不达米亚和波斯却不那么常见。

纸张制造不需要在埃及以外难以生长的纸莎草,它所使用的是一系列的植物纤维。这些纤维被打碎制浆,与水结合,并通过网状物压制而制出光滑柔软的书写材料。哈伦·拉希德很快就认识到造纸的优势,并将巴格达变成了造纸中心。[1]

智慧宫不仅致力于保存当地(波斯和阿拉伯)的过去,还致力于发挥更广泛的文化影响。这种更广阔的知识视野,也得益于它在丝绸之路上的位置。长期以来,丝绸之路一直将美索不达米亚与亚洲其他地区连接起来。例如上文所提的两本波斯故事集中收录的一些故事就来自印度。图书馆里还收藏了印度天文学小册子,包括《太阳论》(*Surya Siddhanta*),它从梵文翻译成阿拉伯语,其中描述了计算各种天体轨道的方法。[2] 马蒙之前的一位哈里发在巴格达创建了一座天文研究所,展示了这个新城市决心

1　Jonathan M. Bloom, *Paper Before Print: The History and Impact of Paper in the Islamic World* (New Haven: Yale University Press, 2001), 48–51. 也可参见 Nicholas Basbane, *On Paper: The Everything of its Two-Thousand-Year History* (New York: Vintage, 2013), 48–49。

2　De Lacy Evans O'Leary, *How Greek Science Passed to the Arabs* (London: Routledge, 1948).

收集和储存知识的力度。

虽然许多文本是从东方传到巴格达的，但有些文本来自相反的方向，包括欧几里得的《几何原本》(Elements)，其中有一个著名定义：圆是同一平面内到定点的距离等于定长的点的集合。巴格达的居民可能很欣赏欧几里得对圆的定义，因为这座城市也试图成为所有线条平等辐射的中心位置，而不仅仅是通过建筑体现之。[1] 这座城市的学者希望收集来自各地的知识，并将其带到欧几里得所说的"圆心"，他将其定义为"圆的中心"。

虽然最初欧几里得是唯一获此殊荣的希腊作家，但很快，从希腊语到阿拉伯语（有时通过波斯语）的翻译开始增加——其中最重要的是亚里士多德的作品。（欧几里得也借鉴了亚里士多德。）部分由于这些翻译，亚里士多德被直接称为"哲学家"(the Philosopher)。[2] 没有人比马蒙更热衷于推动这个日益广泛的翻译项目。

在巴格达积累的知识跨越了我们今天所说的"STEM"（科学、技术、工程和数学）和人文学科。这提醒我们，我们目前的体系并不是整理知识的唯一方式。在巴格达，天文学、数学以及医学理论与文学和历史文本同时传播。学者们认为这些知识领域是相互关联的。有一件事十分明显：巴格达的统治者和学者们已经有所判断，认为过去产生的不同领域的知识如今可能依然有用。

希腊文本在这个翻译项目中的重要性逐渐增加。这并不令人惊讶，因为阿拉伯人的征服已经迅速向东扩张，包括波斯和巴克特里亚，并最终到达印度。在将印度与中东连接起来的过程中，这个新的穆斯林帝国重建了这片广阔领土，亚历山大大帝此前在这里留下了四处分布的希腊定居点、

---

1 Gutas, *Greek Thought*, 52.
2 *Ibid*, 61. 有一篇优秀文章介绍了希腊文本翻译成阿拉伯语的概况：A. I. Sabra, "The Appropriation and Subsequent Naturalization of Greek Science in Medieval Islam: A Preliminary Statement," *History of Science* 25 (September 1987): 223–243。

希腊语和希腊文化知识的踪迹。[1] 亚历山大大帝死后，他的帝国分裂成不同的地区，每个地区由不同的将军领导，但这个帝国使得希腊语和相应的希腊文化知识具有长远影响，希腊语也成为一种跨越广阔地区的共享语言（诱使阿育王用希腊语题写他的一根石柱）。亚历山大大帝的希腊世界中心是亚历山大图书馆，它现在并入了阿拉伯世界。[2] 在借鉴希腊文化时，阿拉伯统治者不必超越他们自己领土的边界，而只需进入过去：他们的新帝国建立在许多以前存在的帝国之上。他们没有根除以前的东西，而是将其保留、翻译，并纳入自己的世界观之中。

新阿拉伯世界所依赖的另一个帝国是罗马帝国。西罗马帝国一直在衰落，被来自中欧的哥特人入侵。只有以拜占庭为中心的东罗马帝国幸存下来，尽管其大部分领土已落入阿拉伯人手中。[3] 拜占庭在其衰落的状态下固步自封，失去了对保存整套希腊思想体系的兴趣。部分问题在于，这座城市将自己视为东部基督教世界的最后捍卫者，这意味着它越来越怀疑自己在基督教之前的过去。529年，查士丁尼大帝禁止异教徒授课，包括精通在异教历史中幸存的那些文本的学者，例如欧几里得、托勒密和亚里士多德的著作——恰恰是这些思想家的作品即将被翻译成阿拉伯语。[4] 这意味着如果真有需要的话，异教文本必须由基督教学者转录（丢失的不仅仅是前

---

1 Amélie Kuhrt and Susan Sherwin-White, eds., *Hellenism in the East: The Interaction of Greek and Non-Greek Civilizations from Syria to Central Asia after Alexander* (Berkeley: University of California Press, 1988). Peter Green, *Alexander the Great and the Hellenistic Age: A Short History* (London: Weidenfeld & Nicolson, 2007), 63. 我也参考了这本书：M. Rostovtzeff, *The Social and Economic History of the Hellenistic World*, vol. 1 (Oxford: Clarendon Press, 1941), 446。
2 Roy MacLeod, ed., *The Library of Alexandria: Centre of Learning in the Ancient World* (London: Tauris, 2000). F. E. Peters, *The Harvest of Hellenism: A History of the Near East from Alexander the Great to the Triumph of Christianity* (New York: Simon and Schuster, 1970).
3 阿拉伯帝国另一个了解希腊学问的途径是东方教会。在阿拉伯征服的第一阶段，它几乎没有强制镇压其他宗教，这意味着阿拉伯帝国包含了各种宗教社区，从琐罗亚斯德教徒（主要在波斯）和摩尼教徒，到生活在中东和美索不达米亚的基督徒，包括位于巴格达南部的一座修道院。这些基督徒都说希腊语或至少能用希腊语对话，因为《圣经》中的《新约全书》正是用这种语言写成的，他们能够为自己的新阿拉伯统治者翻译希腊文本；而其中一段文字甚至由亚历山大港的教长亲自翻译。
4 Dimitri Gutas, "Origins in Baghdad," in Robert Pasnau, ed., *The Cambridge History of Medieval Philosophy* (Cambridge: Cambridge University Press, 2011), 9–25, esp. 12.

基督教经典的知识；随着拜占庭的经济和艺术野心减弱，它也失去了刻立大型石柱与铸造青铜的艺术，而前者是建造希腊神庙和市场的关键[1]）。

幸运的是，在东罗马帝国似乎正在抛弃古典世界的时候，巴格达的智慧宫接管了保护古典世界的工作。这种情况与佛教的遭遇比较相似，它在印度失势，但通过翻译在中国蓬勃发展，后来在中国受到迫害时，又在日本继续存在。通过这种方式，巴格达的知识不断增长，将来自不同文化的知识翻译并储存在其权力中心，无论这些知识来自何方。在追求远方的知识时，巴格达的学者们遵循了先知穆罕默德的一句名言："求知，那怕[远]在中国，因为寻求知识是每个穆斯林的宗教义务。"[2]

尽管巴格达的收藏项目具有优势，但外国文本的涌入最终导致了强烈反对。查士丁尼大帝颁布了反对异教教义的法令，但他并不是唯一担心异教传统存在的人。伊斯兰学者们也是如此，出于类似的原因：他们不知道如何调和一神论与异教知识。伊斯兰教目前在幅员广阔的领土上占主导地位，并渴望寻找新的信徒。它的追随者几乎可以毫不费力地理解欧几里得的几何学或印度计算天体运动的方法等研究。但亚里士多德创造了一个思想体系，其中包括关于宇宙本质的基本观点，解释事物为何如此，这可以被视为与伊斯兰教的基本教义相冲突（或者也许这只是苏格拉底通过引入一个新的神来与他自己的城市发生冲突的另一个版本）。正是在这个关头，技术性更强的知识形式与基本信念之间的差异，技能知识和原理知识之间的差异凸显出来。

巴格达翻译项目的发起人没有被吓倒，部分原因是他们意识到将希

---

1 Paul Speck, "Byzantium: Cultural Suicide?" in Leslie Brubaker, ed., *Byzantium in the Ninth Century: Dead or Alive?*, Thirteenth Spring Symposium of Byzan-tine Studies, Birmingham, March 1996 (London: Routledge, 2016), 73-84, esp. 76.

2 英文译文出处：Franz Rosenthal, *Knowledge Triumphant, The Concept of Knowledge in Medieval Islam* (Leiden: Brill, 2006), 182。

腊知识带入阿拉伯帝国并不会削弱伊斯兰教。哈伦·拉希德和他的儿子看到，在不同宗教和哲学之间的竞争中，伊斯兰教需要更为锋利的工具，他们愿意在遥远异国或过去知识残余中找到这些工具。在不同的原理知识传统之间存在竞争；了解早期文化产生了什么，将增加当前文化的复杂程度和力量强度。此外，原理知识还有很多技术层面的内容——论证形式、逻辑一致性、写作和思考技巧——可以从一种文化转移到另一种文化。在通过翻译项目提供的思想工具的帮助下，伊斯兰神职人员和统治者得以与其他宗教的代表开展辩论。

拜占庭的例子具有警世作用，提醒我们知识分子转而向内；拒绝智识机遇会带来衰落，有时甚至会加速衰落。哈伦·拉希德和马蒙意识到，如果他们想建立一个世界帝国，就不能与世隔绝。(在查士丁尼大帝颁布法令几个世纪后，在艾琳女皇的推动下，拜占庭又重新燃起了对古典文本的兴趣。艾琳女皇于780年掌权并召回流亡学者。此外，向巴格达的收藏家出售古典文本的抄本也能赚钱牟利。[1])

巴格达翻译项目展示了文化史上的一个重要原则：借用的文化产品也可以成为巨大的力量源泉。借用的行为不仅没有削弱主动借用的文化，反而可以增强之，为它提供文化资源、见解和技能，而那些担心来源、所有权或者意识形态纯正性的人却无法领受这些资源、见解和技能。[2]

正是这种豁达开放的态度，悄悄地将亚里士多德变成了一个会在梦中困扰马蒙的人物。无论真假，哈里发对这个梦的叙述都表明亚里士多德已

---

[1] Warren Treadgold, "The Macedonian Renaissance," in Warren Treadgold, ed., *Renaissances Before the Renaissance: Cultural Revivals of Late Antiquity and the Middle Ages* (Stanford: Stanford University Press, 1984), 81. 古塔斯推测，整个阿拉伯帝国的需求可能会为拜占庭抄书吏抄写古典文本提供一定的经济激励；参见 *Greek Thought*, 185.

[2] 要了解希腊哲学在伊斯兰世界中的作用，请参见这本佳作：Joel L. Kraemer, *Humanism in the Renaissance of Islam: The Cultural Revival during the Buyid Age* (Leiden: Brill, 1986)；还有这本书的姐妹篇——*Philosophy in the Renaissance of Islam: Abū Sulaymān Al-Sijistānī and his Circle* (Leiden: Brill, 1986)。

被赶出拜占庭,并在巴格达找到了避难所;也表明阿拉伯人才是古希腊的真正传人。

伊本·西拿从未报告过自己的任何梦境,但他一定经常梦见亚里士多德,因为他将自己的一生都献给了这位哲学家。在西方,他的拉丁文名字更加广为人知:阿维森纳(Avicenna)。他在波斯东北部(今天的乌兹别克斯坦)的布哈拉市(Bukhara)长大,这个地区是马蒙父亲送给儿子的。[1] 像该地区的大多数居民一样,伊本·西拿说波斯语,但他的大部分写作用的是阿拉伯语,以适应新统治者。他的教育和毕生工作体现了巴格达翻译项目的成果,并展示如何利用该项目来积累知识。因为仅仅保存古希腊、印度和其他传统的智慧是不够的:这种智慧必须经过加工并适应新的环境。它必须得到实际运用。

最初,伊本·西拿研读《古兰经》,根据主流的教学方法,这意味着背诵经文中的部分内容。到 10 岁时,他已经能够背诵全文,这为他后来用阿拉伯语写作奠定了基础。他在下一步教育中得到一位商人的帮助,这位印度人教他算术。然后,他很幸运地得到了一位导师的特别照顾,向他介绍了巴格达翻译项目的其他成果。这些成果当时在阿拉伯语中被称为"法勒萨法"(falsafa),改编自希腊语"philosophia"一词。[2] 对于十几岁的伊本·西拿来说,吸收这些极其不同的传统和知识模式让他既兴奋又困惑。他尤其无法掌握亚里士多德的形而上学,其中亚里士多德关于因果关系的抽象论证让他觉得很有趣味,但很难理解。幸运的是,他遇到了一位正在兜售法拉比论文的书商。法拉比是最早自称掌握"法勒萨法"的伊斯

---

1 L. E. Goodman, *Avicenna* (London: Routledge, 1992). 关于阿维森纳的最佳介绍,请参见 Jon McGinnis, *Avicenna* (Oxford: Oxford University Press, 2010)。

2 Gutas, *Greek Thought*, 162; 也可参见 Rosenthal, *Knowledge Triumphant*, 50。

兰学者之一，他向讲阿拉伯语的听众解释亚里士多德的学说。[1]

作为崭露头角的学者，伊本·西拿获得了一个意外的机会，他得以进入当地苏丹的图书馆。整个阿拉伯世界的地方当局，包括布哈拉的地方当局，都在模仿巴格达，将手稿和学者集中在图书馆里。翻译项目已经向外辐射，覆盖了帝国不同地区的学生。

巴格达翻译项目不仅为伊本·西拿等人的教育创造了条件，它还创造了一个市场来解释所有这些新学知识的内容。他的一位商人朋友一直对"法勒萨法"感到好奇，委托当时还只是十几岁的伊本·西拿写一份总结和解释。这项任务体现了伊本·西拿的特殊才能：展示不同的传统和知识模式能够如何融合在一起。在接下来的几十年里，他成为一位伟大的知识综合者。在这个过程中，他发展出一种新的思想形式。

就在伊本·西拿交付第一个任务时，他周围的世界——进入苏丹图书馆的机会，在布哈拉的师长关系网——开始分崩离析。当地统治者之间的争吵意味着他不得不逃离此地。他在几乎没有国籍的状态下度过余生，寻找可以为他提供佣金和书籍的新赞助人。他也曾有过相对稳定的生活阶段，那时候他可以在伊斯法罕生活和工作，但总的来说，他的生活特色就是逃亡和坐牢，还有就是绝处逢生。[2] 在人生晚期，他还遭受长期病痛，衰弱得无法用手写字。他在一本简短的自传中记录了这些经历，其中还讲述了自己的教育经历，但他拒绝详述自己经历的各种艰辛。"必要性引导了我。"在说到自己被从一个城镇追赶到另一个城镇，有时甚至在最后一刻才逃脱骚乱的经历时，他只用这句话来轻轻带过。[3] 这些事情防不胜防，但

---

[1] 传记信息部分基于伊本·西拿自己的自传文本，来自 Dimitri Gutas, ed., *Avicenna and the Aristotelian Tradition*, vol. 89 of *Islamic Philosophy, Theology and Science: Texts and Studies*, edited by Hans Daiber, Anna Akasoy, and Emilie Savage-Smith (Leiden: Brill, 2014), 11-19。

[2] Goodman, *Avicenna*, 48.

[3] Ibn Sina, "Autobiography," in Gutas, *Avicenna and the Aristotelian Tradition*, 19.

它们不值得时时回顾。只有"法勒萨法",才是唯一重要的东西。

虽然一生颠沛流离,但伊本·西拿从未停止过阅读、教学和写作。早期完成的委托任务使他下定决心,思考如何整合不同的传统和知识分支。亚里士多德是完成这个任务的完美指路人,因为从某种意义上说,这就是亚里士多德当时所做的,也正是他被直接称为"哲学家"的原因。他创造了一个思想体系——这个体系早在接触伊本·西拿之前就已经被亚历山大港的学者们充分阐述过了。这样的体系正是智慧宫集中知识所需要的;对历史的好奇本来杂乱地交织在一起,有了这种方式,便可以得到分类和整合。

伊本·西拿按照自己的理解,将知识分为以下几类,这些类别由亚里士多德首创,但现在被更加系统性地使用:[1]

逻辑。这个知识分支是推理艺术的支柱,最初由亚里士多德创立。它涵盖通过语言组织思想的其他形式,其中也包括亚里士多德关于修辞学和诗学的书籍,以及他关于希腊悲剧的论文。(亚里士多德的《诗学》对大多数阿拉伯评论家来说很难懂,因为在阿拉伯世界没有与希腊戏剧对应的艺术形式。)

数学。在这个范畴,伊本·西拿并不只局限于亚里士多德学说,还借鉴了天文学、光学和音乐理论。音乐理论被理解为音阶之间的关系,通常表示为数学分数。很快,阿拉伯数学家将在这一领域中引领世界,其中包括利用数字零——这就是当今世界大部分地区使用阿拉伯数字的原因。

物理。在亚里士多德和其他人的基础上,这个分支涉及宇宙的可观察部分,我们可以称其为自然,其中包括有生命和无生命物体的本

---

[1] Ibn Sina, "Autobiography," in Gutas, *Avicenna and the Aristotelian Tradition*, 150.

质，它们的运动和行为，不同类型的原因，变化和连续性，以及一般宇宙的本质，时间和永恒的概念。

形而上学。这个知识分支最初被称为形而上学（metaphysics），是因为亚里士多德关于这个问题的书籍被放在物理学（physics）的书籍之后（meta）。它们包括许多后来被称为哲学（阿拉伯语中叫作"法勒萨法"）的东西，即对存在、知识和理性的反思［我们有时称之为元反思（meta-reflections）］。亚里士多德哲学的这一部分也是对他的老师柏拉图和他的永恒形式（eternal forms）理论的回应。

将知识划分为四个分支只是一个简化的方案。伊本·西拿还需要考虑收入容纳更为平凡的知识形式，例如医学。医学在他的工作中发挥了重要作用，就像巴格达翻译项目一样。最后，亚里士多德写了关于伦理学（ethics）的文章，即管理人类对他人行为的原则，其中还包括政治、政府科学（the science of government）和经济学。经济学（economics）一词源自希腊语"*oikos*"，意为家庭。

虽然这个分类方案的某些方面似乎看起来眼熟，但其他方面，例如将音乐视为数学的一部分，却并非如此。这提醒我们，由亚里士多德构思并由伊本·西拿改编的哲学是另一门学科。在它最终进入当今大学体系的人文学科之前，曾经历过重大变化。对于亚里士多德和伊本·西拿来说，哲学涵盖了我们今天称之为自然科学和社会科学的许多组成部分。在16世纪和17世纪，这些部分被加上"自然哲学"的标签，从哲学中分离出来。与此同时，其他部分，如逻辑和数学，最终成为今天的"STEM"科目。虽然现代研究型大学以跨学科工作为荣，但它并不像亚里士多德和伊本·西拿那样鼓励建立一个统一的知识体系。

伊本·西拿一直将亚里士多德称为该分类体系的创造者，但伊本·西拿不是，也不认为自己只是在重复或推广亚里士多德的体系。相反，他对其详细阐述，进行扩展，并将其他知识来源纳入其中。[1] 更为重要的是，伊本·西拿反思了知识的不同类型，以及我们如何认识事物的本质。他的结论是，所有人都具有独特的理性思考能力。这种能力可以通过逻辑规则来阐述，亚里士多德称之为理性灵魂（rational soul）。

最重要的是，伊本·西拿需要解决困扰着所有参与巴格达翻译项目的人的问题：这个系统与伊斯兰教及其对造物主神的概念形成过程有什么关系？这个概念形成过程包括被先知穆罕默德揭示，被抄写员传播，还有被写入《古兰经》中。首先，正如致力于伊斯兰神学"凯拉姆学"（kalam）的学者所阐述的那样，伊斯兰教非常重视知识，这使得他们的思想得以兼容于伊本·西拿所提出的系统（巴格达翻译项目可能间接造成了伊斯兰神学对知识的重视程度）。[2] 为了让亚里士多德与伊斯兰教的联系更加紧密，伊本·西拿抓住了亚里士多德对原因（causes）的强调，并提出神是这一切的最终原因。这就是为什么宇宙可以被理性地了解，例如通过逻辑规则。但神这个终极原因（the ultimate cause），却无法被理性地认识。[3]

尽管伊本·西拿对亚里士多德充满钦佩，但他并没有盲目追随这位哲学家。这就是成为理性主义者的意义所在：你检视一个论点，并在必要时调整或改变它。归根结底，亚里士多德之所以重要，不是因为他是一个权威，而是因为他提出了一种非常有用的推理方法，这种方法可以而且必须要适应此时此地的情况。伊本·西拿将每门科学都放在一个更大体系中，他在这个方面极具天赋。他的作品成为拉丁中世纪的总结，也就是知识总

---

1 在一篇杰出的论文里，学者埃雷兹·纳曼使用"挪用和归化"（"appropriation and naturalization"）这两个术语来描述伊本·西拿和其他人使用希腊哲学并将其变成自身学问的过程，包括亚里士多德的"习惯"（habitus）概念。"Nurture over Nature: Habitus from al-Fārābī through Ibn Khaldūn to 'Abduh," *Journal of the American Oriental Society* 137, no. 1 (2017): 10.

2 Rosenthal, *Knowledge Triumphant*, 195.

3 Goodman, *Avicenna*, 80.

结的典范。

写总结不仅仅是解释别人的想法。尽管伊本·西拿在脱离亚里士多德影响方面给自己更大的余地，但他仍然觉得自己必须合理化这个做法。有时，他解释说亚里士多德故意不解释某些知识是因为担心自己的工作会落入坏人之手。直到现在，评论家们才能将这些隐藏情况公之于众。在其他时候，他抱怨自己没有合适的书籍用以查阅参考——考虑到他生活状况混乱，这也是一个合理的借口——因此可能会比他希望的更加偏离亚里士多德这位哲学家。[1] 但他从未放弃总结的目标，对于一个在巴格达智慧宫带来的知识汇编中长大的人来说，这是最为迫在眉睫的智力挑战。[2]

伊本·西拿的作品是评论和阐释所释放的创造力的一个优秀例子。他运用亚里士多德并非仅仅为了向一位古代哲学家致敬，这是一个主动的过程，其中涉及许多原创作品。事实上，并不是亚里士多德隐藏了自己作品中的重要部分，留待伊本·西拿等后来的阐释者再作发掘；而是伊本·西拿选择掩饰他本人的原创性念头，假装他只是将亚里士多德最初提出的观点梳理出来。

伊本·西拿对现有知识进行了全面综合，从而塑造了未来几百年哲学的运作方式。即使在今天，人文学科的许多工作都是通过评论一部经典的方式进行的 [伊本·西拿将"经典"（canon）这个词引入阿拉伯语，叫作"qanun"]，尽管这部经典总在变化之中。经典是一种从事哲学的模式，它表达了保存过去并积极将其用于现在的愿望。它源于我们存储思想和论

---

[1] Ibn Sina, "Autobiography," in Gutas, *Avicenna and the Aristotelian Tradition*, 111.
[2] 还有遵循亚里士多德主义的竞争者与之抗衡。在一篇论文中，伊本·西拿将其方法（他称之为"东方哲学"，因为它是在伊斯兰世界东部发展起来的）与在巴格达发展起来的"西方哲学"进行了对比。（这种差异意味着对亚里士多德及其遗产的不同理解。）自亚里士多德在世以来，已经积累了多个层次的评论，将这些旧有文本转化为后世有用工具的方法，从古典雅典直到亚历山大大帝（*Gutas, Greek Thought*, 153）。同样的情况也发生在阿拉伯语翻译项目的过程中，该项目始于巴格达，但后来催生了其他方法和流派，最终促成伊本·西拿自己的研究工作。

点，将它们转化到当下，并跨越不同文化的能力。它是一种进行人文研究的模式，它的重点在于从不同地点和不同时间收集、保存、组合和集中智力资源，作为应对当前挑战的最可行途径。

总结是一种信息管理模式，它源于一种意识，这个意识告诉我们需要收集和保存重要作品以备后用。这种敏感性对我们来说可能过于耳熟能详。我们认同储存的重要性，也认同搜索、集合和数据的重要性。我们能够感受到信息过剩带来的激动兴奋与不知所措。我们能够获得的信息如此之多，却并不总是知道要搜寻什么以及怎样处理。

这种敏感性由这位生活于丝绸之路上的人士发展而成，合情合理。他生活在一个连接印度和希腊的帝国中，将文化的储存视为一种理想，并将古代和外国文本的转移和翻译视为财富而非威胁——尽管这需要新的信息管理模式。

伊本·西拿建立哲学的方式依赖于收集很久以前保存下来的文本，但他在收集和保存自己的作品方面却做得非常糟糕，不过大多数情况下也并非他的差错。在印刷术诞生之前的时代，要保留整个职业生涯的踪迹，即使在最好的情况下也都绝非易事。例如，伊本·西拿早期所做的一些总结是受到特定的赞助人委托的，一旦收到一份手写稿，他们就会付钱。如果伊本·西拿想为自己保留一份抄本，就需要自己写一份，或者雇人来做，这意味着世界上可能只有几份由他而来的文本。伊本·西拿一生中常常出现被迫离开、出走的情况，因此额外的抄本很容易丢失。如果他丢失了自己唯一的抄本，就不得不去找以前的赞助人或他们的后人，这在政治动荡的情况下通常是不可能的。在这种情况下，他可能会试图根据记忆重新创作作品，但他又为什么要这样做呢？以一种不同的方式重新塑造一切，也许对其改进，然后再写一部本质全新的作品不是更好吗？伊本·西拿的好几篇论文都有这样改写的特征。

伊本·西拿的学生们整理了这种混乱状况，为他的作品制作了抄本，也找到了他的遗失作品。[1] 伊本·西拿在他的自传中描述了许多个欢乐的夜晚：与一群学生一起讨论，一起喝酒（这显然被认为与伊斯兰教义相容）。但他只提到了一个人的名字——朱兹贾尼，他担当重任，收集和抄写了老师的作品。随着伊本·西拿名气日增，一个新问题出现了：他被误认为某些文本的作者。因而，朱兹贾尼总是要去证明作品确实是伊本·西拿撰写或改写的。最后，朱兹贾尼主动鼓励伊本·西拿撰写新作品或重新创作失传的作品，并经常亲自处理他的口述。

朱兹贾尼的努力是部分作品幸存下来的原因，而另一些作品则通过后来的书目编纂者（bibliographers）为我们所知。（阿拉伯文字的黄金时代催生了广泛的书目，这是收集和编目不同形式知识的又一次尝试。）其他学生的工作主要是撰写自己的评论和总结伊本·西拿的作品，包括可能是琐罗亚斯德教徒的巴赫曼亚尔、评论了亚里士多德更难以捉摸的作品的伊本·扎伊拉，还有劳卡里，他自己的总结在很大程度上传播了伊本·西拿工作的核心方法，即理性论证的方法。[2] 伊本·西拿的思想以类似于巴格达翻译项目所培养工作的方式——通过努力总结和综合——幸存下来。

中世纪的巴格达凭借造纸业、智慧宫，以及大量翻译家、评论家和学者成为阿拉伯文学黄金时代的中心，但它并没有躲过时间的摧残。问题还是出在建筑材料上，充足的泥砖构建了最早的城市空间，但保存时间不超过几代人。与被遗弃的纳芙蒂蒂的阿克塔顿相比，巴格达的不幸——从保护的角度来看——在于它自马蒙的祖先建城以来一直被占领，这意味着这

---

1 Ahmed H. al-Rahim, "Avicenna's Immediate Disciples: Their Lives and Works," in Y. Tzvi Langermann, ed., *Avicenna and His Legacy: A Golden Age of Science and Philosophy* (Turnhout, Belgium: Brepols, 2010): 1–25.

2 Al-Rahim, "Avicenna's Immediate Disciples."

座城市一直在重建。在这个过程中，其原始建筑的所有痕迹都被摧毁，无法恢复，让我们不知道智慧宫的面貌，也不知道它是否曾作为一座独特的建筑的确真的存在过。

幸运的是，我们可以通过它留下的印记看到这个知识宝库。这种影响是巨大的，不仅把巴格达，还把整个阿拉伯帝国变成了一个学习中心，一个发展新型知识保存和生产方式的地方。无论如何，也许它从来都不是一座单独的知识仓库，而是一种收集、翻译和综合知识的理念。这种理念最终不依赖于单独的一个地方，而是取决于对过去和其他文化产品的态度。伊本·西拿未能一直在同一个地方工作，甚至也无法保留自己的作品，但他的工作却至关重要。

在阿拉伯帝国影响下，始于巴格达并由伊本·西拿实现的翻译项目向外辐射，一直到日益辽阔的偏远地区。在德里，伊斯兰王朝迅速掌权，一位苏丹得知伊本·西拿最有影响力的一部总结题为《治愈》(*The Healing*)，委托他为自己制作了一部优雅的抄本。[1] 这位苏丹是穆罕默德·伊本·图格拉克，他的儿子对阿育王的石柱深感兴趣：也许是他父亲的伊本·西拿抄本激起了苏丹菲罗兹对遥远过去的兴趣。

与此同时，智慧宫的影响力开始向西蔓延，一直延伸到伊比利亚半岛，阿拉伯军队在那里建立了欧洲最大的伊斯兰省份。这成为伊本·西拿的作品以及巴格达翻译项目的其他成果抵达西欧的途径。这也导致了一种文化借用行为，它被错误地称为重生（rebirth），或文艺复兴（renaissance）。

---

[1] 如果想看此文本部分的绝佳版本，可参见 Jon McGinnis, *Avicenna: The Physics of The Healing: A Parallel English-Arabic Text* (Provo, UT: Brigham Young University Press, 2009)。

第八章
埃塞俄比亚女王欢迎"夺宝奇兵"

埃塞俄比亚阿克苏姆的锡安圣母玛利亚旧教堂（摄影：Sailko）

阿克苏姆（Aksum）位于埃塞俄比亚的提格雷高原上，是玛丽亚姆·西翁教堂或锡安圣母玛利亚的所在地。作为埃塞俄比亚的基督教中心，教堂已经重建了很多次。它的最新版本可以追溯到1965年，当时海尔·塞拉西皇帝建造了一座通风的现代圆顶结构，由大型拱门和窗户支撑。[1] 这座建筑位于一座较老的建筑附近，该建筑也设有拱形窗户[2]，但位于一座年份可追溯到17世纪的比较阴暗窄小的矩形建筑中。但即使是那座教堂也取代了几座较旧的教堂，那些旧教堂最早可以追溯到公元4世纪，这是基督教首次抵达埃塞俄比亚的时间。

　　在以不同的风格与材料夷平和重建这座教堂的动荡历史中，有一件事保持不变：教堂里有一个约柜（英文称为tabot）的复制品，它既指写有《十诫》的石板，也指约柜，即容纳它们的盒子。教堂就是以这个约柜命名的，因为这里的"锡安"（Syon，或者也称为Zion）的意思是约柜，而不是耶路撒冷的锡安山。[3] 每座埃塞俄比亚教堂都有一个象征性的约柜复制品，但锡安圣母玛利亚教堂的那个据称是包含原始《十诫》的原始约柜。[4] 这个犹太人的圣物又是怎么进入埃塞俄比亚教堂的呢？

　　根据《希伯来圣经》，摩西按照上帝在西奈山附近给他的指示建造了约柜。约柜是一个覆盖着黄金的木箱，用来存放两块石板。摩西在上面写下由上帝口述而来的《十诫》。[5] 以色列人无论走到哪里，都会用两根长杆抬着约柜，用兽皮和布制成的厚厚的帷幕阻隔视线，形成了一个帐篷或神龛。这是以色列人拥有的最接近偶像的东西，得到高度警戒保护。有一次，约柜被非利士人抢走，但它给他们带来了如此多的灾难，于是非利士

1　"Aksum," Encyclopedia Britannica, March 28, 2019, https://www.britannica.com/place/Aksum-Ethiopia.
2　也可参见 Stuart Munro-Hay, *The Quest for the Ark of the Covenant: The True History of the Tablets of Moses* (London: I. B. Tauris, 2005), 27.
3　David Allan Hubbard, *The Literary Sources of the Kebra Nagast*, PhD thesis, University of St. Andrews, 1956, 330.
4　Munro-Hay, Quest, 28.
5　Exodus 19: 1-34: 28.

人迅速将它物归原主，对能摆脱这个神秘物品感到十分高兴。大卫王把它带到耶路撒冷，所罗门王在那里建造了一座圣殿，给了它一个永久的家。

约柜一直安全地留在圣殿中，直到公元前587年，这座城市被尼布甲尼撒摧毁，此时《希伯来圣经》中已经不再记录这个珍贵盒子的踪迹。当犹太人从巴比伦流亡归来重建其城市和圣殿时，带回来的各种文字记载中也没有提到它[1]，其他来源的文本也同样不确定它的去向。公元70年，罗马将军提图斯·维斯帕西亚努斯洗劫了耶路撒冷，他摧毁了圣殿，并将其中最有价值的物品带到了罗马，其中包括一座金烛台。但约柜并不在战利品之列。在圣殿第一次和第二次被毁之间的某个时间点，上帝与犹太人之间的约柜——这座最为神圣的圣物——下落不明。谁要为此负责？

这个谜题的答案是用吉兹语——埃塞俄比亚古老的抄写语言——写成的耐人寻味的文本。它被称为 *Kebra Nagast*（可意译为《众王荣耀》），揭示了约柜是在所罗门王时代被盗走的。至于谁是罪魁祸首，文本自豪地指出，正是由传奇女王统治的埃塞俄比亚。

《希伯来圣经》中描述了示巴女王拜访所罗门王时带着许多侍从，并用骆驼带着香料、黄金和宝石作为外交献礼。在送给他这些丰厚的礼物之前，她对所罗门王进行了盘问，直到她确信他真的像别人所说的那样聪明。国王无疑对这个判断感到受宠若惊，给慷慨大方的女王回赠了很多礼物。他还向她展示了自己引以为豪的宫殿和寺庙，然后把她送回祖国[2]。

《众王荣耀》讲述了一个不同的故事。这个故事描述了一位埃塞俄比亚女王张开怀抱与所罗门王相处，还在回国之前怀上了他的孩子。他们的

---

[1] Book of Ezra; Book of Nehemiah. 也可参见 Lisbeth S. Fried, *Ezra and the Law in History and Tradition* (Columbia: University of South Carolina Press, 2014)，以及 Juha Pakkala, *Ezra the Scribe: The Development of Ezra 7-10 and Nehemiah 8* (Berlin: Walter de Gruyter, 2004).

[2] 1 Kings 10: 1-13; 22 Chronicles 9: 1-12 (KJV). 从文本来看，这个国家的位置并不清楚。许多学者推测它在也门。如果是这样，《众王荣耀》将这个故事的地点重新解释为古代埃塞俄比亚，就在巴别曼德海峡对面。

儿子孟尼利克长大成人后，女王把他送到耶路撒冷，还带上所罗门王送给她的戒指。这样孟尼利克的父亲就能认出他来。因智慧而备受赞誉的所罗门王果然不负盛名，承认孟尼利克是自己的儿子，对他表示欢迎，甚至还宣布他是自己的嫡长子。这意味着孟尼利克最终将继承王国，并且统领以色列人。

但孟尼利克不想在耶路撒冷称王，他想回到母亲身边。所罗门很不情愿地放走了儿子，还安排了一群年轻人陪伴他，随行仪仗队成员由来自耶路撒冷最为尊贵家庭的儿子们组成。要被送走的儿子们心情复杂，也许是出于怨恨，也许是为了要从家里带走点什么，他们制订了一个偷约柜的计划。

孟尼利克和他的随从们离开几天后，所罗门发现约柜被盗，并派战士追捕他们，但为时已晚。约柜为孟尼利克和他的同伴们增添双翅，帮他们安全抵达埃塞俄比亚，孟尼利克在那里被加冕为王。所有这些都可以很好地解释为什么当耶路撒冷首先被尼布甲尼撒摧毁，然后又被提图斯摧毁时，约柜实际上都不在圣殿里。几个世纪以来，它一直安静地待在埃塞俄比亚首都阿克苏姆。[1]

谁会写出如此不同寻常，别出心裁的文字？幸存下来的文本版本在阿姆达·塞永国王或锡安之柱（1314—1344）的统治下被广泛使用，而它也极有可能借鉴了早期版本和材料。[2] 与他更遥远的祖先不同，阿姆达·塞

---

[1] Carl Bezold, *Kebra Nagast, Die Herrlichkeit der Könige, nach den Handschriften in Berlin, London, Oxford und Paris, zum ersten Mal im äthiopischen Urtext hrsg. und mit deutscher Übersetzung versehen* (Munich: G. Franz, 1905). 要参考正在开展的《众王荣耀》研究工作，参见 Wendy Laura Belcher, "The Black Queen of Sheba: A Global History of an African Idea," https: //wendybelcher .com/ african-literature/black-queen-of-sheba/, accessed November 22, 2021。有一篇关于示巴女王主题的优秀文章，参见 Wendy Laura Belcher, "African Rewritings of the Jewish and Islamic Solomonic Tradition: The Triumph of the Queen of Sheba in the Ethiopian Fourteenth-Century Text Kəbrä Nägäst," in Roberta Sabbath, ed., *Sacred Tropes: Tanakh, New Testament, and Qur'an as Literary Works* (Boston/Leiden: Brill, 2009), 441-459。

[2] Harold G. Marcus, *History of Ethiopia* (Berkeley: University of California Press, 1994), 19.

第八章 埃塞俄比亚女王欢迎"夺宝奇兵"

永声称自己是所罗门王的后裔,而《众王荣耀》是他强化这一血统的手段。但是,这段文字所做的不仅仅是确认他的皇室血统。它为构成埃塞俄比亚高原的不同语言群体和部落提供了一种共享过去的感觉。标题 kebra nagast 的意思是"国王的伟大",但其目的是建立埃塞俄比亚的伟大。埃塞俄比亚所罗门王朝的成功是一个很好的例子,说明一个共享的建城传说具有怎样的力量。这篇文章的编纂者可能从他们自己的源文本,也就是《希伯来圣经》中借鉴到了这种力量。

在讲述约柜被盗的故事时,埃塞俄比亚通过宣布自己是犹太王朝的直系后裔,把这个国家和一个犹太王朝联系起来——以王朝更替的故事作为后盾,这比单纯的文本翻译或文物进口要具体得多。在追求文化嫁接或转移的途中,《众王荣耀》并不孤独:维吉尔宣称罗马的创始人是来自特洛伊的埃涅阿斯,而波斯的《列王纪》(Book of Kings)则声称亚历山大大帝是波斯公主秘密生下的孩子,所以他应该作为一位名叫伊斯干达的波斯国王而声名远扬。《众王荣耀》只不过进一步将王朝血统传承与约柜被盗相结合。这样一来,埃塞俄比亚既可以声称自己起源于《圣经》,又可以将宗教重心从耶路撒冷转移到阿克苏姆。《众王荣耀》是一个有趣的例子,我们可以把它称为伪装成盗窃的战略借用。

关于这个故事,还有另一点值得注意,埃塞俄比亚的犹太人没有使用《众王荣耀》,可能是因为他们可能已经花了不少力气和耶路撒冷建立密切联系。使用这个文本的是埃塞俄比亚基督徒。被盗的约柜是埃塞俄比亚基督教建立的基础。

《众王荣耀》给了我们一个很好的提醒,说明文化借用发生在意义建构的所有领域,从哲学和智慧文学到艺术和宗教。基督教的情况对此展示得尤其清楚。最初,基督教是犹太教的一个分支,是弥赛亚犹太教浪潮的产物,拿撒勒的耶稣就是其中几个例子之一。耶稣学会阅读《希伯来圣经》，并在这本古老经文的照耀下，看到自己正如先知所预言的弥赛亚一样。[1] 在他死后的一个世纪，耶稣的追随者慢慢地远离了犹太教主流，最终在保罗的引导下与其决裂，一个新的宗教由此诞生。[2] 但这一决裂并不绝对，毕竟，耶稣把自己的生命看作《希伯来圣经》的应验。他从未想过要创作一部新的经文作为新宗教的基础文本。[3] 直到他死后，他的追随者才写下关于耶稣生平的故事，并在其中添加了从未亲身认识历史上耶稣的人撰写的信件和其他文本。最终，这些文本成为一部新的经文。

虽然《希伯来圣经》是抄写员们在几百年间拼凑而成的文本，并用希伯来语写成，但这些关于耶稣的新记载是在更短的时间内用希腊语写成的。[4] 风格上的差异并不是唯一的问题。在关于耶稣的全新记载中，有许多不是由目击者撰写的，还有一些在重要节点上存在分歧。基督教学者在中东各地召开了几次会议，并在会议中解决了这些问题，这些会议被称为"议会"（the Councils），他们决定哪些关于耶稣的文本应该被认为是真实的，哪些是不真实的，或者是杜撰而成的；应该如何编排，如何解释（类似于佛陀死后追随者举行的会议）。学者们并不总是意见一致，他们之间产生了尖锐的分歧，甚至是教派的分裂。不同的议会试图仲裁纠纷，修补分歧，但并不总能成功。

另一个问题是，这个新的文本经典应该如何与旧的文本联系起来。

---

1 Luke 4: 16ff; 21: 22; 22: 37; Matthew 5: 17. 关于历史上耶稣的教育，特别是他对希伯来语的了解，可见 John P. Meier, *A Marginal Jew: Rethinking the Historical Jesus, vol. 1, The Roots of the Problem and the Person* (New York: Doubleday, 1991), 264. 迈尔认为，耶稣"成全"律法的著名表述是后来的创造。*A Marginal Jew, vol. 4, Law and Love* (New Haven: Yale University Press, 2009), 41. 也可参见 Geza Vermes, *Christian Beginnings: From Nazareth to Nicaea* (AD 30–325) (London: Allen Lane, 2012).

2 Acts 9: 4–18.

3 有一个可能的例外：耶稣用手指在沙子上写字的场景，但我们不知道他写了什么，文字立即消失了，大概是被风吹走了。John 8: 6.

4 William M. Schniedewind, *How the Bible Became a Book: The Textualization of Ancient Israel* (Cambridge: Cambridge University Press, 2004). 也可参见 David M. Carr, *Writing on the Tablet of the Heart: Origins of Scripture and Literature* (Oxford: Oxford University Press, 2005).

第八章 埃塞俄比亚女王欢迎"夺宝奇兵"

解决方案是将《希伯来圣经》重命名为《旧约》，将基督教经典重命名为《新约》。尽管这两组经文的年代和风格各不相同，但这两组经文必须缝合在一起，这样基督徒才能感觉到自己与历史上耶稣的信仰以及他的《希伯来圣经》有联系，但又知道《圣经》只是他们建立不同宗教的基础。

将这两部经文拼接在一起的工作是由注释家们承担的，他们梳理《希伯来圣经》中可以被视为与基督教期待相关的人物和图像。这部作品成功地让基督徒感到满意，这要归功于这些居住在亚历山大、耶路撒冷和安提阿等地以及更远的东方（包括巴格达以南的景教修道院，那里的僧侣后来将希腊文本翻译成阿拉伯语）的口译员的聪明才智。

在这个背景之下，基督教在4世纪的某个时候到达埃塞俄比亚，当时可能途经叙利亚。基督教的特定分支被称为"一性论派"，其追随者相信在基督身上，人性和神性形成了一个单一的本性，而正统的基督徒则坚持将两种本性区分开来。[1]《众王荣耀》是一性论派文本，但这并不是使得它如此重要的主要原因。其独创性在于它提出了一种不同的，而且在各个方面都更为优秀的方法将《旧约》和《新约》联系起来。

《众王荣耀》在《旧约》和《新约》的故事之间来回移动，通过使用近东评论家所做的一些解释，将两个文本更紧密地编织在一起。《众王荣耀》不是通过评论而是通过讲故事来建立这些联系的。亚当被描述为一位国王，是所有未来国王（包括所罗门王）的祖先。所罗门被视为一个像基督一样的人物，《希伯来圣经》中的许多情节都以基督教的术语为特征，例如将但以理从狮子坑中解救出来是一种复活。《希伯来圣经》中其他具有明显基督教色彩的人物是挪亚、参孙和摩西。通过这种方式，《众王荣

---

1 Taddesse Tamrat, *Church and State in Ethiopia 1270–1527* (Oxford: Clarendon Press, 1972), 23ff.

耀》不断地在基于《旧约》和《新约》的情节之间移动，将后者作为观察前者的镜头。[1]

这一策略巩固了约柜被盗的中心故事，它也成为《旧约》和埃塞俄比亚基督教之间最重要的纽带。由于约柜和《十诫》对犹太教和基督教很重要，《众王荣耀》的作者能够声称，他们的基督教实践实际上是一种更为古老、真实的基督教形式，使埃塞俄比亚成为最早的基督教国家之一，而不是什么奇怪的教派。[2]

然而，尽管他渴望声称自己是所罗门王的直系后裔，但《众王荣耀》却对这位明智国王采取敌对态度，将他描绘成一个有罪的人，欺骗示巴女王和他进行性结合。这些裂痕因约柜被盗而加深，最终将演变成埃塞俄比亚和犹太人之间的真正战争。换句话说，《众王荣耀》想要声称与犹太王朝有着密切的联系，同时谴责犹太教是一个被误导的宗教，犹太人也被谴责为一个必须对其宣战的民族[3]，这是战略借用的另一个后果：借用人经常会通过反对他们借来的文化来证明自己的独立性。

尽管《众王荣耀》有时被认为是一种古怪的融合产物，但当它真的被阅读时，它就成了宗教和文化借用背后动力的完美例子。《众王荣耀》可以被解释为一种借用行为，它违背了自己所寻求的来源（《希伯来圣经》），创造了连续性和断裂性，承认自己源自一种文化（犹太教），然后又宣称自己优越于这种文化——这与日本的吉备卷轴及其对中国文化使命的讽刺不同。《众王荣耀》也是基督教对犹太教所做之事的书面版本：声称自己是犹太教的后裔，同时又与它争夺其神圣过去的所有权（还再三争夺坚持原始传统的人）。血统和盗窃——通过所罗门王的埃塞俄比亚儿子和约柜被盗的

---

1 也可参见 Hubbard, *Literary Sources of the Kebra Nagast*, 123。
2 Edward Ullendorf, *Ethiopia and the Bible*, Schweich Lectures on Biblical Archaeology, 1967 (Oxford: Oxford University Press, 1968), 12.
3 Ullendorf, *Ethiopia and the Bible*, 20.

第八章　埃塞俄比亚女王欢迎"夺宝奇兵"

故事,《众王荣耀》将文化借用的这两种操作具象化。这并不古怪,这就是后来者如何应对关于自己是衍生品的恐惧的方式——最终,我们都是文化世界的后来者,总是面对着从前发生的东西,我们现在必须与之建立有意义的联系。

像所有建城传说一样,《众王荣耀》是有选择性的,其中遗漏了很多东西,包括伊斯兰教。这更令人惊讶,因为在现存最早的手稿上,一篇注释指出,尽管它最初用科普特语写成,源自古埃及语,但后来被翻译成阿拉伯语,然后在13世纪被翻译成埃塞俄比亚人使用的吉兹语。在阿姆达·塞永统治下,《众王荣耀》最终成型,塞永征服了穆斯林领土,这使得该文本中伊斯兰教的遗漏更加值得注意。

伊斯兰教在《众王荣耀》中的缺席可能意味着两件事:文本,或者至少是它衍生的故事,可能真的是更早写成的,当时埃塞俄比亚刚刚被基督教化,并试图探索、确定它与其他基督教中心的关系,如拜占庭和亚历山大港(在那里科普特语是一种相当普遍的语言)。在这种情况下,《众王荣耀》的最早部分应该是在伊斯兰教兴起的公元7世纪之前产生的。[1] 另外一个更有可能的情况是,当时埃塞俄比亚感到伊斯兰教四面受敌,想要为自己创造一段与新宗教无关的历史,该文本的一个版本是用阿拉伯文写成的,然后被翻译和改编为吉兹语(许多学者现在还怀疑科普特语版本是否曾经存在过)。[2] 但在任何一种情况下,阿拉伯语都在传播历史上具有核心作用,因为我们唯一的吉兹语版本包含许多来自阿拉伯语的单词和语法结构。《众王荣耀》似乎是阿拉伯语翻译项目中一个不同寻常的例子,即使

1　Stuart Munro-Hay, "A Sixth-Century Kebra Nagaśt?," in Alessandro Bausi, ed., *Languages and Cultures of Eastern Christianity* (London: Routledge, 2012), 313–328.
2　Donald Levine, *Greater Ethiopia: The Evolution of a Multiethnic Society* (Chicago: University of Chicago Press, 1974), 96.

它的基督教编辑们试图抹去这一遗产。[1]

在地理意义上,埃塞俄比亚一直与阿拉伯半岛相邻,被红海隔开,这是一条易于通航的水道,最窄处只有16英里宽。[2] 事实上,早期形式的基督教可能已经通过阿拉伯南部到达埃塞俄比亚,那里的犹太人和早期基督徒的影响力都很强大。[3] 埃塞俄比亚的中心地带并不在海岸上,而是在一片更难进入的高原上。这个地理位置允许居民建立和保卫一个独立的帝国,它通过尼罗河谷与埃及相连,通过红海与阿拉伯相连。地理独立性同时也体现为语言独立性。《旧约》和《新约》都被翻译成吉兹语,这些译本被《众王荣耀》用作源头材料。[4]

埃塞俄比亚阿克苏姆的特雷阿伊公园(The Telae Park)。在前景中可以看到大方尖碑的遗迹(摄影:Sailko)

---

1 Serge A. Frantsouzoff, "On the Dating of the Ethiopian Dynastic Treatise Kabränägäśt: New Evidence," *Scrinium* 12 (2016): 20–24. 也可参见 Gizachew Tiruneh, "The Kebra Nagast: Can Its Secrets Be Revealed?," *International Journal of Ethiopian Studies* 8, no. 1 & 2 (2014): 51–72, esp. 53。

2 Levine, *Greater Ethiopia*, 70.

3 Ullendorf, *Ethiopia and the Bible*, 21.

4 Hubbard, *Literary Sources of the Kebra Nagast*, 133.

第八章　埃塞俄比亚女王欢迎"夺宝奇兵"

在 7 世纪开始的伊斯兰教扩张时期，埃塞俄比亚作为中心地带的地位变得至关重要。穆斯林的影响来自东方，穿过红海，通过阿拉伯商人和港口的网络。阿拉伯后期影响也来自北方，途经埃及，埃塞俄比亚一直与埃及有着经济和文化联系（阿克苏姆这座城市里遍布埃及式方尖碑，其中有些得以幸存至今）。和北方联系的一个原因是奴隶贸易，因为埃及使用被奴役的埃塞俄比亚人来指挥其军队。[1] 在亚历山大港工作的学者也对埃塞俄比亚知识分子具有长期影响，其重要的抄写传统可以追溯到古代。

伊斯兰教的兴起和扩张可以看作宗教转移和选择性融合的平行实验。尽管先知穆罕默德从来都不是《希伯来圣经》的信徒，但他的预言被口述给抄写员，他们又把它变成了《古兰经》，其中巧妙地参考了《希伯来圣经》的材料资源，借用了其中的几个故事和人物。尽管和基督教相比，伊斯兰教与《希伯来圣经》的距离要远得多，但伊斯兰教仍然可以被视为一个具有选择性的转移项目，一种将旧的经文视为叙事资源的宗教。这种选择性的借用包括示巴女王和她访问所罗门的故事（但并不包括他们的性结合，也不包括约柜被盗，这些情节都是《众王荣耀》独有的）。[2]

埃塞俄比亚基督徒与穆斯林共存，即使伊斯兰教向西扩张到非洲北部海岸并进入西班牙，并向东扩展到美索不达米亚、波斯和印度。[3] 坚守基督教信仰的埃塞俄比亚人撤往内陆，把沿海地区的控制权割让给阿拉伯商人。这种撤退几乎不可避免地造成了一种四面楚歌的感觉，无论是真实的还是想象的，而《众王荣耀》帮助埃塞俄比亚人保持了独特的文化身份。该文本借取（被指控的"窃取"）了一种文化（犹太教），同时又与另一种文化（伊斯兰教）保持距离。

1　Marcus, *History of Ethiopia*, 13.
2　Qur'an, Sura 27: 15–45.
3　Levine, *Greater Ethiopia*, 70. Tamrat, *Church and State*, 231.

1450年，一位埃塞俄比亚君主明确表达了厄运即将来临的感觉："我们的国家埃塞俄比亚被异教徒和穆斯林包围。"[1] 厄运是由艾哈迈德·伊本·易卜拉欣·加齐带来的，他是一位与阿拉伯人结盟的地方统治者，用一支由奥斯曼土耳其人、阿拉伯人和各种非洲队伍组成的军队击败了埃塞俄比亚皇帝莱布纳·登格尔[2]，他在16世纪30年代征服了阿克苏姆，并摧毁了其中央教堂和约柜的守护者锡安圣母玛利亚。登格尔和统治阶级逃到山区，于1540年在那里去世。埃塞俄比亚这个难以置信的故事似乎已经结束了。

但另一种地缘政治正在酝酿发展：葡萄牙水手瓦斯科·达·伽马设法绕过非洲，沿着非洲西海岸前进。他的目标是穿越印度洋，为利润丰厚的印度香料贸易建立一条海上航线，因为阿拉伯帝国的崛起使陆路运输变得困难且成本高昂。除了这个商业动机之外，驱使他的还有传说中东非基督教王国的各种故事。12世纪一名东征归来的十字军士兵带回了一位名叫祭司王若昂或祭司王约翰（Prester John）的基督教国王的报告（1490年，一支陆路探险队与祭司王约翰取得了联系）。[3] 在沿海岸线行进的过程中，达·伽马从穆斯林商人口中得到了关于祭司王的确切消息，他的王国位于更北方，需要从非洲之南向内陆前进，渴望到达印度的达·伽马并没有停下探索，但在他航行之后，更多的葡萄牙船只来到此地，并在东非建立了联系点。

埃塞俄比亚宫廷向一群葡萄牙人寻求帮助，瓦斯科·达·伽马的儿子克里斯托瓦·达·伽马亲自现身。在四百支火枪的帮助下，他将宫廷成员从山区度假地解放出来，救出了登格尔的妻子，并设法击败了艾哈迈德·伊

---

[1] Tamrat, *Church and State*, 231.
[2] Marcus, *History of Ethiopia*, 31.
[3] Munro, *Quest*, 104. 葡萄牙国王约翰二世对东非有基督徒的消息很感兴趣，于是派冒险家佩德罗·达·科维良（Pêdro da Covilhã）在1490年左右通过陆路与约翰主教取得联系，几年后再次通过海路联系他。

第八章 埃塞俄比亚女王欢迎"夺宝奇兵"

本·易卜拉欣·加齐。[1] 克里斯托瓦为此行动献出了生命：他于1542年被俘并被斩首。但他仍然成功建立了埃塞俄比亚-葡萄牙联盟。

击败穆斯林军队之后，埃塞俄比亚得以保持其基督教信仰倾向（尽管葡萄牙耶稣会士对埃塞俄比亚基督教的特别形式感到惊讶，因为它与欧洲天主教不同）。[2] 葡萄牙人率先在17世纪将《众王荣耀》讲述的故事翻译成欧洲语言。在欧洲，这个故事被进一步证明，长期以来一直激发欧洲想象力的祭司王约翰的传说是真实的。

埃塞俄比亚遇到了另一个对手，那就是大英帝国。1868年，英国军队发起了一项"惩罚性"任务，以回应埃塞俄比亚将几名传教士囚禁在山地堡垒中的报道。维多利亚女王派出罗伯特·纳皮尔将军，他的军队成功占领了堡垒，特沃德罗斯二世皇帝（Emperor Tewodros Ⅱ）因为这场战败而自杀。[3] 按照通常程序，英国人将阿克苏姆古城彻底搜索了一遍，将找到的文化宝藏运回本国。与此同时，他们也任命了另一位统治者约翰尼斯皇帝（Emperor Yohannis）。在被盗的宝藏中，有两份《众王荣耀》的抄本。当约翰尼斯发现这起盗窃案时，他写信给伦敦：

> 有一本名为《众王荣耀》的书，其中记载了整个埃塞俄比亚的法律，还有酋长、教会和省份的名称。我祈求您找出这本书在谁手上，并把它寄回给我。因为在我的国家里，如果我没有它，人民就不会服从我的命令。[4]

---

[1] Marcus, *History of Ethiopia*, 34.
[2] Munro, *Quest*, 190.
[3] Gizachew Tiruneh, "The Kebra Nagast: Can Its Secrets Be Revealed?," in *International Journal of Ethiopian Studies* 8, no. 1 & 2 (2014): 52.
[4] E. A. Wallis Budge, "Introduction," in *The Kebra Nagast* (New York: Cosimo Classics, 2004): xxvii. 引自 Tiruneh, "The Kebra Nagast," 52.

没有其建基文本，就无法治理埃塞俄比亚。英国人归还了这两份抄本，这是欧洲人放弃其文化战利品的罕见例子。

我们往往忽视了《众王荣耀》的非凡故事，以及它如何塑造了埃塞俄比亚的命运。埃塞俄比亚的基督教形式对希腊东正教信仰和罗马传播的天主教来说是次要的。但是，对《众王荣耀》的忽视也是由对非洲文化历史更普遍的否定造成的。这种否定始于古代，并一直持续到今天。在荷马史诗中，埃塞俄比亚人被描述为"末世安德隆"（*eschatoi andron*），也就是最遥远的人。[1] 即使是《圣经》中示巴女王的故事，以及祭司王约翰和非洲基督教王国的谣言，也没有消除埃塞俄比亚是一个偏远、边缘化和古怪的案例的想法，更没有消除欧洲人这样的想法：非洲是一个没有历史、文学、文明的大陆；当文化交流正在将世界的不同地区引入一个越来越密切的交流网络中时，非洲正与此脱节。当文艺复兴时期的画家皮耶罗·德拉·弗朗切斯卡与其他欧洲艺术家一起描绘所罗门与示巴女王之间的相遇时，他画笔下的女王肤色较浅。

《众王荣耀》被普遍忽视的情况有一个例外，发生在离埃塞俄比亚有半个地球之远的牙买加。与其他加勒比岛屿的情况一样，牙买加的土著人口在欧洲定居者到来后大量减少，因为他们在甘蔗种植园遭受奴役，也对天花病毒缺乏免疫力。为了弥补劳动力的不足，欧洲人从非洲西海岸（今天的加纳和尼日利亚）带来了奴隶。尽管生活条件残酷——甚至比美洲大陆还要糟糕——但这些被奴役的非洲人保留了他们的文化表现形式和记忆。

1838年奴隶制正式终结后，对建立新文化身份的追求仍在继续。被奴役的非洲人后代应该如何与他们祖先被迫离开的这片大陆建立联系？虽然欧洲殖民者建立的学校教育宣传其文化的优越性，但一些牙买加人仍然将

---

1 Homer, *Odyssey*, 1.23. 也可参见 Frank M. Snowden, Jr., *Blacks in Antiquity: Ethiopians in the Greco-Roman Experience* (Cambridge, MA: Belknap Press, 1970).

第八章 埃塞俄比亚女王欢迎"夺宝奇兵"

皮耶罗·德拉·弗朗西斯卡,《示巴女王和所罗门王的会面》(约 1452—1466)。这幅画描绘了示巴女王对所罗门王的介绍,相关描写出现在拉丁文《圣经·列王纪》上(圣弗朗西斯大教堂)

非洲作为自己身份的来源。

马库斯·加维就是其中的一位。作为劳工组织者、出版商、编辑和演说家,他创立了环球黑人改善协会(Universal Negro Improvement Association,简称 UNIA)。他还在美国待了几年,并在纽约哈莱姆区建立了 UNIA 的分会。时间流逝,它也成为 20 世纪初最重要的泛非运动组织。[1] 尽管加维

---

1 Rupert Lewis, Marcus Garvey (Kingston, Jamaica: University of the West Indies Press, 2018), 19, 35.

从未踏足过非洲大陆，但他听到了一些有趣的故事，这些叙述与大多数殖民教育家所宣传的对非洲的广泛否定相矛盾。埃塞俄比亚以其古老历史和抄写传统成为加维的重要参照点。可以肯定的是，只有很少牙买加居民的祖先来自埃塞俄比亚，因为那里离贸易船为大西洋奴隶贸易运送俘虏的地方很远，但加维在埃塞俄比亚历史中发现了一种传统，得以将非洲置于世界上一些最重要的文化和宗教发展的中心，并且可以作为黑人基督教的历史典范。[1]（加维还开办了一家航运公司，以促进非洲和牙买加之间的重新联系。）

当时，埃塞俄比亚由一位名叫利吉·塔法里·美孔宁的国王统治，他像他的许多前任一样，用《众王荣耀》来合法化自己的统治，声称自己是示巴女王的后裔。登上王位之时，他采用了拉斯·塔法里的头衔，当他被宣布为国王时，他使用了他的吉兹语名字——海尔·塞拉西。[2] 对于加维和很多人来说，拉斯·塔法里是古代非洲文化的代表，是一位可以声称文化传统可以追溯到古代的非洲国王。[3] 1935 年，意大利试图扩大其非洲殖民地，埃塞俄比亚惨遭袭击，加维和其他人团结起来支持埃塞俄比亚（尽管加维也对海尔·塞拉西持批判态度）：古代历史得以用来连接加勒比海地区和东非，一同对抗欧洲殖民主义。[4]

在牙买加，对埃塞俄比亚的迷恋最终导致了一场以拉斯·塔法里的名字为基础的运动，就叫作"拉斯塔法里"。除了对拉斯塔法里的遥远崇拜之外，拉斯塔法里教徒还致力于开展自然生活，经常种植蔬菜和大麻。[许多人认为，在国际上大获成功的雷鬼音乐家鲍勃·马利（Bob Marley）

---

1 关于加维的角色，参见 Barry Chevannes, *Rastafari: Roots and Ideology* (Utopianism and Communitarianism) (Syracuse: Syracuse University Press, 1994), 87.
2 Ennis B. Edmonds, *Rastafari: A Very Short Introduction* (Oxford: Oxford University Press, 2012), 7.
3 例子可参见 G. G. Maragh a.k.a. The Rt. Hon. Leonard Percival Howell, *The Promised Key* (London: Hogarth Blake, 2008)。本文最初于 1935 年左右在牙买加出版。豪厄尔是该运动的最初创始人之一。
4 Lewis, Marcus Garvey, 83; Chevannes, Rastafari, 42.

将拉斯塔法里主义和他的音乐紧密联系在一起。]辫子是许多拉斯塔法里教徒的独特发型,有时被视为起源于埃塞俄比亚基督教,因为《圣经》提到了拿撒勒人,他们同样戒酒和留辫子。[1] 拉斯塔法里教徒也欢度埃塞俄比亚风格的圣诞节。[2] 由于这一运动,《众王荣耀》在牙买加重获新生。[3]

与埃塞俄比亚基督教一样,拉斯塔法里教有时被视为大杂烩,是各种实践的混杂产物,但与古代埃塞俄比亚一样,它应该被视为文化转移和融合的优秀典范。来自非洲的被奴役者后代需要打造一个过去,由此向他们承诺一个与欧洲殖民者所提供的不同的未来。尽管埃塞俄比亚很遥远,但它是满足他们需求的有用的文化资源。作为战略借用的例子,它在许多方面都与《众王荣耀》所做的十分类似。拉斯塔法里教徒在这个遥远的国度看到了一些不同寻常的东西,这是一个跨越遥远时空改写他们自己文化历史的机会。其结果与简单地回到非洲或非洲历史截然不同,它独具原创性,将古老的埃塞俄比亚文本与牙买加经验相结合,包括其独特音乐和其他传统。它以古代传说和20世纪初关于牙买加黑人及其后代独特身份的思想观念,对跨大西洋奴隶贸易和殖民剥削的暴力做出回应。从那时起,拉斯塔法里教徒激发了其他文化和政治独立运动,包括"黑豹"运动。通过这些运动、其他读者和中间媒介,《众王荣耀》继续发挥作用,并吸引新读者进入其轨道。我们要将它认可为世界文化经典中的重要文本,现在正是时候。

---

[1] Edmonds, *Rastafari*, 43. 其他人则将发型与某些非洲部落的发型联系起来,例如加拉斯人、索马里人、马赛人或毛毛战士。舍瓦纳报道说,一些拉斯塔法里教徒认为辫子是对塞拉西国王王冠的致敬。*Rastafari*, 145.

[2] Chevannes, *Rastafari*, 21.

[3] Marizia Anna Coltri, *Beyond Rastafari: A Historical and Theological Introduction, Religions and Discourse* 56 (Bern: Peter Lang, 1015), 202. 例子可见 Gerald Hausman, *The Kebra Nagast: The Lost Bible of Rastafarian Wisdom and Faith* (New York: St. Martin's Press, 2020), 前言作者马利这样写道:"它探讨了《众王荣耀》作为拉斯塔法里传统以及更广泛意义上强大神圣之文本的重要性。"

第九章
一位基督教神秘主义者与三次欧洲复兴

《查理大帝的加冕典礼》是由拉斐尔和他的工作室成员绘制的,用于装饰16世纪初意大利文艺复兴时期梵蒂冈的几个房间。但壁画中描绘的场景发生在大约700年前,即公元800年。那一年,查理大帝从亚琛前往罗马,为受到内部叛乱威胁的教皇利奥三世提供军事援助。作为回报,查理大帝被加冕为罗马皇帝,他是自476年以来首位获此殊荣的统治者,使他跻身于备受艳羡的罗马皇帝之列。[1] 加冕典礼标志着罗马帝国在经历了一段时间的衰落后再次崛起。

大多数经历过罗马衰亡的人都会对这种描绘方式感到困惑(就像他们会对"中世纪"或"黑暗时代"这两个术语感到困惑一样)。历史事件往往发生得很慢,几乎无法察觉。经历过西哥特人袭击的罗马居民会知道一个新的统治阶级已经抵达首都,但对于大多数居民来说,这只是世界的

---

[1] 自476年以来,罗马就没有皇帝了,尽管在东罗马的拜占庭还有皇帝存在。参见 Wilfried Hartmann, Karl der Große (Stuttgart: W. Kohlhammer, 2010), 206。

第九章　一位基督教神秘主义者与三次欧洲复兴

查理大帝的加冕典礼，在拉斐尔的工作室绘制而成（拉斐尔房间，宗座宫，梵蒂冈）

又一次变化。这个世界的特点在于各种由丰收和歉收、周期性的洪水和饥荒、好皇帝和坏皇帝导致的起伏。的确，永恒之城的人口将从100万（直到18世纪才再次达到这个数字）减少到6世纪的5万人。[1]但是，生活在帝国其他地区的罗马人只会间接受到这些所谓历史性变化的影响。

也许最为明显清晰的迹象是，人们认为过去已经发生了衰落，这是复兴的尝试，试图重现昔日辉煌，无论那是真实还是想象。查理大帝就是这样做的，他巩固了对今天法国、意大利、德国、奥地利、捷克共和国和克罗地亚大部分地区的统治，并且乐意将其王国视为西罗马帝国的继承者。尽管查理大帝将自己的宫廷设在远离罗马的亚琛，但他的帝国印章之上宣

---

1 Luc-Normand Tellier, *Urban World History: An Economic and Geographical Perspective* (Québec: Presses de l'Université du Québec, 2009), 158.

告了"罗马帝国的复兴"（Renovatio Imperii Romanorum）[1]。查理大帝的复兴计划不仅包括王冠和印章。他还想"更新文学创作，由于我们祖先的忽视，这件事现在几乎被遗忘了"。[2]

查理大帝在讲一个故事，一个复兴的故事。但所有的故事都具有选择性，要挑选事件并将它们放在一条整齐的故事情节线索之中。复兴的故事也不例外。查理大帝并没有把前一个时期称为"黑暗"或"中世纪"——这些术语是在18世纪发明的——但他为它们奠定了基础，声称自己的祖先忽视了文学创作，所以现在需要恢复它的昔日辉煌。

对于查理大帝来说，复兴文学创作并不是一件易事，因为他自己不懂书写，这对于古代的罗马皇帝（以及当时在位的中国皇帝或阿拉伯苏丹）来说是不可想象的。[3] 查理大帝知道，不懂书写会切断他与重要的文化技术和传统的联系，这个技术传统曾经更为普及。这意味着，如果查理大帝想要复兴文学，他需要从自己开始。他学习写字的过程极为费力。他因为停步不前而感到沮丧，一直在枕头下面放着石板和羊皮纸，以便练习书写。不幸的是，正如他的传记作者艾因哈德（Einhard）所观察到的那样，他从未掌握过这项技能，因为他起步得太晚了。[4] 然而，他很可能的确学会了阅读，主要是阅读拉丁文，因此他至少可以探索他打造的文化天地的一部分。公开朗读文章也很常见，我们知道查理大帝喜欢这样的朗读。[5] 查理大帝还确保他的女儿罗特鲁德在意大利学者保罗执事的指导下阅读和写作，以获得更高超的文学技能。[6]

---

1 Johannes Fried, *Charlemagne* (Cambridge, MA: Harvard University Press, 2016), 339.
2 Charlemagne, "Epistola Generalis," 被引用于 Fried, *Charlemagne*, 23。
3 Hartmann, *Karl der Große*, 179.
4 Douglas Bullough, *The Age of Charlemagne* (New York: Exeter, 1980), 41.
5 Hartmann, *Karl der Große*, 177. 也可参见 Fried, *Charlemagne, 25*，他想象查理大帝即使在年轻时也能够阅读（*Charlemagne*, 25）。
6 Fried, *Charlemagne*, 238.

第九章 一位基督教神秘主义者与三次欧洲复兴

未能掌握写字的经历让查理大帝知道，探索文学是多么困难，它是多么依赖教育机构和整个文学生产基础设施。为了建立这样的基础设施，他建立了一个令人惊叹的宫廷图书馆（就在巴格达建立智慧宫的同时），其中不仅包括基督教文学，还包括前基督教时期的著作，包括亚里士多德的作品和罗马文学。[1] 书籍需要被研读、抄写、用图像点缀，撤除粗心抄写员所犯的意外错误。作为回应，查理大帝将他的宫廷变成了文学活动的中心，吸引了包括英国学者阿尔昆在内的国外学者和作家，并为他们提供所需的任何资源，用以解锁这个卷帙浩繁的文学宝藏中包含的知识。（阿尔昆以前曾受益于来自西班牙的大量文本，那里的基督徒正在逃离阿拉伯入侵者，也带来了他们的文本。）

还有一个额外的困难，查理大帝也亲身经历过：被带到他的宫廷的书籍和手稿往往难以破译。在欧洲不同地区工作的抄写员使用完全不同的字迹、缩写和文字系统。在这种情况下，查理大帝和他的顾问们决定，他们需要的是一种全新的书写文化，这意味着一种新的字母。这种新字母将提高可读性，它将确保来自查理大帝治下各地的抄写员能够破译彼此的著作，并使学生能够更快地学习。[2] 新文字后来被称为加洛林小写体。[3]（我现在输入英文用的是一种叫作"Times New Roman"的字体，这就是加洛林小写体的最新版本，用来命名一位新罗马皇帝创造的字母真是恰到好处，他试图通过书写改革来创造一种新的罗马书写文化。）

这种文学复兴向外辐射，影响到那些试图模仿亚琛做法的小型宫廷。查理大帝鼓励其他宫廷采用他的新字母，并与其宫廷合作培养文学艺术。虽然这场文艺复兴的中心是书写文化，但查理大帝还推广了被认为具有罗

---

[1] Fried, *Charlemagne*, 268, 275.
[2] Bullough, *The Age of Charlemagne*, 100.
[3] Sarah L. Higley, *Hildegard of Bingen's Unknown Language: An Edition, Translation and Discussion* (New York: Palgrave Macmillan, 2007), 151.

马风格的视觉艺术和建筑，在今天被称为罗马式。

查理大帝推动的文化复兴计划还包括政治和社会改革，其意义极为重大，以至于现在通常被称为加洛林文艺复兴（the Carolingian Renaissance）。如果我们更加仔细地研究的话，这与其说是重生，还不如说是查理大帝做出的战略决策，将他的王国与罗马帝国历史联系起来。在某种程度上，他这个复兴的基础也是从阿拉伯占领的西班牙安达卢斯借来的知识，前基督教时期的学问是从巴格达的智慧宫等地带来的。[1]

在查理大帝推广促进的机构中，有一个在罗马帝国鼎盛时期并不存在的机构：修道院。修道院运动兴起于罗马帝国衰落时期，并成为一千多年来储存和传播文化的中心机构。正是在修道院里，大多数文学作品得到抄写、复制，从而得以留存给下一代。即使是查理大帝高度文学化的宫廷也没有自己的书房或写作场所。对于实际的临摹工作，他依靠的是修道院。在修道院工作的修女也发挥了重要作用，包括查理大帝的妹妹，她是谢尔圣母院的女修道院院长。[2]

在查理大帝改革之后，修道院的重要作用体现在他们最引人注目的领导人之一，希尔德加德·冯·宾根（Hildegard von Bingen, 1098—1179）身上。希尔德加德出生于查理大帝在亚琛加冕300年后，她释放了写作室的力量，不仅将其用作复制旧书，而且还用以生产新知识。可以肯定的是，修道院总是将保护与创新相结合，但希尔德加德对这个机构所做的事情却极不寻常。

对她的大多数同时代人来说，希尔德加德生命的头八年值得羡慕。她

---

1 从安达卢斯带来知识的人物之一是西班牙的哥特人西奥杜尔（Theodulf）。参见 Bullough, *The Age of Charlemagne*, 102。
2 Fried, *Charlemagne*, 246。

出生于一个贵族家庭,在德国南部拥有大量财产,并拥有一座庄严的住宅。她父母具有特权地位,这意味着他们不受任何人约束,除了神圣罗马帝国的皇帝陛下——查理大帝的继任者。[1]

希尔德加德的生活在她8岁时发生了翻天覆地的变化。当时她的父母决定将最小的女儿作为某种"什一奉献"(Tithe)送给上帝。[2]这意味着8岁的希尔德加德被合法地交给了教会,并注定要在修道院里生活。这种奉献行为伴随着金钱馈赠,任何将来可能属于希尔德加德的遗产都将自动归修道院所有。[3] 希尔德加德已经不再是自由贵族的孩子,而成为教会的财产。

最初,这个8岁的孩子被托付给一位名叫尤塔·冯·斯彭海姆的牧师照顾。在她14岁左右,也是中世纪法律规定的成年,希尔德加德被正式带入一个附属于修道院的小型女性"围场"(enclosure),正如这个词所称的那样,这是"封闭"的场所。[4] 她现在是一个新的本笃会社区迪希邦登堡的成员,这意味着她正式嫁给了上帝。希尔德加德的余生都将在修道院生活范围内度过。

希尔德加德在修道院的生活受到高度管制。精确制定的规则告诉她什么时候起床,什么时候吃饭,什么时候祈祷;祈祷时说什么祷文,唱什么歌。[5] 这些规则是在罗马帝国末期,由努尔西亚的本笃(Benedict of Nursia,480—550)在所谓"本笃规则"(regula Sancti Benedicti)中制定的。其中规定了日常生活的节奏,也规定了修道院本身的组织由住持控制。(推广

---

[1] 对希尔德加德传记来源的详细讨论,参见 Michael Embach, "The Life of Hildegard of Bingen (1098–1179)," in Jennifer Bain, ed., *The Cambridge Companion to Hildegard of Bingen* (Cambridge: Cambridge University Press, 2021), 11-36, esp. 14。

[2] 有人推测认为这对父母可能已经囊中羞涩。 Honey Meconi, *Hildegard of Bingen* (Champaign: University of Illinois Press, 2018), 4.

[3] 参见 Saint Benedict, *The Holy Rule of St. Benedict*, translated by Rev. Boniface Verheyen (Grand Rapids, MI: Christian Classics Ethereal Library, 1949), 67。

[4] Gottfried und Theodorich, "Hildegards Leben," in Schriften der Heiligen Hildegard von Bingen, edited and translated by Johannes Bühler (Leipzig: Insel Verlag, 1922), 18. 也可参见 Embach, "The Life of Hildegard of Bingen," 17。

[5] 关于修道院日常生活的描述,可参见 Alison I. Beach, "Living and Working in a Twelfth-Century Women's Monastic Community," in Bain, *The Cambridge Companion to Hildegard of Bingen*, 37-51。

"本笃规则"是查理大帝文化更新工作中的一部分。)

在本笃时代,修道院生活对基督教来说相对较新,尽管它在其他地方已经很成熟。特别是佛教,是从公元前几个世纪开始的僧侣运动中发展起来的,佛陀的追随者放弃了他们的旧生活,并发誓持守贫穷。[1] 严格地说,只有生活在这样一个社区中的僧侣才能真正称自己为佛教徒;其他人,包括阿育王,都只是一个外行人,其目的是支持寺院佛教徒。[2] 犹太教和早期基督教都不是围绕着修道院生活而建立的,也不需要对犹太教徒或基督徒提出严格要求。如果基督教的修道受到佛教的影响,那么这种影响也是间接的,也许是通过埃及和近东其他地区的隐士而来。随着西罗马帝国的崩溃,他们的禁欲主义实践进入了基督教欧洲。尽管如此,住在今天的意大利佩鲁贾附近的本笃将这些做法整合成一个独特的机构。

对于本笃来说,修道院将多种目的合而为一,其中最重要的一个目的是使人能够过一种完全献给上帝的生活,与世俗目的形成鲜明对比。但是,把生命献给上帝又意味着什么呢?其中一个部分是祈祷,包括执行礼仪,还有为更广大的社群祈祷。同样重要的是劳作,这取决于修道院的位置和规模。在行路艰险之时,修道院经常为旅行者提供安全的住宿。他们会把食物分给穷人,也致力于教育民众。本笃意识到,为了将这些不同的目的结合在一起,他需要制定规则,以创造一种全新的文化实体。他的成功超出了他的想象,越来越多的男女修道院采用本笃式监管,创造了一个塑造基督教欧洲的机构。

本笃会男女修道院不仅仅是虔诚基督徒献身祈祷和从事善行的一种方式,也是保存、修改和传播知识的地方。本笃会对懒惰的恐惧可以转化为

---

[1] Richard R. Gombrich, *How Buddhism Began: The Conditioned Genesis of the Early Teachings*, 2nd ed. (London: Routledge, 1996).

[2] Peter Harvey, *An Introduction to Buddhism: Teachings, History and Practices*, 2nd ed. (Cambridge: Cambridge University Press, 2013).

严格的体力劳动制度，特别是在农业经营广泛的修道院中，但劳动也可能意味着阅读和写作。虽然罗马帝国的旧有文字机构，如学校和私人图书馆等正在衰落，但修道院成为一种新的选择。本笃会的统治者意识到这个职责，于是精心规定书籍应该如何流通，如何借阅，以及何时需要归还，使图书馆成为本笃会修道院跳动的心脏，或者至少是其心房之一。

图书馆旁边是写作室，僧侣和修女在这里以写作的形式完成规定劳动。在印刷术被广泛使用之前，知识保存有赖于长时间手抄书籍。有太多的书需要保存，而且重新抄写的时间也不够多，这就导致了残酷的选择过程。并非所有在写作室工作的僧侣和修女都参与抄写书籍，一部分人为这些书提供评注。虽然从表面上看，评注是为了阐明一个重要的文本，但往往被用来表达新的想法，淡淡地伪装成对现有观点的评论。还有一组僧侣会添加插图，将章节开头的大写字母变成整个视觉世界，同时在文本边缘缀以其他插图，通常是微小的人物和场景。修道院制作的书籍是多层次的多媒体作品。

但是，哪些类型的书可以幸存呢？特别困难的问题在于，本笃会修道院是否应该保存希腊和罗马文学？从基督教的角度来看，除了犹太教之外，耶稣之前的一切都是异教徒，因此即使并非完全误导和极其恶劣的话，也被视为具有缺陷。[但丁将包括荷马和维吉尔在内的前基督教作家置于地狱的第一层，即灵薄狱（Limbo）中，不是因为他们犯了特定的罪，而仅仅是因为他们生活在基督之前，因此无法获得作为基督徒的特权。]与此同时，希腊和罗马的思想塑造了早期的基督教作家，从《约翰福音》开始，还有所谓教会之父的著作，例如特别崇拜柏拉图的北非主教圣奥古斯丁。通过对这些早期基督教作家作品产生古典影响，还有大量古典学问在本笃会修道院的图书馆和书本中被保存、复制和评论——当然，也包括《旧约》和《新约》的拉丁文译本。

来自古代希腊和罗马的许多其他作家只能通过引用文字以幸存下来。在柏拉图的大量作品中，只有一部对话，即《蒂迈欧篇》（柏拉图在其中哀叹希腊如此青春年少，并创造了亚特兰蒂斯的另类历史），有拉丁文译本，尽管亚里士多德和其他作家的作品——通常是通过罗马译者翻译的——流传下来的更多。毕竟，本笃会修道院的主要目的是推广基督教，而不是为了保存最广泛的知识（在这方面，它与巴格达的智慧宫有很大的不同）。在基督教前古代幸存下来的东西经常是偶然或间接的，有时写着古代作品的珍贵羊皮纸上会写上基督教的文本。这种被重复使用的材料被称为再生羊皮纸卷，通常带有原始文本的痕迹，这使后世能够重新发现旧作品，并为其注入新的生命。

当希尔德加德被引入修道院生活时，距修道运动出现并被查理大帝向外扩张已经过去了几百年，那时本笃规则下存在着一个由大约数千个修道院组成的网络，所有这些修道院共同组成了强大的本笃会。随着时间流逝，希尔德加德掌握了这些规则和它们所创造的生活方式，在38岁时成为女导师（Magistra），迪希邦登堡修道院附属修女团体的负责人。[1]

修女通常由女修道院院长控制，但迪希邦登堡是一个双重修道院，包括修女和僧侣两个群体，这意味着修女也受制于男修道院院长。希尔德加德并不满足于这种屈从的地位。她一次又一次地与迪希邦登堡的院长就具体规则的解释发生冲突，还恳求放宽其中最严厉的规则。她甚至写了一篇关于本笃规则的评论来表达自己对修道院应该如何运作的更为宽容的独特看法。[2] 经过多年请愿，她终于被允许在1150年左右在宾根附近的鲁珀茨贝格建立自己的修道院，当时她50岁出头。[3] 她将近一生的时间都在一个

---

1 Embach, "The Life of Hildegard of Bingen," 20.
2 Alfred Haverkamp, ed., Hildegard von Bingen in ihrem historischen Umfeld: Inter nationaler wissenschaftlicher Kongreß zum 900 jährigen Jubiläum, 13–19 September 1998, Bingen am Rhein (Mainz: Philipp von Zabern, 2000), 164.
3 Embach, "The Life of Hildegard of Bingen," 24.

并非自己创造的机构中度过，这次终于能够以自己的方式来重新建造一个机构。

虽然希尔德加德也将修道院珍视为文化储存和传播的机构，但她尤其意识到修道院可以做的不仅仅是文化储存本身，而且还可以用来产生新的知识和想法。尽管她能够阅读的大部分内容都是由基督教预先选择的，通过本笃会图书馆系统过滤，但还有其他类型的知识在修道院中找到了归宿，其中包括医学。作为学习中心，修道院吸引了患有重疾或疑难杂症的人，他们希望这些机构收集的知识可以提供解方。僧侣和修女一直都在孜孜不倦地抄写医学论文，大家认为这些论文不太可能干扰基督教信仰。修道院还收集成功治愈的相关信息并将其传给下一代，使他们的医学书籍成为极有价值的财产。希尔德加德借鉴的正是这些知识。

医学的不寻常之处在于，它不仅基于书本学习，还基于实践专业知识。许多寺院都种植药草，也吸引了精通药草应用的僧侣和修女。

实用知识往往以口头方式传承，特别是在识字困难的人群中，其中也包括妇女。[1] 希尔德加德的著作中有一部分和医学有关，她因此名气越来越大，还将药草园和治疗病人的实践经验与从书本上获得的知识相结合。

希尔德加德关于医学的著作尽管有一定影响力，但这并不是她成为她那个时代最广为人知的女性之一的原因。她的名气来自她的异象。[2] 从很小的时候起，希尔德加德就已经开始对世界、历史和生活方式产生异象。（甚至她关于医学的论著也被嵌入到更为宏大的宇宙观之中。[3]）后来，在生命即将完结之时，她解释了这些异象是如何出现在她身上的：

---

[1] Victoria Sweet, "Hildegard of Bingen and the Greening of Medieval Medicine," *Bulletin of the History of Medicine* 73, no. 3 (Fall 1999): 381–403.
[2] 由于其宗教意味，也可译为"神视"，以下统一译为"异象"。——译者注
[3] Peter Dronke, *Women Writers of the Middle Ages: A Critical Study of Texts from Perpetua to Marguerite Porete* (Cambridge: Cambridge University Press, 1984), 171. 也可参见 Faith Wallis, "Hildegard of Bingen: Illness and Healing," in Bain, *The Cambridge Companion to Hildegard of Bingen*, 144–169.

在神的儿子耶稣基督道成肉身的第1141年，我42岁7个月，一道不断闪烁的强光从敞开的天穹中传来，倾泻在我整个大脑之中。就像一团炽热却未燃的火焰，它点亮了我心胸全部空间，就像太阳温暖一切被阳光照耀之物那样。突然之间，我能理解《诗篇》、《福音书》、《旧约》和《新约》等其他天主教书卷实际上阐述了什么；但我无法解释经文字句；我也不能把音节分开；我也对大小写或不同时态没有任何概念。[1]

这些异象是什么？我们可以从宗教角度解释，将其视为上帝赐予希尔德加德的异象；我们也可以从心理学上解释，将其看作在与世隔绝的高度宗教信仰社群中度过一生的产物，或者像一些人所建议的那样，将其解释为极度偏头痛。但我建议以一种不同的方式看待它们：一种特殊的文化项目（以上这些看法并不相互排斥）。尽管这些异象似乎直接降临在希尔德加德身上，但实际上它们也深受图书馆和写作室的影响，这两者是本笃会修道院的核心。这些异象是希尔德加德将写作室另作他用的方式。

希尔德加德报告的一些图像来自末世论主义基督教的悠久传统，包括上帝是一道光雨，或圣灵生下灵魂。但其他图像是她自己创造的，有些是精致的巴洛克式的，有些则非常简单："身体里的灵魂就像树上的汁液。"[2] 有宇宙创造的异象，有基督拯救人类的异象，也有善恶争战和怪物诞生的异象。在启示录的启发下，希尔德加德的异象在世界末日的各个场景中达到顶峰。

希尔德加德的异象被认为是神圣的信息，但伴随着巨大的风险：它们必须被教会宣布为真，否则它们将被谴责为假，甚至是异端。通过她的

---

[1] Fiona Bowie, ed., *Hildegard of Bingen: Mystical Writings* (Pearl River, NY: Crossroad Classics, 1990), 68.
[2] Bowie, *Hildegard*, 73.

行政职责，希尔德加德知道自己需要做什么，并开始了一场小心翼翼的运动，以便教会对其异象授权。[1] 她写信给权威人士，其中包括当时最重要的教会知识分子克莱尔沃的伯纳德，这些信件是外交杰作，与她在寻求授权建立自己的修道院时所使用的技能相同。在教皇尤金二世（Pope Eugene Ⅱ）访问特里尔期间，她甚至设法获得了尤金二世对她的异象的认可。[2] 通过这种方式，她成功让众人认为自己的异象是真实的。

在修道院的厚墙之外获得认可很重要，这还有另一个原因：它允许希尔德加德外出旅行，接受邀请展示她的异象和想法，与博学的教会学者会面，并进行广泛的通信。所有这些都是希尔德加德在图书馆和写作室范围内所学知识的补充，是扩大她知识视野和影响范围的手段。

希尔德加德的异象是一件微妙的事情，因为它们与修道院通常存在的那种学习截然不同，后者更加专注于抄写经文和撰写注释。与注释相反，异象没有使用其他文本的引文，至少没有公开引用。同样，异象也没有自诩拥有文学权威，而文学权威主要由男性行使。尽管希尔德加德来自一个贵族家庭，也可以像修道院的大多数成员一样获得教育资源，但她从未觉得自己完全沉浸在男性更易获取写作和学术资源的世界里——至少，她是这么说的。她倾向于淡化自己的文学学习和文学源头。

她的谦卑非常值得怀疑。也许她觉得这是自己的男性上司想听到的；也许她真的在把握拉丁语语法细节上有困难。她把这些缺点总结为自己的"无知"，但这又是什么意思呢？我们现在还不确定她在多大程度上接受了所谓七门文科的教育，其中基本课程分为操纵语言和思想的三门基本艺术（trivium），也就是修辞、语法和逻辑；还有包括算术、几何、音乐和天文学的四门艺术（quatrivium）。这七门在英文中被称为"博雅教育"（liberal

---

[1] Haverkamp, *Hildegard von Bingen*, 334.
[2] Embach, "The Life of Hildegard of Bingen," 21–22.

arts），因为它们旨在教育自由人，而不是仆人、农奴、被奴役的人和其他被视为受抚养者的人（包括大多数妇女）。它们在"知识领域"的意义上被称为"技艺"[1]，与我们现在认为的创造性艺术作品没有任何关系。甚至音乐，正如它在"四艺"中所教授的那样，也被视为数学的一个分支，关注的是可以用数字表达的比例与和谐，而不是音乐艺术作品的创作或表演。尽管希尔德加德是贵族的女儿，但她几乎一生都生活在修道院里，那里的重点更多地放在文科的琐碎部分——修辞、语法和逻辑。

无论她的正规教育涵盖或忽略了什么，希尔德加德阅读和了解的比她自己承认的要多得多，其中当然包括拉丁文版《圣经》和本笃的作品，但也包括其他基督教评论家的著作，例如圣奥古斯丁。[2] 如果希尔德加德意识到她没有接受过与她这个年龄最有学问的人相同的教育，那么她自称无知时就不仅仅是顺从在起作用。在回避自己研究了多少或本应阅读多少的问题的同时，她通过其异象发展出一种不同的权威来源，这些异象并不依赖于喋喋不休的引文和其他论证技巧的能力。

然而，这些异象至少是以书面形式出现的，是在写作室中产生的。希尔德加德本可以自己写下这些作品，但她可能会把它们口述给抄写员，包括她的助手沃尔玛，他仔细监督了这些异象的制作过程，这是一部规模巨大、极为复杂的作品。虽然她的大多数异象都是通过口头描述唤起的，但有些也是通过插图在视觉上捕捉到的，其中包括宇宙符号和宗教人物，使用抄写僧侣和修女为大写字母和旁注开发的技术。[3] 本笃会写作室原来的设

---

[1] arts 按照希腊文意涵可以翻译为"技艺"。——译者注
[2] Haverkamp, *Hildegard von Bingen*, 289, 69. 也可参见 Lori Kruckenberg, "Literacy and Learning in the Lives of Women Religious in Medieval Germany," in Bain, *The Cambridge Companion to Hildegard of Bingen*, 52-84, esp. 54.
[3] 宾根的希尔德加德的插画，附上马修·福克斯（Matthew Fox）的评论（Rochester, VT: Bear, 1985）。也可参见 Nathaniel M. Campbell, "Picturing Hildegard of Bingen's Sight: Illuminating her Visions," in Bain, *The Cambridge Companion to Hildegard of Bingen*, 257-279, esp. 263. 关于希尔德加德对抄书室的使用，可参见 Margot Fassler, "Hildegard of Bingen and Her Scribes," in Bain, *The Cambridge Companion to Hildegard of Bingen*, 280-305.

计目的并非在于记录这种大规模的新奇的广泛异象，但希尔德加德正在利用这个机构来达到自己的目的。

最后，除了希尔德加德体验的强烈视觉属性外，还有听觉部分需要被记录下来。作为一种稍纵即逝的艺术形式，音乐会消失，并且往往消失得无影无踪。在人类创作的音乐中，只有极小的一部分幸存下来，而且只是在过去的两千年里的一小部分。直到人类发展出了音乐符号的形式，才至少让我们对过去的音乐听起来是什么样子有所了解。这并不意味着我们在乐谱发明之前对音乐一无所知。有时，乐器的碎片或图像幸存下来，例如穴居人类使用的长笛和埃及鲁特琴演奏者的图像，为我们提供了特定社会音乐文化的微小提示。在演讲被记录下来的情况下，特别是在仪式环境中，演讲文本有时会包括关于表演的线索。后来，新兴的写作文化将包括对音乐事件的描述。

幸运的是，希尔德加德生活在一个音乐符号已经发展起来的时代，这使她能够记录伴随她异象出现的歌曲。她的许多歌曲都是所谓素歌（plainchant），以单一声音为特色。她的音乐作品包括77首这样的礼仪圣歌，将在特定的节日上演，以及一部由修女集会表演的礼仪戏剧，这些戏剧是在鲁珀茨贝格新社区成立之际写的。（只有魔鬼不会唱歌，只能用普通的言语满足自己。）[1] 她的素歌因其多样性而与众不同，包括其不同凡响的旋律范围。

在希尔德加德之后，乐谱将导致复杂乐曲的蓬勃发展，越来越精致的和声和复调形式出现，不同声音得以同时表现。虽然相比之下，希尔德

---

[1] Kent Kraft, "Hildegard of Bingen: The German Visionary," in Katharine M. Wilson, *Medieval Woman Writers* (Athens, GA: University of Georgia Press, 1984), 109–130. 也可参见 Jennifer Bain, "Music, Liturgy, and Intertextuality in Hildegard of Bingen's Chant Repertory," in Bain, *The Cambridge Companion to Hildegard of Bingen*, 209–233, and Alison Altstatt, "The Ordo virtutum and Benedictine Monasticism," in Bain, *The Cambridge Companion to Hildegard of Bingen*, 235–256.

加德的作品可能看来十分简单，但它们很不寻常，偏离了标准曲目。但是最为超常的是，它们全部被我们拥有、记录下来，并与特定的人联系在一起。希尔德加德是我们最早知道名字的作曲家之一。[1]

希尔德加德对文字的贡献呈现出另一种不同寻常的形式：她创造了一种秘密语言，包括整个字母表。开始也许是一时兴起，但她终其一生都在认真发展这门语言。为了与她反复声称的无知保持一致，她称其为"lingua ignota"。这句话通常被翻译为"未知的语言"（unknown language），但它也可以表示一种尚未知晓的语言（a language of unknowing）。[2] 这种语言提醒我们，希尔德加德对"尚未知晓"赋予了积极的价值，她对不同写作技巧做出深刻思考，范围从常规的拉丁字母和乐谱一直到她的秘密语言。

希尔德加德的著作的综合性可以与那个时代的另一种体裁相提并论：那就是总结，由伊本·西拿整合来自广阔的阿拉伯帝国及其他地区的不同形式的知识发展而成。无论是加洛林王朝的复兴还是本笃会的修道院，都没有特别关注希腊哲学的复兴。虽然亚里士多德被伊本·西拿等阿拉伯和波斯学者阅读、解释和使用，但他在基督教欧洲仍然鲜为人知，除了极少数主要关于语言和逻辑的文本有所提及。

由于基督教欧洲与阿拉伯帝国之间接触有所增加，这一切都在希尔德加德的一生中发生了变化。可以肯定的是，这两个王国彼此间从未完全隔离。毕竟，伊比利亚半岛的一部分处于阿拉伯人的统治之下，是伊斯兰教、犹太教和基督教的学术、写作和艺术之间频繁接触所激发的文化生产的理想温床。来自欧洲各地的学者将前往西班牙，从这种非凡的传统组合中带回信息甚至手稿。

---

[1] Marianne Pfau and Stefan Johannes Morent, *Hildegard von Bingen: Der Klang des Himmels* (Köln: Böhlau, 2005), 45.

[2] Higley, *Hildegard of Bingen's Unknown Language*.

第九章　一位基督教神秘主义者与三次欧洲复兴

在希尔德加德去世前的一个世纪，出现了另一种形式的接触交流：十字军东征。这些军事任务意图将耶路撒冷从穆斯林手中解放出来，但这个目标从未永久实现。虽然基督教士兵设法建立了临时据点，但到12世纪末，这些据点中的大多数已经沦陷。一路上，十字军东征带来了范围极广的痛苦和破坏；尽管他们自称是基督教传教士，但他们并没有放过当时仍然信奉基督教的君士坦丁堡，在希尔德加德死后不久的1204年，第四次十字军东征将该地洗劫一空。

正如文化史上经常发生的那样，破坏力量可能会产生意想不到的后果。十字军东征带回来关于阿拉伯世界发展的新科学的报告、学者们撰写的知识总结，以及通过阿拉伯语译本而存在的希腊哲学。结果是来自拜占庭、巴格达、开罗和安达卢斯的文本越来越多，尤其是与亚里士多德相关的。基督教作家发现了这位哲学家失传的作品（对他们而言是失传，对阿拉伯学者则不是），并开始以伊本·西拿的风格写总结。这种涌入状态改变了欧洲的知识生产，可以被视为第二次复兴——确切地说，不是重生，而是复兴和借鉴的双重行为，其成因是对古典著作（如西塞罗的作品）的兴趣重燃，以及敌对帝国之间的文化接触。[1]

这种复兴的影响——如果这个词仍然有意义，因为它既是一种复兴又是一种输入——在男女修道院和宫廷中都能感受到，但最重要的是，在意大利（博洛尼亚）、西班牙（萨拉曼卡）、法国（巴黎）和英国（牛津）新兴的大学和机构也深受其影响。从那时起，这些新的学习中心就塑造了知识生产的形式，它们受到阿拉伯智慧宫的重大影响，即使在今天，这些影响仍未得到更广泛的公众认可。某些形式的公开辩论和写作（总结），甚

1　Gerald MacLean and William Dalrymple, *Re-Orienting the Renaissance: Cultural Exchanges with the East* (New York: Palgrave Macmillan, 2005), 6. 以下是一篇出色的纵览文章，展示了文艺复兴时期的全球观点，重点是非洲与欧洲的相似之处和影响以及欧洲传教士对文艺复兴的输出，参见 Peter Burke, Luke Clossey, and Felipe Fernández-Armesto, "The Global Renaissance," *Journal of World History* 28, no. 1 (March 2017): 1-30。

151

至一些与大学相关的头衔和仪式，如特制长袍或论文答辩，都是从阿拉伯模式中借用而来的。[1]（影响大学的另一种思想是犹太神学，其独特的阅读实践和评论是在伊比利亚半岛和整个欧洲的其他学习中心发展起来的。）

阿拉伯思想和制度对 12 世纪欧洲的影响尤为重要，这是因为关于欧洲大陆是否应该认为自己完全是基督教的，或者说并非伊斯兰教的争论仍在继续。无论哪种观点成立，这种区别都没有意义。12 世纪的复兴对基督教欧洲产生了至关重要的影响；由于这种复兴，欧洲继承了由穆斯林思想家撰写的哲学著作，他们将希腊和罗马的影响与波斯以及远至南亚和北非的其他思想结合起来。欧洲和伊斯兰教的历史和思想密不可分。现在它们不能，也不应该被解开。

我们通常对"文艺复兴"这个术语有所保留，因为在查理大帝的扫盲计划或希尔德加德使用修道院之时，15 世纪和 16 世纪的意大利文艺复兴这个事件仍未到来。与早期的复兴一样，意大利文艺复兴与其说是重生，不如说是知识的重新使用，这些知识只被记住了一半，需要从其他地方重新输入。如果真的要说的话，它就是在意大利许多独立城邦中发生的一场借来的文艺复兴，雄心勃勃的统治者在那里实行了一种政治形式，这种政治形式很快就会被尼科洛·马基雅维利定义，并被冠以恶名。这种无情的政治形式也包括文化。

费德里科·达·蒙特费尔特罗（1422—1482）是这个时代的完美代表。他不必看得太远，就能想起住在意大利的危险，那里有交战的城邦、阴谋、暗杀和决斗。事实上，他不必比自己的鼻子看得更远，他在决斗中失去了鼻梁和一只眼睛。他的肖像画家并没有隐瞒这个损伤，而是尽最大

---

[1] George Makdisi, *The Rise of Colleges: Institutions of Learning in Islam and the West* (Edinburgh: Edinburgh University Press, 1981).

第九章　一位基督教神秘主义者与三次欧洲复兴

努力将其表现出来，尤其是他的朋友皮耶罗·德拉·弗朗切斯卡，他描绘了费德里科重建的鼻子上的突出鹰钩，在明亮的天空下被衬托得清晰可见。费德里科不是权力游戏中的主要参与者，但他也足够重要，可以通过阴谋和暴力成为乌尔比诺市的统治者。[1] 他对乌尔比诺（拉斐尔即将在此地出生）的控制，使他能够根据自己的理想积累足够的资源来塑造其生活和工作方式。

为了处理复杂的国家事务，费德里科有两座宫殿供他使用，一座在乌尔比诺，一座在古比奥小镇；宫殿里有大得惊人的房间供他接待来访者，计划自己的下一步行动。每个宫殿的一侧都有一个并非为公众准备的小房间，被他称为工作室（studiolo）或书房。它们都经过精心装饰，以呈现对文艺复兴时期文化的理解。[2] 其实"文艺复兴"属于用词不当，因为它描述了知识和艺术的全新的集中过程，但实际上只有一部分复兴自过去，有一部分从其他地方借来，而剩下的部分则全然崭新。

古比奥宫的工作室收入了代表七项博雅艺术的一整套作品，中世纪课程以此为基础（希尔德加德可能只阅读了部分作品），这表明费德里科并不打算与前几个世纪的学习决裂。如果说这其中有什么新东西的话，那就是这里汇集的知识的全面性。两个工作室都保存着许多精心挑选的书籍，包括维吉尔的

皮耶罗·德拉·弗朗切斯卡，费德里科·达·蒙特费尔特罗公爵的肖像，他的鼻子和一只眼睛在决斗中受损（乌菲兹美术馆，佛罗伦萨）

1　Marcello Simonetta, *The Montefeltro Conspiracy: A Renaissance Mystery Decoded* (New York: Doubleday, 2008).
2　Leah R. Clark, "Collecting, Exchange, and Sociability in the Renaissance Studiolo," *Journal of the History of Collections* 25, no. 2 (2013): 171–184.

《埃涅阿斯纪》（这就成功地将维吉尔从但丁所规限的地狱边缘灵薄狱中解救出来）。通过图书猎人，费德里科组建了梵蒂冈以外当时最让人惊叹的图书馆之一：藏书900册，其中有600册的文字是拉丁语，168册是希腊语，82册是希伯来语，2册是阿拉伯语。[1] 这与本笃会图书馆的样子大相径庭，和查理大帝汇编的书籍收藏就更不相同了，尤其是其中有大量的希腊语和希伯来语文本，以及阿拉伯语原始作品。费德里科将许多此类书籍抄写在质量特别高的牛皮纸上，这是用精心准备的动物皮制成的耐用且昂贵的书写材料，而不是廉价且不太耐用的纸张。[2]

尽管费德里科热爱书籍，但他拒绝了一项正在彻底改变书籍生产的新技术：印刷术。它最初是几百年前在中国发明的，最近被约翰内斯·古登堡（Johannes Gutenberg）采用，他将这种古老的技术变成了一种工业生产过程，可以生产出质量惊人的廉价复制品。古登堡的成功还归功于另一种进口产品，即纸张。它也起源于中国，然后通过阿拉伯世界到达欧洲。费德里科看不起这种批量制造的印刷书籍，但他还是买了几本——只是为了再用手工抄写复制一遍。

在拒绝印刷术的同时，费德里科欣然接受了写作领域的另一项创新：文字的新科学。这门科学对于一群学者来说至关重要，他们已经开发了研究旧手稿的复杂技术，其中包括根据对语言如何随着时间推移而发展的详细了解来确定手稿年代的技术。通过比较书写文件的短语、习语和其他通常很微小的细节，他们就能够推断出它是在何时何地撰写的。他们采用相同的技术来比较同一文本的不同版本，找出后来增补的部分，指出抄写过程中的错误。（他们还重新发现了加洛林小写体，正是由于他们的努力，

---

1 Marcello Simonetta and J. J. G. Alexander, eds., *Federico da Montefeltro and his Library* (Milan: Vatican City, 2007), 33.
2 Jan Lauts and Irmlind Luise Herzner, *Federico da Montefeltro, Herzog von Urbino* (Munich: Deutscher Kunstverlag, 2001).

这种字体才占据主导地位。）

这门新科学在希腊语中意为"语词之爱"，或语文学（philology），已经取得了惊人的胜利。[1] 教皇和教会的权力是建立在一份名为《君士坦丁赠礼》（the Donation of Constantine）的文件之上的，根据这份文件，皈依基督教的罗马皇帝君士坦丁大帝将罗马的权力交给了教会。这份文件曾被几代教皇用来宣称对基督教世界的统治权，但它对于在精通语文学这门新科学的人士眼中则十分可疑。怀疑者当中包括牧师洛伦佐·瓦拉（Lorenzo Valla），他对文本进行了严格分析，从而可以向那些能够接受他推理的人证明这份文件一定是在君士坦丁大帝在位的数百年后伪造的。[2] 出于这个原因，瓦拉后来被视为马丁·路德的先驱，后者用印刷术而不是语文学来攻击教皇。

尽管像瓦拉这样的人文主义者可以被看作是教会的批评者，但他们大多数人并不是这样看待自己的。他们不是要重新定义基督教神学，而是要发展一种新的思考和写作方法，它和基督教大学所教授的方法不同。这些作家和学者希望可以建立新的学习中心。在佛罗伦萨，有人试图复兴柏拉图的学院，费德里科也在乌尔比诺做着类似的事情。

最常用来形容这些致力于复兴古代的学者和作家的术语是"人文主义者"（humanist）。为什么？首先，古典学习被认为可以增强人类的人文素质。但这个词还有另一方面的意思：新的古典学问不会直接干涉神学问题。[3] 对于彼特拉克（1304—1374）来说，最重要的是古典拉丁语的优雅，正如其原始来源所代表的那样；他没有试图重建希腊或罗马诸神。像瓦拉

---

1 James Turner, *Philology: The Forgotten Origins of the Modern Humanities* (Princeton: Princeton University Press, 2014).
2 Rens Bod, *A New History of the Humanities: The Search for Principles and Patterns from Antiquity to the Present* (Oxford: Oxford University Press, 2013), 146ff.
3 R. W. 萨瑟恩和其他人使用"经院人文主义"一词来描述 12 世纪复兴中古典文本在大教堂学校和大学中的使用。R. W. Southern, Scholastic Humanism and the Unification of Europe, vol. 1, Foundations (Oxford: Blackwell, 1995).

这样的人文主义者可能会挑战像《君士坦丁赠礼》这样的世俗文件，但他们不会自诩为牧师或与教会竞争。

虽然费德里科低估了文本的新科学和印刷术的力量，但他知道一个新时代正在到来。他在乌尔比诺的工作室有两面墙上挂满肖像，其中包括柏拉图和亚里士多德等希腊人，西塞罗等罗马人，圣奥古斯丁等基督教作家，以及著名的彼特拉克。虽然彼特拉克当时主要因自己的诗歌而受到钦佩，尤其是他的爱情十四行诗，但费德里科和其他人则钦佩他对过去的复兴。一个多世纪前，彼特拉克就开始寻找旧手稿，尤其是古罗马时代的手稿。（彼特拉克也对包括荷马在内的希腊作家感兴趣，但自己从未学过希腊语。）他的一个特别发现是西塞罗迄今为止不为人知的信件。受这些信件的启发，彼特拉克试图模仿罗马作家的语言和风格。他用这种风格给早已去世的作家写信，其中许多人的肖像被收入费德里科在乌尔比诺工作室的画廊。（古比奥的工作室主要收集关于人文学科的寓言画。）

最令人惊讶的是，费德里科工作室里的书——与他图书馆里的书相反——都不是真的。它们和几乎所有其他东西一样，都是用木头制作的，以复杂的嵌花形式，不同颜色的木头块通过它来描绘物体——也就是木头画。工作室是一个收回和思考文艺复兴时期统治者能享受的不同艺术形式的地方，这本身就是手工艺的胜利。[1] 不仅是书籍，而且各种物体和工具，甚至是一面镜子都用嵌花描绘。其中包括乐器；演播室也是室内表演的场所。突出描绘的是鲁特琴，一种参考改编阿拉伯乌德琴并以其命名的乐器。

这些嵌花之所以引人注目，也是因为它们使用了相对较新的中心透视技术。意大利画家现在能够以闻所未闻的精确度捕捉深度，在设备的帮助

---

[1] Robert Kirkbridge, *Architecture and Memory: The Renaissance Studioli of Federico de Montefeltro* (New York: Columbia University Press, 2008).

下为旁观者的眼睛构建他们的画作。在绘画中使用中心透视是一回事（包括弗朗切斯卡的费德里科肖像）；在嵌花中尝试则是另一回事。

但这还不是全部。虽然中心透视技术通常假设观众将直接站在画作的正前方，但一些画家已经开始以更复杂的方式使用这种技术，以至于只有当旁观者处于极端位置时，图像才变得清晰可辨；任何站在画前的人都只会看到扭曲的画面。这种对透视的极端使用，称为变形（anamorphosis），也出现在了费埃里科工作室的木制品上，在那里它被用来描绘鲁特琴。

工作室将这些不同的艺术组合在一起，以激励费德里科在完成国家事务后回到那里。此外，这个巧妙构建的空间还构成了一个巨大的记忆装置，唤起主人脑海中不同的艺术和艺术人物，以及令人难忘的谚语，这些谚语再次以嵌花的形式展示在显眼的地方。记忆理论家早就构想了所谓记忆剧场，这种空间可以帮助演说家记住长篇演讲，方法是将长篇演讲分解成多个小单元，并将这些单元与内部空间令人难忘的特征（如柱子或角落）联系起来。随着时间流逝，这些记忆剧场成为更复杂的设备，用于编排、存储和访问各种信息，这是计算机存储的遥远先驱。[1] 费德里科的工作室为他提供了这样的外部存储设备，一种用在新范畴知识上的存储和检索机制。

查理大帝的宫廷图书馆、本笃会的抄写室、12 世纪的大学，最后是意大利的工作室：其中每个机构都体现了保存、复制和扩展知识的不同方式，但每个机构的目的都有所不同，因此也采取不同策略来恢复过去。它们相辅相成，在基督教框架内各自优先考虑不同文本和认知模式。这个框架对它们每个机构而言都有不同意味，使它们能够以不同方式理解基督教之前的过去。三次借来的复兴浪潮——三次文艺复兴——设法进口和保存

---

1 Frances Yates, *The Art of Memory* (London: Routledge, 1966).

古比奥公爵府里的工作室（纽约大都会艺术博物馆）

了越来越多的古代文本。这些复兴的发生表明，像查理大帝、希尔德加德和费德里科这样的欧洲人虽然各自不同，但他们都认为过去的某些东西已经丢失，需要从其他地方恢复。他们都认为自己是后来者，在回顾失去的东西，并试图恢复它。

费德里科的工作室里不仅有书籍、绘画、乐器、国际象棋（一种从阿拉伯进口的游戏）和天空的球形模型，还有一个星盘（一种用于导航的仪器）的复制品。他并不知道这个看来并不起眼，和工作室里其他东西一样用木头制成的装置很快就会把探险家带到非洲南端和大西洋彼岸，从而再次改变世界。

第十章

阿兹特克首都面临欧洲敌人与崇拜者

特诺奇蒂特兰，1519 年

当蒙特祖马皇帝评估自己不断扩张的帝国时，他可以为阿兹特克人所取得的成就感到自豪。两百多年前，他们离开了北方的家乡，慢慢地向南走去。直到几代人之后，他们到达了墨西哥盆地，那里有复杂的湖泊生态系统，四周群山环绕，还有两座白雪皑皑的火山。起初，阿兹特克人与当地统治者达成协议，向他们进贡并自称为雇佣兵。[1] 但后来，大约 100 年后，他们反抗了自己的主人，获得独立。最初，他们这股新势力几乎没有超出盆地，但在随后的几十年里，这些训练有素的雇佣兵成功威胁和袭击了邻近的城镇，并将他们的领土扩展到东部的墨西哥湾沿岸、西部的太平洋沿岸和南部的玛雅民族居住地。这就是蒙特祖马现在统治的领域。

---

1 Inga Clendinnen, *Aztecs: An Interpretation* (Cambridge: Cambridge University Press, 1991), 32. 我为写作本章而查阅的关于阿兹特克文化的最好的书——卡米拉·汤森（Camilla Townsend）的 *Fifth Sun: A New History of the Aztecs* (Oxford: Oxford University Press, 2019)。也可参见这本佳作：David Carrasco, *The Aztecs: A Very Short Introduction* (Oxford: Oxford University Press, 2011)。

阿兹特克人最大的成就不是控制的领土，而是浮动城市特诺奇蒂特兰。这座城市建在两个相连的湖泊中间，这些湖泊的水来自从山上奔流而下的溪流。没有出口，水聚集在湖中并慢慢蒸发。所以，较大的湖泊是咸水湖，只有南部较小的湖泊，即第一个接收火山融水的湖泊，含有淡水。工程师们建造了三条连接城市和大陆的堤道；堤道还减缓了从略高的淡水湖到咸水湖的流量。随着城市发展，他们还建造了一条长约 12 英里的大堤坝，以形成可以种植粮食的沼泽地。这座城市为堤道穿过的沼泽地所环绕，是几何学、工程学和想象力的奇迹。岛上城市约 5 万名居民以及附近城镇和定居点的另外 5 万名居民为了维持生活，需要大量的后勤保障。[1] 因为在美洲，除了大羊驼之外，没有负重的野兽，在安第斯地区，食物和水必须由大约 5 000 名人类搬运工运送，他们每天要么步行穿过堤道，要么划着独木舟到达城市。[2] 在城市的中心矗立着一座围绕大金字塔建造的大型寺庙建筑群，大金字塔的顶部是一个大平台，上面有两座大神殿。无论是通过堤道或独木舟接近城市，这都是人们首先看到的东西：两座大约 200 英尺高的神殿从湖中升起。

这座城市存在于一个精心维持着平衡，又很容易被推翻的生态系统中。在一代人之前，蒙特祖马的前任之一阿维佐特尔曾着手建造一条巨大的石制引水渠，将附近科约阿坎泉水的淡水直接引入城市。这个新的工程奇迹的落成典礼是一件喜庆的事情，艺术家们通过创作描绘引水渠的石头浮雕来纪念这一时刻。[3] 最初，引水渠按预期计划运作，但一旦大雨开始落下，它给城市带来的救生淡水就变成了毁灭性的洪水，扰乱了城市精心编

---

[1] 早先估计的高达 20 万的人数已被下调。Susan Toby Evans, *Ancient Mexico and Central America: Archaeology and Cultural History* (London: Thames & Hudson, 2008), 549.

[2] José Luis de Rojas, *Tenochtitlan: Capital of the Aztec Empire* (Gainesville: University of Florida Press, 2012), 49.

[3] Anna McCarthy, *An Empire of Water and Stone: The Acuecuexco Aqueduct Relief*, masters thesis, University of Texas at Austin, 2019.

排的湖泊系统、堤坝和堤道。有人说，阿维佐特尔本人也死于他的狂妄自大招致的洪水之中。[1]

对于蒙特祖马来说，引水渠的灾难提醒人们，特诺奇蒂特兰依赖于水和石头之间不太稳定的平衡，容易受到自然的影响，但也容易受到人为错误的影响。他将成为重建这座城市并将其从灾难中拯救出来的皇帝。这意味着进一步扩大帝国，以便包括食物在内的新资源可以流入城市，这也意味着要小心处理未来的工程项目。引水渠事件表明，这座城市可以极为迅速地变成一个陷阱。

控制水的流动不仅是工程师和皇帝关心的问题，也是神灵关心的问题。例如水之女神查尔丘特里魁（Chalchiuhtlicue），她代表着生育能力，也代表着淡水。对特诺奇蒂特兰来说，淡水的管理非常重要。但这座城市的主要金字塔神庙供奉着另外两位神灵：战争之神维齐洛波奇特利（Huitzilopochtli）和雨水与农业之神特拉洛克（Tlaloc）。正是战神维齐洛波奇特利指示阿兹特克人在此地建立这座城市，并要求最宏大的献祭，祭品主要是从帝国外围俘虏的士兵。[2] 被献祭的受害者将被下药，从金字塔台阶带到大平台，祭司在那里等着用锋利的燧石或黑曜石制成的刀把他们跳动的心脏挖出来。鲜血被称为"珍贵的水"，所以奉献跳动的心脏，有时一次奉献几十个，就可以确保帝国平衡得以维持，就可以打赢战争，获取俘虏和贡品。而最重要的是，湖水将保持平静。[3]

水、食物和俘虏并不是被带入这座湖城的所有东西。作为该地区的后来者，阿兹特克人无论去到哪里都面临着过去文明的残余。离阿兹特克首

---

[1] Barbara E. Mundy, *The Death of Aztec Tenochtitlan, the Life of Mexico City* (Austin: University of Texas Press, 2015), 46ff.

[2] Rojas, *Tenochtitlan*, 5.

[3] Clendinnen, *Aztecs*, 257. 也可参见 David Carrasco, *City of Sacrifice: The Aztec Empire and the Role of Violence in Civilization* (Boston: Beacon Press, 2000)。

都不远处，靠近湖的北岸，是特奥蒂瓦坎，在这个地方有众多巨大金字塔和寺庙废墟，排列在一条宽阔的礼仪大道之上。[1] 阿兹特克人折服于这个遗址的悠久古老，将其纳入自己的神话，宣布此处是世界的起源。[2]（就在这里，在这个早期文明的废墟中，蒙特祖马曾经登基称帝。）阿兹特克人还进行挖掘，并将遗物放置在他们自己的巨大神庙内，作为对神灵的祭品。他们对其他文化遗迹也做出同样的举动，包括奥尔梅克（Olmec）文明的神秘石质雕刻头像，其中一些在当时已有两千多年的历史。[3] 阿兹特克人还借鉴了奥尔梅克的建筑形式和雕塑技术，其中包括了蛇神头像。

书籍是该地区最有趣的文化物品，其中画家抄写员讲述了他们的神灵、人民以及赖以生存的历法的故事。这些书是以图像和图形符号的组合写成的。作为一种写作形式。图形符号并不像字母书写或埃及象形文字那样捕捉单个单词或音节。（在中美洲，只有南部的玛雅人发展了这样的书面语言系统。）但这些彩绘符号记录了想法、事件和日期，为牧师和画家抄写员提供了精确的记忆辅助工具。阿兹特克人在推翻他们以前的统治者时，也决定烧毁他们的书。[4] 在这里，就像在其他地方一样，历史往往是由胜利者书写或描绘的。

这场关于故事的斗争意味着阿兹特克人不仅想抹掉过去，还想重新书写过去。因为阿兹特克人不仅烧毁了他们以前的统治者的书籍，而且还创造了新的书籍来取而代之。这些书籍记录了他们的历法（"阅读"这个词也意味着计数）、他们的神、他们的神话和他们的历史。[5] 因为阿兹特克的画

1　Linda Manzanilla, "Teotihuacan," in *The Aztec Empire*, curated by Felipe Solis (New York: Guggenheim Publications, 2004), 114–117.

2　Elizabeth Boone, *Cycles of Time and Meaning in the Mexican Books of Fate* (Austin: University of Texas Press, 2007), 178.

3　Jane S. Day, *Aztec: The World of Moctezuma* (New York: Robert Rinehart, 1992), 100.

4　Rojas, *Tenochtitlan*, 13. Clendinnen, *Aztecs*, 38.

5　Boone, *Cycles*.

家抄写员用的是红色和黑色墨水,这些写下来的故事被称为"红黑故事"。蒙特祖马的祭司住在金字塔型主庙周围的大型寺庙建筑群中,他们接受的培训包括绘画、绘制这些书籍并解释它们,再将它们用于仪式和占卜。

正是从这座拥有寺庙和书籍的神奇城市开始,蒙特祖马对其帝国进行扩张。他的士兵从周边地区带回了贡品,将越来越多的资源和权力集中在这个地方。在蒙特祖马的一生中,特诺奇蒂特兰发展成为美洲最大的城市,比欧洲的许多城市都要大。财富为这个城市带来了新的专业化、劳动分工和文化成就。当独木舟和搬运工带来食物和原材料时,工匠们制造了越来越复杂的商品,从精致的衣服到武器和艺术品。这些都是在一个可容纳数千人的大型中央市场中出售的。蒙特祖马还对自己极为可观的私人动物园感到自豪,那里有各种野生动物,包括鹿、家禽、小狗和许多羽毛非常珍贵的鸟类。[1]

即使蒙特祖马的领地不断扩充,有时是通过武力,也可能是通过作为一个强大贸易帝国的优势,这个扩大的领地也远未统一。一些更偏远的、缴纳贡品的群体,如南部的玛雅人或墨西哥湾沿岸的托托纳克人(the Totonac),从未觉得他们归属于统一的整体。没有共同的公民意识(比如最终在罗马帝国演变而成的那种)或语言。尽管特诺奇蒂特兰如此复杂庞大,但蒙特祖马并没有一个可以创造团结感乃至持续控制感的国家官僚机构。维系蒙特祖马帝国的是武力、自身利益的脆弱结合,以及他最伟大的创造——这座水上城市本身,它是帝国跳动的心脏。

这就是阿兹特克世界当时的状况,那时候蒙特祖马第一次听到关于在海岸上再次看到浮动城堡的报告。两年前,沿海地区的居民第一次看到了巨大的船只。从那以后,蒙特祖马的侦察兵一直在寻找,现在他们听到了

---

[1] Rojas, *Tenochtitlan*, 3, 73.

与船只有关的谣言——有人目击到皮肤苍白的人骑着巨大的鹿，还有训练用以作战的凶猛的狗。

蒙特祖马决定做两件事。他派了一位画家抄写员去描绘侦察兵不太可信的报告。图像将使他能够更好地理解这一切：那些人、他们的动物、他们的衣服、他们的船只，还有他们的武器。[1]

蒙特祖马做的另一件事是送上精致绝伦的礼物，希望能打动这些陌生人，并向他们展示自己所掌握的文化资源。他选取了最有才华的工匠制作的样品，包括一个用黄金制成的巨大太阳形圆盘，以及一个白银制成的月亮圆盘；鸭子、狮子、豹子、狗和猿猴形状的黄金雕像；工艺精湛的珠宝；武器，尤其是带有装饰羽毛的箭；一根同样用黄金制成的手杖，以及他最好的羽毛收藏品，这些羽毛镶上金边，已经成为艺术品。蒙特祖马还送上了做工精细，只有贵族才获准穿上的精美的衣服样品。

这些外国人会穿上这些礼仪服装吗？这些礼物是否足以让他们相信蒙特祖马的力量，并让他们转头离去？

纽伦堡—布鲁塞尔，1520 年

在蒙特祖马向外国访客送去礼物后还不到一年，阿尔布雷希特·丢勒发现自己陷入了财务困境。尽管他是欧洲最著名的画家之一，但他的经济来源是神圣罗马帝国皇帝发放的津贴，而纽伦堡地方法官多年来却一直拒绝支付。纽伦堡是一个"自由城市"，本质上是一座独立城邦，并不愿意代表皇帝付账。[2]

---

[1] Bernardino de Sahagún, *General History of the Things of New Spain: Florentine Codex, paleography, translation, introduction and notes* by Arthur J. O. Ander son and Charles E. Dibble (Santa Fe: School of American Research, 1905-1982), vol. 12, ch. 3.

[2] Peter Hess, "Marvelous Encounters: Albrecht Dürer and Early Sixteenth-Century German Perceptions of Aztec Culture," *Daphnis* 33, no. 1-2 (2004): 161.

第十章 阿兹特克首都面临欧洲敌人与崇拜者

纽伦堡不仅独立自主，而且四通八达，是与东西欧甚至阿拉伯世界不断交流的贸易中心。纽伦堡效仿中东模式，在阿尔卑斯山以北建立了欧洲第一家造纸厂。[1]最近，把握商机的该市居民借助了几百英里外的谷登堡对活字印刷术的使用，并以此将本市发展为最早的印刷出版中心之一。[2]纽伦堡拥有4万名居民，已成为欧洲最大和最重要的城市之一。有人认为它是北欧的秘密首都。[3]

在丢勒为他的津贴与纽伦堡对峙时，皇帝去世了。艺术家必须直接向在荷兰设立宫廷的新皇帝查理五世提出自己的要求。

暂时离开纽伦堡还有另一个原因：瘟疫再次袭来。黑死病于1347年首次抵达欧洲，此后从未完全消失，以几乎可以预测的频率席卷各个地区。纽伦堡目前疫病盛行，所有能逃走的人都已经逃到乡下或遥远的地方。[4]

17年前，丢勒就已经为了躲避另一波瘟疫，离开此地前往威尼斯。这座城市位于欧洲和中东之间富有争议但获利丰厚的边界地带，比纽伦堡更富有，也更国际化。对于一位画家来说，意大利尤为重要，因为它曾经是艺术革命的一部分，此地发展出一种崭新的、在几何学上很精确的透视形式，其中所有线条都集中在一个消失点上。这使得画家能够将画布变成窗户，眺望无尽的远景。与此同时，一些意大利画家，尤其是列奥纳多·达·芬奇，已经干起了抢夺尸体的勾当，通过解剖尸体来了解人体的骨骼、肌肉和肌腱的结构，这使他们能够以闻所未闻的精确度来描绘人

---

1 Martin Puchner, *The Written World: The Power of Stories to Shape People, History, and Civilization* (New York: Random House, 2017), 159.
2 Martin Brecht, *Martin Luther: Sein Wegzur Reformation, 1483–1521* (Stuttgart: Calwer, 1981), 199.
3 Elizabeth L. Eisenstein, *The Printing Press as an Agent of Change: Communications and Cultural Transformations in Early-Modern Europe*, 2 vols. (Cambridge: Cambridge University Press, 1979).
4 *Albrecht Dürer's Tagebuch der Reise in die Niederlande*, edited by Dr. Friedrich Leitschuh (Leipzig: Brockhaus, 1884).

体。在旅途之中，丢勒找到机会与这座城市的伟大画家曼特尼亚和贝利尼见面。[1] 曼特尼亚使用鲜艳色彩创作了描绘不同寻常的星座的画作，而贝利尼则专注于那种逐渐远去的空气感风景，最大限度地发挥了全新的透视方式的特点。（两人通过婚姻联系在一起——贝利尼的妹妹嫁给了曼特尼亚。[2]）

从这个世界贸易和艺术中心，丢勒回到了被瘟疫摧毁的纽伦堡。受到所学知识的启发，他努力成为阿尔卑斯山以北新画派的主要代表人物。他的肖像画展示了在意大利画家那里获得的解剖学知识，他的风景画利用了中心透视的深度。绘画革命也带来了一种全新的自我意识，丢勒在他毕生对自画像的偏爱中表达了这种意识，这记录了他作为画家的崛起和技巧的发展。[3]

意大利并不是唯一的灵感来源。现在丢勒准备再次逃离瘟疫，想通过自己的布鲁塞尔之旅来了解荷兰艺术的最新发展。两代人之前，杨·凡·爱克和他的学生以富有同情感的平民肖像画、生动的城镇场景和对自然的描绘震惊了世界。荷兰人是他在北欧唯一真正的对手，看看他们现在有何动向也挺不错。

为了促进艺术交流，同时也为了展示他高超的技艺，丢勒带来了一件不同寻常的资产：一个装满版画的行李箱。他钦佩的意大利画家曼特尼亚、贝利尼和拉斐尔强调构图和色彩，也对新的版画技术感兴趣，而他的一些荷兰竞争对手也是如此。但丢勒觉得自己处在上风。他很早就认识到了印刷品的潜力，学会了如何按照自己的意愿运用木头、铜和石头，并掌握了能印出美观作品的雕刻技术。他以惊人的精确度捕捉了植物的有机构

---

[1] Ernst Rebel, *Albrecht Dürer: Maler und Humanist* (Gütersloh: Orbis Verlag, 1999), 86–87.
[2] Caroline Campbell, Dagmar Korbacher, Neville Rowley, and Sarah Vowles, eds., *Mantegna and Bellini* (London: National Gallery, 2018).
[3] 这个形成时期对自画像进行的最佳评估著作，可参见 Joseph Leo Koerner, *The Moment of Self-Portraiture in German Renaissance Art* (Chicago: University of Chicago Press, 1993)。

造、野兔的耳朵和人类的姿势，使死去的材料重焕生机。最重要的是：这些图像可以随意复制，从而提供了全新的收入和发行来源。丢勒还为印刷书籍制作图像，获益于纽伦堡在印刷革命中的中心地位。在将印刷品转变为高雅艺术的过程中，丢勒认识到印刷品不仅改变了写作和文学，还改变了视觉表现。

在旅途中，丢勒的版画还发挥了另一个作用：他几乎像使用现金一样使用它们，将它们分发给房东和老板们，作为提供服务的报酬。他在日记中记录了这些交易，提醒人们他此行的主要目的是金钱。他的日记就像一本账簿，其中精确地计算了自己的开支，包括每顿饭和过夜住宿。

在北上的路上，丢勒听到了令人震惊的消息：路德被捕了。自从修道士马丁·路德写信给他的主教，抗议赎罪券销售（由于印刷而得以大量生产）和其他教会的滥用行为以来，才不过几年时间。从那时起，事情发展得非常快。主教的不予回应促使路德写了越来越多的抗议信，他的一些同事把这些信带到了新成立的印刷厂，使路德成为印刷时代的第一个平民主义者。[1]

路德的许多书信和小册子都在纽伦堡印刷，路德也在那里获得了早期的追随者。丢勒带着深深的兴趣和同情观察了这一过程。他和一些朋友一起支持路德关于更新基督教的呼吁。被捕的消息促使丢勒写了一篇支持教会改革的长篇大论，支持路德的原则。[2] 路德被一个同情他的人逮捕，他把路德带到瓦尔特堡进行"保护性拘留"。在那里，路德以惊人的速度将《新约》从希腊语翻译成德语白话文。一旦完成，他会把它交给印刷商，尤其是纽伦堡的印刷商，他们展示了大规模生产的能力。路德

---

[1] Rudolf Hirsch, *Printing, Selling and Reading, 1450–1550* (Wiesbaden: Harrassowitz, 1974), 67–78.
[2] 最近的研究表明，日记中支持路德的部分可能是后来由路德的同情者加进去的。但丢勒对路德的支持，或者至少是他对路德的同情，得到了其他消息来源的证实。

的《圣经》将成为这个时代的第一本畅销书——在一场重塑欧洲的革命中担任先锋。

在北上途中，丢勒想到的不仅是路德、他的津贴和荷兰画家的作品。他还煞费苦心地在日记中记录了在布鲁塞尔的一次意外遭遇，当时尚待登基成为神圣罗马帝国皇帝的查理五世正在布鲁塞尔举行宫廷会议。查理的统治从勃艮第延伸到奥地利。（他曾这样吹嘘："我对上帝说西班牙语，对女人说意大利语，对男人说法语，对我的马说德语。"）四年前的1516年，他也成为西班牙国王，从而获得了西班牙在新大陆不断增长的财产。丢勒写道：

> 我还看见了从黄金之地带来献给国王的东西，一个完全由黄金制成的太阳，差不多有6英尺宽，还有一个大小相仿的银制月亮，两个柜子里装满了盔甲和各种武器、盾牌、弓箭、令人惊讶和奇形怪状的衣服、毯子和其他令人惊讶的工具。它们比奇迹更值得一看。这些物品非常值钱，估计高达100万荷兰盾。我一生中从未见过如此让我高兴的东西。我在它们当中看到的是令人惊讶的手工艺品，我对这片异国土地人民的精妙天才感到惊讶。我甚至不知道怎样用语言表达我所看到的。[1]

丢勒所看到的，正是蒙特祖马送给不到一年前抵达他的海岸的陌生人的礼物。负责探险队的西班牙士兵埃尔南·科尔特斯满怀热情地收下了这些礼物。他从古巴出发，探索海岸并与当地居民进行贸易。科尔特斯无意继续坚持这一官方任务。他已经与船员达成协议，建立一个非法殖民地，

---

[1] Albrecht Dürer's Tagebuch, 58.

纳芙蒂蒂王后的半身像（前14世纪），1912年由穆罕默德·埃斯-塞努西在阿玛纳发掘。这尊半身像从此成为古代最著名的面孔（柏林新博物馆）

阿克塔顿公主的头像（前14世纪），出自雕塑家图特摩斯的工作室，有着典型的细长头部（埃及艺术国家博物馆）

于庞贝发现的马赛克镶嵌画（前100—前79），描绘了柏拉图的学派，是罗马将希腊文化化为己用的绝佳案例（那不勒斯国家考古博物馆）

2017年在西西里岛的陶尔米纳古罗马剧场举办的音乐会,是当代意大利人重新利用古罗马遗迹的众多方式之一(意大利,2017年七国集团峰会)

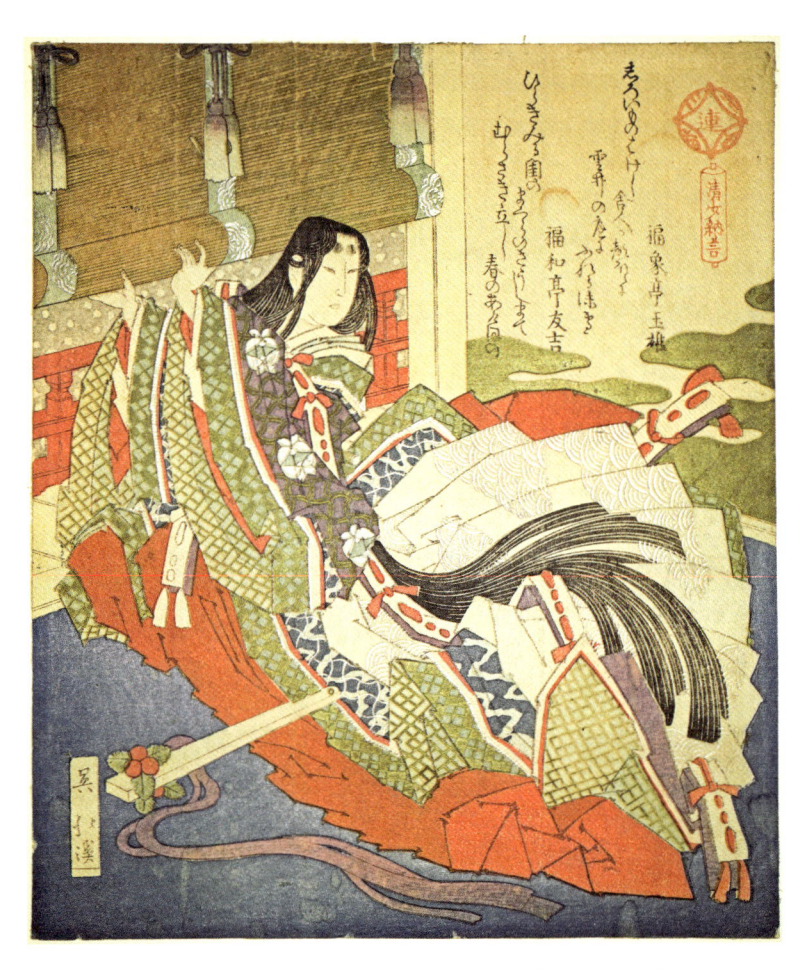

鱼屋北溪所作的多色版画（1840），画的是《枕草子》的作者清少纳言，她在书中记录了平安宫廷中的生活（纽约公共图书馆）

版画家铃木春信（1725—1770）创作的一副彩色版画，描绘了世界文学史上的一部伟大小说《源氏物语》（约 1000）的作者，紫式部（芝加哥艺术学院）

1237年，阿拉伯诗人叶海亚-瓦斯提在巴士拉的哈里里的作品中描绘了一个学生聚集的图书馆。这幅画让人联想到巴格达的智慧宫（法国国家图书馆）

拉班·穆尔（左）在阿尔昆（中）的支持下将他的作品交给美因茨大主教奥尔加（右）。奥尔加是查理大帝吸引到宫廷里的重要学者，是查理大帝文化复兴计划的一部分。插图出自穆尔9世纪的作品《赞美圣十字架》（奥地利国家图书馆）

《神之功业书》中的插图,作者为希尔德加德·冯·宾根,作于1163年至1174年,她在其中描述了自己看到的异象(美国国会图书馆)

《博尔吉亚抄本》(13—15世纪)中描绘太阳神的一页。《博尔吉亚抄本》是阿兹特克图画文字的一个范例,这是一种非常复杂的文字,我们至今仍在试图破译(梵蒂冈博物馆)

阿拉伯地理学家伊德里西绘制于1154年的世界地图,他将南方朝上,画出了与如今地图相反的亚洲、北美洲和欧洲。该地图显示了在葡萄牙绕过非洲之前,阿拉伯贸易网络的扩张(美国国会图书馆)

IDRISI vom Jahr 1154 n.Ch.

Ventorum quatuor cardi
nales sunt partes
Septentrio flat ventus
ab axe faciens frigora et
nubes huic texter eurus
nives et grandines A sinistris
boreas austringens Secundus
subsolanus ab ortu equatus vulturnus
siccans eurus nubes generans Tercius auster
humidus fulmineus A dextris euro auster calidus
a sinistris euro nothus tempestuosus Quartus zephyrus
hiemem resoluens producens flores a latere affricus generans ful
mina et corpus nubila faciens

哈特曼·舍德尔所著的《纽伦堡编年史》，印刷于1493年。该书对亚洲、欧洲和非洲进行了描绘，排除了像瓦斯科·达·伽马那样乘船环绕非洲进入阿拉伯海的可能性

圣多明各议员让-巴蒂斯特·贝雷的肖像画,由安·路易·吉罗代·特里奥松作于1797年。画中雷纳尔的大理石半身像与贝雷身上的法国大革命时期着装形成了鲜明对比(凡尔赛宫)

江户时代（1603—1868）用木头和颜料制作的能剧老人面具。能剧崇尚风格化，以高度规范化的手势和动作，辅以不同颜色的面具为特点（法国吉美博物馆）

埃德蒙·杜拉克为叶芝的1921年版《在鹰之井》绘制的卷首插图，该剧本由叶芝在能乐的启发下所作

金泰亨（防弹少年团成员）演唱其 2018 年的个人单曲 *Singularity*。他用面具来强调 K-pop 表演者必须面对的公众角色。能剧使用白色面具来代表年轻女性或超自然生物，以传达纯真之美。在韩国，面具是地方舞剧的特色并尽可能多地从这片土地上获取利益。像往常一样，皇帝将获得五分之一的收益。在剩下的五分之四中，科尔特斯会试图为自己争取丰厚的一份。在建立永久定居点并准备向内陆迁移时，科尔特斯偏离了自己的任务，从而成为逃犯。

只有一种方式可以使这种胆大妄为不至于惨淡收场：他将直接向查理五世求助，将自己描绘成一个勇敢的征服者，并给国王送去即将获得的财富样本。为了实现他的目标，科尔特斯写了一封长篇大论的信来描述目前的探险状况，包括他如何到达海岸，他与当地居民的各种遭遇，以及是什么促使他越过官方简报而来信。为了增加诱惑力，他寄来了一份自己所收礼物的明细清单。[1]

科尔特斯将这封信和礼物交给了两位忠诚的随从。他们被指示直接航行到西班牙，而不是经过古巴，否则他们可能会引起科尔特斯上级不必要的注意。出于某种原因，也许是为了采购口粮，他们还是在古巴登陆，还几乎被拦截了。不知怎么地，他们最终还是设法逃脱并航行到西班牙西南部的城市塞维利亚。该城市主导了新的跨大西洋探险，在那里他们得知现在必须穿越半个欧洲才能亲自将礼物送给查理五世。查理五世很快就会在亚琛加冕为王，就像他之前的查理大帝一样。（与查理大帝一样，查理五世将在1530年再次被教皇加冕，成为最后一位获得这一额外殊荣的神圣罗马帝国皇帝。[2]）为了纪念这一时刻，查理五世决定展出科尔特斯送给他的礼物，以此来吹嘘他的最新财产，丢勒就是这样看到它们的。

但丢勒究竟认为自己看到了什么？在他的日记中，他使用了诸如"美妙"（wunderlich）和"奇怪"（seltsam）之类的词。丢勒意识到，他对制

---

[1] Hernán Cortés, *Letters from Mexico*, translated, edited, and with a new introduction by Anthony Pagden (New Haven: Yale University Press, 2001), 45.

[2] Barbara Stollberg-Rilinger, *The Holy Roman Empire: A Short History*, translated by Yair Mintzker (Princeton: Princeton University Press, 2018), 12.

造这些物品的人一无所知——欧洲没有人知道。这并不意味着丢勒对新世界缺乏概念。作为纽伦堡市民，丢勒从西班牙和葡萄牙水手那里得到了一些消息。[同样是纽伦堡市民的马丁·贝海姆（Martin Behaim）在1492年创造了最早的地球仪之一。]

丢勒可能还读过克里斯托弗·哥伦布撰写和出版的关于新大陆的记载，哥伦布将他遇到的居民描述为高贵的野蛮人，而亚美利哥·韦斯普奇则将他们描述为危险的食人族。[1] 在邂逅蒙特祖马的礼物两年之后，丢勒将有机会看到纽伦堡印刷的木刻版画，描绘了儿童被献祭的场景，两年后，第一张特诺奇蒂特兰地图在纽伦堡印刷，让欧洲人可以想象这座神奇的水中城市，可能至少和纽伦堡一样大。尽管威尼斯可能更大，但特诺奇蒂特兰有时被称为"伟大的威尼斯"，将意大利原装的威尼斯比了下去。[2]

但是，如果丢勒将美洲原住民描绘成高贵的野蛮人或卑鄙的食人族，那么这两种描述似乎都没有说明他如何看待他们的艺术作品。虽然他坦率地承认自己对此完全无知，但他只是简单地将其视为由像他这样的熟练艺术家和工匠制作的物品。他是一个总在考虑金钱的人，尤其是在这次旅行中也对自己看到的东西做出了极高的估价（今天约为1 000万美元），但最重要的是他钦佩这些物品制作者的手艺和"精妙的天赋"。这些滔滔不绝的话语可以清楚地展现出——而丢勒不是一个容易滔滔不绝的人——他多么佩服这些艺术家的手艺。他特别欣赏的是黄金工艺品。虽然他本人是一名画家和雕刻家，但他在一个金匠家庭长大，还娶了一个金匠的女儿。[3] 他知道如何评估黄金工艺品。

---

1 参见 Hess, "Marvelous Encounters," 170。
2 Matthew Restall, *When Moctezuma Met Cortés: The True Story of the Meeting that Changed History* (New York: Ecco, 2018), 118.
3 Rebel, *Albrecht Dürer*.

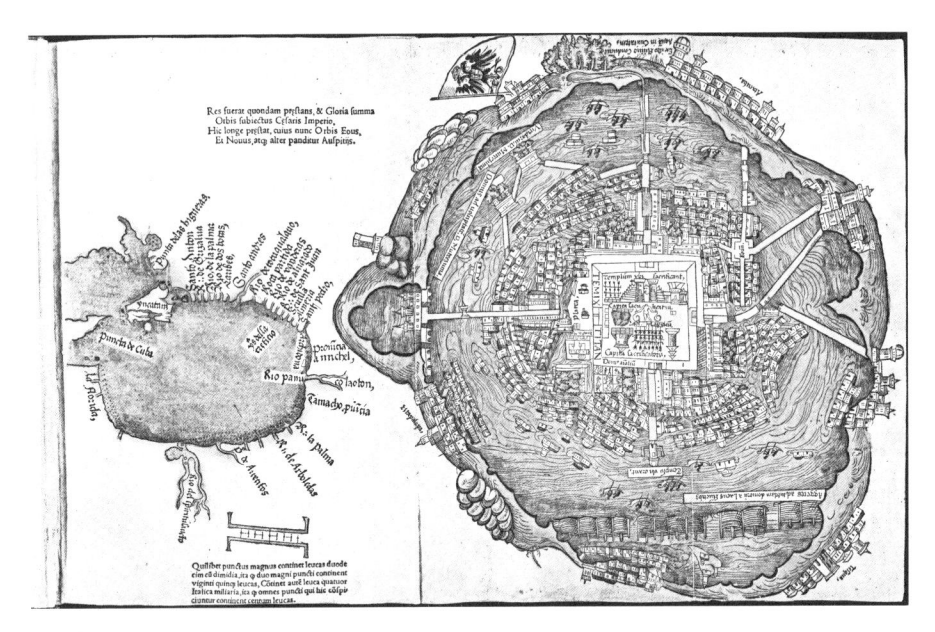

第十章 阿兹特克首都面临欧洲敌人与崇拜者

特诺奇蒂特兰地图和埃尔南·科尔特斯的《致查理五世皇帝的第二封信》的拉丁语译本附在一起，于1524年在纽伦堡印刷（美国国会图书馆）

　　面对这些完全脱离所有文化背景的物品，丢勒一方面赞扬了它们高超的工匠技巧和艺术想象力，但另一方面也表达了对自己无知的谦卑感。这使他能够避免在他周围流传的一些关于美洲的陈词滥调——高贵的野蛮人、嗜血的食人族——从而得以体验此次非凡邂逅，这是一流的欧洲艺术家首次以不同寻常的开放心态和赞许态度来与高度发达的中美洲艺术互动。

　　丢勒在布鲁塞尔看到蒙特祖马的礼物，但这并非他与西班牙和葡萄牙水手带回来的奇怪物品的唯一邂逅。几年前，他收到了一份令人屏息的描述报告，关于一种来自远东的新动物。它被称为犀牛，身形极为巨大，长着吓人的角，皮肤和盔甲一样厚。一位德国商人看到这个生物在里斯本下船，并和丢勒做了详细的相关描述。丢勒决定根据此描述做一个雕塑——对于一个想要创造栩栩如生图像的艺术家来说，这是一个很不寻常的决定。比如说，他对野兔的描绘如此精确，以至于今天这幅画几乎看起来像一张照片。

在犀牛身上，丢勒同样也获得了惊人的成果。他从草图开始创作，然后将其重新加工为木刻版画。显然，这是大量复制的绝佳机会，因为谁不想看到这种野兽中的怪物呢？木刻版画充分捕捉呈现了这头动物难以置信的重量，它的身体由四条看起来像塔的腿支撑，它的大头上有一根吓人的角。只有它那像驴子（或野兔？）一样竖起来的耳朵，给这头动物带来一种稍微友好、甚至荒谬可笑的举止风格。但在沉重的盔甲面前，一切都相形见绌，这种盔甲看起来像乌龟的硬壳，覆盖了这头动物的大部分身体，使它无法受到攻击。

在创作这幅木刻版画时，丢勒没有看到这头动物，他所冒的风险经过深思熟虑。这反映了他对异域形式的兴趣，也反映了他让事物可见的承诺：这证明只要有正确的技术和视野，一切都可以展示出来，即使是他未曾亲眼所见的东西。这个风险得到了回报。丢勒的犀牛取得了巨大的成功，成为东方奇观的象征。[1] 直到 18 世纪，当更多的欧洲人看到犀牛真身时，人们才注意到原来真正的犀牛身上没有装甲板，那只是厚厚的皮肤（丢勒较为准确地捕捉到了这头动物的许多其他特征，考虑到他不得不依靠口头描述完成，这实在是一个壮举）。几个世纪以来，丢勒通过印刷复制之力，在欧洲创造了这种动物的误导性形象。

丢勒带到荷兰的版画里面也包括了这张犀牛版画。在那里他把这些版画交给了奥地利的玛格丽特，查理五世的姨妈，她成功地为他求情。丢勒由此得以带着一份帝国令状，回到吝啬的纽伦堡地方法官那里，吩咐他们清缴所欠款项。

1　Rebel, *Albrecht Dürer*, 318.

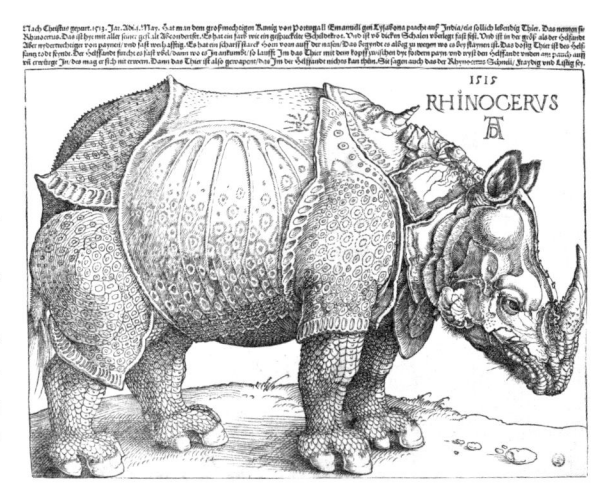

阿尔布雷希特·丢勒的犀牛木刻版画。丢勒从未见过犀牛，只是在书面记录的基础上创作出这幅画。他正确地捕捉到了许多细节，但错误地认为这种动物没有厚厚的皮肤，而有着类似于乌龟的甲板（罗森瓦尔德藏品，美国国家美术馆，华盛顿特区）

特诺奇蒂特兰，1519年

与此同时，回到特诺奇蒂特兰，蒙特祖马正在观察陌生人的动向。他的使者带回了他所看到的文字和绘画，但这些图文呈现并没有告诉蒙特祖马如何与这些人打交道。显然，他的礼物并没有达到显示自身力量、满足对方对黄金的渴望，并使他们回头的预期效果。相反，新来者在战斗中展示了他们的威力，用他们的装甲鹿、弹药、嗜血的狗和强大的弓弩攻击了蒙特祖马的部分从属国。现在他们宣布了目的——要亲自前往特诺奇蒂特兰与他会面。

蒙特祖马派出了更多的信使，带着更多的礼物，希望陌生人能转身回家，但他们继续向内陆进发。显然，他们已经对这片土地有所了解，很快就结交了盟友，尤其是特拉斯卡拉人。蒙特祖马曾试图将他们变成从属国，但没有成功。蒙特祖马对特拉斯卡拉人十分严酷，还多次入侵他们的领土来找在特殊场合献祭的人。[1] 尽管陌生人最初袭击了特拉斯卡拉人，但很快就招募他们作为对抗蒙特祖马的盟友，因此他们进入了阿兹特克人的

---

1 Rojas, *Tenochtitlan*, 36.

家园。这些陌生人似乎打算进入特诺奇蒂特兰。蒙特祖马决定，也许最好将他们放在自己权力的中心，在那里可以审视他们，也更容易处理他们。

第一次见面在特诺奇蒂特兰的郊外，场面十分尴尬。陌生白人的首领试图拥抱他，这极大地违反了礼仪规范。幸运的是，在最后一刻，蒙特祖马的下属阻止了这种情况的发生。[1] 然后蒙特祖马把他们带进了城里，这显然给他们留下了深刻印象。从堤坝和堤道到中央寺庙和宫殿，他们所知道的一切都比不上他向他们展示的东西。（西班牙方面的记载错误地将这次相遇描述为投降。）

一旦外国人进入城市，事情就开始迅速失控。首先，他们将蒙特祖马关在自己的宫殿里，基本上把他囚禁起来。虽然蒙特祖马仍然可以接触到自己的手下，但他没有行动自由，这开始削弱他的权威。不过他的信使网络至少还在，他定期收到有关自己领地状况的最新消息。例如，他知道有一大群比以前的船大得多的船已经到达岸边。这个消息似乎让外国人感到不安，不久之后，他们的领导人科尔特斯在一支由外国人和其新盟友组成大部队的陪同下离开了这座城市。[2]

与此同时，城市里的局势正在恶化。随着科尔特斯的离开，西班牙人开始骚乱，干扰了宗教节日，并屠杀了许多阿兹特克人。蒙特祖马知道，这些公开的敌对行动使他的位置变得越来越不牢固。有传言说必须要找到一位新皇帝，因为他是俘虏，无法担任君主之职。

然后科尔特斯再次出现。显然，他已经赢得了与新来者的战斗，他的队伍也有所扩张。但这座城市的情况越来越糟。之前的僵局已经让位于新

---

[1] Louise M. Burkhart, "Meeting the Enemy: Moteuczoma and Cortés, Herod and the Magi," in Rebecca P. Brienen and Margaret A. Jackson, eds., *Invasion and Transformation: Interdisciplinary Perspectives on the Conquest of Mexico* (Boulder: University Press of Colorado, 2008), 14. 雷斯托尔（Restall）这本书（Restall, *When Montezuma Met Cortés*）对于质疑科尔特斯本人对此遭遇的描述很重要，他笔下的蒙特祖马恭顺屈从。然而，雷斯托尔确实相信科尔特斯试图拥抱莫克特祖马的细节。

[2] Cortés, *Letters*, 113.

的对立行动，不久之后还公然开战，因为这座城市正在奋起反抗凶残的外国人。从一条街到另一条街，从一条运河到另一条运河，从一条堤道到另一条堤道，外国人一步步被赶出了城市。虽然伤亡惨重，但阿兹特克人还是赢了。

蒙特祖马并非这场最后胜利的见证者之一：他被外国人或自己的人民杀害。他，蒙特祖马二世，在灾难后用引水渠重建了这座城市，扩大了阿兹特克的领土，并与外国入侵者作战，为保卫这座被许多人认为是阿兹特克文明最高成就的城市而献出了生命。[1]

被赶出这座城市后，外国人重新集结。他们继续执行其政策，恐吓不同团体，胁迫他们结成新的联盟，通过承诺阿兹特克人的前从属国为其过去遭受的屈辱报仇，将他们变成叛乱分子。然后，一场瘟疫降临此地。[2] 此次瘟疫与席卷欧洲的黑死病不同。这是天花，西班牙人对其免疫力更高，而美洲的居民则完全不同。蒙特祖马没能活着看到中美洲人口被这场瘟疫摧毁，也许反而是件好事。他的继任者可能死于这种疾病。建立阿兹特克帝国的旧联盟体系严重受损，瘟疫给受到威胁的文明带来了额外的压力。[3]

正是在此情况下，这些外国人对这座城市发动了最后的进攻，使用特制的船只为大炮和其他火器提供更大的杀伤力。这座被瘟疫拖垮的城市无法抵挡此次袭击。西班牙人和他们的盟友不仅占领了这座城市，还把它烧为平地，毁掉了蒙特祖马的宫殿、他的藏书和动物园。当战斗结束时，外国人摧毁了他们钦佩地称为"伟大的威尼斯"的奇迹。

还剩下什么？毁城之后，一场新的战斗开始了，它与历史有关。埃尔南·科尔特斯继续写信给查理五世，为自己的行为辩护，吹嘘自己的功

---

[1] Rojas, *Tenochtitlan*, 38.
[2] 关于瘟疫的记载可以追溯到大约一百年后。很难核实它究竟是什么时候开始的，但它很可能在这场内战中发挥了作用。*Ibid.*
[3] *Ibid.*

绩，讨好自己，并在没有人敢改变的基础上捏造事实。[1]科尔特斯的一些同伴会写下自己版本的历史，其中包括士兵伯纳尔·迪亚斯，他要证明的东西比科尔特斯的更少，他在生命的尽头写下了关于这次征服的叙述，用一种后见之明的角度来解释此历史结果似乎无法避免。[2]

这些记载与阿兹特克人在覆亡之前创造的书籍相去甚远。这些书籍记录了日历、历史和神话的复杂图画标志。这种复杂的书写阅读系统的知识逐渐丢失，大多数书籍被烧毁或消失。只有极少数阿兹特克书籍在特诺奇蒂特兰的毁灭中得以幸存。

为了保存阿兹特克人对特诺奇蒂特兰被毁的经历，西班牙修道士贝纳迪诺·德·萨哈贡进行了一项口述历史项目，采访了年迈的目击证人，收集了声音和图像。采访成果是一本非常有价值的书，配上两千多张图像，不仅用纳瓦特尔语和西班牙语记录了与西班牙人的战斗以及他们给美洲带来的疾病，而且还记录了帝国毁灭前阿兹特克人的生活，包括日常活动、农业和捕鱼实践，还有鼓和拨浪鼓等乐器。[3]（我的叙述依赖于上面提到的所有来源，但尤其依赖这一本书。）

这本书在特诺奇蒂特兰沦陷几十年后写成，但也被它自己对这些事件的歪曲看法蒙蔽。它依赖翻译，而这些翻译也由一个西班牙人拼凑而成。这个西班牙人报道了征服前的文化习俗，以便基督教牧师可以更好地让阿

---

[1] Viviana Diaz Balsera, "The Hero as Rhetor: Hernán Cortés's Second and Third Letter to Charles V," in Brienen and Jackson, *Invasion and Transformation*, 57-74.

[2] *The Memoirs of the Conquistador Bernal Diaz del Castillo, Written By Himself, Containing A True and Full Account of the Discovery and Conquest of Mexico and New Spain*, translated by John Ingram Lockhart (London: J. Hatchard and Son, 1844). 可以参考大卫·卡拉斯科（David Carrasco）对这本著作的编辑版本，David Carrasco, ed., *The History of the Conquest of New Spain by Bernal Díaz del Castillo* (Albuquerque: University of New Mexico Press, 2008).

[3] Fray Bernardino de Sahagún, *Historia general de las cosas de Nueva España*, edited by Francisco del Paso y Troncoso, 4 vols. (Madrid: Fototipia de Hauser y Menet, 1905). 关于阿兹特克人的日常生活的最佳描述，可见 David Carrasco and Scott Sessions, *Daily Life of the Aztecs: People of the Sun and Earth* (New York: Hackett, 2008).

兹特克人皈依，并在必要时消灭他们的文化。[1] 他的阿兹特克信息来源在描绘最近历史时也有自己的特定做法，试图将其文明倾覆归咎于蒙特祖马，仿佛只有一个糟糕的帝王才足以解释如此非同寻常的事件。[2] 但所有的历史都有自己的目的，导致事实扭曲，观点歪曲，并且试图用后见之明的角度来解释事情为何发生。

贝纳迪诺的口述历史作品被称为《佛罗伦萨抄本》（the Florentine Codex），以它目前所在的意大利城市命名。其中的西班牙语和纳瓦特尔语都是用西班牙人带来的拼音字母书写的，文字插图来自由阿兹特克画家绘制的图像。因为这些阿兹特克人被鼓励向外人记录和解释他们的文化——他们知道这种文化正在消失——如果西班牙人没有到达其海岸的话，他们就永远不会采用这种方式记录许多本来可能悄然无息地消失的事情。破坏和保存、消失和记录，再一次奇怪地纠缠在一起。

在少数幸存于世的阿兹特克书籍中，有许多后来被西班牙牧师和修道士摧毁，他们想要根除对阿兹特克神灵的崇拜，并正确地认识到阿兹特克书籍与古老宗教密切相关。剩下的那些书籍被带到欧洲，分散在各个图书馆中，也包括梵蒂冈戒备森严的金库里。在那里，这些书或多或少被人遗忘，直到它们在18世纪引起了墨西哥僧侣何塞·利诺·法布雷加的兴趣。[3] 这就是图书馆和档案馆所做的事情：它们可以用来窃取和埋葬文化物品，但图书馆无法控制后代如何使用他们的宝藏，至少不完全如此。

自法布雷加的开创性工作以来，学者们一直试图重建失传的阿兹特

---

1 Thomas Patrick Hajovsky, *On the Lips of Others: Moteuczoma's Fame in Aztec Monuments and Rituals* (Austin: University of Texas Press, 2015), 6.
2 Susan D. Gillespie, "Blaming Moteuczoma: Anthropomorphizing the Aztec Conquest," in Brienen and Jackson, *Invasion and Transformation*, 25-55.
3 法布雷加获得了被称为《梵蒂冈 B》（Vaticanus B）、《梵蒂冈 A》（Vaticanus A）和《科斯皮抄本》（the Codex Cospi）的抄本，以及《博吉亚抄本》（the Codex Borgia），他为这些抄本撰写了第一部重要的评论。José Lino Fábrega, "Interpretación de Códice Borgiano," in *Anales del Museo Nacional de México*, vol. 5 (Mexico City: Museo Nacional de México, 1900). 也可参见 Boone, Cycles, 6。

克图画书写艺术,纠结于精心排列的符号,试图寻找其中的意义。这些符号的对称性和复杂的设计令人惊叹,补充了佛罗伦萨抄本中给出的文字叙述。[1] 珍贵的阿兹特克书籍中极少的一部分得以逃过被毁的命运,我们知道在它们之中蕴藏着阿兹特克人理解世界的方式,他们对自己在宇宙中位置的假设、创造和毁灭的故事、他们的仪式和艺术的意义。阅读和重建的过程不仅仅是破译文本的问题;这关系到破译整个世界的问题。

丢勒从未有机会看到这些书中的任何一本,尽管科尔特斯选了两本一起寄给了查理五世。显然,它们被认为不如武器、衣服和黄金制品有价值。丢勒的版画中最杰出的部分是寓言画(allegories),这些图像运用的象征符号(symbols)必须作为符号(signs)阅读,因此推测他会如何利用这些书中的图像符号十分有趣。当他拿到津贴回到纽伦堡时,只剩下八年寿命。虽然他躲过了肆虐纽伦堡的瘟疫,但很可能在前往荷兰的旅途中感染了致他于死地的疾病。如果真是这样的话,他为获得查理五世的青睐和看到蒙特祖马的黄金艺术品付出了沉重的代价。

科尔特斯和蒙特祖马、西班牙帝国和阿兹特克帝国之间的冲突,也是新的欧洲大规模生产书籍与阿兹特克手工制作书籍之间的冲突。大规模生产成为确保书籍和图像生存的一种方式,是博物馆或图书馆等旨在保存独特文物的机构的替代方案。(特诺奇蒂特兰的纽伦堡地图可能幸存了下来,因为它是批量生产的。)大规模生产很快席卷了世界,产生了前所未有的书籍和图像洪流,这一过程最近随着我们当前的存储和媒体革命而再次加速。

与此同时,大规模复制并没有消失,相反,它提高了原始创新、独一

---

[1] 这些抄本最巧妙的当代诠释者是伊丽莎白·布恩,参见 *Cycles*。

无二、不可替代的物品的价值（也许自相矛盾，但其中也包括以初版、作者或知名拥有者签名版的形式而大量生产的书籍）。出于同样的原因，我们继续花费大量资源来保存手稿图书馆和博物馆里的原件，而不仅仅是那些来自遥远过去的原件。几乎可以说，大规模生产越容易、越普遍，原件就越发珍贵。

艺术原作十分脆弱、不可替代，这一点极为清楚地体现在阿兹特克人最伟大的创造中：他们的浮动城市。然而，这座城市也是一个例子，说明即使通过持续使用，要完全摧毁某些东西是多么困难。特诺奇蒂特兰被西班牙人及其盟友破坏得无法居住，但它被重建了。如果破坏有时会有保存作用，那么持续使用往往有所破坏，这就是为什么在人口稠密地区挖掘被烧毁的城市是如此困难。

但特诺奇蒂特兰的一些城市结构仍然存在于繁华的超级大都市——墨西哥城。在20世纪70年代，在离城市中央广场不远的寺庙建筑群开始了挖掘工作。正如我们仍在学习阅读阿兹特克抄本一样，我们仍在寻找发现过去失落的痕迹。即使看起来好像过去已经消逝，也往往有一些东西有所留存，从这些遗迹中，我们可以瞥见和重建一个失落的世界。[1]

墨西哥城有一个广场，叫作"三种文化广场"，位于西班牙和阿兹特克士兵之间的战斗现场。这三种文化说的是阿兹特克文化、西班牙文化和墨西哥现代文化。碑文写道："这场［战斗］既不是胜利也不是失败。这是混血儿诞生的痛苦过程，这就是今天的墨西哥。"

---

[1] 关于纳瓦人如何保持其历史活力，有一段引人入胜的描写，可参见 Camilla Townsend, *Annals of Native America: How the Nahuas of Colonial Mexico Kept their History Alive* (Oxford: Oxford University Press, 2016)。

第十一章
一个葡萄牙海员写了一部全球史诗

当路易·德·卡蒙斯（Luís de Camões，约 1524—1580）从澳门出发前往印度时，他面对的是一趟充满了不确定性的穿越中国南海之旅。卡蒙斯出生于葡萄牙探险的黄金时代，他一生的大部分时间都在驾驭风的力量。他曾勇敢地面对密史脱拉风（the mistral），这种风可以将沙子从撒哈拉沙漠一直吹到南欧；面对大西洋的信风，靠近了巴西海岸；他还直面好望角险恶的横流以及印度洋的季节性季风。在一段时间之后，他把这段经历转变成葡萄牙文学中最重要的作品，也就是《卢济塔尼亚人之歌》（*The Lusiads*，意为葡萄牙人）[1]，从而成为该国的民族诗人。今天，他被重新定义为全球化时代的第一个见证人，他塑造了我们对过去的世界帝国的看法，并实现了我们当代对广袤宇宙的初步探险。

卡蒙斯在中国南海航行时，正值中国人所说的"大风"[2]季节，葡萄牙

---

1 澳门译本为《葡国魂》。——译者注
2 作者在英文原文中用 "*ta feng*" 拼音。——译者注

水手将这个词翻译为 "*tufão*"（英文为 "typhoon"，即台风）[1]，台风以更强的风势、汹涌的潮水和压顶的乌云宣告自己的到来。当这些迹象出现时，唯一的希望就是立即降下船帆。风如果吹袭到一艘正在航行的船，可能会折断它的桅杆，使其无法航行，任由巨浪摆布。巨浪会压碎木甲板和船体，仿佛它们是纸做的。

在这次特别的航行中，卡蒙斯不必担心站岗瞭望，因为他是作为囚犯旅行的。一位上司指控他在澳门贪污钱财的问题，由于这个偏远的贸易站没有葡萄牙法庭，他必须返回印度西海岸的果阿才能被绳之以法。卡蒙斯憎恨果阿，他在那里看到了葡萄牙人用他们的大炮、盔甲和战术对当地居民所做的一切。[2] 控告他的人人脉很广，所以他几乎没有希望轻松脱身。卡蒙斯曾经在葡萄牙的监狱里待过一段时间，这就是为什么他在 20 年前就开始了海上生活：果阿的监狱只会更加糟糕。

卡蒙斯唯一的安慰是，他被允许带上自己的中国妻子迪娜梅娜[3] 同行。在大半生中，他的情路一直坎坷。年轻时，他离开大学，加入宫廷社会，担任一位高级贵族的家庭教师，爱上了一个遥不可及的女人。直到几十年后，在地球的另一端，他才找到了真正的伴侣。如果果阿的审判危机最终能够圆满化解，也许他可以和迪娜梅娜一起回到澳门，在那里他已接近于找到幸福。

尽管季风无法预测，卡蒙斯的船还是顺利穿越了南海。现在，在航行了一千多英里后，他发现自己靠近印度支那的南端，即今天的越南。他们离马六甲还有一千英里的路程，即今天的印度尼西亚，在那里他们要进行补给和维修，然后才能冒险绕过印度南端，沿着海岸线到达果阿。但就目前而言，

---

1 Henry H. Hart, *Luís de Camoëns and the Epic of the Lusiads* (Norman: University of Oklahoma Press, 1962), 143. 关于卡蒙斯作品中的沉船主题，可以参考这本杰作：Josiah Blackmore, "The Shipwrecked Swimmer: Camões's Maritime Subject," *Modern Philology* 109, no. 3 (2012): 312–325。

2 Hart, *Luís de Camoëns*, 124. 一些细节基于这本著作。

3 Hart, *Luís de Camoëns*, 138. Clive Willis, Camões, *Prince of Poets* (Bristol, HiPLAM, 2010).

卡蒙斯可以享受靠近陆地的乐趣，欣赏湄公河入海口的巨大三角洲。在海上度过了半生的卡蒙斯，在凝视着一望无际的海洋数周后，多次体验到看到陆地的兴奋之感，以及被只生活在海岸附近的鸟类和鱼类迎接的喜悦。

也许因为他们已经极为靠近陆地，放哨的人便放松了警惕。突然间，强烈的风势和惧人的云层变成了一场威力十足的台风。水手长在大喊，水手们试图爬上桅杆来收帆，但为时已晚。当台风抓住他们的船时，人们被卷入汹涌海浪之中，船很快就被绝望地压碎。在混乱中，卡蒙斯居然成功逃脱，还登上了海岸。当地渔民发现他时，他已半死不活，渔民们花了数周的时间保住了他的命，他是为数不多的幸存者之一。迪娜梅娜却下落不明。

将卡蒙斯带到亚洲的不仅仅是风力，也有君王的旨意。葡萄牙国王统治着欧洲最西端的一小块土地，远离贸易中心。葡萄牙甚至不在地中海沿岸——罗马人称它为"我们的海"[1]。地中海并非没有危险，但它被港口包围，这些港口被仔细记录在所谓"波多兰海图"中，有需要的船只可以比较容易地抵达。这些港口城市，尤其是威尼斯共和国，很幸运地成为利润丰厚的贸易网络的一部分，该网络一直间接地延伸到印度，通过阿拉伯商人将香料和宝石带到欧洲。[2] 相比之下，葡萄牙面对的只有无边无际且无利可图的大西洋。

葡萄牙国王对这种不幸处境深感沮丧，派遣船队进入大西洋，不是直接向西——他们认为在那里什么也找不到——而是沿着非洲海岸向南航行。阿拉伯旅行者曾谈到撒哈拉沙漠以南有一片黄金之地，也许在那里能找到有利可图的东西。

在摩洛哥的休达，从1415年开始，葡萄牙人一步一步地占领了众多堡

---

[1] The Mediterranean Sea 字面上就是"我们的海"的意思。——译者注
[2] 要了解地中海世界的历史，可以参见 Fernand Braudel, *The Mediterranean and the Mediterranean World in the Age of Philip II*, vol. 1, translated from the French by Siân Reynolds (Berkeley: University of California Press, 1996)。

垒，并在沿海建立起自己的势力。(一个多世纪后的1547年，卡蒙斯在休达服役，并在战斗中失去了一只眼睛。[1])对休达的袭击只是一个宏伟计划的预演而已。葡萄牙国王派他们的船只沿着海岸越走越远，进入未知的地方。很明显，非洲大陆很大，但到底有多大？它的尽头在哪里？与后来的信念相反，当时的人们如果冒险超越已知世界的边界，他们并不认为会直接从地球上掉下去。圆形地图和球形世界模型已经出现，但在某些时候，陆地让位于不确定的空间，水手们不知道他们会在那里找到什么。继续越过这一点，就意味着真正的"脱图而出"(off the charts)[2]。

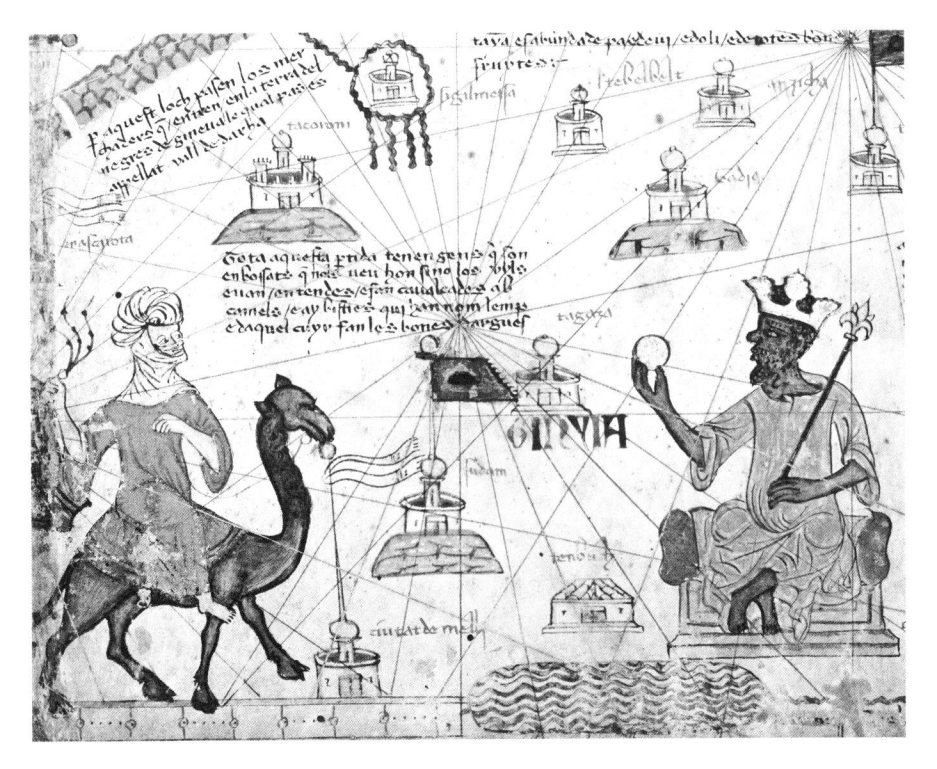

14世纪加泰罗尼亚地图集的细节，描绘了西非及其国王（法国国家图书馆）

---

1 Hart, *Luís de Camoëns*, 55.
2 这里是一个双关语，英文表达"off the charts"意思是说表现极为出色，冲破统计图表。在此段中的"charts"是呼应上段所说的"portolan charts"或者是其他的海图。所以在此化用"脱颖而出"来翻译。——译者注

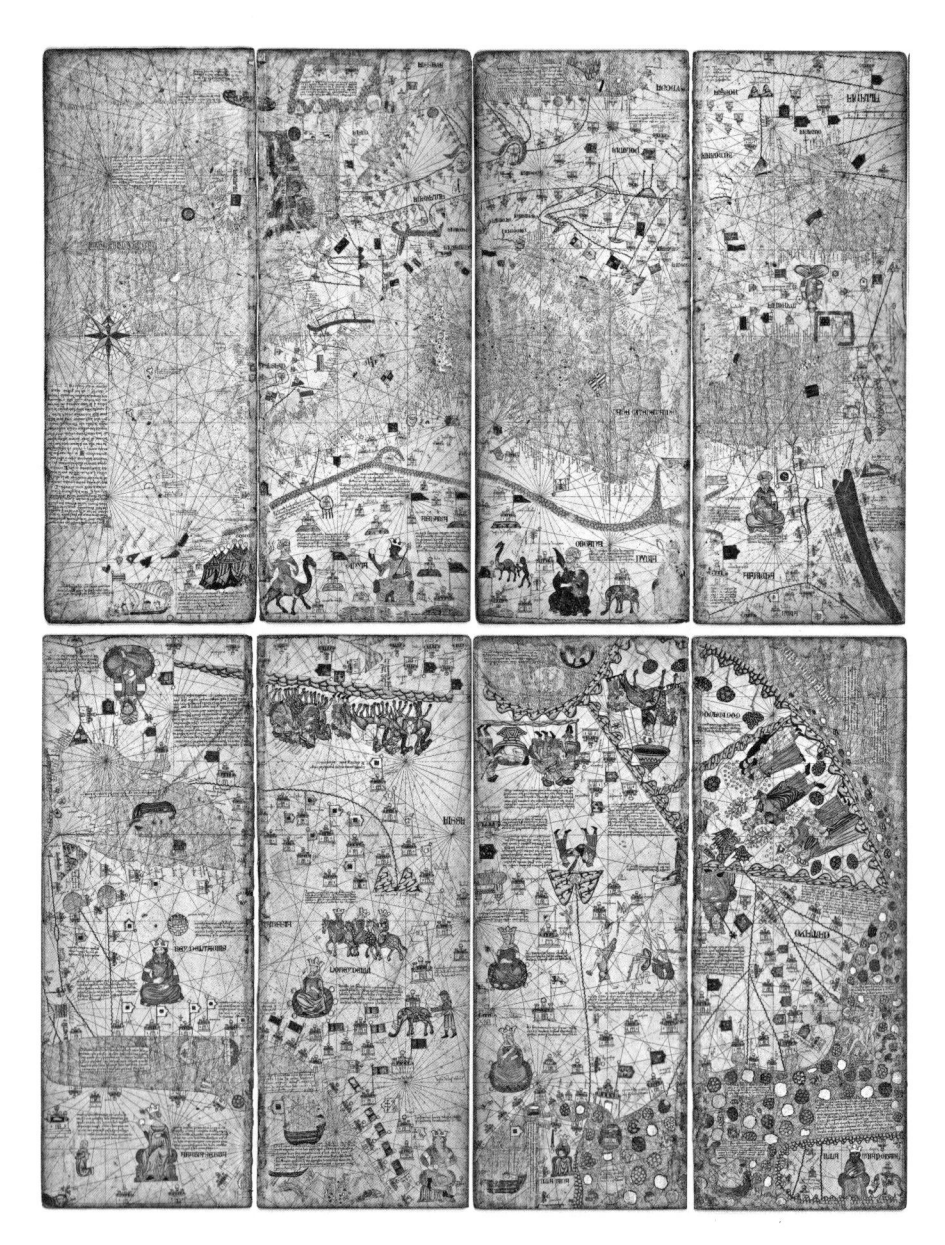

文化的故事：从岩画艺术到韩国流行音乐

14世纪的加泰罗尼亚地图集，出自亚伯拉罕·克雷斯克斯之手（法国国家图书馆）

第十一章 一个葡萄牙海员写了一部全球史诗

葡萄牙国王越来越愿意冒这个风险——或者让他们的船只为他们冒险——来找到一条通往印度洋的海上通道。如果他们这样做了,葡萄牙可以直接与印度进行贸易,而不必通过威尼斯和阿拉伯的中间人。如果能找到这样一条路线,葡萄牙在托勒密地图左侧上前景不妙的地理位置,就会突然让他们获得优势。

瓦斯科·达·伽马在 15 世纪的最后几年找到了一条路。他配备了四艘最先进的船只,沿着非洲海岸航行,然后向西驶入开阔的大西洋。这条路线是违反直觉的,因为他最终希望向东旅行,但达·伽马已经意识到,大西洋季风系统将他们推向西南,与之作斗争是徒劳的。他不顾水手们的反对,让自己被带到距离巴西海岸几百英里的地方,最后才转向东方。这次航行最终使他在非洲南端登陆,并允许他绕过好望角——对当时的葡萄牙人来说,这是完全陌生的领土。从那里,他小心翼翼地登陆,在莫桑比克、坦桑尼亚、肯尼亚和索马里获得新鲜的粮食补给,然后穿越印度洋前往印度[1]。

达·伽马凯旋两年之后,越来越多的葡萄牙船只沿着同一条航线环绕非洲,建立了沿途的交易站,也常常遭遇当地反抗。印度西海岸果阿的一个定居点成为首个领土,也因此成立了一个不断扩张的贸易帝国的中心,该帝国很快向东南延伸到印度尼西亚,在马六甲设有前哨,甚至到达遥远的澳门。在葡萄牙出生和长大的卡蒙斯在被作为因犯运送到湄公河三角洲时遭遇海难,此后便在远东世界度过他成年后的大部分时间,但下一步该怎么做,他还不确定。是应该留在救他的渔民身边,还是继续前往果阿接受审判?

葡萄牙之所以能够将其国力投放得如此遥远,是因为国王了解信息的重要性。他们驶向未知世界的每一次航行都被精心记录下来,新的海图中

---

1 Álvaro Velho, *Journal of Vasco da Gama's Trip of 1497* (Porto: Diogo Kopke, 1838).

记录了非洲海岸的每一部分，记录了每一个新的锚地，并仔细记录了对这些远洋海风系统的每一次新见解。抄写员还记录了商品——葡萄牙人可以卖出以及他们可以购买的物品——的价格。两年后，当航海者们回国时（即使真有其事，在达·伽马的四艘船队中，只有两艘船返回，船员也只剩下三分之一），所有这些宝贵的知识都被收集起来，并被分类保存在位于里斯本市中心的一栋建筑中：印度之家[1]。为了加快信息交流，印度之家设计了一个中继系统。通过该系统，船只可以在非洲海岸的临时停靠港口留下信息。有一次，一位葡萄牙船长在一只挂在树上的旧鞋里面放了一张纸条。[2]

多亏了印度之家收集的信息，从达·伽马的第一次航行到卡蒙斯本身的旅行之间的半个世纪期间，里斯本非常繁荣。财富猎人、商人，还有学者和地理学家，从欧洲各地来到里斯本以获取最新情报。世界正在发生变化，需要绘制新的地图，以发挥深远的地缘政治影响。正是在这里，在里斯本，出生于纽伦堡的制图师马丁·贝海姆得以收集制作新世界模型所需的信息。[3]

由于信息对探险的成功极为关键，因此控制信息并使其远离对手的视线变得很重要。曼努埃尔国王——他曾派遣达·伽马绕过好望角——是第一个意识到信息价值的人。他禁止了新的地图和地球仪的流通，如贝海姆的"地球苹果"（"earth apple"）[4]，还试图让返回的水手发誓保持沉默。但沉默是很难强迫做到的。

作家是最大的问题。许多探险家带了抄写员来记录他们的发现，这些

---

1 参见 Landeg White, introduction to Luís de Camões, *The Lusiads*, translated by Landeg White (Oxford: Oxford University Press, 2001)。
2 Roger Crowley, *Conquerors: How Portugal Forged the First Global Empire* (New York: Random House, 2015), 97.
3 *Ibid.* 也可参见 Katharina N. Piechocki, *Cartographic Humanism: The Making of Modern Europe* (Chicago: University of Chicago Press, 2019), 30。
4 Joyce Chaplin, *Round About the Earth: Circumnavigation from Magellan to Orbit* (New York: Simon and Schuster, 2012), 43; Crowley, *Conquerors*, 132.

第十一章　一个葡萄牙海员写了一部全球史诗

早期航行的记载使其中一些抄写员广为人知。曼努埃尔国王试图在其他帝国建设者利用新知识之前禁止他们发声。但是，在印度之家收集的信息足以改变世界，不可能永远不向公众公开。（例如，关于卡蒙斯真实生平的文献极少，大多数都来自印度之家。[1]）许多水手和士兵都曾被定罪（包括卡蒙斯本人），这也许使他们更有可能蔑视法律，将有价值的情报出卖给威尼斯等愿意为此开出高价的敌对势力。葡萄牙探险家费迪南德·麦哲伦是第一个环游南美洲，然后穿越广阔的太平洋，向西环游地球的人。当他从这次史诗般的航行中返回时，一位威尼斯抄写员设法让部分（少数）得以返回的水手和他谈话，并发表了一篇报道。

从那时起，印度之家受到越来越严格的保护，即使保密已经明显变得不可能。与此同时，新的地图和地球仪也在制作之中。

在那次海难中，卡蒙斯失去了一切，包括他的妻子，以及他在澳门任职三年期间积累的所有世俗财产。但他设法从沉船中打捞出一样东西：一个装有手稿的木箱。[2] 在阅读了达·伽马等早期探险家的记载后，他成了葡萄牙贸易帝国的一名步兵，他决定尝试通过描述葡萄牙的探险来赚钱。他的写作不仅仅是单纯的报告。比如说，他不想写一部游记，因为这些报告往往就事论事，平淡无奇，这不是他想要的。他想追问这一切背后的意义，从而理解自己的经历。他想把新的世界地图变成文学。

卡蒙斯一生都钟情于文学。他喜欢创作的文学形式是诗歌，尤其是写给遥不可及的女性的爱情诗。（在失去迪娜梅娜之后，他写了几首关于亡妻的诗。）在他宫廷生活的鼎盛时期，他还写了一部剧本，间接地中伤比自己高级的社会上流人士，因而被放逐出里斯本，在休达服兵役，还失去

---

[1] White, introduction to Camões, *Lusiads*, 2.
[2] Hart, *Luís de Camoëns*, 144.

了一只眼睛。[1] 在这次经历之后，戏剧对他失去了吸引力，无论如何，诗歌和戏剧都不足以呈现这样一场具有全球意义的经历。

在这个关键时刻，为了理解他那个时代的非凡发现，卡蒙斯转向了遥远的过去——甚至不是他自己人民的过去，而是生活在千里之外的人们的过去。为什么？在卡蒙斯生活的时代，古希腊和古罗马的艺术和文学突然又变得引人入胜。古代世界的重新发现始于意大利，当时学者和诗人开始寻找丢失的手稿，还有其他罗马和希腊文化与文物，其中一些是他们从君士坦丁堡和巴格达进口的。奥维德的书信、柏拉图的对话，当然还有《奥德赛》和《埃涅阿斯纪》，都被奉为典范。对过去的转向被称为文艺复兴，因为那些处于这种重新发现最前沿的人士将其视为一种重生，但他们轻易地忽略了早期的几次复兴，还有这种重生涉及从中介那里积累的大量借鉴这一事实。

葡萄牙是这场复兴的后来者，但一旦来自远东的财富开始涌入，它就迅速后来居上了。正如商人和地理学家被吸引到里斯本了解东方的最新发现一样，来自欧洲各地的学者和教师也来到葡萄牙实践我们现在所说的人文学科，这是一种主要基于恢复旧手稿，编辑、评论和思考过去材料的知识形式。几百年前成立的科英布拉大学（The University of Coimbra）成为这种知识形式的中心，这种知识形式基于思想和论证，辩论过去几代人对人类在宇宙中的地位的基本问题给出的答案——他们的原理知识。在一座宏伟的修道院内设立了两所学院，一所为高级贵族服务，另一所为下层贵族和资产阶级服务，但大学的核心在于超过十万本书籍和手稿的非凡收藏。与印度之家一样，科英布拉大学也储存了知识，目的是利用它们并将它们传给下一代。[2]

---

[1] Hart, *Luís de Camoëns*, 54. 也可参见 Willis, 182.
[2] Amadeu Ferraz de Carvalho, "Camões em Coimbra," *Instituto Revista Scientifica e Literária* 71, no. 6 (June 1924): 241–261.

有时，这两个机构甚至携手合作。托勒密在公元2世纪绘制的地图，作为被重新发现的古代文本之一，于1397年被带到意大利。[1]尽管托勒密所知道的大陆的形状很快就被修改，地图上的空白处也被添加了一条海上航线，但托勒密的经纬度系统仍然是一项有价值的发明，现在可以被用来创建更准确的地图，帮助现代商人和航海家应对沿途的挑战，从而到达目的地。

正是在这里，在科英布拉大学，卡蒙斯学会了崇敬经典。他的叔叔是这所大学的校长，这意味着年轻的卡蒙斯可以接触到图书馆里积累的大量知识。古典学问给他留下了深刻的印象，以至于几十年后，在地球的另一端，他决定以荷马和维吉尔为榜样，讲述葡萄牙的探险故事。他选择了达·伽马的首次印度航行作为创作主题——这是一个民族百年探索的见证，这就是为什么他称自己的作品为《卢济塔尼亚人之歌》，也就是"葡萄牙人之歌"。为了确保他的读者知道他的学问知识源自科英布拉，他收入了对这座城市自然环境的描述，并将它称为新的雅典。[2]

阅读这两位古代作家的作品后，卡蒙斯知道从哪里开始：如拉丁语评论家们所说，"从中间开始"（in medias res）。达·伽马已经到达非洲东海岸，而更早的开普敦巡游则留待以后讲述。更重要的是，两位作者教会了卡蒙斯如何为自己的故事赋予宏大意义。在荷马史诗中，奥德修斯受到雅典娜的保护，被波塞冬追捕，而在维吉尔笔下，埃涅阿斯受到朱诺的迫害，被朱庇特救出。卡蒙斯也决定借用奥林匹斯山上的人物，但他仔细挑选了最适合他的故事的几位主神。为了代表亚洲的利益反对葡萄牙人的入侵，他选择了面具、戏剧和酒之神巴克斯，希腊人称其为狄俄尼索斯，将他与东方联系在一起。

卡蒙斯还借用了"符象化"（ekphrasis）的手法，即通过文字来扩展对

1　Piechocki, *Cartographic Humanism*, 15.
2　Camões, *Lusiads*, canto 3, verse 97.

图片的描述。荷马巧妙地运用了这种技巧，通过描述阿喀琉斯的盾牌，他向听众讲述了地球、星星、星座与希腊的和平生活，这些场景的图像被刻在上面。另一种技巧是荷马式的明喻（simile），这是一种可以持续数个诗歌小节的扩展比较。

荷马提供文学技巧，维吉尔提供愿景。他为自己的主人公埃涅阿斯提供了重要目标——建立罗马，用史诗创造了整个国家的建城传说。卡蒙斯希望为葡萄牙复制这一成功，这就是为什么他的作品涵盖了葡萄牙的整个历史，从开端的卑微一直到现今的辉煌。

我们习惯于欣赏古代经典，以至于很容易忘记这种对遥远过去的重新捕捉呈现出来会有多么奇怪，甚至会显得牵强附会。早期的现代葡萄牙与古希腊或罗马完全不同。自维吉尔创作其史诗以来已经过去了 1 500 年，而自荷马创作史诗已经过去了 2 000 多年。有很多更近的中世纪故事可供卡蒙斯选择，更不用说《旧约》和《新约》了（毕竟，卡蒙斯生活在一个高度基督教化的国家）。但是他和他的同时代人被科英布拉图书馆收藏的久远的古希腊文化的神灵、建筑和文学震撼。他采用的形式是古典文学，是一篇史诗。

尽管卡蒙斯利用古典学问来为新的葡萄牙帝国赋予意义，但他也认为葡萄牙人已经超越了古代英雄的成就。奥德修斯和埃涅阿斯曾航行经过地中海，这是一片广阔难驯的海域，许多水手在此淹死，但与大西洋、印度洋和中国南海相比，这片海域只是一个内陆湖泊，更不用说广袤无际的太平洋了。（卡蒙斯淡化了麦哲伦的成就，麦哲伦曾代表竞争对手西班牙横渡太平洋。）他吹嘘说，奥德修斯和埃涅阿斯从未"在无人冒险的海洋上航行"，只有葡萄牙人去过未曾有人踏足之地。[1]

---

[1] Camões, *Lusiads*, canto 1, verse 1.

第十一章 一个葡萄牙海员写了一部全球史诗

葡萄牙人的探索范围超出了古人的想象，甚至超出了他们众神的活动范围。好望角及其危险的横流、逆风和通往印度的所有其他危险，促使卡蒙斯在诗中最为戏剧性的段落里发明了一位全新的神：阿达马斯特，他是一位怪诞的巨人，皮肤苍白、胡子灰白、牙齿腐烂，还有一双凹陷的煤黑色眼睛。

卡蒙斯还觉得，在个人经历的力量方面，他已经超越了自己的古代模范。谁知道这位据说是盲人的荷马曾经亲身经历过什么？哲学家柏拉图也曾质疑他的专业知识。虽然维吉尔从自己的家乡意大利旅行到希腊，但他从未去过他诗中的大部分地点。换句话说，荷马和维吉尔只是在编造故事。卡蒙斯亲身体验了沿着非洲西海岸航行、绕过好望角、穿越印度洋的航行。他知道遭遇台风感觉如何，他甚至知道遭遇海难、差点淹死感觉如何。他不失时机地提醒读者："我看见过"，"我去过"。荷马和维吉尔是虚构主义者（fabulists），但他并非凭空编造。卡蒙斯通过亲身经历辛苦赢得了自己书写的史诗，从而使它优于其他经典作品：[1]

> 假如那些为探索世界的奥秘，
> 踏遍了天涯海角的古代哲人，
> 像我一样经历了这样的远航，
> 领略过这样千变万化的气象，
> 宏伟而壮丽的大自然的奇观，
> 必然能给后人留下非凡巨著，
> 那些天父星体的神秘作用呵，
> 绝对不是谎言纯粹都是真象！[2]

---

[1] 此处采用的是中国文联出版公司张维民译本。——译者注
[2] Camões, *Lusiads*, canto 5, verse 23.

《卢济塔尼亚人之歌》是第一部提到长途海上航行的日常细节的史诗，其中写到了坏血病，这种疾病导致许多水手死亡。[1] 水手们当时并不知道病因是缺乏维生素 C，每当船只缺乏新鲜食物长达数周或数月时，这种情况就会出现。它会从疲劳、恶心、腹泻和发烧开始，然后发展到牙龈肿胀，所有这些都被卡蒙斯写进了他的史诗之中。与他的古代典范不同，卡蒙斯关心的是普通的水手和士兵——这并不奇怪，因为他就是其中之一。他甚至嘲笑受教育阶级的书本知识，他们怀疑"这些粗鲁的水手"报告中提到的难以置信的景象。在卡蒙斯描述的奇迹中，有圣埃尔莫的火（St. Elmo's fire）——一种在暴风雨中可见的光球，这是一种由大气中的强电场引起的罕见现象。他还写到了一个水龙卷，极为详尽地描写细节，来讲述自己的直接经历：[2]

> 我亲眼看得那么的真切，
> 那决然不会是什么错觉，
> 海面上升腾起漫漫轻烟，
> 只见海风鼓舞云旋雾转，
> 那片薄雾吐出一根长管，
> 一直上升到茫茫的天空，
> 它又细又薄，如云似雾，
> 人的肉眼几乎不易分辨。[3]

无论是荷马、维吉尔，还是科英布拉的古典学者，他们的经历都无法与卡

---

[1] Camões, *Lusiads*, canto 5, verses 81-82.
[2] 此处采用的是中国文联出版公司张维民译本。——译者注
[3] Camões, *Lusiads*, canto 5, verse 17.

第十一章　一个葡萄牙海员写了一部全球史诗

蒙斯的亲眼所见相提并论。

水手卡蒙斯也知道葡萄牙人的探险基础在于各种实用技艺，包括造船和航海。他是第一个在史诗中提到星盘的人，这是一种巧妙的装置，使水手能够通过观测太阳或星星的位置来确定他们的精确纬度，类似于 GPS。[1] 正是这种仪器使葡萄牙人能够重新绘制托勒密地图。

将科英布拉大学的古典人文主义学习与印度之家文档中记录的实践经验结合起来，并不总是那么容易。在《卢济塔尼亚人之歌》中，希腊诸神和现代科技、阿达马斯特和星盘尴尬不安地并存，有时甚至可能造成作品的撕裂。作为妥协，卡蒙斯将希腊诸神描述为一种诗意的修辞（poetic device），这意味着他们不应该被视为真实的。这是文艺复兴时期诗人和学者所追求的更宏大战略的一部分：只要不干扰基督教，他们就可以复兴异教古代经典，包括希腊诸神。古典学问只能在涉及人类事务（和诗歌）时加以运用，但在神学意义上，奥林匹斯山上的众神需要继续保持死亡状态。

文化之所以能够幸存、繁荣，一方面是因为像卡蒙斯这样的人从过去窃取灵感，另一方面也是因为他们在所遇到的其他文化中发现惊喜。卡蒙斯也利用了这些惊喜。《卢济塔尼亚人之歌》是一部引人入胜的文化冲突的记录，充满了误解、无知、傲慢和暴力；尽管分配不均，但也充满了互助和利益。

根据他自己和其他旅行者的经历，卡蒙斯饶有兴趣地考究了葡萄牙探险家与非洲沿海居民的互动。这些遭遇事关生死存亡：每次葡萄牙人试图登陆时，他们都缺乏补给，身患坏血病，需要修理被风暴损坏的船只。他们往往对遇到的人一无所知，必须依靠自己的判断求存。葡萄牙人对一个群体是文明或是野蛮的判断，并不取决于他们的衣着方式、饮食习惯或建

---

[1] Camões, *Lusiads*, canto 5, verse 25.

筑风格。卡蒙斯根据自己的先入之见对这些方面进行描述，主要标准是陌生人是否使用钱币、黄金或宝石，以及他们是否了解与印度的香料贸易。只有当他们的确这样做时，葡萄牙人才真的会将他们视为文明人。这是希望从事长途贸易的探险家的一种典型的价值判断。

当达·伽马（以及后来的卡蒙斯）沿着非洲东海岸航行时，他遇到了香料商人。作为连接非洲和印度的网络的一部分，他们在他眼中是"文明的"。这个贸易网络中的人们参与了以货币为基础的经济，并享受着它创造的财富。他们拥有令人刮目相看的房屋和港口，他们的船只可与葡萄牙人的船只相媲美。很明显，印度洋并不是从未被人踏足的未知领域，只有葡萄牙人才是新来者。这里的每个人都已经参与航行和交易很长时间了。对葡萄牙人来说，围绕好望角的海上航行是一项宏伟的新事业，只但有在它连接了两个迄今尚未相连的海上网络时，它才是崭新的。[1]

对葡萄牙人来说，与东非海岸的这些通晓人情世故的商人保持良好关系尤为重要，因为这意味着他们可以停泊在优良的港口，找到修理船只所需的物资，并获取新的补给。他们知道，在陆地上停留数周甚至数月是治愈或至少减轻坏血病的唯一方法。最重要的是，非洲商人了解印度洋的季风环流，只有掌握了当地的航海知识，葡萄牙人才有希望到达印度。

从葡萄牙人的角度来看，这些人被教化的程度之高令人吃惊；他们还往往非常乐于助人，但只有一个问题：他们是穆斯林。不久前，伊比利亚半岛的大部分地区被阿拉伯人占领，被称为安达卢斯。在许多方面，成为穆斯林势力范围的一部分也是一件幸事，因为它将葡萄牙与巴格达的智慧宫等学习中心联系起来。正是因为阿拉伯评论家和图书馆员，那里的一些

---

[1] Bernhard Klein, "Camões and the Sea: Maritime Modernity in The Lusiads," *Modern Philology* 111, no. 2 (November 2013): 158-180, esp. 163. 要了解葡萄牙人对非洲的精彩著述，可参考这部著作：Josiah Blackmore, *Moorings: Portuguese Expansion and the Writing of Africa* (Minneapolis: University of Minnesota Press, 2008)。

古典文本才得以幸存下来。阿拉伯统治者通常是宽容的，这意味着安达卢斯也成为犹太人的学习中心，将葡萄牙和西班牙变成了独特的基督教、伊斯兰、犹太学术和文化的结合体。

但这些优势并不足以让阿拉伯人永远留在伊比利亚半岛。基督教统治者逐渐将阿拉伯人赶出了一个又一个领地。这场所谓收复失地的运动于1492年，即最后一个阿拉伯据点沦陷时结束。新的基督教统治者取得了胜利，强迫所有剩余的穆斯林居民皈依一种真正的信仰，即罗马天主教（他们也这样对待犹太居民），然后定期指责他们虚伪，导致了驱逐浪潮（对犹太改信者也是如此）。在这段历史之后，卡蒙斯将自己看作一个捍卫者，捍卫的是已明确基督教化而身陷对穆斯林和犹太人的永恒战争的欧洲。

虽然穆斯林在东非的存在是不幸的，但这至少意味着一些葡萄牙人可以使用阿拉伯语与这些人交谈。葡萄牙人还注意到，他们遇到的一些非洲语言包含阿拉伯语单词。[卡蒙斯在史诗中提到了一种这样的语言但没有命名它，那是斯瓦希里语（Swahili），东非的通用语。[1]] 正因为听到关于一位基督教国王的谣言，葡萄牙人在与穆斯林打交道的过程中一直在寻找基督徒，但令他们非常遗憾的是，他们一路沿着海岸只找到了穆斯林信徒。

最后，在穆斯林航海家的帮助下，瓦斯科·达·伽马的四艘船穿越印度洋，抵达印度。葡萄牙人对他们在那里的发现感到欣喜、敬畏。那里有盛产香料和宝石的市场，港口拥挤，贸易热闹。对，这就是他们找到的：一条海上航线，绕过了阿拉伯所控制的中东地区。更妙的是，在印度，到处都是基督徒。的确，他们的圣徒往往长着象鼻和数只手臂，颜色也过于丰富多彩。但达·伽马和他的同伴们愿意无视这些细节，在远离家乡之地与同一宗教信仰者在一起，感觉真好。

---

1 Klein, "Camões and the Sea," 176.

但如果说还有烦恼挥之不去的话，也还是此地。这里的穆斯林也控制着海上贸易，似乎对这些本土基督徒施加了各种影响。但达·伽马确信他可以把这些讨厌的穆斯林对手推到一边，与他们所说的基督教霸主达成协议。

这就是达·伽马的船员和乘客描述他们对印度第一印象的方式，他们的意见最初左右了葡萄牙人的态度。但半个世纪后，当卡蒙斯前往印度时，葡萄牙人已经意识到这些早期记载错得离谱。东非并没有极为强大的基督教国王（尽管葡萄牙人确实会与四面楚歌的埃塞俄比亚人接触，并帮助他们对抗穆斯林）；葡萄牙旅行者以为是基督教圣徒的那些印度雕像实际上是印度教神灵；印度次大陆的部分地区处于伊斯兰统治者莫卧儿（the Mughals）帝国的控制之下，莫卧儿帝国经常将当地的印度教统治者留在原地或与他们结盟。卡蒙斯将这些新知识融入了自己的史诗之中，消除了达·伽马首次航行带来的一些更令人震惊的误解。

达·伽马与当地的穆斯林和印度教徒建立联系之后，马上又大吃一惊：没有人想买他的任何货品。他带来的礼物和样品原始得令人发笑——几乎是一文不值。他的士兵和水手们投资购买了织物和其他商品，希望以高价出售，但却发现在此地的售价远低于同类货品在葡萄牙的价格。除了香料，这里几乎所有的东西都更加昂贵，也更令人惊叹。市场上充斥着在葡萄牙难以见到的宝石。这里的工匠技艺更加熟练；商人更加富有；宫殿比葡萄牙的更加宏伟。这些财富不仅仅是最近积累的。葡萄牙人还惊叹于比他们在欧洲所见更为精致的古代遗迹。慢慢地，他们开始意识到，在印度洋丰饶富庶的贸易网络中，他们才是贫穷和落后的一方。[1]

在进行交流并互换礼物之后，印度国王对这些粗鲁的旅客感到非常失

---

[1] 要了解对这首诗的亚洲视角全面批评，可以参考这篇优秀论文：Balachandra Rajan, "The Lusiads and the Asian Reader," *English Studies in Canada* 23, no. 1 (March 1997): 1–19.

望。他们说自己来自千里之外，希望购买香料，却没有什么值得出售的货物。在卡蒙斯的诗中，达·伽马将这种不温不火的接待归咎于穆斯林，并想出了一个借口。"我只是作为探险家而来的，"他恳求道，"相信我，当我回来时，你会看到你赚得了什么商品。"[1] 这听起来并不太令人信服。

但达·伽马信守了自己的诺言。他的确回来了，而且还带来了更好的商品、更好的船只和更好的地图。当卡蒙斯写下这首诗时，杰拉尔杜斯·墨卡托已经快要成功绘制出我们今天所知道的世界地图，以及与其名字相关的投影法了，尽管这种新型地图并没有得到广泛传播。

新地图倒是让穆斯林和印度教徒颇感兴趣，他们可以拿来交易、吹嘘。慢慢地，葡萄牙人明白了自己可以卖些什么，并以何价格出售（他们在印度之家收集了这些知识）。当葡萄牙人学会了与当地的印度教统治者一起对抗穆斯林时，商业贸易得到了强权政治的促进补充。有时候，印度教统治者很高兴能摆脱自己的穆斯林霸主，尽管当他们了解到葡萄牙人残忍无情，劫杀人质极为迅速，他们的大炮一触即发，随时准备将整个城镇夷为平地之时，往往会后悔自己当初的决定。在大多数情况下，葡萄牙人寻求的并非大片领土，但他们试图用为此目的而装备的军舰来截断穆斯林的贸易路线，从而将海上战争推进至波斯湾和红海。

在中国南海遭遇海难后，卡蒙斯形单影只，一贫如洗，除了一份手稿外，一无所有。当他终于回到家乡，他的法律问题早已被撤回，也可能被忘记了。回到澳门后，他乘船前往非洲东海岸，然后从那里换乘另一艘船前往里斯本。为了出版其作品，他必须得到新登基的年轻国王的批准。卡蒙斯将此书献给他，敦促他继续与穆斯林作战，并将战场扩大到他们在北

---

[1] Camões, *Lusiads*, canto 8, verse 68.

非的腹地。此外，在他发表作品之前，卡蒙斯还需要得到宗教裁判所的祝福。幸运的是，教会当局明白卡蒙斯笔下的异教神灵只是诗意的修辞手法，并给予了许可。清除了这个最终障碍之后，卡蒙斯成功将《卢济塔尼亚人之歌》带到了印刷厂。[1]

对当时的印度和阿拉伯世界来说，印刷还是一种未知的技术。不久后，葡萄牙耶稣会士在果阿制造了第一台印刷机，以更好地劝说这些他们现在知道并非基督教徒的人们改变信仰。待在澳门的三年里，卡蒙斯可能接触到了中国木刻版画——当时这种技术已经有数百年的历史了。但在全球贸易的推动之下，这项由古登堡重新创造的中国发明现在又来到了从未使用过这项技术的亚洲某地。

卡蒙斯能够将其诗歌印在纸上，那还要归功于这些诗歌所反对的穆斯林——他们从中国人手中夺取了造纸的秘方，在巴格达发展了这项技术，并经过安达卢斯将其带到欧洲。世界之间的联系变得更加紧密。

尽管果阿有了新的印刷机，但卡蒙斯在那里印刷《卢济塔尼亚人之歌》没有什么意义，因为他的目标受众在本国。只有在葡萄牙，他才能找到合适的读者，以欣赏他对古代经典的致敬，这些人曾在科英布拉大学研究过新的人文主义经典。具体来说，这首诗是写给年轻的塞巴斯蒂昂国王的——卡蒙斯和丢勒一样，需要皇室赞助来领取养老金。塞巴斯蒂昂似乎很喜欢这首诗，因为正是他给了卡蒙斯这笔养老金，尽管这笔钱相当微薄。幸运的是，卡蒙斯已经学会了挣钱来勉强糊口，并靠这笔钱度过晚年。

我们不知道究竟是什么让塞巴斯蒂昂国王下定决心集结一支贵族军队并进攻北非，但卡蒙斯的诗可能促成了他的决定，这首诗预言了攻打穆斯林的最终胜利。整个葡萄牙军队几乎无人生还，该国的整个贵族阶层都被

---

[1] Hart, Luís de Camoëns, 193.

第十一章 一个葡萄牙海员写了一部全球史诗

消灭。这场灾难使得葡萄牙无法再作为一个独立实体存在。很快，葡萄牙在亚洲的贸易网络就受到了挑战——资金更雄厚的新来者，尤其是英国东印度公司，该公司最终将控制次大陆的大部分地区。

无论《卢济塔尼亚人之歌》在葡萄牙帝国的垮台中扮演了什么角色，它都很好地提醒了我们：创造意义是一项危险的事业。用过去来证明现在是危险的；以无知和暴力对待其他文化是危险的；利用文学的力量来激励读者也是危险的，尤其是在印刷时代。

尽管存在种种不足，《卢济塔尼亚人之歌》向我们展示了如何使用古代文学模型来表达人类从现代探索之中得到的快感。正是出于这个原因，我们将太空航行称为《太空漫游》(Space Odyssey)；《星球大战》采用经典著作的叙事模式；《星际迷航》使用了卡蒙斯的口号："勇踏前人未至之境。"(Going where no man has gone before.) 幸运的是，我们从以《卢济塔尼亚人之歌》和其他现代探险家和史诗的名义所进行的暴力当中学到了一些东西。星际舰队航行的行为准则是避免干扰它在未知航行中可能遇到的任何生命形式。为此，我们也必须感谢卡蒙斯——或者更确切地说，感谢他的批评者，是他们把他这篇引人入胜的作品变成了一个具有警示作用的故事。

短命的葡萄牙世界帝国留下来的建筑古迹之一是里斯本的热罗尼莫斯修道院，那里供奉着水手的守护神。这座修道院是由曼努埃尔国王委托建造的，正是他用来自亚洲贸易的资金来资助了瓦斯科·达·伽马的航行。这座大型建筑包含晚期哥特式和文艺复兴时期的元素，借鉴了希腊和罗马的模型，但最令人惊讶的是里面丰富多彩的装饰品，其中包括贝壳和其他海洋主题物品，还有来自东方的植物。建筑师和雕塑家做出了一个大胆的决定，要脱离传统模式，融入东方世界，就像《卢济塔尼亚人之歌》以自己的方式所做的那样。

修道院内，有三个人埋葬于此，他们的命运密切相关：卡蒙斯、达·伽马和塞巴斯蒂昂国王。在三座坟墓中，真正被使用的只有两座。达·伽马没能从他的第三次航行中回来，但他的遗体最终被带回本国埋葬，塞巴斯蒂昂国王也没能在他与穆斯林的致命战争中存活。得以生还者，只有卡蒙斯。

里斯本热罗尼莫斯修道院的卡蒙斯墓（摄影：Sailko）

第十二章

启蒙运动在圣多明各，在巴黎沙龙

这幅肖像画描绘的是一名闲适地靠在基座上，身穿优雅礼服的黑人男子。他侧着脑袋，凝视远方，手肘托在基座之上，肩膀从而挡住了其身后的半身像。光影之下，男人身上的丰富色调显得更加突出，他穿着米色裤子、黄色翻领的深色外套，戴着白色围巾。他所倚靠的基座由深色大理石制成，其上纹理色彩丰富，整个构图背景是蓝天之下的绿色风景。与色彩缤纷的构图形成鲜明对比的是，后面的半身像用苍白的大理石制成，刻画的是一

安·路易·吉罗代·特里奥松肖像画，《让-巴普蒂斯特·贝雷，圣多明各议员》，1797 年（凡尔赛宫）

个光头的老人，他皱着眉头，眼神之中显露的要么是专心致志，要么是极力反对。在雕塑下方有一段铭文，只有部分可见，上面写着"T. Raynal"。T. Raynal 是谁？那个既向他致敬，但又冷眼相对的人又是谁？

半身像代表的是后来成为启蒙哲学家的法国耶稣会士雷纳尔神甫（Abbé Raynal）。他的半身像是以古罗马风格刻画的——这提醒人们，革命往往并非始于与过去决裂的希望，而始于对回归过去的渴望。在这个例子里，革命开始于罗马共和国的政治机构。

随意靠在雕像旁的人是让-巴蒂斯特·贝雷，他出生于塞内加尔，被奴隶贩子强行绑架并带到法国殖民地圣多明各（今海地）[1]。在这幅肖像画中，他穿着法国大革命国民公会的典型服装，尤其是他的长裤，而不是当时常见的"裙裤"（culottes）或膝盖马裤（knee-breeches）。（由于这种着装的选择，法国革命者被称为"无套裤汉"或"无膝盖马裤者"。）这幅画是1797年在巴黎由安-路易·吉罗代绘制的，他曾师从法国大革命时期最著名的画家雅克·路易·大卫。[1793年，大卫画了《马拉之死》（Death of Marat），画的是一位革命领袖在洗澡时被谋杀。]

这幅肖像将反对奴隶制度、经济剥削和帝国野心的人们聚集到一起。为此，他们借鉴了有近两千年历史的古罗马政治制度，以及横跨大西洋的行动、经验和思想，以此开展对殖民地奴隶制的反抗，在沙龙中探讨关于自然权利的思想和见解，也深刻思考帝国经济怎样促成持续的，有时甚至是暴力的接触。在这个高度紧张的氛围中，贝雷和雷纳尔神甫，还有与无数其他人一起合力重塑了大西洋世界。

---

1 Christine Levecq, *Black Cosmopolitans: Race, Religion, and Republicanism in the Age of Revolution* (Charlottesville: University of Virginia Press, 2019), 76.

要完全破译这幅肖像，必须回到几年前，即 1793 年，当时圣多明各的另一位前奴隶居民杜桑·布雷达决定改名。他将保留他的名字"杜桑"（Toussaint，即法语"Tous Saints"、英语"All Saints"的缩写，意思是"诸位圣人"）的缩写，但他不再想被称为"Bréda"，这是他出生的种植园的名字。作为从贝宁被绑架的非洲人的孙子，他与所有建筑物、牲畜和其他被奴役的非洲人后裔一起，都是法国贵族德布雷达先生的财产。[1] 杜桑改名时将近 50 岁，这些年来他基本上都在布雷达种植园的封闭世界中度过，这座种植园坐落在圣多明各北部海岸的山脉和大海之间的平原上。

从那以后，他将被称为"卢维杜尔"（L'ouverture 或 Louverture），意思是"打开"。这个新名字可能是指他牙齿之间的缝隙，或者是他在战斗中打开局面的诀窍，但最终，杜桑·卢维杜尔所开启的局面比他在 1793 年春天所能想象的要大得多：一场革命。这最终促成了一个独立国家的诞生，管理这个国家的是以前曾被奴役的人民。[2]

像大多数种植园一样，布雷达种植园里也养了各种牲畜，有专门种植咖啡和蔬菜的田地，但其经济作物大部分都是甘蔗。这是一种劳动密集型植物，需要大量劳动力。起初，劳动力来源是当地居民，西班牙殖民者强迫他们从事契约劳动。[3] 但是，极不人道的工作条件，加上输入的外来疾病，使得当地人口在两代人的时间里以令人震惊的速度急剧减少。[4] 为了弥补人手的不足，西班牙人将非洲西海岸的人口贩卖给需要劳动力的种植园主。[5]

奴隶制在其他社会中也曾经存在，但现在这种形式是全新的。从遥远

1　Madison Smartt Bell, *Toussaint Louverture: A Biography* (New York: Pantheon, 2007), 76.
2　Robin Blackburn, *The Overthrow of Colonial Slavery 1776–1848* (London: Verso, 1988), 218.
3　当克里斯托弗·哥伦布于 1492 年登陆该岛时，估计有五十万泰诺人（Tainos）居住在那里。Philippe Girard, *Haiti: The Tumultuous History—from Pearl of the Caribbean to Broken Nation* (New York: Palgrave Macmillan, 2005), 19.
4　Girard, *Haiti*, 20.
5　Laurent Dubois and John D. Garrigus, *Slave Revolution in the Caribbean, 1789–1804: A Brief History with Documents* (Boston: Bedford/St. Martin's, 2006), 6.

之地被带到加勒比海和整个新大陆而遭受残酷剥削的人数是如此之多，实在是前所未有。由于死亡率极高，像卢维杜尔那样的第三代圣多明各人相对罕见。圣多明各有41%的奴隶出生在岛上（尽管条件恶劣），而其余59%的人则是从非洲被绑架而来。[1] 更不寻常的是他的年龄，因为大多数被奴役的人在50多岁之前就死了（只有5%能活过60岁）。劳动力不断从非洲得到补充，奴隶贩子为了抓捕人口在非洲大陆越走越远，将他们运送到沿海地带，然后在严酷的条件下横渡大西洋。[2]

卢维杜尔在种植园的等级制度里获得晋升，因为他从事的工作需要更大责任，往往是监督其他奴隶。作为对其工作的认可，主人在他30岁出头的时候就给了他自由。但即使在获得自由之后，他仍然留在种植园，一部分原因是他得到了40英亩的土地来种植咖啡。奴隶制如此彻底地构建了圣多明各的世界，他自己也无法想象这个行业不使用奴隶劳动会怎样。这个问题无法在个人层面解决，而需要系统性变革。但变革究竟从何而来？

有两个事件对这种奴隶制产生了意想不到的影响。第一个事件发生在距离圣多明各仅几百英里的地方：美国独立战争。实际上，美国革命者并没有提议结束奴隶制，因为他们中许多人要么自己拥有奴隶，要么间接地从奴隶劳动中获利，他们组建的政府也将保护奴隶主阶级的利益。相反，美国革命者所瞄准的是殖民体系的一个特定方面：税收的作用。殖民地的所有出口产品都由母国征税。商品通常必须先运到那里，然后才能与世界其他地区进行贸易，从而为母国带来丰厚的利润。这些税收由居住在遥远大都市的君主征收，并没有给殖民者任何政治代表权。一个殖民地可

---

[1] David P. Geggus, "Toussaint Louverture and the Slaves of the Bréda Plantation," *Journal of Caribbean History* 20, no. 1 (1985), 35.

[2] 关于加勒比奴隶社会中无处不在的死亡，请参见这本优秀专著：Vincent Brown, *The Reaper's Garden: Death and Power in the World of Atlantic Slavery* (Cambridge, MA: Cambridge University Press, 2008)。被带到圣多明各的被奴役非洲人比被带到美国的非洲人还多。Girard, Haiti, 26.

以反抗维持这种税收的政治制度，宣布独立，并赢得一场革命战争，就像在北美 13 个殖民地发生的那样，这个想法让在美洲拥有殖民利益的欧洲列强不寒而栗。尤其是法国和西班牙，他们不希望像英国那样失去宝贵的财产。

第二个事件是法国君主制度遭到推翻。在某种程度上受到美国独立战争的启发，法国的叛乱变成了一场内战，使得正在崛起的资产阶级和城市贫民对抗让他们成为二等公民的制度，而一些更激进的启蒙思想家和活动家提出的反君主制和反教权思想则助长了这种对抗。起义最初只是为了抗议那些被认为滥用政治和经济特权的贵族大人物，但它很快就发展出一种独立自主的动力，当时城市贫民冲进了代表旧秩序的巴士底狱，激进的政治俱乐部和协会攻击君主制度，并要求新的政治权利。最初，起义要求对绝对君主制进行制衡，希望使法国回到更早的时代，据说当时贵族较少滥用权力。为此，罗马共和国被奉为灵感来源——正如肖像中雷纳尔的罗马式半身像所表达的那样。但是，尽管以回到过去作为开始，但起义还是以要求建立全新秩序而告终。甚至"革命"（revolution）这个词的含义也有所改变。最初，它意味着一种周期性的运动，例如恒星的运动（哥白尼将他 1543 年的天文学著作称为 *De Revolutionibus*[1]）。随着时间的流逝，它的意义开始走向另一面：与旧秩序的决裂，全新事物的开始。[2]

美国独立战争和法国大革命这两个事件将如何影响圣多明各？在这片富饶的法国属地上，殖民者中除了贫穷的白人之外，很少有人谈论美国的独立模式。[3] 巴黎的大多数革命者最初很少谈论法国的海外财产，只是重申财产权，其中包括法国自家人民拥有的权利。这不仅符合大型种植园主的

---

[1] 此书全名为《天体运行论》（*De revolutionibus orbium coelestium*）。——译者注
[2] Martin Puchner, *Poetry of the Revolution: Marx, Manifestos and the Avant Gardes* (Princeton: Princeton University Press, 2006). 从光荣革命（1688 年）到法国大革命（1789 年），这个过程经历了一百多年。
[3] Dubois and Garrigus, *Slave Revolution*, 25.

利益，例如于 1786 年从叔叔那里继承了布雷达种植园的诺埃伯爵，同时也符合南部港口城市的利益，例如从殖民地致富的波尔多。

然而，这两次革命都对权威和控制系统提出了质疑，这种系统允许少部分法国人控制大量被奴役的非洲人与非洲人后裔。从而导致了 1791 年开始的一系列起义，卢维杜尔参与其中。起初，敌对势力——尤其是控制了该岛另一部分（现为多米尼加共和国）的英国和西班牙——为起义分子提供武器，并入侵该地，卢维杜尔还穿上了西班牙军队的制服。[1] 但这批由外国势力武装和训练的军队很快就摆脱了这些势力的控制。卢维杜尔特别利用这些训练和武装来创建了专属于他且极为高效的"军队中的军队"。[2] 从前被奴役的人民现在正在创造自己的历史。

他们是在极为复杂的形势之下创造历史的。除了被奴役者之外，岛上还有自由的有色人种，他们拥有自己的种植园；有所谓"小白人"（small whites），即没有主要财产的法国殖民者；最后还有大种植园的主人。["克里奥尔"（*Créole*）这一术语被用于描述在岛上出生的人，主要是白人，但也有一些混血儿。] 随着革命进行，越来越多的非洲裔后代（maroons）[3] 和被奴役者逃离了自己所属的种植园，在内陆建立了定居点。[4] 每个群体都有自己的利益，也都参与到不断变化的各种联盟中。在法国本土，情况也同样复杂多变。尽管那里的主要地主是法国贵族，他们的统治地位正受到挑战，但资产阶级革命者本身往往从殖民地获得丰厚的利润，对废除奴隶制度和殖民剥削毫无兴趣。一小群被称为"黑人之友"（Friends of

---

1　See Dubois and Garrigus, *Slave Revolution*, 19.
2　C. L. R. James, *The Black Jacobins: Toussaint L'Ouverture and the San Domingo Revolution* (New York: Vintage, 1989), 145ff.
3　Maroon 这个英文单词有"栗色"之意，指的是曾被奴役的非洲人以及他们后来获得自由的后裔。——译者注
4　描述非裔人士及其后代在海地革命中的重要性，尤其是其后果，可参见 Johnhenry Gonzalez, *Maroon Nation: A History of Revolutionary Haiti* (Cambridge: Cambridge University Press, 2019)。

the Blacks）的革命者要求扩大公民权，但只是要求将混血自由人纳入其中而已。

这个复杂的网络中增加了追求不同目标的国际压力集团（international pressure groups）。在英国，废奴主义者要求结束奴隶制，但他们惊讶地看着法国君主遭受的攻击。[1] 新英格兰各州和纽约的发声团体也主张废除奴隶制，但无论在北方城市还是南方各州都遭到从中获利者的反对。作为坚定的君主制国家，西班牙憎恶对法国君主制的攻击，但也会寻求一切机会，削弱法国对其最有利可图的殖民地的控制。所有这些团体都支持圣多明各的各种军队，有时提供金钱资助，有时运送武器和制服，有时是派遣军事顾问，从而形成了一个不断变化的、拼凑的联盟。

卢维杜尔和其他领导人很快意识到他们需要更为持久的盟友；与支持奴隶经济和君主制的西班牙人结盟违背了起义的基本价值观。与此同时，起义规模越来越大，信心也日渐增长，正是在1793年的这个时候，卢维杜尔选择摆脱作为种植园系统产品的旧有身份和名字，寻求新的开始。

为了纪念这个新身份，他发出呼吁：

> 各位兄弟，各位朋友。我是杜桑·卢维杜尔，你们也许已经知道我的名字。我已经实现复仇。我想要用自由和平等来统治圣多明各。我努力使它们成为现实。兄弟们，请团结起来，和我们联手一起为同样的事业及其他一切而战。你非常谦卑和顺从的仆人，国王军队将军，杜桑·卢维杜尔。为了公共利益！[2]

复仇是卢维杜尔从一开始就谈到的，但关于自由和平等的内容却是新

---

[1] Blackburn, *The Overthrow of Colonial Slavery*, 170.
[2] *Ibid*, 218.

的。他需要仔细地把握好尺度。通过把自己塑造成一个在"国王军队"中工作的"将军",他表明自己无意抛弃君主制,或切断他与法国的关系,但他也通过提到"自由"、"平等"和"公共利益"等法国雅各宾派中常见的术语来表达自己的宏图大略。这使得他与启蒙运动保持一致。

启蒙运动的新语言首先体现在美国《独立宣言》(1776 年)和法国《人权和公民权利宣言》(1789 年)中,它们使用了自然权利(natural rights)的新语言,普遍适用于每一个人。特权不再存在。从任何简单意义上讲,这些思想都并非这两次革命的原因。相反,它们被用来证明、解释和理解正在发生的事件。

与行动一样,思想所带来的后果往往意想不到,或者只能被模糊感知。关于自然权利的思想就是其中之一。在《独立宣言》上签名的人当中,很少人会想到关于自然权利的新语言也将适用于妇女和被奴役者。制定者不必明确说明这些例外情况。它们也并未被视为规则之外的例外状况,而被理解为不言而喻的自然遗漏。奴隶制和父权制一样,都是生活中的一个事实,是使法国和北美 13 个殖民地富裕起来的社会与经济制度的一部分。每个人都知道这一点。

但是,《人权宣言》的第一句话"人生来就自由平等"("Men are born and remain free and equal in rights"),以及《独立宣言》中所说的"我们认为这些真理是不言而喻的,人人生而平等",这些思想可以发展出自己的动力,超越其目标,并被用以全新目的。之所以会发生这种情况,是因为这些宣言的听众里有那些不必明说也知道妇女和奴隶显然不被涵盖在内的人,同时也有像卢维杜尔这样的人,他们把这些宣言应用到了自己身上。

这些行动和想法的后果和影响在卢维杜尔改名半年后达到了顶峰。1794 年 2 月 4 日,或者更确切地说,在第二年的雨月 16 日(革命时代的法国实际上已经多次更改了月历,宣布 1792 年为革命年之一,并重新命

第十二章　启蒙运动在圣多明各，在巴黎沙龙

名月份），来自圣多明各的三名代表出现在国民公会面前，并很快被接纳为公会成员。[1] 其中一位是让-巴蒂斯特·米尔斯，混血的自由人；第二位是法国白人殖民者路易-皮埃尔·杜法伊；第三位是本章开头的肖像中的男人，让-巴蒂斯特·贝雷。

贝雷的人生经历在某些方面与卢维杜尔的情况类似。根据他自己的叙述，他出生在塞内加尔海岸附近的戈雷岛，被作为奴隶带到圣多明各，但可能是依靠使自己最终成为假发制造商的技能，他成功赎回了自由身份。[2] 1779 年，他首次加入一个由前奴隶们组成的军事小队，并参加了对佐治亚州萨凡纳的袭击，他在那里负伤，并以英勇闻名，赢得了"战神玛尔斯"（Mars）的尊称。离开军队后，他继续从事假发制造商的行当，成为自由社区中受人尊敬的成员。像卢维杜尔一样，贝雷也购买并出售了一些被奴役的工人。[3]

虽然贝雷不是像卢维杜尔那样活跃的军事革命者，但他也被选为国民公会的代表。在许多方面，他都是完美的代表人选：他本身就经历过奴隶制，还曾拥有过不少奴隶，而他也渴望完全废除新世界实行的奴隶制度。

雨月 16 日，他作为第一位黑人代表出席了国民公会，得到热烈鼓掌欢迎。他的白人同事杜法伊发表了一篇演讲，呼吁革命法国从自身利益出发，劝告国家去做迄今为止大多数人无法想象的事情：给予圣多明各被奴役的人民自由。杜法伊指出，英国人正计划袭击圣多明各。然后，另一位代表，萨尔特的勒瓦塞尔提议废除殖民地的奴隶制度。另一位名叫拉克瓦的人宣称："会长，请不要让国民公会因为更长时间的讨论而蒙羞。"[4] 相反，

---

[1] Dubois and Garrigus, *Slave Revolution*, 122–125, esp. 122.
[2] Jean-Louis Donnadieu, "Derrière le portrait, l'homme: Jean-Baptiste Belley, dit 'Timbaze', dit 'Mars' (1746–1805)," *Bulletin de la Société d'Histoire de la Guadeloupe* 170 (January-April 2015): 29–54.
[3] *Ibid*, 40.
[4] Dubois and Garrigus, *Slave Revolution*, 24.

动议应以鼓掌方式通过。该动议写道:"国民公会宣布在所有殖民地废除奴隶制。因此,它规定,所有居住在殖民地的人,不论肤色,都是法国公民,并享有宪法所保障的一切权利。"[1] 正如会议协议所指出的那样,大会成员全体起立表示同意:"会长在掌声和'共和国万岁'的数千次高呼声中宣布废除奴隶制!大会万岁!"[2] 卢维杜尔和贝雷之间没有直接联系,他们甚至一度站在对立面,但他们的思想和行动携手迫使法国殖民者投降。

这些想法曾被卢维杜尔和贝雷主张,此刻又在国民公会中反复回响,它们究竟从何而来?这个问题的答案将我们带回了吉罗代肖像画中贝雷所倚靠的半身像,这座罗马风格的半身像上铭刻着雷纳尔的名字。

巴黎,1755 年

在 18 世纪 50 年代,如果您人在巴黎,希望找些创新想法,也想找到有这些想法的人,最好的地址就是圣奥诺雷街 372 号。当然,您不能贸然地自行现身,按响门铃。您需要有一份邀请函,因为住在那个地址的人是杰夫林夫人(Madame Geoffrin),也被称为圣奥诺雷女王。她的沙龙欢迎忍饥挨饿(和不愁温饱的)的艺术家、外国贵族、外交官、音乐家、哲学家以及任何追寻最新花边消息或最新思想的人。周一的晚餐是为艺术家保留的,因此不太正式[3];画家阿尼赛·查尔斯·加布里埃尔·莱门尼尔捕捉了 1755 年一个令人难忘的夜晚,描绘了大约 50 名衣着优雅的男女聚集在一个挂满画作的房间里,聆听这位以"伏尔泰"为笔名的论战作家和启蒙思想家朗诵一出悲剧。

在 18 世纪的巴黎,沙龙是一个成熟的机构。他们总是以一个拥有经

---

[1] Blackburn, *The Overthrow of Colonial Slavery*, 224–225.
[2] Dubois and Garrigus, *Slave Revolution*, 124.
[3] Janet Aldis, *Madame Geoffrin: Her Salon and Her Times, 1750–1777* (London: Methuen, 1905), 59.

济资源和社会关系的女人为中心，在她周围聚集了一群来自各行各业的常客。通常来说，决定自己归属于哪个沙龙很重要：从一个沙龙转投另一个沙龙是令人不快的做法。每个沙龙都有自己的小圈子，沙龙之间也有竞争。[1] 如果一位重要成员从一个沙龙转投另一个沙龙，就会引起一些小丑闻。在所有的沙龙中，杰夫林夫人的沙龙是最有趣的。

没有人会预料到杰夫林夫人能成为沙龙的主持人，更不用说一个知名沙龙了。她出生在一个资产阶级家庭；父亲被法国宫廷任命为贴身侍从，母亲来自一个银行家庭，但他们并没有把女儿的教育放在首位。年轻的玛丽·泰雷兹（杰夫林夫人）7 岁时与祖母一起生活，主要由祖母抚养长大。她没有受过正规的学校教育，这一直困扰着她，使她这位未来的沙龙女主人，对法语语法和拼写的掌握一直都不尽如人意。13 岁那年，她的父母安排她与一位 50 岁的商人结婚，她的学业突然结束。在玛丽·泰雷兹 14 岁生日那天，这桩婚事终于礼成。[2]

虽然没有接受过高等教育，但新上任的杰夫林夫人果决地弥补了这个缺陷。她的丈夫一直严格控制着财务，尽管他在威尼斯的玻璃生意十分兴隆，客户包括法国宫廷。但是，她知道自己想要什么。她从一位年长的沙龙女主人，哲学家让·达朗贝尔的母亲德·坦辛夫人那里正式学习到了主持沙龙的技艺。

接踵而来的两场死亡为杰夫林夫人实现野心铺平了道路。首先是她丈夫的逝世，这使杰夫林夫人能够控制自己的财务状况。在她的余生中，她将积极参与皇家宫廷玻璃供应商的业务，其中包括与日内瓦银行家的联系。杰夫林夫人成为了一位"女商人"，尽管她当时还不会使用这个词。[3]

---

1 G. P. Gooch, "Four French Salons," *Contemporary Review*, January 1, 1951: 345–353.
2 A. Tornezy, *Un Bureau d'Esprit au XVIIIe Siècle: Le Salon de Madame Geoffrin* (Paris: Lecène, 1895).
3 Maurice Hamon, "Madame Geoffrin: Femme d'affaires au temps des Lumières," *Revue Française d'Histoire Èconomique* 2, no. 6 (2016): 12–25.

阿尼赛·查尔斯·加布里埃尔·莱门尼尔,《1755 年在玛丽·泰雷兹·罗德·杰夫林的沙龙里面朗诵伏尔泰的〈赵氏孤儿〉》,约 1812 年(法国,马尔迈松城堡)

另外一位逝者是德·坦辛夫人,她曾教杰夫林夫人如何组织和主持沙龙。杰夫林夫人确保自己得以继承坦辛夫人的一线客户。她的目标是在 18 世纪的巴黎组织聚会,风格类似于她碰巧拥有的一幅文艺复兴画作中的场景:拉斐尔的《雅典学派》,该画描绘了意大利文艺复兴的自我理解,即古希腊的重生。[1]

她全身心地投入到这项工作中。在她手中,沙龙不仅仅是一个聚会场所或每两周一次的晚宴;它也成了我们今天所说的新思想的孵化器。杰夫林夫人建立了一个人脉网络,并提拔了那些有幸受到她赞助的人。她从需要收入的艺术家那里购买画作,每年还参加卢浮宫的新画展,以跟上最新的发展。在音乐方面,她密切关注法国音乐家与意大利音乐家之间的辩

---

[1] Tornezy, *Un Bureau d'Esprit*, 46.

论,并在沃尔夫冈·阿玛迪斯·莫扎特来到巴黎时接待了他。[1]

杰夫林夫人沙龙的成员们坚持以理性为指导,并不追随既定权威。这意味着他们质疑以前受人尊敬的古代哲学家、天主教会和任何其他以理性论证以外的形式维护其信仰的机构的各种观点。在这场运动的最前沿,是有思想自由的哲学家,如德·坦辛夫人的儿子达朗贝尔。[2] 在这些作家之中言辞最为尖刻的是伏尔泰,他在沙龙时代之前就已经参加了杰夫林夫人的晚宴。他身处普鲁士王国时,也热切关注她的所作所为。在普鲁士的时候,伏尔泰试图将腓特烈国王转变成一个开明的哲学王(尝试结果喜忧参半)。尽管杰夫林夫人本人并不喜欢出尽风头,思想也倾向保守,但她还是成功地培养了她那个时代最为激进的思想家。她的沙龙被称为"自由思想的堡垒"。[3]

《百科全书》(*Encyclopédie*)是一部总结启蒙运动世界观的著作,它旨在收集人类积累的所有知识,只要它们是从理性角度而言。丹尼斯·狄德罗和让·达朗贝尔是这项艰巨任务的幕后推手,最终将写满 17 卷的内容。虽然它规模巨大、内容全面,但也是新近的一种撰写总结的尝试,正如由哲学家在智慧宫或后来的基督教中世纪撰写的那样。但它不仅是一种知识的集合,还是启蒙运动的号召之声,并被半开玩笑地称为"17 卷的宣言"。

虽然简短的宣言价格便宜,但收集全部正确知识的 17 卷本却并非如此。《百科全书》得到了杰夫林夫人的大力赞助,金额达到 10 万利弗尔之多;如果没有她的资金,这项独一无二地体现启蒙运动时代精神的巨大事业将永远无法实现。[4] 在知情人士中,她的支持为圣奥诺雷街 372 号带来了

---

[1] Aldis, *Madame Geoffrin*, 137.
[2] Maurice Hamon, "Marie-Thérèse Geoffrin, une inconnue célébre?," in Jacques Charles-Gaffiot, Michel David-Weill, and Małgorzata Biłozór-Salwa, eds., *Madame Geoffrin, une femme d'affaires de d'esprit* (Paris: Silvana Editoriale, 2011), 17–29.
[3] Aldis, *Madame Geoffrin*, 87.
[4] *Ibid*, 90.

另一个名称——"精神办公室",也就是知识分子的办公室——这就暗示说杰夫林夫人是该"办公室"的总裁。

对固有权威的攻击不可避免地引起了强烈反对。启蒙思想家激怒了耶稣会士,这个组织深具影响力,自视为教会的知识防御力量。即使在幕后经营的杰夫林夫人也未能全身而退,成为一部戏剧中的恶搞对象。(从苏格拉底开始,很多哲学家都在戏剧中被嘲笑。)[1]

当达朗贝尔和《百科全书》成为众人瞩目的焦点时,杰夫林夫人沙龙的另一位成员将启蒙思想引向了一个不同的敌人:欧洲殖民主义。他便是让-巴蒂斯特·贝雷肖像中苍白暗淡半身像的模特,全名为纪尧姆·托马斯·弗朗索瓦·雷纳尔。

可以肯定的是,雷纳尔与启蒙思想家一样憎恨宗教。对他来说,宗教意味着毫无根据的权威、过时的世界观、迷信的思想和毫无理性的生活,必然导致狂热主义。雷纳尔曾经接受过耶稣会神父的教导,甚至还曾被任命为牧师,这意味着他永远不会错过任何攻击天主教会,特别是耶稣会士的机会。他对其他宗教的神职人员的态度几乎同样严厉,而对佛教尤为愤恨。"在所有狂热主义中,"使用狂热主义作为宗教同义词的雷纳尔这样写道,"这是最为可怕的。"[2]

然而,雷纳尔的主要兴趣并非在于攻击天主教会,而是分析欧洲人在过去几个世纪中获取的巨大殖民财产。在整整四卷的一套书里,他为读者提供了对殖民主义历史的经济分析。他的分析始于葡萄牙人绕过好望角并与印度开展盈利丰厚的贸易。从那里开始,他考察了印度和中国的情况,赞扬科举制度并抨击佛教,还从侧面略微观察了古代印度和希腊之间的文

---

1 查尔斯·帕利索·德·蒙特诺伊在一部名为《哲学家》(*Les philosophes*)的戏剧里让她扮演凯达丽丝的角色。Aldis, *Madame Geoffrin*, 307.
2 Raynal, *A Philosophical and Political History of the Settlements and Trade of the Europeans in the East and West Indies*, translated by J. O. Justamond, 10 vols. (London: A. Strahan, T. Cadell, jun. and Wl Davies, 1798), 1: 201.

化关系（包括本书前面讨论的那些内容）。考察了东方之后，雷纳尔转向西方，分析西班牙探险家与美洲建立联系的那个时刻。他描述了科尔特斯对特诺奇蒂特兰的征服以及由此导致的对当地居民的残酷镇压，包括令人震惊的美洲人口锐减。他并不知道这在多大程度上是由天花引起的，因而将此归因于他所称的"缓慢暴政"（slow tyranny），即对土著居民的系统而残酷的征服过程，而这个推论也并非谬误。[1]

人口减少为雷纳尔的讨论主题奠定了基础：奴隶制。雷纳尔大胆且直接地描述了欧洲殖民者如何弥补他们从非洲进口奴隶造成的人口减少。非洲人被捕捉、购买，被迫穿越大西洋上可怕的"中央航路"（Middle Passage），航行条件极不人道，以至于超过20%的人丧生。[2] 作为法国人，雷纳尔将其怒火集中于自己祖国在印度和西印度群岛的海外财产上，因此他将著作的标题命名为《两个印度群岛的哲学和政治史》（*Philosophical and Political History of the Two Indies*，1770）。

尽管这部作品将自身描述为一部哲学和政治史，但雷纳尔分析的核心则是另一回事：商业。就像一位真正的启蒙哲学家一样，他对古代哲学家不屑一顾。他们乐于就世界本质发表长篇大论，但对于现代哲学家来说，还需要别的东西。雷纳尔称其为"实验性"哲学（"experimental" philosophy），也就是我们所说的科学，一种建立在证据之上的知识体系。[3] 这是《百科全书》全力以赴而构建的哲学，雷纳尔完全赞同这项事业。实验性哲学可以指我们所说的自然科学，例如本杰明·富兰克林著名的电力实验。（富兰克林在法国时也曾造访杰夫林夫人的府邸，并与雷纳尔开展

---

[1] Raynal, *A Philosophical and Political History*, 2: 403.
[2] 雷纳尔还赞同今天听起来奇怪、过时和种族主义的观点，包括美洲人类生物退化的想法（其中包括法国白人定居者）。他认为自己著作的最后一部分有助于争取美国独立的斗争。参见 A. Owen Aldridge, "Raynal, Guillaume-Thomas-François," *American National Biography* (1999)。
[3] Raynal, *A Philosophical and Political History*, 8: 225.

论辩，因为这个法国人误解了他的一篇文章。）但对作为欧洲殖民主义历史学家的雷纳尔而言，实验哲学意味着对经济关系的分析。

雷纳尔已经意识到，一个新的商业时代定义了这个世界。从葡萄牙到印度的海上航线，以及欧洲和美洲之间的联系，世界上越来越多的地区被迫进入一个日益一体化的贸易网络：商业是这个现代世界的运转动力，世界也由处于殖民剥削前沿的欧洲公司推动。这意味着希望解释它的哲学家必须是一位经济学家，雷纳尔决定称之为商业哲学家（commercial philosopher）。[1] 他意识到，欧洲殖民主义已经深深地融入了资本主义的结构之中。

雷纳尔并不是奴隶制度的朋友。像其他一些启蒙思想家一样，他将其视为一种违背自然的制度。但作为一名商业哲学家，他还做了更多：他分析了整个殖民主义机制赖以生存的商业剥削系统。他不仅指出殖民主义的残酷，还解释了它如何运作，谁从中获利，以及这些利润是如何实现的。在分析奴隶制时，他追踪的是金钱。

正是后一个特点使他的著作成为如此强大的武器：它解释了整个体系的经济根源，并证明反抗此体系实属合理。这一壮举使他成为杰夫林夫人的启蒙沙龙中的著名成员，也将他和其他成员区分开来。诚然，狄德罗在他的《百科全书》中对奴隶制进行了严厉抨击。但这种攻击是以自然权利为依据的，那是后来的《独立宣言》和《人权宣言》使用的措辞手法。就目前而言，这种措辞手法有一定作用，但它缺乏雷纳尔经济分析的冲击力。后者对殖民主义体系追根溯源，展示了法国如何从在西非和西印度群岛等偏远地区犯下的暴力行径中谋取利益。

在杰夫林夫人沙龙里的激烈辩论凸显了启蒙运动的模糊之处。例如，

---

[1] Raynal, *A Philosophical and Political History*, 2: 341.

第十二章 启蒙运动在圣多明各，在巴黎沙龙

像美国宪法制定者那样的人可以使用诸如"质疑权威"和"援引自然权利"之类的抽象概念，他们希望将奴隶制作为与南方各州妥协的一部分。同样，许多想维护本国殖民地财产的法国国民公会代表也可以使用相类似的概念。有时候，启蒙思想甚至可以用来为英法等国的殖民主义和其他扩张主义活动辩护，理由是尚未得到充分启蒙的国家或人民需要强行戒除他们根深蒂固的思想或"狂热主义"。同时，启蒙思想也可以用来对付那些维护殖民主义或压迫机制的人。作为一种解放工具，启蒙运动可以用以对奴隶制度开展强有力的批判，这种批判与其他基于情感（或者用当时的语言来说，是"伤感的"）而唤起对受苦受害者同情的批判一同使用极为有效。

新近获释的杜桑·布雷达仍然保留着其一生居住的种植园的名字，他也阅读了雷纳尔的书。（对于一个被奴役的人来说，懂得如何阅读和写作相对而言很不寻常。卢维杜尔是从他的教父皮埃尔·巴蒂斯特那里学到读写的，后者是一位自由人，也在布雷达种植园工作。）毋庸置疑，卢维杜尔从被奴役的同胞那里了解到"中央航路"的严酷，也从他的亲身经历中了解到圣多明各种植园普遍存在的非人状况。但雷纳尔想说明的是，奴隶制度已经将圣多明各与法国联系在一起的经济体系深深交织在一起。雷纳尔能够解释为什么即使是像卢维杜尔这样的自由人，也会觉得有必要雇用被奴役者，在他自己被解放之后所获得的田地里工作。从这个角度来看，奴隶制的残酷性不仅在于监督者和地主本身不人道，更在于整个经济体系都建立在对一群人的剥削之上，这意味着每个人都以某种方式被纠缠其中，因此对它具有依赖性：不仅是种植园主，还有前自由人、混血自由人、自己本身没有种植园的法国殖民者、波尔多和巴黎的资产阶级，甚至一直到国王。这种牟取暴利的制度也解释了为什么圣多明各的奴隶起义形势如此复杂，岛上的不同团体达成各种协议，建

立临时联盟。[1] 最重要的是，雷纳尔说明了杰夫林夫人的沙龙和杜桑·卢维杜尔的起义阵营之间有何联系，这种联系也在吉罗代的画作上有所体现，在这幅画里贝雷靠在雷纳尔的半身像之上。

223 　1794 年，法国国民公会未经辩论就提出了废除圣多明各奴隶制度的建议。这样做需要的不仅仅是哲学，同时也需要自身利益的驱动。狡猾的是，来自圣多明各的激进共和党人和革命者向与会代表们指出，废奴做法可以将以前被奴役的人民武装起来，以抵御英国人或西班牙人的入侵。这是一个基于崇高理念，以利益为本的联盟。

与此同时，回到圣多明各的卢维杜尔继续巩固权力，反对岛上的许多其他利益集团，包括种植园主和一支混血儿组成的军队，他们有时会获得从国外运来的武器支持。这些集团互相结盟，对抗他们认为是奴隶的人们。他获得了武器，训练了士兵，并建立了一支适当的军事力量。他逐渐更好地掌控了这个殖民地，尽管他从来都不是这里无可争议的统治者。

虽然卢维杜尔在岛上掌握了主动权，但法国大革命的情况正在迅速变化，一位名叫拿破仑·波拿巴的傲慢年轻将军计划以亚历山大大帝为楷模发展自己。他战胜了正在交战的其他革命派别，宣布自己为共和国第一执政官。

就像在法国本土一样，拿破仑并没有试图在各个殖民地完全取消革命，但他认为在各种革命思想中对他实现目标最具破坏性的是废除奴隶制的想法。[2] 他派遣一支大部队前往圣多明各重新夺回控制权，但黄热病击垮

1　一些学者怀疑杜桑是否真的像他声称的那样读过雷纳尔。还有另一种解释，同样具有启发性。根据这种解释，杜桑让他的一位支持者写了一篇文章，其中强调了他在返回法国前不久与拿破仑对峙期间阅读了雷纳尔作品。如果这是真的，这意味着杜桑用雷纳尔，用法国人可以理解的术语来解释他的叛乱，即启蒙运动和"商业"哲学。Philippe R. Girard and Jean-Louis Donnadieu, "Toussaint before Louverture: New Archival Findings on the Early Life of Toussaint Louverture," *William and Mary Quarterly* 70, no. 1 (January 2013): 41-78, esp. 76.

2　关于拿破仑恢复奴隶制的讨论，参见 Lawrence C. Jennings, *French Anti-Slavery: The Movement for the Abolition of Slavery in France*, 1802-1848 (Cambridge: Cambridge University Press, 2000), 5ff.

了他的部队，让他无法获得所希望的迅捷胜利。当快速军事解决方案难以落实，拿破仑尝试使用外交手段，向卢维杜尔提议通过安全路线前往法国。卢维杜尔接受了这个提议，但拿破仑没有兑现自己的承诺，还逮捕了卢维杜尔，后者于1803年在法国东部的汝堡（Fort de Joux）的监狱中去世。[1]

贝雷也遭受了类似命运。在国民公会结束后，他回到圣多明各担任另一个军事职务——宪兵军官。由于尚不明确的原因，他也被押送到法国，并于1802年被监禁。1805年，他在卢维杜尔去世两年后死于牢狱之中，遭到遗弃、淡忘。在那个时候之前，拿破仑已经废除了奴隶制度。卢维杜尔和贝雷为之奋斗的一切似乎都已经失败了。

拿破仑曾在无数次战斗中战胜了许多国家，但这次他却打错了算盘。由卢维杜尔和贝雷一手开启的事业无法再停止运转。曾经是奴隶的让-雅克·德萨林是卢维杜尔一手培养并任命的高级将领，他击败了拿破仑的军队。1804年，拿破仑加冕为法国皇帝的那一年，德萨林宣布圣多明各独立，建立共和国，并将其命名为海地。宣言的初稿部分受到美国《独立宣言》的启发，但最终版本侧重于法国殖民者的野蛮行为和种族主义的历史。[2] 在和拿破仑之间的不平等斗争中，卢维杜尔即使身在坟墓之中也占了上风，为自己赢得了"黑色拿破仑"的称号。

卢维杜尔的成功在世界各地的殖民者心中引起了恐惧，他们以制裁和威胁进行反击，希望说明一个由曾被奴役的非洲人民统治的国家无法获胜。海地不得不为生存而战，被想要压制它的帝国主义列强四面包围。

海地革命作为世界历史上的重大事件，却被长期忽视。这个例子在革命时代的标准历史中被边缘化，这种标准历史更加侧重于美国和法国。但

---

[1] Dubois and Garrigus, *Slave Revolution*, 27.
[2] *Ibid*, 30. 另见 David Armitage, *The Declaration of Independence: A Global History* (Cambridge, MA: Harvard University Press, 2008)。

这条规则也有明显的例外。在 19 世纪，美国非裔作家威廉·威尔斯·布朗将杜桑·卢维杜尔写入一系列传记作品之中，社会改革家和废奴主义者弗雷德里克·道格拉斯钦佩地谈到了他。[1] 另一位崇拜者是马库斯·加维，他将转向埃塞俄比亚史诗《众王荣耀》来认领非洲古代文明的遗产，以此抗议美国在 1915 年至 1934 年间对海地的占领。

1938 年，加勒比历史学家 C. L. R. 詹姆斯撰写了《黑色雅各宾派》(*Black Jacobins*) 一书，将杜桑·卢维杜尔重新放在独立和革命历史上的中心位置。詹姆斯写这本书的时候，正值欧洲法西斯主义兴起，当时欧洲殖民帝国的许多地方仍然还存在。他正确地预言，非洲将很快摆脱其殖民霸主的控制："非洲现在像杜桑·卢维杜尔一样觉醒了。"[2]

长久以来，圣多明各一直被视为启蒙运动的边缘地区。这是一个极大的错误，因为没有哪个地方能比圣多明各更好地揭示启蒙思想的力量，同时也揭示其模糊性。最重要的是，圣多明各展示出思想本身并不能改变世界；它们必须被那些根据自己的需要理解它们并利用它们来达到自己的目的的人抓住。哲学家黑格尔曾将拿破仑描述为时代精神的化身：马背上的历史。这句话十分贴切，因为拿破仑确实重新绘制了欧洲地图。但卢维杜尔本来也可以是更好的例子：他不仅在马背上废除了奴隶制，还由此重新绘制了整个世界的版图。

---

1 William Wells Brown, *The Black Man: His Antecedents, His Genius, and His Achievements* (Boston: Robert F. Wallcut, 1865).

2 James, *Black Jacobins*, 377.

第十三章
乔治·艾略特推广远古科学

正是在罗马度蜜月时，多萝西娅·布鲁克开始对自己与爱德华·卡苏邦的婚姻产生疑虑。当她游览这座城市，探索它的废墟并感受它过去的层层历史时，卡苏邦大部分时间都待在梵蒂冈图书馆里。[1] 他同样也沉浸在过去之中，却怀着一个特别的想法来追寻过去：找到理解所有神话的关键。[2] 当时是19世纪中叶，各个帝国和跨越世界的商业将世界距离拉近，各种神话被记录下来以便被仔细阅读，虽然这个项目听起来很宏大，但难道还有比这时候更好的时机来实施它吗？当然，也没有比梵蒂冈图书馆更好的地方了，天主教会在那里不仅收集了自己的历史，还收集了传教士、冒险家和殖民者偷走并带回的其他文化的书籍（包括阿兹特克人的抄本）。

卡苏邦的学识造诣、对思想的奉献精神，是多萝西娅·布鲁克嫁给他

---

1 George Eliot, *Middlemarch*, with an introduction and notes by Rosemary Ashton (London: Penguin Classics, 1994), 192-194.
2 *Ibid*, 63.

的原因。她把自己想象成他的学生和助手，成为这个激动人心的宏伟项目的一部分。在这个过程中，她会学到多少东西，又能贡献多少？卡苏邦超凡脱俗，也显然很需要她。但现在，在蜜月期间，她开始怀疑自己能否按照计划整理好他的笔记，并成功向学术界展示成果，而她的丈夫是否真的能找到通往所有神话的关键所在。

这些虚构事件和担忧是玛丽·安·埃文斯的杰作《米德尔马契》(*Middlemarch*，1871) 中的部分情节，她用乔治·艾略特的笔名出版了这部作品。在小说中，多萝西娅对丈夫和其学问的怀疑继续增长。不久之后，人们就发现卡苏邦在道德上有所局限，思想僵化，冷酷无情，最终还试图通过起草一份限制她自由的遗嘱来确保自己死后还继续控制多萝西娅。在小说的最后一段中，叙述者暗示多萝西娅显然不应该嫁给他。[1]

和多萝西娅的婚姻相比，艾略特本人的婚姻关系极为超常：她的伴侣是评论家乔治·亨利·刘易斯，他已婚并育有三个孩子，但与家人分居。尽管他的妻子拒绝和他离婚，但刘易斯和艾略特还是决定公开同居，这违反了维多利亚时代的社会规范。这种生活方式意味着两人将失去社会地位，对艾略特来说尤其如此，因为维多利亚时代的社会对女性的要求比起对男性而言更加严格。这种同居关系所引起的谴责使得艾略特必须用笔名发表著作，因为她的私生活丑闻会损害公众对她的接受度。[2] 虽然与刘易斯的关系给艾略特造成了很大困扰，但也给她带来了巨大的支持。

艾略特对卡苏邦的描写非常负面，因为后者对婚姻和过去的态度都非常落伍。他的名字来自英国文艺复兴时期最著名的古典学者之一，艾萨克·卡苏邦 (Isaac Casaubon，1559—1614)。历史上的卡苏邦是新兴的语文学的有力支持者，他将其应用于一组名为《赫尔墨斯文集》(*Corpus*

---

1 Eliot, *Middlemarch*, 837.
2 Rosemary Ashton, *George Eliot: A Life* (London: Penguin, 1997), 164.

Hermeticum）的神秘著作，这是一本涉猎广泛的智慧文集，似乎借鉴了埃及知识的精髓。[1] 文集掀起了一股关于古埃及的风潮，也被认为具有极其古老的历史。但历史上的卡苏邦却证明这个文本的出现时间要比人们认为的晚得多——它来自公元纪年最初的几个世纪。这正是神父洛伦佐·瓦拉所开创的那种人文主义学术——他通过对梵蒂冈图书馆精心保存的《君士坦丁赠礼》的语言进行仔细的批判性检查，表明它是伪造的。[2] 为什么艾略特会用卡苏邦来命名自己笔下的这位有着负面形象，寻找所有神话关键的19世纪语言学家？

对于艾略特来说，这个虚构人物的问题不在于他对过去有着极大的兴趣，而在于他寻找理解所有神话的同一关键的基础方法有误。19世纪的英国正在大规模地体验过去。与富有的其他欧洲人和美国人一起，英国收藏家也带来了大量珍贵的艺术品、文物、文本，甚至整座建筑物的一部分。可以肯定的是，世界上许多地方的精英人士一直在收集物品，将阿育王的一根石柱运到新德里，将南亚小雕像运到庞贝城，将阿兹特克时代之前的物品运到特诺奇蒂特兰。但在19世纪，对过去遗迹的收集速度加快了，还越来越向欧洲各国首都集中。过去正在成为一个彰显声望的项目（prestige project）、一项流行消遣、一种全国性的痴迷，还是一桩大买卖。

恢复过去的做法充满了殖民主义色彩。拿破仑在18世纪末入侵埃及时，还带着渴望探索当地著名废墟并将宝藏运回欧洲的学者一同前往，就清楚地表明了这一点。其中一件宝藏是罗塞塔石碑，它使人文主义者让-弗朗索瓦·商博良得以破译两千年来难以辨认的文字。这一壮举让人们能够以另外一种方式来了解古代埃及，与历史上那位卡苏邦研究的可疑的

---

[1] James Turner, *Philology: The Forgotten Origins of the Modern Humanities* (Princeton: Princeton University Press, 2014).
[2] Rens Bod, *A New History of the Humanities: The Search for Principles and Patterns from Antiquity to the Present* (Oxford: Oxford University Press, 2013), 146.

《赫耳墨斯文集》完全不同。同样开展掠夺的人还有埃尔金勋爵，他搬走了帕台农神庙里一半的雕塑，还将它们带到了伦敦。这种做法让希腊至今仍然惊慌失措。（最近，希腊政府在神庙下方建造了一座博物馆，以保护剩下的横饰带，同时为那些被掠夺到伦敦的横饰带留出了空位，以此作为要求物归原主的永久请求。）

艾略特在写《米德尔马契》的时候，关于希腊古典物品的新发现正在成为头条新闻。最引人注目的是，德裔美国骗子和业余考古学家海因里希·施利曼（Heinrich Schliemann）认为他已经发现了《伊利亚特》中记载的特洛伊。施利曼不是一个训练有素的考古学家，因为当时考古学作为一门学科刚刚开始发展。他通过挖掘考古学家现在轻蔑地称之为"施利曼沟"（the Schliemann trench）的东西，摧毁了这个古老遗址的大部分地区。尽管犯了错误，但他不仅发现了特洛伊的不同时代，而且还通过识别九个不同地层而建立了标记过去地层的原则。[1]

与此同时，英国东印度公司的代理人也对自己所控制的文化产生了兴趣，这家庞大的私营公司垄断了对南亚的剥削贸易，并最终控制了这片次大陆的大部分地区。除此之外，他们还带回了被盗的宝藏，包括手稿。[2] 1801年，东印度公司在伦敦利德贺街的办公室开设了一家东印度博物馆[3]，为该公司工作或与该公司有联系的代理人首次将许多文件翻译成英文，同时借鉴了南亚学者的知识。正是在这里，婆罗门文字被破译，使人们能够再次阅读阿育王的石柱。在《米德尔马契》出版几十年后，考古学已成为一门真正的科学，并由穆罕默德·埃斯-塞努西付诸行动，当时他正在为普鲁士探险队工作，当时他小心翼翼地发掘出那座非同凡响的纳芙蒂蒂半

---

1 David A. Traill, *Schliemann of Troy: Treasure and Deceit* (New York: St. Martin's Press, 1996).
2 William Dalrymple, *The Anarchy: The East India Company, Corporate Violence, and the Pillage of an Empire* (London: Bloomsbury, 2019).
3 John E. Simmons, *Museums: A History* (London: Rowman & Littlefield), 150.

身像，但她最终却被运往柏林，在那里一直待到今天。

欧洲人还通过组织安排他们的藏品来改变对过去的表现方式，让访客对历史进程有所了解。以前，这些收藏展（有时称为珍奇屋，即 cabinets of curiosities）是根据其所有者的一时心血来潮来安排摆放的。相比之下，新的收藏对应该如何组织过去有着坚定不移的想法：并非基于好奇心，而是基于对世界文明和艺术的卓越看法。为了纪念这一变化，这些收藏也获得了一个新名称，从此被称为博物馆（museum），这个词源自希腊语，意为"艺术的守护神缪斯之地"。[1]

根据艺术发展的概念来组织过去的想法，现在对我们来说似乎是显而易见的。尽管我们会质疑 19 世纪流行的许多特定观念，即什么算作高级艺术或高级文明，以及如何对特定的文物进行分类（通常欧洲各地区都有各自的分类标准）。像所有思想一样，历史沿着进化进程的单一轴线前进的感觉必须被发明出来，而且这种感觉直到 18 世纪和 19 世纪才完全确立。[2] 可以肯定的是，在古代编年史中，神或国王的家谱也沿着单一的时间线组织信息，例如在埃及君主名单里，纳芙蒂蒂的名字就被抹去了。但这些编年史并未表明历史在重要且根本的层面上进步和演变。其他时间概念是人类划分的阶段，从黄金时代到白银时代，再到青铜等低级金属的时代（希腊诗人赫西俄德使用这些术语），但这种衰落是从道德沦丧的角度来解释的。在另一组记载中收入了包括犹太教、基督教和伊斯兰教的经文，一个黄金时代已经消失，但在审判日可以重新出现。在以上这些例子里面，没有一个是由历史本身或历史力量作用所驱动产生的变化。

---

[1] "博物馆"一词早已存在，但直到此时才具有现代含义。1755 年，塞缪尔·约翰逊仍将博物馆定义为"珍奇屋"，而在 1889 年，史密森尼学会的助理秘书乔治·布朗·古德（George Brown Goode）开玩笑地将博物馆描述为"一系列具有指导意义的标签，每个标签都由精心挑选的标本说明"，强调了这个机构的教学性质。参见 Simmons, *Museums*, 4.
[2] 关于 19 世纪历史学家采用叙事方式的整体描述，可参见 Hayden White, *Metahistory: The Historical Imagination in Nineteenth-Century Europe* (Baltimore: Johns Hopkins University Press, 1973).

进步历史（progressive history）的思想源自这样一个社会：它相信自己正在不可逆转地向前发展，这种发展在政治方面表现为解放和民主化进程，在技术方面表现为使用更为强大的机器，在物质方面表现为更多人可以获得更多商品。这一系列进展并不是随机发生的。它们在19世纪的英国实现了最为强大的融合，当地居民，或者至少是那些塑造公众舆论者，认为他们正走在政治解放、技术创新（以蒸汽机为代表），以及从殖民地财产中榨取和积累财富的道路之上。

在各个不同领域中，事物同时发展的感觉产生了意想不到的后果：人们正在迅速远离过去，这不仅体现为琐碎意义上的年复一年的时间流逝，而是使得过去变得更加陌生的一种质变。人们重新认识到事物是能够改变的，新的环境正在改变人们的生活经历，从而改变其思想感受。这些并非随机转换。生活在各种环境中的人们都曾经历变化。重要的是，这种变化现在只被视为朝着单一方向发展：向前。因此，过去正在不断消退、减少，不仅因为建筑物可能被毁，手稿可能丢失，还因为向前发展意味着现在和过去之间的距离越来越大。随着时间流逝，要恢复和理解离我们而去的事物变得愈发困难。在这种情况下，博物馆变成了一条回到过去的道路、一个时间胶囊，让参观者得以逆流而上，哪怕只是片刻韶光。

为了保存过去的碎片，仅仅将它们恢复并按时间顺序排列还不够。对于人们的想法和感受，他们如何生活以及他们有何信仰的现代假设已经不再适用于过去，我们所理解的过去与现在的状况有很大差异。过去，尽管有其差异，需要仔细破译和重建，就像用古代语言写成的文本一样。语文学及其确定文本年代的技术提供了一种模式，而科学则提供了另一种模式——一种对过去的想法进行仔细考察，用于检验假设，并以怀疑态度和严谨实证的研究来实现这些想法。这种关于过去的新科学被称为历史学（historiography）。

第十三章 乔治·艾略特推广远古科学

19世纪的历史学家有许多较旧的模型可供考虑和学习。本书中的大部分信息来自过去的编年史家、旅行作家、书目编纂家和收藏者的著作,他们都对来源和其他形式的证据很感兴趣:其中包括从埃及的祭司、修昔底德等希腊作家、在巴格达智慧宫工作的学者,以及所有以口头方式保存和传播故事的人。但直到现在,关于过去的研究著述才受到一种特定流程的约束,即检验假设、收集证据和权衡反证,并以历史变迁的概念作为支持后盾。这就是为什么直到19世纪,历史学家才宣布历史的意义在于"揭示过去经验的本质"。

一些历史学家强调新的方法,而其他学者则专注于叙事,英国贵族托马斯·巴宾顿·麦考利更是如此。麦考利的例子充分体现了对社会地方历史的全新关注,描绘了一幅各种事件不可阻挡地朝着规模更大的自由繁荣前进的画面。他这种进步的概念受到地理学的影响,尤其得益于他在印度担任殖民管理者的经历。对于麦考利来说,历史的前进力在一个特定的地方达到顶峰,即维多利亚时代的英格兰,而其他地方如殖民地则落后停滞,所以需要现代化。欧洲殖民者开展所谓文明使命是一个支持殖民主义残暴行径的想法,他为了协助开展此使命而在印度建立了一个以英国文学和历史为重点的教育体系,以及一部新的刑法律令。[1](他还出版了一本关于古罗马的叙事诗集,希望激励其英国读者创造一个新帝国。[2])他身兼历史学家和殖民行政长官双重身份,这就充分说明关于过去的新科学不仅与殖民剥削密切相关,也与"谁在进步而谁未能跟上"这种具有严重缺陷的观念纠缠在一起。[3]

麦考利促成了19世纪极为典型的不平衡交流:殖民官员挖掘考古遗

---

[1] Robert E. Sullivan, *Macaulay: The Tragedy of Power* (Cambridge, MA: Harvard University Press, 2009), 149.
[2] Sullivan, *Macaulay*, 251.
[3] Gauri Viswanathan, *Masks of Conquest: Literary Study and British Rule in India* (New York: Columbia University Press, 1989). Macaulay was an advocate for abolishing slavery in the British Empire; Sullivan, *Macaulay*, 51.

址，购买手稿，翻译他们所殖民文化中的文学文本，以此输入非欧洲文化，并将其在欧洲博物馆展出。他们还将英国历史和文学出口到殖民地。这并不意味着他们总是可以控制自己出口物品的状况。（仿佛是为了回应东印度公司建造的印度博物馆，印度贵族开始建立西方艺术收藏品。[1]）关于过去的科学并没有让历史学家变得更加客观——麦考利在考虑证据之前，就知道自己想写什么样的历史，所以对他而言，叙事胜于方法。但这意味着他仍然觉得有必要收集证据、数据和文件来支持他的进步发展历史。后来，这些工具将被用来拆解他从各种事实中编织出来的各种叙述。

新的历史科学还产生了其他后果。现在文化物品被小心翼翼地保存在博物馆中，而废墟则无人惊动，被**当作废墟**欣赏。这种态度我们非常熟悉，既富有新意又违反直觉。如果你真的关心一座老建筑，为什么不把它重建起来，让它看起来像刚落成的那样？为什么不修复被损坏的花瓶或画作，让它们看起来犹如新品？在这门关于过去的科学看来，过去定然是未被重建、不尽完美、孤独自处的。废墟不再被视为满目疮痍，而是来自过去近乎神奇的教导，值得我们如此钦佩、学习，也值得保持原样。对原作的崇拜也不可避免地出现了，这有助于人们认清名画和雕塑的复制品不值一提。早期收藏家曾以这种藏品为荣——杰夫林夫人和她那幅拉斐尔的《雅典学派》就是其中之一。但突然间，这些复制品被认为十分肤浅，缺乏从古代而来的那种铜锈之色，而正是这种古色古香使得真正的废墟和艺术品值得尊敬，成为无价之宝（无论如何，至少价格不菲）。

乔治·艾略特身处研究关于过去的新科学的最前沿地带，这个位置对于房地产经纪人的女儿来说十分惊人。但玛丽·安·埃文斯还是很幸运

---

[1] Maya Jasanoff, *Edge of Empire: Lives, Culture, and Conquest in the East, 1750–1850* (New York: Knopf, 2005).

的，因为她在两所寄宿学校所接受的教育比来自同一社会阶级的女性要多。即便如此，这些学校里的教育仍受到福音派基督教的限制。求知欲旺盛的玛丽·安对这些限制有所不满，于是用更加广泛的阅读来补足自己的教育，其中一些书籍是她在父亲所管理庄园的大图书馆中找到的，她还学习了包括德语在内的其他语言。

在她的母亲去世，她的兄弟接管了家族住宅之后，玛丽·安的父亲带着她搬到了考文垂市。在那里，她结识了一群同样求知不倦的人士，他们主张思想独立，不信奉狭隘的基督教。通过他们，她了解到赫伯特·斯宾塞等现代进步思想家，斯宾塞提炼出政治、技术和经济事务的进步意识，也大量借鉴了查尔斯·达尔文提出的进化论思想。[1]

艾略特不仅吸收了这些新的进步思想，还把它们变成了自己的思想。她翻译了大卫·施特劳斯的《耶稣的生平：批判审视》（*Das Leben Jesu, kritisch bearbeitet*，1835）。这是一部重要著作，为全新的自由思想、进步性的历史科学做出了重大贡献，她将这个标题译为"The Life of Jesus, critically examined"[2]。关于过去新科学的一个重要部分正在德国发展，施特劳斯正处于其激进边缘。[3] 揭示古罗马或巴格达的人们的生活方式和真实思想是一回事，将同样的原则应用到耶稣的生活中，则完全是另一回事。耶稣的生平已经被福音派传教士写好了，这就是《圣经》，但施特劳斯建议根据历史证据来书写耶稣的生平，并且"批判性地审视它"——不是为了挑剔耶稣或他的教义，而是表明耶稣是一个生活在特定地点和时间的历史人物。具有"批判性"，也就是意味着根据过去的科学来书写历史。

不出所料，这部作品的德文原版和1846年出版的英文译本都遭到强

---

[1] 其个人传记信息基于此书：Ashton, *George Eliot*, 33。
[2] David Friedrich Strauss, *The Life of Jesus, Critically Examined*, translated by Marian Evans (London: Edward Chapman and William Hall, 1846).
[3] Leopold von Ranke, *Die Geschichten der Romanischen und Germanischen Völker* (Berlin: Reimer, 1824), vi.

烈抵制。据说沙夫茨伯里伯爵把它称为"从地狱口中呕吐出来的，最为肮脏有害的书"。

艾略特用她的原名出版了这部作品和其他作品，还翻译了一位更为激进的思想家的作品，如果这种事情确有可能的话：这位思想家是对卡尔·马克思产生重大影响的德国哲学家路德维希·费尔巴哈。费尔巴哈将关于过去的新科学提炼成他所说的唯物主义（materialism），即相信历史特定环境塑造了人们的思想。这似乎是一种较为无害的方法，但费尔巴哈补充说，这就是全部的一切，并不存在其他人类想象力或思想的其他来源。人类为他们受历史束缚的生活所塑造，创造了社会角色、哲学思想与艺术。他那句最为精辟的表述激怒了世界上所有像沙夫茨伯里伯爵那样的人："人按照自己的形象创造了上帝。"[1]

费尔巴哈并没有独自发明这种激进的历史思想。他大量借鉴了黑格尔艰涩难懂却影响深远的作品，其哲学在世界历史上到处游荡。黑格尔把哲学想象成密涅瓦的猫头鹰，飞越广阔时空。迄今为止，哲学主要关注的是揭示真理，即亚里士多德勾勒出来，而伊本·西拿加以阐述的抽象原则。虽然很明显，不同哲学家在不同时期会提出不同想法，但研究这些想法的目的是在于观察其中的任何一种想法，比如说一篇总结，一篇评论，或者一篇新的论文，是否可以用作掌握全面世界观的全新起点。同样，启蒙运动哲学家们，例如在杰夫林夫人主持下聚会的这些哲学家也可能会对年长哲学家采取拒绝态度，因为后者受制于虚伪的虔诚和权力，但他们仍然继续阅读古人著作，试图发现其中是否有个别想法能为现在所用。

黑格尔为哲学引进了一项新的原则，那就是将历史变革放在首要地位。他坚持认为，哲学作为一门学科必须懂得如何从历史角度思考。他所

---

[1] Ludwig Feuerbach, Vorlesungen über das Wesen der Religion, twentieth lecture, in Ludwig Feuerbach's *Sämmtliche Werke*, vol. 8 (Leipzig: Otto Wigand, 1851), 241.

谓"从历史角度思考",意思是研究思维随着时间推移而演变的过程。过去不应该再作为真理的碎片而被研究;它需要作为**过去本身**那样被研究。哲学家将成为研究思想的历史学家。(尽管这个想法具有突破性,黑格尔也无法幸免于许多欧洲人对非欧洲世界的扭曲心态。他将现代欧洲社会视为最先进的社会,后来他正因此受到了公正的批评。)

进步历史的真正驱动力究竟是什么?黑格尔的方法将关于这个问题的辩论变得更加明晰。对于黑格尔而言,答案是思想。对于费尔巴哈而言,答案是物质环境。对于达尔文而言,答案是对人口和物种的环境压力。

这些新的历史研究方法就是艾略特在《米德尔马契》中认为有必要嘲笑卡苏邦寻找所有理解神话的关键的原因。问题不在于卡苏邦对旧手稿的研究,而是他对关于最新方法论的辩论并不熟悉。他尤其不熟悉的是那些来自德国的方法论,部分原因是他甚至无法阅读德语。就像其他的一切,神话在不同的地方以不同的方式发展;它们也受制于历史变迁进化的宏大过程。所有神话中唯一可行的关键就是历史变革。卡苏邦根本无法达到艾略特的新历史主义标准。

对费尔巴哈和施特劳斯著作的翻译,开启了艾略特的职业生涯,使她能够移居伦敦并成为《威斯敏斯特评论》(*the Westminster Review*)这本发表重要新思想和创作的期刊的编辑。她发现自己正处于人生的转折点,并做出了两个决定,使她成为我们今天所知道的作家:一个是采用笔名,将乔治·刘易斯的名字用作她自己的名字,同时选择一个简单的姓氏来搭配它——乔治·艾略特。另一个决定是写小说,从她的第一部小说《亚当·比德》(*Adam Bede*)开始,她的写作生涯在其杰作《米德尔马契》达到高峰。

正如艾略特首先指出的那样,小说作为一种文学体裁,本身就有一段历史。11 世纪《源氏物语》的作者紫式部正是这一体裁的重要实践者。艾略特不可能知道《源氏物语》，因为它当时并没有被译成西方语言，但她也会知道遥远过去的其他叙事实验。尽管小说有着深厚多样的根源，但一直到印刷时代，小说才成为一种主要的讲故事形式，也促成了塞万提斯的《堂吉诃德》等早期的畅销作品。该书被多次印刷和盗版，并迅速翻译成英语，以这种语言传到了莎士比亚那里。莎士比亚还根据它改编了一部（现已失传的）戏剧。[1] 印刷品的爆炸式增长导致识字率的提高，反过来又增加了对书籍和报纸的需求。这种良性循环一直持续到今天，互联网和电子书（这可能就是您阅读这本书的方式）的发展也加速了这种循环。

这些发展在 19 世纪达到顶峰，当时的文学大众市场使作家有可能以笔耕为生。像当时其他英国小说家一样，艾略特在报纸上连载她的小说，将其整理并重新出版为完整的书籍。这些书籍用硬皮精装，便于让那些拥有私人图书馆的收藏家高价购买，比如她父亲工作的庄园就有这样的私人图书馆。对于那些买不起这种昂贵的装订书本（三卷装订在一起）的人，当时也出现了一个私人营利的借书图书馆网络。正是通过这些借阅服务，大多数人才能拿到出版的书籍在家中阅读，并经常向家人或朋友们大声朗诵。

改为创作小说之后，艾略特也没有放弃自己对新历史科学的追求坚持；她只是把精力转到了一个新的方向。这部小说对关于过去的科学做出了一些重要贡献，这是历史学家无法实现的。如果过去和它的人民渐行渐远，那就意味着需要运用全新想象力来召唤它回到现在。其中部分权力由新的历史学家和学者行使，他们（与虚构的卡苏邦不同）了解历史变化。但另一组人是小说家。只要他们使用历史研究，避免那种认为所有人类在

---

[1] 对于这部失传剧的历史和现代改编，可参见 Stephen Greenblatt, *Cultural Mobility: A Manifesto* (Cambridge: Cambridge University Press, 2010).

第十三章　乔治·艾略特推广远古科学

不同时间都是一样的思想陷阱，小说家就可以告诉读者，从前那些人实际上**有什么不同**。

因此，19世纪将历史小说视为一种独特的体裁并非巧合。在英国，最成功的写作实践者是沃尔特·斯科特爵士，他向读者介绍了本国过去的怪异之处，这些历史遗迹在苏格兰的偏远地区幸存下来。这是新的渐进式时间线的另一种结果：它并不是在任何地方都匀速移动的。在大英帝国的外围存在着（据称）落后的地区，但在英国君主早期殖民的土地上也有类似的地方，例如威尔士、苏格兰高地和爱尔兰的部分地区。通过研究它们，人们可以瞥见过去，几乎就像在博物馆里一样。这些观察不仅包括态度、生活环境和人物性格，也与语言有关。斯科特对语言的历史开展研究，并完善了一种捕捉分辨旧式英语和非标准方言的方法，使他的读者能够发现作为外国而存在的那段过去往事。斯科特的职业生涯极为成功。事实证明，过去的故事还是有一定市场的。

哪里有需求，哪里就会有人来满足它。对苏格兰所有事物的需求如此之高，凭斯科特一己之力实在无法满足。还有其他人急着跳进这个缺口，他们还不仅仅是小说家。表现特别积极的是苏格兰短裙的制造商，这是新近**流行**的古老传统的另一个例子。到底有多古老？实际上，一点也不古老。虽然爱尔兰有一些穿短裙的传统，但在苏格兰根本不存在这种事情。苏格兰短裙成为历史学家称之为"被发明的传统"现象的一个例子。[1]（这种被特别发明出来的传统也通过布鲁克斯兄弟和其他服装商在美国流行起来。）被发明出来的传统满足了人们对历史根源的渴望，得以与过去建立联系，哪怕只是虚构的联系而已。人类总是在某种程度上发明自己的传统：柏拉图也发明了亚特兰蒂斯的历史。但是，在人们感到正在迅速远离

---

[1] Eric Hobsbawm and Terence Ranger, *The Invention of Tradition* (Cambridge: Cambridge University Press, 2012).

过去并被进步无情地推动的时期，对传统舒适感的渴望变得如此强烈，以至于即使这些传统根本未曾存在，凭空创造或者借用其他传统碎片来制作它们都有很大的市场。

当艾略特转向历史小说时，斯科特的成功已经逐渐过时，并被艾略特眼中的三流小说家取代。艾略特给出劣评的部分原因是因为这些作品仅仅使用了历史作为外表，既没有研究历史，也没有为读者提供历史差异的经验。艾略特想回到斯科特所开创的真实的历史小说，但她也希望她的小说能够从关于过去的新科学中汲取灵感，包括对人物受到环境影响进行更有说服力的描绘。这意味着小说应该具备费尔巴哈意义上的历史性。

艾略特写了不少影响较大的文章，其中有几篇发表在她自己编辑的《威斯敏斯特评论》上。她在这些文章中概述了自己希望怎样通过尊重背景及人物的历史和物质现实而对小说开展一场革命——这就是后来所说的现实主义（realism）。她写了一篇特别严厉的文章，标题是《女小说家的蠢小说》（"Silly Novels by Lady Novelists"），在文中指责一些女性小说家使用不切实际的对话和心理描写，而且专注于社会的上层阶级。[1] 艾略特的批评并不局限于这些小说家。她到处都看到其他小说家使用千篇一律的人物、陈词滥调的对话和做作的情节，既违反了真实性，也违背了历史。这一切都必须改变。小说作为所有讲故事形式中最为灵活的一种，应该集中关注这个世界。它应该充斥着关于人物及其物质环境的信息，这些因素现在被理解为推动历史变革的力量。

为了将历史研究和思考带进小说，艾略特求助于新一代的学者，他们经常在德国工作，专注于重新发现民间传统，重现仆人、农民和工匠而非

1　George Eliot, "Silly Novels by Lady Novelists," in *The Essays of George Eliot* (New York: Funk and Wagnalls, 1883), 178–204.

王公贵族的生存环境。[1] 下级阶层从来没有得到过历史学家的关注，他们一直都关注国王王后们的一举一动、权势人物的意见信仰，因为只有他们才被视为能者，可以引导人类事件的进程。现在，历史学家开始对自下而上各种人士的能动性感兴趣。威廉·海因里希·里尔就是这样一位学者，他煞费苦心地研究德国农民，密切关注他们的习惯、工具、饮食和日常生活的其他方面[2]，这是小说家所需要的信息，所以艾略特呼吁在英国也能出现一位里尔，为英国小说设定正确的方向：

> ……我们的社会小说自称要表现人们的本来面目，而他们表现之中的不真实性（unreality）是一种严重的邪恶艺术。艺术是最接近生活的东西；它是一种扩大经验的模式，并将我们与同胞的接触扩展到我们个人命运的范围之外。[3]

在许多方面，这个新计划是费尔巴哈和施特劳斯已完成之事的延伸，只是它现在被应用于小说之中。

艾略特的所有小说都以过去几十年为背景，但只有一部《罗莫拉》（*Romola*）的背景设置在遥远的过去，即文艺复兴时期的佛罗伦萨。艾略特写这本小说的目的在于重新恢复历史小说。[4]《罗莫拉》的情节发生在洛伦佐·德·美第奇去世之后，美第奇宫廷中聚集了一些文艺复兴时期最为重要的艺术家和哲学家。[5] 在《罗莫拉》的故事开端，文艺复兴活动正在从

1　Bruce Robbins, *The Servant's Hand: English Fiction from Below* (New York: Columbia University Press, 1986).
2　其中一位是威廉·海因里希·里尔。George Eliot, "The Natural History of German Life," in *The Essays of George Eliot*, 141-177.
3　Eliot, "Natural History," 144.
4　Kelly E. Battles, "George Eliot's Romola: A Historical Novel 'Rather Different in Character'," *Philological Quarterly* 88, no. 3 (Summer 2008): 215-237.
5　George Eliot, *Romola* (London: Smith, Elder, 1863).

鼎盛时期衰落，并遭到备受欢迎的传教士和修道士吉罗拉莫·萨沃纳罗拉的攻击。他憎恶人们对于异教历史的兴趣，并试图领导基督教复兴运动。正是在这个更为宏大的历史背景下，艾略特将小说主角，年轻女子罗莫拉·德·巴尔迪（Romola de Bardi）置于这个更为宏大的历史背景下。她帮助自己的人文主义父亲完成他的工作。巴尔迪先生在工作中一丝不苟，在某种程度上是一个类似卡苏邦的人物，但他的做法更为温和，他为过去而做出的努力尝试十分英勇，却未得到认可。

使用虚构的人物来突出过去文艺复兴时期的复苏只是艾略特技巧的一部分。另一部分是她自己的研究。她在图书馆和档案馆中寻找意大利语、希腊语、法语和拉丁语的书籍和资料，寻找有关15世纪经济、宗教和日常生活细节的信息，其中也包括不同的方言。她自己的笔记本里面满是参考资料、清单、年表和笔记，被她称为"采石场"，这个词戏剧化地表达了她觉得自己正在挖掘的历史层次。[1] 几个月的研究变成了几年的研究，在此期间，她还访问了佛罗伦萨，亲身体验了城市周围的街道、建筑和山丘。刘易斯开始担心，并敦促一位朋友恳求艾略特停止研究，开始写作。这位朋友能否提醒艾略特，她并不是在写百科全书，而是在写小说？[2] 不知何故，艾略特在过去之中迷失了方向，几乎像罗莫拉的父亲一样——甚至像卡苏邦一样。她是在寻找了解意大利文艺复兴的关键吗？

但与卡苏邦和德巴尔迪不同的是，艾略特熬过来了。她最终获得了自己认为必要的详细知识，用来撰写一部符合新历史标准的历史小说，其中充满独特的声音、气味、食物、工具和习惯。较为次要的小说家，例如艾略特批评的那些小说家，会用简洁经济的笔触描写环境和对象，以此勾勒

---

[1] Andrew Thompson, "George Eliot as 'Worthy Scholar': Note Taking and the composition of Romola," in Jean Arnold and Lila Marz Harper, eds., *George Eliot: Interdisciplinary Essays* (London: Palgrave, 2019), 63–95.
[2] Thompson, "George Eliot," 65.

出某个行动将要展开的场景。但艾略特明白，更多细节会给人留下历史现实的印象。[从那时起，这种写作技巧就一直被使用，包括我们自己的历史小说家，如希拉里·曼特尔（Hilary Mantel）]。

尽管这部小说相对成功，但《罗莫拉》的写作并非艾略特想要重复的过程。尽管她曾希望创作一部以费尔巴哈、里尔等人为题材的小说，强调物质环境，但最终的结果却更接近黑格尔：这是一部由思想激发的小说，其中不同的人物代表了对古代经典的不同态度：活跃的学者（德·巴尔迪）；研究助理（罗莫拉）；激进的对手（萨沃纳罗拉）。艾略特决定，在未来会以不同方式来处理她的历史小说创作项目。从而便生成了她的杰作：《米德尔马契》。

《米德尔马契》是一部在许多层面描绘进步的小说，最重要的是社会和政治方面的进步。它的背景设置在1832年关于第一次议会改革的辩论过程中，该法案提议要改变当时只允许约2.6%的人口投票的投票制度。《改革法案》（*The Reform Act*）扩大了选举权，将较为次要的土地所有者、店主和佃农包括在内，将合格选民人数从大约40万人增加到65万人。虽然以前妇女被习俗禁止投票，允许偶尔有例外，但现在她们被明确排除在外，因为《改革法案》将选民定义为男性。这就提醒人们，一个领域的进步有时会导致另一领域的倒退。（在某些行政区，《改革法案》还剥夺了部分工人阶级选民的权利。）

在《米德尔马契》中，关于进步的辩论不仅以第一项《改革法案》，也以其他方式存在。为铁路工作的测量员受到那些希望阻止公司延长铁路线人士的攻击就是其中一个例子。多萝西娅致力于为她的租户提供更良好的住房条件，根据最新的科学研究进行卫生改革和医院建设，这些尝试也取得了进展。在任何地方，这些取得进步的尝试，扩大投票权、改善穷人生活条件、科学和改善交通的尝试都受到阻碍和嘲笑，阻碍它们的有时是既得利益者，有时是过时的态度。在《米德尔马契》中，艾略特向她的读者展示了一个与进步做斗争的社会，以及随着崇高思想与严酷现实的碰撞而降低期望的现实。艾略特在1867年第二次议会改革之后写了《米德尔马契》，该法案通过增加近一百万男性选民（包括许多工人阶级男性）为选举权带来了更为根本的变化，这对于艾略特小说中的人物来说简直是不可想象的。

这两次改革之间的差异恰恰创造了艾略特想要的东西：以进步为前提的历史视角。当她笔下的人物在早期的、更温和的改革中挣扎时，她的读者已经知道第一次改革实际上已经成功，而且还将被另一次影响更深远的改革取代。这种视野让人觉得历史势头不可避免，趋向解放。艾略特将自己与罗莫拉的纠缠抛诸脑后，创作了一部小说，她早期对现实主义和历史小说的所有实验都在其中发挥了新的作用。其重点不再是如何将关于过去的不同观点嵌入到历史准确的环境中，而是要展示历史的运作方式。通过《米德尔马契》，艾略特写出了一部足以与伟大历史学家的作品相媲美的小说。

多亏了艾略特，这部历史小说与其他保存历史的机构（如博物馆）以及叙事历史作品一起，传播了新历史主义（new historicism），并使其为更多的人所接受。这也是对进步的全新理解的一部分：思想不仅保留给少数精英，而且也保留给了范围更广的读者。

我们仍然生活在历史主义的时代，这个时代重视经过精心研究的历史小说（现在通常以历史资料列表为特色）、博物馆、原创作品和过去的片段，以及图书馆和档案馆。自19世纪以来，世界一直在向未来飞奔，这就意味着，过去被视为永远处于消失之中，这正是它更加珍贵的原因。虽然世界各地的人类都会遇到对他们来说陌生而难以理解的过去残余，迫使他们恢复和重建失去的东西，但现在这种失落感被视为不可避免的。因此，我们建立了新的保护机构，从考古遗址到博物馆和图书馆；我们依靠专业人士，如历史学家、训练有素的策展人以及小说家，将过去从永久消失的边缘挽救回来。

这门关于过去的新科学为我们带来了许多关于过去和人类经验多样性的知识。尽管这门科学的许多理论家和实践者都陷入了"何谓高雅文化、杰出作品或文明标志？"的歪曲观念的束缚中。这在一定程度上是因为进步的观念推动了这门科学，导致了"谁领先，谁落后？"的偏见。最后，这门科学可以告诉人们，有什么被挖掘了出来，却不能说明这些挖出的物体意味着什么，也不知道应该如何处理它们。我们这些后来者必须自己搞明白这一点。

第十四章

日本巨浪迅速席卷世界

葛饰北斋，彩色版画，《神奈川冲浪里》，1825—1828年（芝加哥艺术学院）

"巨浪"耸立，犹如山峦，向下倾压在狭窄船只和绝望的划桨船夫身上，即将用残酷力量撞向他们。它极为巨大，形成一堵水墙遮蔽天空；它仿佛一种极为危险的生物，伸出白色的泡沫触手，带着威胁向船夫靠近。这些脆弱的人类并非唯一身处险境者。海浪如此具有威力，甚至使富士山相形见绌——富士山胆怯地在远处耸立，白雪覆盖的山顶也无法与准备吞没它的愤怒白色浪潮相提并论。海浪袭击了一切：船只、船夫、山峦，甚至天空。

这场巨浪也席卷了整个世界。它由日本艺术家葛饰北斋于19世纪30年代创作，已成为世界上最容易识别的标志之一。这股浪潮背后有什么故事？它是如何超越所有其他图像的？

人们称它的发源地为"浮世"（ukiyo），或者"浮动的世界"（the floating world），它与水、波浪或天空无关，描述的是江户（Edo，即今天的东京）的娱乐区域。在那里，艺术和欲望交织在一起，为那些花得起钱的人们创造精致但短暂的乐趣。扮演男性或女性角色的男演员用独具风格的手势和姿态，充分地展示自己剪裁优雅的长袍，走在时尚前沿。这些戏剧本身围绕着爱情展开，其中最著名的是杉森信盛的作品《心中天网岛》（*The Love Suicides of Amijima*），歌颂了一对苦命恋人深爱对方却无缘在一起的故事。就像浮世之中的万物，歌舞伎演员和艺妓（geishas）都与性快感有关，他们将音乐、性和舞蹈的艺术结合在一起。浮世中还提供武术娱乐活动，包括相扑，这是军事阶层或武士最喜欢的观赏性运动。

身处浮世的专业人士还发展出一种独特的艺术形式：雕版印刷。雕版印刷是一种起源于中国的悠久技术，在浮世之中工作的日本艺术家习得了这种使用木版画制作多色图像的技术。对于每种颜色，必须雕刻一个单独的木块，并将其精确地与图像对齐，以便不同的木块可以一层一层地进行叠印。[1]

---

[1] Julie Nelson Davis, *Partners in Print* (Honolulu: University of Hawai'i Press, 2015).

结果便形成了一种极为惊人的全新图像类型,与用水彩或者墨汁完成的传统日本绘画的美学理想完全不同。属于不同流派的画家创作了熠熠生辉,优雅多姿的人物和风景,往往利用水彩的柔和轮廓来创造出朦胧模糊的效果,这就可能与用黑色墨水绘制的几条优雅线条形成鲜明对比。不同色调的水彩可以相互流动,将一种颜色变成另一种颜色,同时也在纸面上保持大幅留白。画家们运用微妙笔触,用几片草叶暗示出更大的草地,隐约勾勒出一座山乃至整个山脉,还用独特姿势来呈现人物形象。"侘"(wabi)是用来描述有缺陷的简单之美的术语;"寂"(sabi),岁月积累的忧郁古铜色调;还有"幽玄"(yugen),意即神秘深沉。[1]有一个画派叫作"狩野学派",所采用的格言是:"一支毛笔,千代不变。"[2]但是,狩野画派和其他任何流派都没有停滞不前,他们显然都崇敬古老的作品,通过模仿这些画作来学习其技巧,从而接近它们所体现的美学理想。

新的多色印刷在各个方面都呈现出极大的差异性。它们并没有采用朦胧的水彩色调,每幅图像被限制在六种颜色中,这些颜色必须被清晰地描绘出来。这些版画没有神秘的深度,呈现为色彩生动的平坦表面。他们并

通过对宋代禅宗画家穆琦(960—1279)一幅画作的研究,在几个世纪后的1670年,画家狩野探幽(Kano Tan'yu,1602—1674)完成了这幅作品(纽约大都会艺术博物馆)

---

[1] David Bell, *Ukiyo-e Explained* (Folkestone, UK: Global Oriental, 2004).
[2] 据说这句话出自狩野康信(Kano Yasunobu,1613—1685)。可参见 Davis, *Partners in Print*, 27。

不简单地表现寂静，而是擅长描绘鲜明的、通常不对称的形状。他们并不崇敬古代大师，而提出了某种崭新之物。

尽管这些版画不被认为是高雅艺术，但它们对这个浮动世界而言简直完美，以至于它们以这个世界命名："浮世绘"（ukiyo-e），即"浮动世界的图片"。起初，它们被用来为歌舞伎剧院做广告，很快也被用于其他地方。廉价的黑白小册子在娱乐区被用作指南，让游客可以在多个欢愉迷宫之间穿梭探险。但多色印刷正好能表达这里的特色。它们不同寻常的轮廓线条可以捕捉到歌舞伎演员采用的引人姿态，描绘袖子落下，姿态优雅，或某个舞蹈动作的出格之举。鲜艳的色彩会抓住潜在客户、特定演员或者艺伎的眼球。即使是相扑选手，被描绘时也强调其体重惊人而并非态度凶猛，从而显得没有那么具有威胁性。[1] 最重要的是，这些印刷品是可被复制的，这意味着它们能以低廉的成本吸引大量观众。

只有富人才能花得起钱在风月场所寻欢作乐，他们通过单独的一扇门——既可以控制谁能进入，也可以控制谁获准离开——进出此地。毋庸置疑，对于那些被迫在此地工作的人来说，这个风月场所并没太多欢乐：许多人，尤其是女性，在十几岁时就被父母卖掉，并作为仆人在此工作了几十年。他们十分恶劣的工作状况通常也被隐藏起来，客户并不想真的认识和了解他们。那些生动活泼的印刷品散发出富有魅力的气氛，既掩盖了现实，也让许多花

浮世绘艺术家喜多川歌麿（1753？—1806）对职业艺妓的描绘（东京国家博物馆，摄影：Jean-Pierre Dalbéra）

---

1 Davis, *Partners in Print*, 88.

文化的故事：从岩画艺术到韩国流行音乐

葛饰北斋，相扑选手高根山与一右卫门和千田川吉五郎的浮世绘（纽约大都会艺术博物馆）

不起入门费用的人们得以瞥见此地的著名演员、艺妓和相扑选手，他们的照片就像今天社交媒体上的帖子一样广泛流传。

北斋出生于 1760 年左右，十几岁时曾给一位浮世绘艺术家当学徒[1]，他的早期绘画主题是歌舞伎演员和艺妓，也创作了一些色情艺术作品。他不满足于复制这些熟悉的题材，开始为书籍绘制插图。与作家合作使他得以远离这个浮动的世界，也使他能够尝试各种各样的主题，包括日常生活场景和风景，这门学科和该艺术形式在传统上并非密切相关。

浮世绘在 18 世纪后期达到绘画质量和流行程度的顶峰，北斋在此多年之后才出生，看来似乎运气不佳。[2] 一方面，他虽然是后起之秀；但在另一方面，可能也正因为如此，他才得以成功创作了大批图画，内容广泛，不同寻常。50 岁时，他得以庆祝自己 30 年版画艺术家生涯，并授权印制了自己的作品目录，供买不起原件的艺术学生和收藏家使用。（同样，日本绘画也变得更易获得，因为印刷技术使它们能够复制并装订在书籍中，而原作则总是画在卷轴上。为了保存之故，卷轴必须挂在墙上，并定期储藏。[3]）

---

1 Sarah E. Thompson: *Hokusai*, with an essay by Joan Wright and Philip Meredith (Boston: MFA Publications, 2015), 16.
2 Matthi Forrer, *Hokusai* (New York: Prestel, 2010).
3 Davis, *Partners in Print*, 30.

70岁时，北斋雄心勃勃地决定开始一个全新项目。1830年，他在一本通俗小说的结尾打出广告，宣布他将绘制富士山的36种景色。[1] 通过选择这个主题，北斋知道自己有机会创造出畅销之作，因为这座山是一个经常被描绘的主题，也已经成为日本的代表。

《神奈川冲浪里》成为这个系列最著名的形象，但整个系列本身也是一项辉煌成就。北斋创造了自己的配色方案［其中包括一种名为"普鲁士蓝"（Prussian Blue）的进口颜料］，并找到了更为巧妙的方法来描绘富士山：有时它几乎隐藏不见，似乎是在挑战观众去把它找出来，而有时它却肆无忌惮地占据画面的主要地位。[2] 对这个绘画对象的关注，使得北斋能够充分炫耀自己在过去50年中掌握的多种技术。他没能成功复兴彩色印刷品，或将其变成一种备受推崇的艺术形式；但他成功展示出，即使在现在，在19世纪上半叶，彩色印刷也可以在一位卓有成就的工匠和艺术家手中发挥出惊人效果。

北斋的《富岳三十六景》在彩色印刷史和他自己的职业生涯中都是一项大器晚成之作。回顾自己的一生，他特别提到了自己对完美的追求：

> 从6岁起，我就喜欢临摹各种事物的形式，从大约50岁开始，我的图画经常被出版；但直到70岁之前，我画的任何东西都不值一提。到了73岁，我终于能够理解植物树木的生长，以及鸟类、动物、昆虫和鱼类的结构。所以到了80岁时，我希望能取得越来越大的进步，90岁时希望自己能更深入地了解事物的基本原理。这样的话，在100岁时，我的艺术将达到一种神圣的境界。在我110岁时，每一点

---

1 Thompson, *Hokusai*, 73.
2 *Ibid*, 21, 73.

和每一笔都会犹如具有生命。[1]

事实证明，北斋漫长且高产的一生代表了一个时代。他于1849年去世，享年88岁，当时日本的自我理解正受到来自外界的猛烈挑战。

日本是岛国，但这并不意味着它曾经孤立绝世。它与韩国和中国之间仅隔着一条狭窄海峡，通过自己对中国派遣使团而成为中华文化圈（Sinosphere）的一部分，而南部的一系列岛屿则与中国台湾省和菲律宾建立了联系。日本的地理位置使它能够兼顾两种职责：保持相对孤立，同时与邻国开展交流。

1543年，一艘由中国船员和三名葡萄牙商人驾驶的中国帆船被吹离航线，在种子岛登陆，从而为这个长期建立的文化联系网络增添了一个新的环节。[2] 葡萄牙人带来了火器，这些火器很快被日本军阀和基督教士热切使用。这也让葡萄牙国王觉察到了一个新的机遇。葡萄牙人以南亚次大陆的果阿为基地，派遣了更多船只前往日本，即使这些船只不受欢迎。但是，葡萄牙人善于利用内部冲突，能够利用日本和中国之间的裂痕和日本内部的分歧来确保他们的贸易地位。（仅仅几年后，当路易斯·德·卡蒙斯在果阿登陆时，日本已成为葡萄牙贸易网络的一部分。）

日本与葡萄牙和其他西方列强之间的交往显然是好坏参半的，但一场酝酿中的内战暂时让它任由这些入侵者摆布。这种被动默许的时期并没有持续多久。内战结束，新的封建军事秩序建立，由天皇主持。然而，真正的权力掌握在实际管理国家的幕府家族手中，他们现在能够转而关注抵达

---

1 Timothy Clark, "Late Hokusai, Backwards," in Timothy Clark, ed., *Hokusai: Beyond the Great Wave* (London: Thames & Hudson, 2017), 12–27, esp. 21.
2 Kenneth G. Henshall, *A History of Japan: From Stone Age to Superpower* (New York: Palgrave Macmillan, 2004), 43.

第十四章　日本巨浪迅速席卷世界

其海岸的船只，这些船只数量日增，并将其商品强买强卖给当地人民。新上台的统治者决定尽量减少日本与外来贸易帝国的接触。现有的交流，包括与葡萄牙人的交流，都受到严格管制，外国传教士被驱逐出境，基督教被禁止，疑似基督徒的人都会被杀害。从1621年开始，未经特别许可，日本人被禁止出国旅行或登上外国船只。到1635年，仅有来自中国和韩国的船只才被允许停泊并派人上岸。但当时还有一个例外：荷兰人，他们创建了自己的贸易公司："VOC"（这是联合东印度公司荷兰语名字的简称），并被允许在长崎湾的出岛上维持贸易定居点。[1]

在此后两百年里，出岛是日本与西方的主要接触点。通过出岛，日本得以追踪国外发生的事件，而荷兰水手和VOC的军官则向欧洲的国内受众提供关于日本的信息。出岛也是欧洲"日本热"（japonaiserie）的源泉，尽管能够进入这个小型荷兰人定居点人都会受到严格控制，并且人数极其有限，但这也可能是着迷的原因所在。[2]通过被称为"长崎绘"的彩色版画，出岛在日本其他地区也得以被人知晓。这种版画对这个荷兰飞地的生活进行了独具风格的描绘。[3]这些欧洲版画是日本版画家对西方绘画感兴趣的原因之一，关注对象也包括中心透视技术。

北斋就是其中之一。他的一位学生曾将日本的多色版画技术应用于西式绘画。为了不被自己的学生超越，北斋也亲身尝试了这项技术。在他的《富岳三十六景》中，有些景色是围绕着一个中央灭点构造的，而另一些则以中国传统绘画为蓝本，让观众可以对这两种传统进行平行比较。

虽然北斋通过出岛吸收了一些西方的影响，但荷兰人的定居点也是西

---

[1] Henshall, *History of Japan*, 58. Also see David J. Lu, *Japan: A Documentary History*, vol. 1 (New York: Routledge, 2015), 220ff.

[2] 关于这一时期交换文化产品的种类说明，参见 Marius B. Jansen, *The Cambridge History of Japan*, vol. 5, *The Nineteenth Century* (Cambridge: Cambridge University Press, 2008), 436。

[3] Davis, *Partners in Print*, 63.

253

254 日本多色版画艺术家描绘的一名荷兰男子，住在长崎附近的荷兰贸易站出岛。在日语标题中，这名男子被标识为"船长"。描绘外国水手（主要是荷兰人和中国人）的日式多色版画被称为"长崎绘"（阿姆斯特丹国立博物馆）

方了解日本多色版画的方式。荷兰人获得了其中一些画作，甚至还可能委托其他画作在西方出售。北斋的《富岳三十六景》可能也是最早以此方式传到西方的版画之一。

作为日本唯一的欧洲贸易定居点，出岛的地位保持了两百年之久，其中偶尔会受到英国海军的挑战。但到头来，迫使日本扩大贸易权的并不是大英帝国，也不是任何其他具有帝国野心的欧洲国家，而是美国。

马修·佩里一直是一个现代化推行者（modernizer）。在他职业生涯的大部分时间里，他把这种冲动用在美国海军那里，为他们监督制造了美国第二艘轮船"富尔顿号"，成为传奇般的"蒸汽海军之父"。（他还对美国海军学院的课程进行了现代化改造。）在美国对墨西哥的战争中，他测试了这支现代化海军的有效性，指挥队伍进攻并占领了墨西哥南部的塔巴斯科州。

美墨战争结束之后，佩里将目光投向了其他目标。1852年，他从菲尔莫尔总统那里收到一项命令：通过所谓"炮舰外交"（gunboat diplomacy）迫使日本与美国建立贸易关系。他驾驶自己的蒸汽护卫舰前往被葡萄牙殖民统治的澳门，然后从那里前往南部的冲绳岛（Okinawa），并于1853年抵达那里。在冲绳建立基地后，他在日本首都众目睽睽之下驶入江户湾，并在军事演习中炫耀了他的枪炮火力。此后不久，他被允许登陆。1854年，他带着九艘船返回，在江户以南的神奈川县（Kanagawa）上岸《神奈川冲浪里》的背景正是此地）。佩里强加给日本的条约被称为《神奈川公约》(the Convention of Kanagawa)，有效地结束了日本对其贸易关系的控制，并确立了美国在两个港口的贸易权。

如果说在 1854 年之前，日本与西方之间的贸易只是涓涓细流，那么现在它变成了滔天洪水。各式各样的货物在这两个港口流动穿梭，满足了西方人对日本产品的兴趣，其中以多色印刷品为主。它们的优雅设计、醒目色彩和独特图案在西方人眼中似乎具有典型的日本特性。这些版画是被称为"日本热"的疯狂迷恋的一部分，这个词描述的是对日本一切事物的狂热沉迷。北斋的《富岳三十六景》就是一个典型的例子。浮世绘并不代表日本传统绘画，它其实是一种更为近代、商业与流行的艺术形式，但这并不重要。在北斋等艺术家的手中，多色版画艺术家实际上已经融合了一些西方技术，而这也并不重要。唯一重要的是这个系列很容易复制，这就是为什么这些画作，尤其是《神奈川冲浪里》，如其全名所示，得以比其他任何画作都更能代表日本，走向一个恰好被《神奈川公约》重塑的世界。

如果说佩里的条约对西方艺术有显著影响的话，那么它对日本的影响则要大得多："这就像香槟酒瓶刚挤出自己的软木塞而发出的嘶嘶声响。"[1] 写下这句诗的人是欧内斯特·费诺洛萨，他身处了解情况的极佳位置。尽管自己没有参与《神奈川公约》的签署，但他也成了在日本觉醒之时改变这个国家的美国人之一。费诺洛萨虽然没有亲自打开那瓶香槟，但他也在

---

[1] Ernest F. Fenollosa, *Chinese Written Character as a Medium for Poetry* (New York: Fordham, 2008), 149.

那里参加了派对。

这个派对并不适合每个人，费诺洛萨早就知道这一点。佩里的炮舰外交证明日本的旧有军事政府十分软弱，等级制度森严，效率低下，极不平等。限制与外界人士接触也许是这个政府最不重要的发展障碍。这个政权垮台之后，日本的新统治者就马上意识到这个国家需要现代化。[1]他们邀请外国人向他们传授关于西方的一切知识，受邀者也包括费诺洛萨。他在那里停留的时间比预期的要长得多，而其带来的影响是他自己绝对无法想象的。

费诺洛萨出生于塞勒姆（当时是波士顿北部的一个繁荣世故的港口城市），父亲是移民。他曾经就读于哈佛大学，在那里接受了曾在乔治·艾略特思想轨迹上出现的一些新的进步思想家的教育，其中包括达尔文、斯宾塞和黑格尔。[2]这些正是如今的日本渴求了解的人物。为了促进这种知识转移，日本天皇创建了一所新的大学，并邀请年轻的费诺洛萨在那里任教。费诺洛萨不久之前娶了伊丽莎白·古德休·米利特，于是这对夫妇决定搬到日本。

尽管费诺洛萨在日本教授最新的现代思想，但他真正的热情在于艺术。他的女儿布伦达出生在东京，后来她这样回忆起他们的家庭：

> 我们的房子里不时摆满了艺术品：金箔屏风，上面用绚丽色彩描绘了日本生活、鸟类和风景；在华丽的锦缎框架中有许多挂物；许多著名艺术家的木刻版画；日本人燃烧木炭的青铜火盆，他们坐在软垫上，温暖双手；青铜花瓶和青铜烛台；寺庙里的青铜钟；黄铜和银香炉；景泰蓝托盘和盒子、精美漆器和种类繁多的瓷器。它们

1　Henshall, *History of Japan*, 79.
2　Van Wyck Brooks, *Fenollosa and his Circle: With Other Essays in Biography* (New York: Dutton, 1962), 7. 也可参见 Henshall, *History of Japan*, 81。

真是太棒了，看着这里的每一件新物品，我是多么自豪！但它们神秘地消失了，又被其他物品替代，直到后来的物品也如同之前的一样离去。[1]

费诺洛萨沉浸在日本的历史中，把自己的房子变成了一座私人博物馆，其中也收入了木刻版画。在移居日本之前，他曾在波士顿著名的美术博物馆附属学校学习。在日本，他发现自己面临着一个深厚复杂，而自己却知之甚少的艺术传统。他决定要尽其所能地深入了解它。首先，他向不同的老师学习日本艺术史，结果发现要了解这段历史还需要了解其中国源头。他不满足于对这两种传统的学术研究，去上了水墨画课，获得了作为画家的重要技能。后来，他采取同样的方法结合历史研究与实践指导来学习高度风格化的能剧（这是比歌舞伎更为优雅，更具宫廷气息的艺术），还达到几乎专业的水平。他被赞誉为比之前任何人都更了解这项高难度艺术的外国人。[2]

费诺洛萨对日本历史的兴趣使他成为一位臭名昭著的古怪人物：一个古文物研究者。[3]佩里的炮舰外交导致日本开始贬低自身的传统艺术，这些艺术被视为与旧幕府政权和封闭自守的上一个时代同样陈腐过时。虽然费诺洛萨本人就是这种西式现代化运动的产物，但他还是开始寻找来自遥远过去的那些备受忽视或被锁在一边的物品，希望让它们重见天日。

1884年夏天，费诺洛萨在中央政府的授权下前往法隆寺，要求僧侣们打开神龛，让他检查他们的雕像。[4]对于僧侣们来说，这几乎是亵渎神明之事，因此他们极为不满。但费诺洛萨仗着自己有政府函件，坚持一定要这样做。

---

1 Brooks, *Fenollosa and his Circle*, 58.
2 *Ibid*, 34.
3 Ernest F. Fenollosa, *Epochs of Chinese and Japanese Art: An Outline History of East Asiatic Design* (London: Heinemann, 1912), xiiiv.
4 *Ibid*, 50.

我们最后获胜了，而我永远不会忘记我们当时的感受，当时那把废弃已久的钥匙在生锈的锁里面嘎吱作响。在神龛内出现了一个高大的物体，它被棉布紧紧地包裹着，上面是多年以来积聚的灰尘。要拆开看到里面的东西并非易事，大约有500码的布包在上面，我们的眼睛和鼻孔有被刺鼻灰尘呛到的危险。但包布的最后一层终于脱落了，这座世界上独一无二的奇妙雕像，几个世纪以来首次出现在人类视线当中。它比真人高一点，但背面是空心的，用某种硬木雕刻而成，上面覆盖着一层镀金，现在成了黄铜色。头上装饰着一顶精美的韩国镂空镀金黄铜皇冠，上面挂着相同材料的长飘带，上面镶嵌着珠宝。但最吸引我们的是这个作品的美学奇迹。[1]

费诺洛萨在继续赞美这座雕像、其线条比例、其姿态和脸上的微笑时，呈现出让人着迷的发现之感。在同样的几页之中，他这座雕像与希腊艺术的精华、达芬奇的《蒙娜丽莎》、亚眠的哥特式雕像和古老的埃及艺术进行了比较。费诺洛萨已经成为一个发现者，欣喜于寻获类似这尊雕像的物件。他的脑海中会浮现出特洛伊的大胆挖掘者施利曼，也就毫不奇怪了。[2]

在开展这项挖掘（或打开）过去物品的使命时，费诺洛萨受到一种不同的西方思想的激励——这种思想不是他应该教授的达尔文和斯宾塞的理念，而是关于过去的新科学。为此，他帮助创建了东京美术学院和东京帝国博物馆，从而将这些19世纪的机构及其独特的处理过去的方法带到了日本。在类似冲动的驱使之下，他创建了一项国宝清单，在寺院和阁楼上寻找它们，韩国佛陀雕塑启发他寻找更多这样的物品。他帮助起草了一部保护寺庙和艺术品的法律。日本天皇，也许是为了承认这门关于过去的新

---

[1] Fenollosa, *Epochs*, 50.
[2] *Ibid*, 53.

科学，称赞费诺洛萨（根据费诺洛萨自己的记载）："你教会了我的臣民了解他们自己的艺术。我吩咐你，回自己的国家之后也要继续教导他们。"[1]

但是，费诺洛萨带回家的所有画作和物品究竟有何遭遇？或者更确切地说，为什么它们总是像他女儿所记得的那样不断被运来然后又消失？费诺洛萨是否将他的房子用作未来东京美术馆的仓库？很遗憾，没有。费诺洛萨利用日本艺术暂时贬值的机会，创造了自己的收藏，然后卖给了波士顿的一位富有的收藏家。费诺洛萨-威尔德藏品，包括共计948件文物，现在构成了波士顿美术博物馆东亚藏品的基础。（其他物品被卖到纽约。）因此，费诺洛萨的立场非常模棱两可：白天，他是外国思想涌入的一部分，这种涌入导致日本传统艺术贬值；到了晚上，他通过贱买贵卖从中获利。尽管他真的关心保存文物，建造了博物馆，还试图通过应用关于过去的新科学来提升日本艺术的地位，并因其努力在日本受到尊重。

从日本回国后，费诺洛萨成为波士顿美术博物馆东方艺术部的策展人。他在离婚（当时仍然是一个大丑闻）之后被解雇。在余生中，他策划展览，发表演讲，在日本和西方之间穿梭，并撰写了一部全面的中国和日本艺术史，以无与伦比的洞察力和复杂性向西方观众介绍了这一主题。费诺洛萨并没有否定北斋的《神奈川冲浪里》等流行作品——相反，他将画家纳入了多色版画展览——但他确保这幅画不会主导或定义日本艺术。如果说有什么不同的话，那就是他直截了当地记录了富士山的木版画多么不寻常，与日本视觉艺术传统又有多大不同。

所有中间人都是模棱两可的人物。费诺洛萨作为现代化入侵的一部分前往亚洲，却深深参与到亚洲历史中。他购买和出口日本艺术珍品，却根据19世纪西方关于如何对待过去的观念，帮助日本建立了保护自己遗产

---

[1] Fenollosa, *Epochs*, xviii.

的机构。他发现了宝藏，有时却也遭到其主人的抵制，他们宁愿让这些宝藏留在自己的神殿里。他在日本传授斯宾塞等西方人物的思想，然后又花了大半辈子向西方教授亚洲艺术史。费诺洛萨几乎参与了所有与过去相关的活动：他从过去挖掘出作品，并在十分可疑的历史环境中得到它们。他出售并展示了自己的收购品，还专心致志、满怀热情地研究它们。他毕生的工作展示了这些活动令人钦佩和应受谴责的一切状况。

作为译者，费诺洛萨还有另一个角色要扮演——或者更确切地说，他的第二任妻子，玛丽·麦克尼尔·费诺洛萨扮演了这个角色。1908年费诺洛萨去世时，留下了许多未发表的笔记、翻译、手记、讲稿和书稿。玛丽应该如何处理它们？她一直在追寻自己的作家生涯，以笔名悉尼·麦考尔出版了几部小说，其中有些以日本为背景。作为一名对亚洲艺术有一定了解的作家，她认为自己可能会尝试完成已故丈夫部分正在进行的作品。她首先处理的是其中最大的项目：他未完成的，试图呈现的一部宏伟的多卷本《亚洲艺术史》。玛丽·麦克尼尔·费诺洛萨投入了大量的时间和精力，设法完成了这项工作，甚至在1912年出版之前回到日本检查了史实细节，并附上了自己的序言。这部作品将某程度上受黑格尔启发的世界历史和对美学的详细讨论结合起来，迅速成为亚洲艺术的标准介绍读物，时至今日仍具有试金石一般的重要地位。

这项艰巨的任务完成了，玛丽·麦克尼尔一边继续以笔名出版小说，一边开始找一个人来接手翻译她已故丈夫的中国诗歌和日本能剧。她最终选择了一个住在伦敦，名叫埃兹拉·庞德的美国诗人。这是一个很不寻常的选择。庞德既不是日本专家，也不是中国专家，更不懂日语或者中文。但他开始以诗人的身份发展事业，在鲜明简单的图像基础之上提出了一种被称为"意象主义"（imagism）的新方法。作为一名作家和诗人，玛丽·麦克尼尔认为，尽管有明显不足，但他是这份工作的合适人选。几十年后，庞德自豪地回忆说："大约在1913年，在萨罗吉尼·奈杜的家里见到费诺洛萨夫人后，她读了我的一些诗句，并认为我是'唯一可以按照她已故丈夫的意愿处理他的笔记本的人'。"[1] 尽管庞德的自我赞誉相当烦人，但他的说法并没错：玛丽·麦克尼尔做出了一个英明选择。

庞德使用了费诺洛萨自己的直译和转录，并将它们变成了他自己一直在完善的那种诗歌。这项工作不同寻常，既非权威翻译版本，也非原创诗歌作品。艾米·洛威尔本人是一位意象主义诗人，她在写给她的朋友弗洛伦斯·艾斯考夫的信中说："[庞德]完全从费诺洛萨教授那里得到他的东西，他们本来就不是中国人，天知道在中文原版和费诺洛萨教授的日本原版之间经过了多少修改。其次，埃兹拉对这些诗歌做出了详细阐述，这些阐述虽然是优秀的诗歌，但并非这些中国诗人的翻译。"[2] 这封信字里行间充分说明了洛威尔与庞德的竞争关系，而洛威尔的确说得很对。庞德的创作不是翻译；他确实从费诺洛萨那里得到了很多；正如洛威尔承认的那样，结果的确曾经极为出色。主要的问题是如何来称呼它。庞德的亲密合作者T. S. 艾略特故意挑衅地宣称庞德是"我们这个时代中国诗歌的发明者"[3]。回想起来，对于中国诗歌、日本能剧、费诺洛萨、他的老师们、玛丽·麦克尼尔以及埃兹拉·庞德不寻常的混搭中所发生的事情，可以有一个更好的名字来描述：现代主义（modernism）。

对同样的想法，庞德提出了一个不同的口号："日日求新！"（Make it new!）从一个角度来看，现代主义是故意抛弃过去的尝试。当然，就其本身而言，这并不是什么新鲜事。自从纳芙蒂蒂和埃赫那顿决定从金字塔的阴影下走出来，开创新的城市、新的建筑、新的神灵和新的艺术形式以

---

[1] Fenollosa, *Chinese Written Character*, 2.
[2] Achilles Fang, "Fenollosa and Pound," *Harvard Journal of Asiatic Studies* 20, no. 1–2 (June 1957): 123–238, esp. 216.
[3] Hugh Kenner, *The Pound Era* (Berkeley: University of California Press, 1971), 192.

来，人类就这样做了。但大约在 19 和 20 世纪之交，过去获得了一种全新的、压倒性的力量。在许多感到自己处于进步轨道上的国家，无论是通过政治解放、工业化还是外国力量，过去都在博物馆和图书馆等机构中被恢复和展示，并被关于过去的科学带入一个系统。现代主义将自己定义为这些文化储存机构的对立面，与工业的进步运动共同奋斗。艺术不再和传统并肩而行，它现在站在进步的那一方，同行的还有解放和机器。

庞德是这场运动的先锋。事实上，这就是一些现代主义激进分子对自己的称呼：先锋派（the avant-garde）。这个词最初用来形容一支军队的先遣队，先锋派也觉得自己走在了前面，抛弃了传统和广大中产阶级乃至大众的品味。[1]

但是，现代主义不仅是对过去的拒绝，正如费诺洛萨笔记所促成的罕见合作所表明的那样。庞德等现代主义者不仅以博物馆的形式面对过去，他们也常常面对通过殖民冒险和全球贸易如洪水一般涌入西方的遥远文化的艺术创作，而且往往是首次遇到。一些西方观察家早就感受到了这场洪涛的涓涓细流：德国作家约翰·沃尔夫冈·冯·歌德在接触梵文戏剧、波斯和阿拉伯诗歌以及中国小说后，于 1827 年创造了"世界文学"（world literature）一词。西方艺术已经变得自满孤立，被迫从遥远之地吸收越来越多的杰出作品和流行艺术——其中一些是最近发掘出来的，如《吉尔伽美什史诗》；一些最近被翻译，如清少纳言的《枕草子》和紫式部的《源氏物语》（这两部作品的翻译都是在佩里的炮舰外交之后才开始的，这要感谢费诺洛萨等中间人）；还有一些是最近才在世界范围内流通发行的，例如北斋的《神奈川冲浪里》。

其结果是对传统的彻底粉碎。这种粉碎可以被视为方向的迷失，无法

---

[1] Martin Puchner, *Poetry of the Revolution: Marx, Manifestos, and the Avant-Gardes* (Princeton: Princeton University Press, 2006).

吸收这么多新近可用的艺术品和想法。但它也可以被视为一种解放，允许艺术家尝试新的形式——新与旧、熟悉与陌生的新组合。现代主义者属于第二类：他们认为迷失方向不是灾难，而是一种必要的，甚至受欢迎的条件，一种可以允许新事物出现的条件。这也是埃兹拉·庞德劝诫他的艺术家同行们"日日求新！"的意思：不要抛弃过去，而是以创造性的方式利用时代的迷失感。

庞德还编辑了费诺洛萨翻译的一些能剧，并发表了一篇关于这种不同寻常的戏剧形式的文章。能剧与西方戏剧截然不同：在毫无装饰的舞台上，两边都是音乐家，精心打扮的演员根据数百年前的戏剧经典唱歌、喃喃自语，喊出极为晦涩的台词。他们没有以任何明显的方式模仿角色，而是表现出一组精确规定的手势和姿势，这些手势和姿势具有特定的含义（例如，将一只伸出的手慢慢地移向眼睛表示哭泣）。

这些戏剧通常以鬼魂出没的地方为中心。西方戏剧家已经厌倦了19世纪下半叶的戏剧中日益逼真的布景和对话，他们被这种类型迷住了。在寻求西方现实主义的替代方案后，他们突然得到了一个现成的解决方案。

威廉·巴特勒·叶芝就是其中一位剧作家和导演，同时也是一位诗人。在对不同诗歌风格开展实验之后，他运用由费诺洛萨翻译并由庞德出版的能剧来打造一种新的戏剧风格。他经常选择传统的爱尔兰人物作为戏剧主题，但他围绕他们创作的戏剧，尤其是一部名为《在鹰之井》(At the Hawk's Well)的戏剧十分奇异，风格独特，也极为依赖能乐因素。他如此迷恋这种时代久远的艺术，以至于他聘请了一位日本舞蹈家伊藤道雄在他的剧团中表演。[1] 伊藤没有接受过任何能乐训练，事实上，他是在德国学习

---

1 Martin Puchner, *Stage Fright: Modernism, Anti-Theatricality and Drama* (Baltimore: Johns Hopkins University Press, 2002), 119ff; Carrie J. Preston, *Learning to Kneel: Noh, Modernism, and Journeys in Teaching* (New York: Columbia University Press, 2017).

的相关技艺，但这一点并不重要。叶芝认为，伊藤能够为这些爱尔兰-日本戏剧带来一些受人尊敬的日本传统。随后，伊藤移居好莱坞，并在第二次世界大战后，陪同美国军队前往日本，他在那里为占领军表演：永远是中间人，有时被视为译者，有时被视为叛徒，就像费诺洛萨那样。

在费诺洛萨和伊藤等中间人的带领下，亚洲艺术继续对西方艺术产生颠覆性影响。德国剧作家贝托尔特·布莱希特在俄罗斯观看了中国戏曲演员梅兰芳的演出之后，以他认为的中国戏曲精髓为中心建立了一整套陌生化艺术，中国戏曲的风格化对他的影响，就类似于能剧的风格化对叶芝的那样。事实上，布莱希特也对能剧感兴趣，并写了一部改编的能剧《谷子》(*Taniko*)。[1] 法国先锋派的关键人物、法国挑衅艺术家安东尼·阿尔托在看到巴厘岛皮影戏的表演时，认为这将引导他走出西方文化的死胡同。[2]

与费诺洛萨不同的是，这些人物都未曾得到亚洲艺术的熏陶。他们中的一些人，尤其是庞德，比其他人学到的更多，但他们对外国作品的接受以误解和投射为标志，这是由他们自己对创新的艺术需求所驱动的。各种跨文化相遇一直是这种情况。

即使并非全然如此，我们所说的"现代主义"在很大程度上就是从这些类似经历中诞生的。现代主义通常被描述为一种传播到全球其他地区的西方现象。但是，玛丽·麦克尼尔通过说服庞德使用费诺洛萨的笔记（由费诺洛萨在他的多位日本老师的帮助下所作）所认识到的是，这是一种不同的东西：来自亚洲和西方的传统混合在一起，由不同的中间人创造，有时一起合作，有时是矛盾的产物。所有这些人物所创造的现代主义要比所谓西方出口产品有趣得多；这种混乱非常现代，也非常令人着迷。

---

1 Puchner, *Stage Fright*, 145.
2 Puchner, *Poetry of the Revolution*, 205.

第十五章
尼日利亚独立运动很有戏

奥约国王拉迪博卢一世于 1944 年 12 月 19 日星期二去世。他统治这座城市和大片领土长达 33 年，当晚就被埋葬了。一位国王，尤其是一位在位那么久的国王去世，是一件大事。葬礼所采用复杂的典礼仪式也得到改良，以帮助当地社会适应。王国的最高职位之一是国王骑士，由吉纳杜担任，他享受了赋予任此职位者的众多特权和恩惠。由于国王在位之久非同寻常，吉纳杜享受这些特权的时间也比他合理预期的要长得多。但在一开始，他就知道要为这些特权付出代价：国王死后，国王骑士也必须死，才能带领国王的象征——他的马和狗到达先祖之地。[1] 所以，一听到国王的死讯，吉纳杜就启程前往奥约，并于 1945 年 1 月 4 日抵达，一身白衣，开始在街上跳舞，走向巴守润·拉都坤的房子，准备自杀。

与非洲大部分地区一样，约鲁巴人的奥约帝国在 1884—1885 年的柏

---

1 James Gibbs, *Wole Soyinka* (New York: Macmillan, 1969), 117-118.

林会议上被切分开来。欧洲主要国家在会上瓜分了非洲，将奥约交给了英国人。此次会议正式确立了欧洲对西非的控制，该控制起源于几个世纪前，当时葡萄牙的船只沿着海岸一路向下偷偷探索，寻找通往印度洋的通道。当葡萄牙、西班牙和英国殖民者开始建立贸易站、奴役非洲人并将他们运送到新大陆的甘蔗和棉花种植园工作时，欧洲的入侵就更为变本加厉。（由于讲约鲁巴语的非洲人在被奴役和被运送到新大陆的人中占很大比例，他们的文化在海地和南卡罗来纳州附近的海岛等地留下了十分特别的印记。）

柏林会议使得欧洲对非洲领土的实际控制被正式化。会议结果是随意划定的跨越语言、部落和宗教群体的边界。奥约帝国发现自己成为一个大型行政实体的一部分，这个实体后来成为尼日利亚，一个包含众多群体的庞大国家——有人估计其中有五百多种部落和语言。为了保持对其广阔领土和多种民族的控制，英国人建立了一种间接统治制度，尽可能地保留当地的习俗和法律，提拔愿意与殖民霸主合作的地方统治者。

拉迪博卢国王是这一政策的一个典型例子。他逝世之后，当英国殖民地地区官员麦肯锡上尉得知国王骑士即将自杀时，间接统治和不干涉地方事务的制度遭到严峻考验。他介入此事，下令逮捕国王骑士，从而打断了仪式。[1] 在此过程中，这位地区官员没有意识到自己正在破坏整个政治权威体系的稳定。如何解决这场危机？国王骑士的小儿子穆拉纳找到了一条出路。由于他的父亲被囚禁且无法行动，他决定继承父亲的头衔，并作为新的国王骑士代替父亲自杀。这是一桩绝望之举，却是解决英国干涉造成体系漏洞的唯一可能方法。

围绕拉迪博卢国王、他的骑士和骑士之子发生的事件只是欧洲殖民

---

1 参见 Henry Louis Gates, Jr., "Being, the Will and the Semantics of Death," in Wole Soyinka, *Death and the King's Horseman*, edited by Simon Gikandi (New York: Norton, 2003), 155-163, esp. 155。

史上的一桩小插曲，但这引起了人们的共鸣：殖民统治体系正在崩溃。第一次世界大战结束时，伍德罗·威尔逊将自决原则引入新的国际联盟，这加速了欧洲殖民主义的消亡，提高了自一百多年前海地革命以来一直怀有的民族独立的希望。第二次世界大战将欧洲国家推向了绝境。德国获得殖民地的时间较晚，在两场大战中都是战败方，并且都声称拥有海外财产。两次世界大战也耗尽了其他欧洲帝国，尤其是英国和法国，它们勉强幸存下来，这要归功于俄罗斯和美国。荷兰、比利时、意大利和葡萄牙等较小的殖民势力国家也处于类似境地。此外，海外殖民地，包括拉迪博卢统治下的奥约帝国，也在战争中为其宗主国做出了贡献，而现在他们要求自由作为回报。这些事件导致在其后 20 年里，政治地理学发生了非同寻常的重新洗牌，民族国家的数量翻了两番，从 50 个增加到 200 个。

人们很快发现，政治独立并不足够。新的国家还需要给自己讲述新的故事，并在殖民主义之后的世界中找到新的意义。换言之，他们需要打造新的文化身份。因此，不同的艺术形式，尤其是小说，成为 20 世纪中叶讲故事的主要形式。通过这些小说，来自前殖民地的作家成为他们国家的代言人，试图立足旧有故事，借鉴其他文化来创造新的民族故事，从而追求文化独立。这些作家肩负着极有意义但几乎不可能完成的任务：地方传统在殖民统治时期经常被忽视甚至遭到压制，在这种前提下，他们怎么能指望挖掘出这些传统呢？怎样从被任意殖民边界强迫在一起的不同群体中拼接出一个身份？如何正视殖民主义所带来的暴力历史？前殖民者的文化遗产，包括他们的语言（和词汇），无论是英语、法语、葡萄牙语、荷兰语、德语、意大利语还是西班牙语，都是在学校和离开的殖民者留下的官僚机构中建立的，他们应该在多大程度上依赖这些遗产呢？

加勒比诗人德里克·沃尔科特写了一首关于圣卢西亚的史诗《奥梅罗斯》(*Omeros*)，以荷马为榜样，给普通人起了荷马式的名字，还赋予他们的生活史诗般的尊严。其他艺术家借鉴了其文化本身自有的传统，包括口述故事。在离尼日利亚不远的马里，传统歌手讲述了中世纪国王桑贾塔的故事，现在将这些故事转化为书面文学，从而创造了我们所说的《桑贾塔史诗》(*Th Epic of Sunjata*)。

沃莱·索因卡的职业生涯也受到这些期望和困境的影响。索因卡出生于 1934 年，在殖民时期的尼日利亚度过了成长岁月。他的父母属于一个完全具有殖民统治特征的尼日利亚人阶层：他们都是基督徒，他的父亲是一名教师，母亲来自一个声名卓著的英国国教家庭。[1] 他受到的教育基于一套英语教学大纲，其中也包括了部分希腊文学，其目的在于向殖民地的精英分子提供教育，让他们能够了解殖民者的文化世界。索因卡先后就读于一所高中和伊巴丹政府学院，这两所学校都是这种教育政策的典范。（该类型的殖民课程最初是由麦考利在印度创建的，目的是让殖民地精英成为"英国人"，然后才在英国和整个帝国广泛实施。[2]）

通常，从这个教育体系中脱颖而出的顶尖学生会被邀请到英国住一段时间，索因卡就是其中之一。1954 年，他乘船前往英国，就读于利兹大学。利兹是英格兰前工业中心地带的一座城市，由于在战争期间未受破坏，在战后时期正在蓬勃发展。在那里，他在杰出的莎士比亚学者乔治·威尔逊·奈特的指导下学习了西方戏剧经典作品，尤其是莎士比亚的作品。1957 年从利兹大学毕业后，索因卡开始写剧本，并在伦敦皇家宫廷

---

1 Simon Gikandi, introduction to Soyinka, *Death and the King's Horseman*, xi.
2 Gauri Viswanathan, *Masks of Conquest: Literary Study and British Rule in India* (New York: Columbia University Press, 1989).

第十五章 尼日利亚独立运动很有戏

剧院找到了一份审读剧本的工作，这也加深了他对西方戏剧的了解。

最初，索因卡原本希望回到殖民地，在英国领导的政府中工作，但自战争结束以来一直在加速的反殖民运动突然改变了索因卡的职业发展方向。当他于1960年回国时，尼日利亚刚刚成为独立国家。他没有帮助英国统治这片广阔的领土，而是帮助尼日利亚了解自己的全新的独立特性。索因卡选择完成这项任务的方式是戏剧。这是一桩精明之举。他的尼日利亚同胞钦努阿·阿契贝选择小说作为自己的文学形式，并在独立前两年，即1958年出版了备受赞誉的《瓦解》(Things Fall Apart)。但是，尽管作为一种体裁的小说享有许多优势，包括吸引潜在的大众读者，但它也有一项巨大劣势。在最基本的层面上，它要求人们能够阅读，而这是许多尼日利亚人无法做到的。此外，小说作为一种体裁被视为西方的舶来品（亚洲的非西方小说传统并不广为人知）。阿契贝不得不发挥极大的聪明才智，使这种背着各种殖民包袱的文学形式成为他自己的文学形式。

索因卡意识到这些缺点，认为戏剧可以更容易地利用约鲁巴传统，并以更直接的方式与更广泛的受众交谈。[1] 戏剧也是英国向其殖民地出口产品的一部分，但它并不像小说那样被认为是完全西方的，部分原因是戏剧依赖于音乐，舞蹈和仪式——所有这些都深深植根于约鲁巴世界，尽管索因卡接受过西方教育，但还是通过他的姻亲家庭吸收了约鲁巴文化。他最早的作品之一是《森林之舞》(Dance of the Forest)，显然为尼日利亚独立而作，这是一部围绕着不同部落的聚会展开的节日戏剧，其中引用了许多约鲁巴诗歌、咒语、修辞手法和成语。然而，将这些约鲁巴文化翻译成

---

[1] 要了解索因卡戏剧参与的各个方面，请参见 James Gibbs, "From Broke-Time Bar via the Radio-Station Hold-Up to Oyedipo at Kholoni and Thus Spake Orunmila—An Attempt to Establish a More Comprehensive Awareness of Soyinka's Dramatic Work," in Duro Oni and Bisi Adigun, ed., The Soyinka Impulse: Essays on Wole Soyinka (Ibadan, Nigeria: Bookcraft, 2019): 23–79。

英语带来了一个问题：英语是殖民者的语言。独立后，一些规模不大但政治上活跃的戏剧团体如雨后春笋般涌现，试图通过用尼日利亚语言表演来使尼日利亚的文化去殖民化。杜罗·拉迪波就是这样一位剧作家和戏剧制作人。他的一部著名戏剧叫作 *Oba Waja*，翻译为《国王已死》(*The King Is Dead*)。这对拉迪博卢一世去世，包括英国殖民者的干涉以及骑士儿子之死进行锋芒毕露的戏剧表现。对于拉迪波来说，这完美地描绘了尼日利亚在英国统治下遭受的文化殖民状态，因此是开始文化去殖民化艰难进程的良好开端。该剧写于1964年，即独立四年后，旨在帮助这个新独立的国家应对英国统治的暴力。对于拉迪波来说，用约鲁巴语写作是毋庸置疑的。与索因卡不同，他没有接受过重要的正规英语学校教育，用这种语言写作并不是一项可行选择。他深受约鲁巴口头、书面文学和表演的影响，想向讲约鲁巴语的人发表讲话。而且英语本身自然也带有殖民包袱。

　　文化的去殖民化过程并未止步于对英国暴力的清算。它还涉及恢复因殖民化而被边缘化的文化传统。奥约是非洲这一地区最古老的城市文明之一，可以追溯到公元800—1000年。[1] 它最初是一个受城墙保护的城邦，在1608—1800年间不断扩张，并最终成为一个大型帝国。这段曾经辉煌时期的遗迹现在仍然正在等待被挖掘，其中包括由石头、陶土和木材等耐用材料制成的雕塑。风格和传统的多样性令人震惊，逼真的女性头像可以追溯到11世纪。[2] 同样引人注目的是雕塑和特定仪式中佩戴的面具，它们对人类和动物头像进行了更抽象的描绘。在这些仪式中，以奥约为中心的埃贡贡仪式（the Egungun ritual）尤为重要。它是在一个献给先祖的节日期间

---

[1] Henry John Drewal, John Pemberton III, and Rowland Abiodun, "The Yoruba World," in Allen Wardwell, ed., *Yoruba: Nine Centuries of African Art and Thought* (New York: Abrams, 1989), 13.

[2] Drewal et al., "The Yoruba World," 21.

约鲁巴舞者出于仪式目的佩戴的埃贡贡面具（美国自然博物馆，摄影：Daderot）

尼日利亚奥孙州的陶俑头像碎片（1100—1500）。这座头像说明约鲁巴雕塑在当时已经发展得高度成熟（布鲁克林博物馆）

表演的，人们认为先祖居住在一个看不见的世界当中。为了与那个世界建立联系，仪式表演者通过面具和由覆盖整个身体的一层又一层布制成的精致连衣裙使自己隐形。

在他自己恢复约鲁巴传统和创造独立文化的方法中，索因卡没有跟随拉迪波的语言选择，而是选用了英语。他成立了一个剧团，目标是为新独立的尼日利亚建立英语剧院。语言选择是他对文化融合整体态度的一部分。与其他同时代的人不同，他觉得没有必要放弃他学习吸收到的英国、法国和希腊文学，包括他对莎士比亚的深入研究。英国的殖民统治塑造了他，也塑造了尼日利亚。[1] 获得文化独立并不意味着以某种方式从这段历史

---

[1] 正如尼日利亚知识分子比奥顿·杰伊福果断地指出的那样，英语应该被视为一种非洲语言。Biodun Jeyifo, "English is an African Language—Ka Dupe!: For and against Ngũgĩ," *Journal of African Cultural Studies* 30, no. 2 (2018): 133–147.

中抹去殖民主义，就好像它是可以从伤口中吸走的毒药一样。殖民主义的遗产需要面对，需要克服，但这可以通过利用部分殖民主义文化资源并使其反对殖民者本身来实现。[1]

英国人完全无视当地的多种传统，建立了尼日利亚这个国家，将数百种语言强加于一个实体之中。其中三个主要语种是北部的豪萨语、东部的伊博语和西部的约鲁巴语，这是索因卡的主要文化背景。这些语言身份因为部落和宗教信仰原因进一步复杂化，包括北部的伊斯兰教、基督教（如索因卡的家庭）和各种多神教信仰体系。

在殖民统治期间，这种人为的创造是通过军事力量和支持当地统治者来维持的，例如奥约帝国的拉迪博卢一世。但是，一旦获得独立，这些人为的边界就使建立一套有效的政治体系变得极其困难。这些边界在尼日利亚导致了一场可怕的内战，被称为比亚夫拉战争（the Biafran War, 1967—1970）。在这场内战中，讲伊博语的人试图通过建立比亚夫拉共和国来获得独立，但没有成功。[2] 这场战争导致了广泛暴力和恐怖暴行，伊博地区的伤亡人数最多。[3]

作为一位越来越引人注目的剧作家、作家和知识分子，索因卡试图阻止战争并在双方之间进行调解，结果他被认为对自己的约鲁巴族群不够忠诚并被监禁。他在监狱里度过了 27 个月，主要时间是单独监禁在一个不

---

[1] 这种态度不仅使索因卡与拉迪波发生冲突，而且也造成 20 世纪 30 年代在巴黎成立"黑人性"（négritude）运动的非洲和加勒比知识分子的分歧。（参见 Louis Menand, *The Free World: Art and Thought in the Cold War* [New York: Farrar, Straus, and Giroux, 2021], 398。）索因卡的思路与这个团体的许多意图相同，但他最终认为这项运动使非洲艺术家陷入了纯粹的"防御角色"，这种角色基于两个被称为欧洲和非洲的实体之间的简单对立。Wole Soyinka, "Myth, Literature, and the African World," reprinted in Soyinka, *I Am Because We Are*, edited by Fred Lee Hord and Jonathan Scott Lee (Amherst: University of Massachusetts Press, 2016), 104-113, esp. 106. 在尊重"黑人精神"运动重要性的同时，索因卡想规划一条不同的路线。他还指出，关于黑人愿景的最为教条僵化的陈述是由欧洲白人知识分子做出的。Soyinka, "Myth, Literature, and the African World," 109.
[2] Toyin Falola and Matthew M. Heaton, *The History of Nigeria* (Cambridge: Cambridge University Press, 2008), 158ff.
[3] Falola and Heaton, *History of Nigeria*, 180. 这场战争之可怖在奇玛曼达·恩戈齐·阿迪奇的小说《半轮黄日》中有所描写：*Half of a Yellow Sun* (London: Fourth Estate, 2006).

足 3 平方米的牢房里，他后来在自传作品《此人已死：狱中笔记》[1]中描述了这段艰苦经历。自从索因卡获释以来，他在尼日利亚的生活一直被不同时期的流亡打断，其中许多是敌对的统治者强加给他的，他们无法容忍这位无所畏惧的作家，这位最早批评非洲独裁者崛起的剧作家之一。[2]

可怕的内战岁月和牢狱之灾使索因卡对文化独立的态度更加坚定。它们证明了殖民主义的遗产是多么阴险狡诈，像尼日利亚这样的实体要成为正常运作的国家是多么困难，甚至几乎不可能。矛盾的是，这种政治和语言现实也是索因卡继续用英语写作的原因，尽管英语有其殖民遗产痕迹，但这是他能够跨越不同语言群体进行交流的原因。（有时，索因卡主张使用斯瓦希里语作为整个非洲的通用语。）时至今日，他一直对前殖民者任意划定的边界表示遗憾，并希望非洲人能够重新构想这片大陆的政治组织，超越殖民主义遗留下来的边界。与此同时，他也参加了备受瞩目的辩论，例如与尼日利亚知识分子比奥顿·杰伊福就马克思主义开展的辩论。

成为尼日利亚最重要的作家和持不同政见者群体中的一份子之后，索因卡想起了奥约国王、他的骑士和骑士之子的故事，拉迪波对这些事件的戏剧化呈现令人难忘。索因卡决定自己改编这些材料，于是写成了《死亡与国王的侍从》(Death and the King's Horseman, 1974)。[3] 该剧以新的方式探索了他与殖民主义、约鲁巴文化和戏剧的关系。这最终定义了他的职业生涯，并获得了诺贝尔文学奖，使他成为首位获此殊荣的非洲作家。

故事的内容框架保持不变：国王逝世，地方官员通过逮捕国王骑士进

---

[1] Wole Soyinka, *The Man Died: His Classic Prison Writings* (London: Rex Collings, 1997). 有关这一时期的进一步描述，参见 Lucy K. Hayden, "'The Man Died': Prison Notes of Wole Soyinka: A Recorder and Visionary," *CLA Journal*, 18, no. 4 (June 1975): 542–552.
[2] 介绍索因卡政治工作的最佳书籍是 Biodun Jeyifo, *Wole Soyinka: Politics, Poetics and Postcolonialism* (New York: Cambridge University Press, 2004).
[3] 此书中文译本标题为《死亡与国王的侍从》（译者蔡宜刚，湖南文艺出版社，2004 年）。——译者注

行干预，防止他自杀，从而促使了国王骑士的儿子代父自杀。在这个基本大纲之中，索因卡编织了多层纠缠关系，防止观众将戏剧简化为傲慢殖民者与殖民受害者之间的简单对抗。

索因卡的第一个改变在于对地区官员妻子的描写：她不再是拉迪波笔下那位控制欲强且无知愚昧的恶人角色，而成为一个富有同情心的英国人，至少试图了解正在发生的事情。在一个关键场景中，她和国王骑士的儿子就仪式自杀的伦理问题进行辩论，儿子提请她注意战争期间英国人大力褒奖的自我牺牲的英雄行径。"［停顿片刻后］也许我现在可以理解你了。"她让步了，尽管她对约鲁巴传统的理解仍然有限。[1]

这一变化使地区官员成为干预的主要执行者，但即使是他也通过另一个情节改变而被描绘得稍带几分同情：国王骑士之子原来是他的徒弟；地区官员曾经为这个儿子提供机会去英国学医。在拉迪波的版本中，儿子在加纳的一家酒吧里听说了国王的死讯。而在索因卡的版本中，他从英国赶回家中——这个人物像索因卡本人那样，了解两个世界，并发现自己不得不在两者之间进行调解。因此，骑士之子是一个现代化的人物，他发现自己处于不同文化之间，也许梦想着一个两种不同经历共存的未来。然而，这个未来被地区官员打断自杀仪式的做法夺走，这迫使儿子挽救传统，一项他自己也与之保持距离的传统。

英国的干涉仍然是该剧的导火索，但索因卡也完善了国王骑士的形象。在他的版本中，破坏葬礼仪式并强迫自杀的不仅是来自外部的干预。其中，国王的骑士本人也有过疑虑、犹豫，他还通过认领一个年轻新娘而推迟仪式。即使没有外部干涉，也会出现问题——旧的方式不再被毫无疑问地全盘接受。这几乎就像国王骑士自己要求被地区官员逮捕，这样他就

---

[1] Soyinka, *Death and the King's Horseman*, 44.

不必自杀了。当儿子最终接替父亲自杀时，他修补完善的不仅是地区官员和其妻子打破的东西，还有他自己的父亲所打破的东西。

索因卡对这些事件的历史背景并不特别感兴趣（比如他把年份弄错了），但他捕捉到了事件更为广泛的意义：在20世纪上半叶，自杀仪式的必要性受到质疑，并且我们有理由相信这种做法可能已经有所变化。英国的干涉不仅迫使儿子完成这一行为，它也阻止了仪式经历自己逐渐转变和现代化的过程。

这些变化使该剧变得更加复杂、纠结，更具悲剧性。但仅凭这些变化，《死亡与国王的侍从》也无法成为一部杰作，成为20世纪最伟大的戏剧之一。在改写国王骑士的故事时，索因卡调动了他对戏剧和传统的了解，并通过这部作品深入研究调查仪式。仪式可以说是人类最古老的意义创造形式。

索因卡的关键见解是，骑士自杀并不是唯一进行的仪式。如果这样想的话，就意味着接受约鲁巴人，或者更普通的非洲人，是唯一的进行仪式的人，而殖民者是打断仪式的人。这正是殖民主义心态，索因卡试图动摇的心态所暗示的。为了干扰这种心态，他的做法不仅是表明打断仪式是不好的，也还要表明那些不了解仪式如何深刻地组织所有社会的人多么无知，其中也包括英国人。

在分析冲突的仪式层面时，索因卡借鉴了人类学的观点，即所有文化都基于象征性行动。这门学科在19世纪构思时花了一段时间才得出这种见解。当（主要是西方的）考古学家、收藏家、图书馆员和译员忙于从（大部分）非西方世界恢复废墟、雕塑和手稿时，另一组学者瞄准了非物质的实践和信仰体系。他们试图了解非西方人的信仰以及他们的生活方式，从而形成了人类学这门新学科。

最初的想法是，一些非西方群体的生活仿佛处于人类发展的早期阶段，这让人类学家有机会恢复对前现代所有人类生活方式的理解。研究这一点的唯一方法是与偏远的部落一起生活，了解他们如何看待世界。他们是如何组织社会的，他们的信仰体系是什么，他们的"原始"心态是什么？人类学家制定了一套流程，这样他们就不会将自己的制度和价值观投射到这些社会上。他们把这些看作石器时代的珍贵遗迹，可以让机器时代的人类学家瞥见他们自己的过去。[1]

通过研究活生生的文物来研究过去，是基于"先进文明"或"高雅文化"的概念，即非凡艺术家的惊人成就，是先进文明的巅峰。这些可能包括最伟大的寺庙和教堂、雕塑和绘画的杰作、最宏伟的交响乐和最重要的文学作品。所谓伟大，究竟是根据谁的标准来决定的？通常来说，是西方文化建立了这些排名，其中包括过去的精选文化，例如希腊或埃及，这些文化被认为是现代欧洲的文化源泉。荷马史诗中描绘的青铜时代的希腊可以说比中世纪的阿拉伯更加远离现代欧洲，这并不重要。希腊只是被追溯为欧洲的起源，而欧洲这个概念在当时甚至不存在，但这也无关紧要。

但是，尽管文化杰作的概念是欧洲及其文化起源的建构概念的关键，但杰作的概念原则上可以扩展到其他文化。因此，考古学家和图书馆员开始寻找被埋葬或被遗忘的杰作，如纳芙蒂蒂的半身像、阿兹特克的抄本、佛教寺庙或约鲁巴雕塑。

这种"文化巅峰"方法，即使是相关扩展方式，也存在一个问题。它无法很好地解释那些没有发展出欧洲文化形式的社会。例如，没有文字的游牧民族或半游牧民族被认为生活在文化的早前阶段，尚未达到古埃及、唐代中国或15世纪墨西哥的水平，更不用说现代伦敦或巴黎了。

---

[1] 在19世纪，这种方法被称为文化进化论（cultural evolutionism）。

第十五章　尼日利亚独立运动很有戏

在20世纪，面对文化的去殖民化运动，人类学发生了变化。研究孤立的人类群体可以让你进入遥远过去的想法变得越来越可疑。它基于一种殖民心态，将"先进"的西方世界与遥远过去的"原始"残余对立起来。作为回应，新一代人类学家抛弃了"高雅文化"的概念，转而关注信仰结构，尤其是亲属系统。所有社会都有这些系统，所以研究它们并不意味着接受区分发达国家和那些还没赶上国家的那种旧殖民主义思维方式。[1]

因此，文化不再是只有特定文化中的特定个人才能达到的创造顶峰：现在所有人类都拥有文化。它体现在他们吃的和他们拒绝吃的食物中；在他们的居住方式中；在他们所讲的故事中，无论是口头的还是书面的；在各种信仰体系中；在舞蹈、音乐和仪式中。[2]

新的人类学方法是如此强大，以至于其他学科都借鉴了它，包括社会学。通过这项工作，一些意想不到的事情发生了：人类学家开始将注意力转向他们自己的社会。如果说只专注于在国外发现被遗忘的杰作不再具有意义，那么只关注国内的杰作也许也没有意义？如果所有人类群体都产生了文化，那么这意味着文化不仅仅发生在博物馆、音乐厅和图书馆中——它无处不在。

有时，人类学家和社会学家会借鉴19世纪对欧洲民间艺术感兴趣的学者，从此刻开始研究英国和其他欧洲国家，使用他们在研究殖民文化时所开发的相同工具，分析饮食习惯、口味、价值体系、信仰和仪式，包括迄今为止被排除在文化领域之外的工人阶级。[3] 这种内向的转变有时被嘲笑为文化相对主义：一种所有文化都是平等的观念。但这种描述只是部分正

---

[1] 这种新方法由德国出生的美国人类学家弗朗茨·博阿斯（Franz Boas）开创，并由A. L. 克罗伯（A. L. Kroeber）进一步发展。
[2] 美国人类学家玛格丽特·米德（Margaret Mead）是这一运动的先驱之一。另一种变体被称为社会人类学，由法国结构主义者克劳德·列维-斯特劳斯建立。
[3] Raymond Williams, *Culture and Society: 1780–1950* (London: Chatto and Windus, 1958).

确的；只有当通过旧有的"顶峰"模型的视角来观察时，这种方法看起来才是相对主义的。

事实上，这两种文化概念是可以结合在一起的。没有旧的文化等级制度羁绊，各种非凡作品仍然可以被欣赏为非同凡响。人们可以将像《桑贾塔》这样的口头史诗视为马里文化的至高体现，或者仔细讨论埃贡贡面具深深植根于约鲁巴传统仪式的意义，而不必担心它们是否与中国的瓷器或埃及的死亡面具"一样好"。"是否和它们一样好？"这个问题已经没有意义了。作品之所以值得关注，原因各不相同，有时是因为它们在所产生的文化之中特别受重视，有时是因为它们迷住了外国访客（如身处印度的玄奘）。有时是因为，就像北斋的《神奈川冲浪里》那样，它们在文化内外广泛流传，但不一定被认为是"最好的"，甚至是典型的。正如索因卡在其最近的一本著作中所说，文化相对主义只能是探索文化的开始，而不是结束。[1] 我这本书也基于同样的假设。

索因卡在《死亡与国王的侍从》中所做的，正是用人类学的视野转向观察英格兰。英国殖民者在驻地举行了一场精心准备的假面舞会，以庆祝一位皇室王子的访问。他们穿着各种礼服和戏服聚集在一起，表演特定的舞蹈动作，以纪念这个重要的、象征性的时刻。一个乐队演奏了蹩脚的《不列颠万岁》(*Rule, Britannica!*)。参与者经历了索因卡所说的"介绍仪式"，逐一被隆重地介绍给王子。地区官员和他的妻子戴着约鲁巴头饰，这些头饰与一年一度的节日有关，以纪念已故的先祖。显然，他们对这个仪式一无所知，但他们表面上模仿了一些动作，试图取悦王子和其他殖民者。这个充满古韵的仪式随后被国王葬礼造成的各种麻烦打断了。此时此

---

1 Wole Soyinka, *Of Africa* (New Haven: Yale University Press, 2012), 177.

刻，两个被自己的仪式束缚的社会相互对峙，造成了毁灭性的影响。

文化的冲突并非不可避免：它是由无知（人类学家和艺术家，比如索因卡，试图反对的那种无知）带来的。英国人对自己的仪式视而不见，轻率地干涉约鲁巴人的习俗，错误地认为任何仪式都是过时和野蛮的。很快，从英国回来的国王骑士之子将向这些英国人还有各位观众讲述他们穿着约鲁巴服装所犯下的亵渎行为。索因卡向我们展示了一个由仪式维系在一起的世界；我们需要的是在其中指引方向的地图。这位国王骑士之子、中间人，尽了自己最大努力提供了一张地图，但没人认真对待他。作为另一位中间人，索因卡显然希望他能做得更好。

在这些冲突中，地方官员对他的妻子简大发雷霆："你是什么时候成为社会人类学家的？"[1] 这是一个很恰当的问题，也是一个关键词，因为如果地方官员的妻子没有变成这样的话，这正是索因卡所变成的样子。或者更确切地说，索因卡在观察包括英国在内的所有社会时所借鉴的正是社会人类学，典礼和仪式是他的观察角度。

索因卡扩展的文化概念使他关注自己遥远兴趣领域中引人入胜的对应关系，尤其是古希腊的仪式世界和同样古老的约鲁巴世界之间的联系。他的主要兴趣是约鲁巴神奥贡，这个与创造力有关的神——在索因卡看来，他是最最重要的约鲁巴神明，因为他与索因卡所说的"过渡"（transition）有关，包括通往先祖世界的通道。[2] 奥贡还让索因卡想起了希腊戏剧之神狄俄尼索斯。[3] 在某些方面，索因卡正和希腊诸神一起做罗马人所做的事情，即从远处调整它们，以达到自己的目的。

---

[1] Soyinka, *Death and the King's Horseman*, 23.
[2] 也可参见 Kathleen Morrison, "'To Date Transition': Ogun as Touchstone in Wole Soyinka's 'The Interpreters,'" *Research in African Literature* 20, no. 1 (Spring 1989): 60–71.
[3] 或者更确切地说，由于奥贡也是金属制品之神，他就像是狄俄尼索斯和普罗米修斯的结合体。Soyinka, "Myth, Literature, and the African World," 141.

索因卡对奥贡和狄俄尼索斯深感兴趣，这使他能够解决与其对文化的人类学理解相关的关键问题：仪式和戏剧之间的关系是什么？在对欧里庇得斯的《酒神的伴侣》(The Bacchae)的改编剧作中，他对这个问题给出了最为明确的回答。

欧里庇得斯是三大悲剧家中最年轻的一位，他写这部剧是为了探索戏剧的起源及其与仪式的关系——希腊悲剧是作为酒神节庆典的一部分上演的。这就是为什么《酒神的伴侣》特别适合用来回答索因卡的问题。在希腊万神殿中，狄俄尼索斯是一个后来者，一位从东方引入的外来神明。欧里庇得斯的戏剧探讨了底比斯国王试图把这位神赶走时，对这位神及其仪式的抵抗所带来的暴力状况。剧情与《死亡与国王的侍从》相差无几；它描写了一个无知的政治家在某个民众要求并认为正确的仪式进行过程之中做出干预之举。（狄俄尼索斯崇拜主要是针对下层阶级的，索因卡在他的改编中使用了这一事实，引入了被奴役者的合唱团。）

仪式的主题及其与戏剧的关系贯穿了整部戏剧，合唱团成员从开场开始就被鞭打。我们认为自己正在观看一种正在被表演的仪式，一种需要流出鲜血的仪式。但是，对于这种鞭打应该造成多大的伤害，人们也感到困惑，这就表明这根本不是一种仪式，而是受不同规则——戏剧的规则——支配的东西。这可以解释为什么演员对被要求承受皮肉之苦感到非常愤怒。

在这个场景和其他场景中，索因卡表明，虽然戏剧最初可能源于仪式，但它现在对演员和观众都有着不同的期望。另一种说法指出，戏剧与仪式不同，不再主要是一种宗教活动。戏剧十分重要，它履行各种公民和文化功能，将观众和社区聚集在一起；它是一种创造意义的活动，或至少是探索意义的活动，但已经从其仪式起源中移除出来。这种动态能量在欧里庇得斯的戏剧中发挥作用，该剧回顾了狄俄尼索斯崇拜的起源，从而也回顾了希腊悲剧的起源，就像它是索因卡改编的一部分一样，它探问了约鲁巴仪式在今天是怎样的，它意味着什么。

在索因卡手中，戏剧被证明是提出这个关于仪式和文化的关键问题的完美载体。它使他既能够吸收约鲁巴语和希腊语的仪式，同时也审视它们。这使他能够批评约鲁巴传统的各个方面，而不会谴责它"原始"。这使他能够整合从欧里庇得斯到莎士比亚的不同戏剧传统。通过抛弃陈旧的文化等级制度，他创作了一件极其罕见的东西：一部杰作。

通过利用祖国巨大的艺术资源，索因卡仍然塑造着现代尼日利亚文化，这种文化在殖民主义和奴隶贸易的暴行中幸存下来。他将尼日利亚以及更广泛的非洲文化的未来想象成一种新生、一种复兴：一个不再局限于意大利文艺复兴的术语，而是一个可以理解为人类文化怎样在任何地方产生的主要机制。最重要的是，索因卡在保护约鲁巴文化传统方面堪称典范，他以新的方式重新利用约鲁巴文化传统，并将其与其他传统自由结合。尽管它们在尼日利亚的存在有着暴力历史，他没有把希腊和其他欧洲戏剧隔绝在外，而是将它们与新旧约鲁巴传统重新整合，使它们成为自己的戏剧。他的作品并不否认或抹去欧洲殖民主义造成的极端暴力形式，也没有试图贬低和抹杀约鲁巴文化。相反，索因卡通过利用他所掌握的所有文化资源来见证那段历史。[1]

在鼓励倡导非洲文艺复兴的过程中，索因卡和杜罗·拉迪波扮演了另一个意想不到的角色：他们为尼日利亚电影非同一般的蓬勃发展奠定了基础，这种发展后来被称为诺莱坞（Nollywood）。与诺莱坞起源密切相关的电影之一是《康吉的收获》（*Kongi's Harvest*，1970），由索因卡改编自他1965年的戏剧。索因卡本人担任主角，饰演一个虚构的非洲国家的独裁者

---

[1] 关于对索因卡的最新研究，参见 Bola Dauda and Toyin Falola, *Wole Soyinka: Literature, Activism, and African Transformations* (New York: Bloomsbury, 2022)。

康吉。为了实现国家现代化的假定目标,康吉废黜了传统的国王,并以一位逐渐变得无法预测的独裁者的身份统治国家,试图消灭所有反对派并改变传统仪式,包括最重要的山药节(Yam festival),以增加他的权力。

当索因卡从事英语电影行业之时,拉迪波专注创作约鲁巴语电影,包括《阿耶尼·奥贡》(*Ajani Ogun*,1976),讲述了一个年轻猎人与腐败政客作战的故事。(拉迪波在电影中扮演了一个角色,并在音乐工作人员名单上署名。)与《康吉的收获》一起,《阿耶尼·奥贡》开始了尼日利亚电影的黄金时代。

那个以其原始形式存在的黄金时代,并没有持续多久。到 20 世纪 80 年代,电影院的角色开始被市场上的录像带取代。但新格式也创造了对更多内容的需求,这种需求在极其有限的预算和大量订单的情况下得到了满足。这些直接转录的电影目标并非文化精英,而是那些从农村来到城市从事服务工作的人;这是一个巨大的市场,电影在大众中取得了成功,催生了一个庞大的产业,很快就从磁带转移到 DVD 和电视。今天,诺莱坞制作的电影比好莱坞和宝莱坞还多。正如诺莱坞资深人士费米·奥杜格贝米(Femi Odugbemi)最近所描述的那样:"现在的诺莱坞有一个多渠道的市场模式。今天,诺莱坞的作品在市场上出售,诺莱坞有电影院,诺莱坞上了有线电视,诺莱坞上了 Netflix。诺莱坞都听您的吩咐,触手可及,通过所有媒体,无论您身在何处。[1]

诺莱坞的庞大规模催生了大量的明星,而这些新星反过来又创造了新的戏剧表演形式。我最喜欢的是《听见话语!:纳佳女性说真话》(*Hear Word!: Naija Women Talk True*,2014),这是一部由伊菲欧玛·法芬瓦编剧和导演的戏剧。法芬瓦聚集了一些诺莱坞的明星,包括泰沃·阿贾伊-

---

[1] Femi Odugbemi, "Prologue," in Emily Witt, *Nollywood: The Making of a Film Empire* (Columbia Global Reports, 2007), 19, https://www.jstor.org/stable/j.ctv1fx4h6t.3

莱塞特、乔克·斯尔瓦、宾博·阿金托拉、欧莫诺、艾尔维纳·伊布鲁、乌弗奥马·麦克德莫特、萨拉·乌多菲亚-伊卓、拉拉·阿金多朱、丽塔·爱德华、德宝拉·欧海利和欧德-尼基。这些女性讲述了围绕当今尼日利亚生活的故事，尤其是其对女性的影响。这部作品的灵感来自非裔美国作家尼托扎克·尚吉创作的 20 段独白剧《考虑过自杀的四个有色人种女孩 / 有彩虹就已足够》（*Four Colored Girls Who Have Considered Suicide/When the rainbow is Enuf*，1976），以及伊芙·恩斯勒（Eve Ensler）的《阴道独白》（*Vagina Monologues*，1996），这是一部关于性、人际关系和对女性的暴力行为的戏剧，许多演员曾在更名为"V-Day"的 2 月 14 日演出该剧。[1]

"听见话语！"——尼日利亚的一种表达方式，意思是"听从并遵守"——基于英语独白，伴有约鲁巴歌曲。这部作品的原班人马结合了不同的戏剧和表演传统，将诺莱坞的名声引导到尼日利亚妇女面临的家庭暴力和其他挑战上。法芬瓦认为这部作品是她所描述的来自欧洲的"充满焦虑和愤怒"作品的替代品，这使她强调音乐、舞蹈和幽默。她的作品引起了超越其最初构思的共鸣。她发现"第一场演出结束后，女性开始聚集在大厅里交流故事。突然之间，大家获得了许可，可以说话了"。[2]《听见话语！》为演员和观众提供了一个审视自己状况的空间，正如她所观察到的那样，在一个倾向于为心理治疗赋以恶名的文化中，这一点尤为珍贵。

在尼日利亚首演之后，《听见话语！》在国外找到了第二批观众，其中包括对诺莱坞深有共鸣的尼日利亚流亡社区，但也包括对这个行业及其明星不太了解的观众。该作品参加了爱丁堡戏剧节，也到美国在纽约公共

---

1 Holly Williams, "Playwright Ifeoma Fafunwa: 'It was permission, all of a sudden, to speak,'" Guardian, August 10, 2019; https://www.theguardian .com/stage/2019/aug/10/ifeoma-fafunwa-interview-hear-word-edinburgh-festival-nigerian-architect-playwright.
2 Williams, "Playwright Ifeoma Fafunwa."

剧院和哈佛大学等场所进行了演出。[1] 泰沃·阿贾伊-莱塞特，原班人马中的明星之一，回顾了《听见话语！》通过敦促她的观众更多地关注戏剧作为社会变革的工具。"这就是智慧叙事被构造的地方。我们已经开始在智力上改变尼日利亚，他们应该在此加入我们。"[2] 阿贾伊-莱塞特的职业生涯体现了诺莱坞历史及其与戏剧的关系。她最广为人知的电影角色见于肥皂剧和动作惊悚片，同时她也担任电视节目主持人，但就像诺莱坞本身一样，她的根源可以追溯到剧院——她首次舞台演出是在沃莱·索因卡的《狮子与宝石》（*The Lion and the Jewel*）中扮演一个乡村女孩。与诺莱坞的资深演员同事们一起，她重新发现了戏剧的力量。

索因卡和《听见话语！》提醒我们，文化的繁荣在于兼容并包，而不是其纯粹性；在于借用文化形式，而不是将它们封锁起来。伟大的剧作家和表演者会尽可能地找到材料，从中锻造出与他们自己的时间和地点对话的艺术品。戏剧是一种极其具有地方色彩的艺术，发生在特定地点，在特定观众面前，同时也满足人类聚集在特殊意义创造场所的基本需求；正如阿贾伊-莱塞特所说，正是在这样的地方，真正的叙事才得以诞生。

---

1 作为哈佛大学戏剧、舞蹈和媒体项目的主任，我很荣幸能够亲身体验到"听见话语！"，感谢美国话剧团执行制片人黛安·博格（Diane Borger）和哈佛大学戏剧、舞蹈和媒体项目本科生研究主任黛博拉·福斯特（Deborah Foster）的参与。
2 Chux Ohai, "Cast of Hear Word! Call for Social Change," Punch, March 16, 2018. https://punchng.com/cast-of-hear-word-call-for-social-change/

后　记
公元 2114 年还会有图书馆吗？

2015 年，玛格丽特·阿特伍德登上了一辆安静的有轨电车。这辆电车在奥斯陆周围飞驰，将她带往城市上方的山丘。从车站出来后，她沿着白色箭头标记，从一条保存完好的山路直奔树林。由于细雨连绵，陪伴在她身边的几十个人都头戴帽子，身穿雨衣，或手拿雨伞。当这些五彩缤纷的斑点穿过树林时，这条路变成了一条远足小径，用随手拾来的木板加固，引导徒步登山者安全地抵达目的地——树林中的圆形空地。树木最近被砍伐了一批，但新的树苗已被种下，6 到 8 英寸高的小树苗上面有一层白色涂层，精心保护它们免受害虫滋扰。身处树苗之间，玛格丽特·阿特伍德和她的同伴们收到了明火上的铸铁锅里煮出来的咖啡和热巧克力。人们成群结队地站着或坐在地上，拍照、聊天，等待仪式开始。

第一个发言的是凯蒂·帕特森，此次活动的创意来源。这位来自苏格兰的艺术家致力于把那些由于规模太小或太大而无法被人类轻易感知的过程带入人们可感知的领域，并以此成名。她在演讲中简要介绍了此时他们为何聚集在奥斯陆山上的树林里。然后阿特伍德说了几句话，由此开启了仪式的主要部分。

阿特伍德的反乌托邦小说描绘了父权制对女性的恐怖控制、企业寡头的危险以及基因工程的潜在后果，她带来了一个用紫色丝带系着的盒子，里面装着一份名为《涂鸦者月亮》(*Scribbler Moon*) 的文本。阿特伍德稍作解释，表达了标题背后的思想，但根据帕特森制定的规则，她只能说这么多。她说这个文本试图将她对写作的思考与对时间的思考相结合。帕特森走过来，在阿特伍德的脸颊上快速亲了一下，然后拿起盒子，把它交给奥斯陆公共图书馆的代表。"小心盒子。"她开玩笑地说，或许只是半开玩笑，又或许她的确很担心。这些手势和行为没有宗教仪式那种经过铺演排练的严肃性质，也不仅仅是戏剧：它们介于两者之间（正如索因卡的读者可能会欣赏的那样）。该代表随后也做了简短发言，承诺会照顾好装有《涂鸦者月亮》的盒子，并在时机成熟时将其交给它的下一任守护者。仪式结束后，阿特伍德接受了一场简短采访，敦促听众停止破坏海洋生态。然后大家慢慢地回家了。[1]

阿特伍德是帕特森为推广一个艺术项目而邀请的第一位作家。该项目结合了长期储存文化与环境可持续性的理念。奥斯陆山上树林中的空地就是该项目的一部分，并用螺丝固定在树上的木制标志来标记。它用红色字母告诉任何路过的人，这块空地是 Framtidsbiblioteket 的一部分，这个词翻译成英文就是 Future Library（也就是"未来图书馆"）。这个词旁边是看似年轮的众多同心圆。

帕特森的想法是，在接下来的 99 年里，每一年，都会有一位作家写一篇文章，除了标题之外，其他一切都承诺保密，并且参加交接仪式。装有

---

[1] 这个记录基于未来图书馆的网站：https://www.futurelibrary.no, accessed January 30, 2022。以及 2015 年与玛格丽特·阿特伍德举行交接日的视频：https://vimeo.com/135817557, accessed January 30, 2022。

后记 公元2114年还会有图书馆吗？

手稿的箱子将被运送到奥斯陆公共图书馆的一个特殊房间，参观者可以进入并查看标题，但不能阅读或借出。这些文本将被锁起来，直到2114年。届时，它们将被印在于2014年种下的树木制成的纸上。正如该项目的标题"未来图书馆"所表明的那样，它就像阿特伍德的许多小说一样，是关于未来的。

在为此场合写成的一篇简短文字中，阿特伍德做出反思：

> 会有人在那里等着接收它吗？届时还会有"挪威"吗，会有"森林"吗，会有"图书馆"吗？想到我自己的声音——那时已经沉默了很长时间——在100年后突然被唤醒，这多么奇怪。当一只尚未成形的手将它从容器中抽出并打开到第一页时，我说出的第一句话会是什么？[1]

正如阿特伍德在颁奖典礼后接受采访时所说，为未来写作是每个人都在做的事情。在某种意义上，写作是一种让言语在时光流逝的过程中仍得以持久的技术。这里的不同之处在于，未来图书馆制造了一个有意为之的断层，以阿特伍德为例，她将被迫等上99年，并且这个数字每年都在减少，因此最后一位参与者几乎可以立即看到这些文字的发表，就像在正常的出版周期中一样。

这种人为的断层再现了文化史的一个特征，这个特征对本书至关重要：一件文化器物在失而复得时会发生什么？通常，断层不是人们故意造成的，而是偶然发生的，例如覆盖肖维洞穴入口的山泥、战争、环境变化，或者是被认为值得保护的文化变化。对未来图书馆而言，这个断层被设计为在启动的那一刻发生。

---

1 Margaret Atwood, "Future Library," https://assets.ctfassets.net/9sa97ciu3rb2/2hdAyLQYmESc0eYemIEcm2/09772ac1c62defc7ccf50fe6ea207a83/ Margaret_Atwood .pdf, accessed January 30, 2022.

这个实验揭示了什么？通过交接仪式、庄严默誓，以及图书馆的监护，"未来图书馆"呼吁人们关注那些使文化器物得以被储存和运送到未来的机构。"还会有'图书馆'吗？"阿特伍德在采访中问道，她还给这个词加上了谨慎的引号，也许是担心图书馆的概念可能会发生变化，或者压根就不存在了。挪威或奥斯陆可能会认为图书馆是无用的支出，并将其馆藏出售。对于阿特伍德来说，图书馆的命运与更为宏大的命运息息相关：挪威以后会怎么样？如果这个国家不再存在，图书馆将落入其他统治者之手，或者根本不属于任何个体。

"还会有'森林'吗？"阿特伍德的这个问题将讨论重点从国家和机构转移到了环境。在该项目的三个部分中，森林是最不寻常的，它说明了我们对环境危机的日益警觉和对可持续发展的需求。它也是最为脆弱的。气候变化可能意味着2014年种植的树苗将无法生存，受到新的虫害、剧烈风暴、森林火灾或某些疯狂地球工程项目出错而带来的副作用的威胁。但挪威森林巨大广阔，而挪威在受气候变化威胁最严重的国家名单上排名并不高。从这个意义上说，帕特森的选择十分恰当。也许启发她的还有这几个实际情况——挪威特别致力于环保主义工作，这个国家拥有最高的电动汽车比例，还取得了环保方面的其他成就。

然而，当我们想到这些成就至少间接地由挪威的大量石油储备来买单时，事情就变得稍微复杂了。这些石油储备也为其庞大的主权财富基金提供了"燃料"，如果这个说法成立的话。这个基金，加上挪威在气候变化方面的幸运地理位置，也许正是挪威得以存在，并且这座图书馆也还得以存在的最好保证。所以，从某种意义上说，恰恰是导致气候变化的挪威石油经费最有可能确保挪威能够生存到2114年，即使这里的森林即将消亡。

当然，未来的图书馆员可能会决定抛弃该计划中关于规定这些作品印在由这些树木制成的纸上的部分，而将它们放到互联网上，这可能对环境更为有利（前提是为其供电的能量来源是以可持续方式产生的）。尽管鉴于格式发展而导致文件无法读取的速度也很快，有些人担心电子存储的寿命，但云存储可能才是生存的最佳机会。本书中介绍的悠久文化历史为所有长期保护项目增添了警示。大量的书面文献已经丢失，被挖出的稀有碎片在被发现时已经变得难以辨认，要么是因为语言或书写系统被人遗忘，要么是因为书写的介质表面已经腐烂。

像阿育王一样，未来图书馆也信任书面文字。自五千年前文字兴起以来，书面文字被赋以特权，部分原因是它相对长寿，与口语的转瞬即逝形成鲜明对比。口语往往被贬低为转瞬即逝的、短暂的存在（这条规则也有例外：秘密知识的传统被认为太过珍贵，不能交托给书面文字）。事实上，口述传统可以具有惊人的韧性，分散式的存储方式主要靠尽心尽力的人类，而不是依赖于容易被摧毁的外部储存设备和符号记录系统。口头传统也可能比书面传统更加灵活，更能适应新的环境，而书面文字则依赖于特定的记录系统和代码。然而，我们还是不断地跨时空发送信息——尽管我们经常忘记如何阅读它们。

到目前为止，为该项目做出贡献的大多数作者都来自全球北方[1]：加拿大人玛格丽特·阿特伍德和英国人大卫·米切尔，紧随其后的是冰岛诗人西古永·比尔吉尔·西古德松和挪威人卡尔·奥韦·克瑙斯高。主要居住在全球北方的作家也加入了他们的行列，例如来自土耳其的小说家埃利夫·沙法克，他有时住在伦敦，以及越南出生的诗人和小说家王鸥行，他主要在美国长大，住在马萨诸塞州西部。来自韩国的诗人和小说家韩江生

---

[1] 全球北方（Global North）指的是那些经济发达、工业化程度较高、技术先进的国家和地区，主要包括北美、欧洲、澳大利亚和东亚的部分国家。全球南方（Global South）指的是那些相对较不发达的国家和地区，通常包括非洲、拉丁美洲、亚洲以及大洋洲的一些国家。这两个术语是用于描述世界经济和社会发展的地理和政治概念。它们并不严格对应地理位置，而是代表了不同的经济发展水平、财富分配和社会条件，体现了全球权力和资源的不平等分配，被广泛用于讨论全球发展不平等的问题。——编注

活在英语圈之外，但自从2016年凭借小说《素食者》获得国际布克文学奖以来，她在英语世界广受赞誉。津巴布韦小说家、剧作家和电影制片人齐齐·丹格仁布格是第八位，也是迄今为止最近的撰稿人，她来自全球南方，也将继续居住在该地。她在1988年凭借用英语写成的小说《神经病》（Nervous Conditions）而获得了另一个国际奖项——英联邦作家奖（Commonwealth Writer's Prize），因而在国际上声名鹊起。

总的来说，这八位作家代表了世界文学的一个特点：它不仅向北倾斜，而且向英语倾斜（在未来图书馆的网站上，他们的作品标题只以英语列出，无论作品本身以什么语言写成）。在这方面，未来图书馆其实是世界文学及其出版集团和奖项系统的一个镜像写照，这些集团和奖项往往位于北欧和北美。毕竟，诺贝尔文学奖是在瑞典设立的，由瑞典学院及其院士主持。可以肯定的是，诺贝尔文学奖委员会一直在努力表彰来自全球南方的作家，从1913年授奖给拉宾德拉纳特·泰戈尔开始，到1986年授奖给沃莱·索因卡，再到2021年授奖给阿卜杜勒-拉扎克·古尔纳。用学院的话来说，诺贝尔文学奖授予古尔纳是因为"毫不妥协并充满同理心地深入探索着殖民主义的影响，关切着那些夹杂在文化和地缘裂缝间难民的命运"。观察未来图书馆——以及更普遍的出版市场——在直到2114年这未来90多年的时间里将如何发展，这将是一件有趣的事情。会有更多来自全球南方的作家加入其中吗？英语的重要性会减弱还是增加？在最可能受到气候变化影响的全球南方，是否会出现新的机构和奖项？

希望为未来保存文化——这是未来图书馆与时间胶囊之间的共通之处，它们都试图密封文化物品，并将它们不受干扰地发送到未来。时间胶囊的产生似乎与绝望和厄运的时代相重合。在20世纪，一个密封的容器在第二次世界大战爆发之前被放置到纽约皇后区的地下，以此作为1939年世界博览会的一部分，这便是一个早期例子。这个容器里装了一些日常用品，还有印着文学作品与图像的微缩胶卷、微缩胶卷阅读器、字典和翻译成多种语言的文本，以及托马斯·曼（译为英语）、阿尔伯特·爱因斯坦（德语）和物理学家罗伯特·米利坎（英语）的问候。其中只有两本印刷书籍：《圣经》和一本介绍胶囊内容清单的小册子——《记录之书》（Book of Record）。这本小册子的副本也被分发给各所图书馆，以便保存时间胶囊的内容，也记录其存在及位置的信息。（在这一点上，《记录之书》体现了第二种保存模式，这种模式信任的不是密封的容器，而是多份副本的广泛分布。我就是在互联网上读到这本书的。[1]）

1939年世界博览会的时间胶囊旨在原封不动地保存5000年。不幸的是，法拉盛米德的科罗纳公园海拔只有7英尺，这意味着早在6939年之前，时间胶囊就很可能已经躺在大西洋的底部。由于预料到地球上会发生这样的灾难，从第一批星际飞船"先驱者10号"和"11号"开始，其他的时间胶囊已经被送入太空，而黄金唱片也被固定在"旅行者1号"和"2号"星际探测器上。[2] 这些光盘可以免受洪水和战争影响，但它们也很难被取回；它们不受人为干扰，但又是为谁准备的呢？要么是外星智慧，要么是掌握了星际旅行技术的未来人类，但两者拿到光盘的几率都很渺茫。

1969年，另外一种解决方案出现了，当时"阿波罗11号"将一张录制了包含世界各地善意信息的光盘带入太空，并将其与一面美国国旗一起存放在月球上。[3]（巴兹·奥尔德林差点忘记留下它；尼尔·阿姆斯特朗在最后一刻提醒奥尔德林，在登上登月舱返回地球前将国旗扔到月球表

1　*The Book of Record of the Time Capsule of Cupaloy deemed capable of resisting the effects of time for five thousand years. Preserving an Account of Universal Achievements. Embedded in the Grounds of the New York World's Fair 1939* (New York: Westinghouse Electric and Manufacturing Company, 1938). Available at: https://en.wikisource.org/wiki/Book_of_Record_of_the_Time_Capsule_of_Cupaloy.

2　Carl Sagan, F. D. Drake, Ann Druyan, Timothy Ferris, Jon Lomberg, and Linda Salzman Sagan, *Murmurs of Earth: The Voyager Interstellar Record* (New York: Ballantine, 1978).

3　"Apollo 11 Goodwill Messages," NASA News Release No 69-83F, July 13, 1969.

面。¹）在以上所有情况之中，文化表达方式的选择——被录下来的口头问候、书面符号——都是随意无序的，是时间胶囊及其记录设备构建之后的想法。这只不过是我们这个时代里理工学科和人文学科之间分歧的另一个例子。

这些时间胶囊的命运表明，要应对未来的威胁和破坏是多么困难，这不仅仅体现在数以千年计的时间跨度上。未来图书馆启动仅仅 6 年之后，便于 2020 年因新型冠状病毒而中断。当时该项目一直顺利开展，在一座崭新的图书馆大楼里拥有一个崭新的房间，树苗在森林里长势良好，一年一度的交接仪式吸引着游客，不少相关的视频被制作、编辑并发布在这个项目简单、优雅的网站上，也得到了一套运作良好的宣传设备的帮助——所有这些都戛然而止。

麻烦始于克瑙斯加德。由于他住在英国，由于与病毒相关的旅行限制，他无法前往挪威参加交接仪式。与此同时，王鸥行接受了投稿邀请，但由于疫情干扰，写作遇到了困难。² 因此，该项目至少暂时搁置了，这发生得比任何人预期得要早得多。

一个以长寿为前提的项目突然中断，凸显了保护文化所必需的基础设施的脆弱性。如果 100 年似乎是一个相当短的时间框架，那么与 37 000 年的肖维洞穴壁画或 5 000 年的文字（以及皇后区的时间胶囊）相比，病毒的到来表明文化机构总是容易失败。我们可以建立一座精美崭新的图书馆，由最稳定的民主国家之一支持，并由主权财富基金承保。但一枚微小的病毒本身就是环境变化的产物，可以使旅行和其他许多方面——哪怕不

---

1 Eric M. Jones, "Corrected Transcript and Commentary" (Washington, DC: NASA, 1995): 111: 36: 55, https://history.nasa.gov/alsj/a11/a11.clsout.html.
2 Sian Cain, "'You'll Have to Die to Get These Texts': Ocean Vuong's Next Manuscript to Be Unveiled in 2114," *Guardian*, August 19, 2020, https://www.theguardian.com/books/2020/aug/19/ocean-vuong-2114-book-future-library-norway.

是互联网——陷入停顿状态。

未来是不可预测的，它提醒我们，文化充其量只是一条断裂的链条，我们每一代人都在不断修复它。到了最后，让未来图书馆在这个比任何人预测得都要早得多的中断后仍然能继续存在的因素并不是树木、图书馆或挪威的寿命。其关键在于人们——凯蒂·帕特森、作家、媒体、公众——是否还会关心像未来图书馆这样的项目。

他们会吗？未来的人类可能已经失去现在我们所知道的自然界，他们很可能会认为砍伐树木造纸是一种严重的道德过失，并且严厉地评判我们，就像我们现在因为过去的作者偏离了我们的法律、社会和道德规范而评判他们一样（在参与者中，只有韩江对砍伐树木的想法表示悲伤）。[1] 未来可能会谴责"未来图书馆"，认为它是破坏地球的一代人的典型产品，理由是该项目在旅行和建筑方面的碳排放成本很高，种植一些树木并不能弥补整个项目给环境带来的沉重足迹。

因此，未来图书馆必须希望未来的读者会接受这种价值观的差异，他们愿意与过去的人接触，并且几乎肯定会认为过去人们的行为存在极大不足。这是未来图书馆所需要的最大信任：信任未来对我们的批判将不会那么严厉，虽然它有理由这样做；或者它至少会欣赏和保存我们的文化创造，尽管以未来的标准来衡量，这些创造仍有不足。

这种信任建立在摇摇欲坠的基础上。文化史其实是一场破坏史，由山体滑坡和火山喷发等环境灾难，以及外国侵略者和殖民者出于无知和恶意的行为导致。但文化本身也被后来者摧毁了，他们受制于新的价值观和信仰。那些抹去纳芙蒂蒂名字的编年史家们可能真的对新的阿顿崇拜感到不安，就像在中国，儒家学派的认同者真的觉得佛教僧侣在逃避对国家的责

---

1 Katie Paterson, "An Interview with Han Kang: The fifth author for Future Library," https://vimeo.com/336320261, 9: 00.

任一样。同样，中世纪的基督徒也无法想象将异教徒希腊人、罗马人放在与他们平起平坐的位置。在这些与其他文化相遇的过程中，暴力的性质和程度存在重大差异，但它们的共同点是，除了无数人丧生外，它们还导致了对文化的蓄意破坏。

可以肯定的是，我们已经从贯穿文化的破坏史中吸取了一些教训。新的法律打击了公然盗窃，越来越多的博物馆正在归还在殖民主义时期被拿取，在可疑的情况下获得，或者被直接盗走的文物。[1] 我们熟练地通过教科文组织世界遗产名录和基层倡议保护文化，同时也更加关注非物质的文化习俗，如舞蹈和表演传统，以及从教师到学生，从个人到个人之间口口传授的其他形式的知识。这些都是处理文化方面的重大成就，需要不懈地促进和更广泛地实施。

然而，文化保存的更大教训却更难学习，因为过去会不断挑战我们最珍视的观点和价值观。本书中提到的每一篇文字或每一件物品都幸免于自然灾害与人为损害所造成的毁坏。尽管它们所处的社会与发现和保护它们的社会很不一致，但仍然得以幸存下来。在中国幸存下来的佛教典籍和佛像也是如此，虽然它们与占主导地位的儒家和道家习俗相悖。与之相似的是，即使希腊哲学家不是先知穆罕默德的追随者，他们也仍然能够在巴格达幸存下来。同样，一批信奉基督教的欧洲人在其数次复兴过程中，也准备好要重新认识古典作品，即使其作者是异教徒。这种做法就像阿兹特克人忽略彼此不同的信仰，将以前文化的各种物品纳入他们自己的仪式中一样。同样，圣多明各的反抗人士也运用了启蒙思想，尽管这些思想来自奴役他们的国家。类似情况下，前欧洲殖民地的居民为了实现独立而重新利用欧洲文化的元素，比如索因卡运用的正是希腊悲剧。

1　Barnaby Phillips, "Western Museums are Starting to Return Colonial-Era Treasures," Economist, November 8, 2021.

在所有这些案例中，文物和习俗仍然得以幸存，尽管对那些确保其生存的人来说，它们可被视为威胁。这些物品无疑是对任何关于文化纯粹性的想法的挑战。文化史再三表明，纯粹主义者和清教主义者，无论其理念如何追求无垢美德，才是最有可能从事文化破坏行为的人。

纯粹主义者还通过限制从过去和其他社会中获取意义的机会，剥夺了他们自身文化的宝贵资源。文化繁荣发展取决于各种表达形式和意义建构是否随手可及，也取决于其可能性与经验。在某种程度上，不同文化的接触增加了这些选择，也刺激了文化的生产和发展。相比之下，那些致力于保存文化纯粹性的人往往会拒绝替代方案，限制文化可能性，并在文化融合实验过程中扮演监察角色。过去的某些方面因不符合他们的狭隘标准而遭到忽视和贬低，他们对此采取了纵容和鼓励的态度，这样一来，他们也使自己的文化变得贫乏。

与这些纯粹主义者相对立的，是本书描写的英雄人物，那些毕生致力于传播和延续文化传统的人们，包括那些致力于记忆特洛伊战争等长篇故事的人，以及那些完善文化技艺的人，这些技艺包括建造石柱，创造马赛克镶嵌画、壁画和书写系统（如埃及象形文字和阿兹特克图画书写）。同样具有英雄色彩的人物还有：建立专门用于保存和传播的机构的人，这些机构包括巴格达的智慧宫、希尔德加德创建的修道院、乔治·艾略特大力宣传的由远古科学启发建成的博物馆；以及致力于延续表演传统的艺术家，如索因卡。另外还包括那些促进（和平）文化交流的人，例如开展印度之旅的玄奘，出使中国的圆仁，以及在日本努力理解中国文化遗产的清少纳言。尽管这些旅行家对其所访问（或听过）的国家的观点有所局限，且经常出错，但他们一直寻求与其他文化的相遇、交流，以此挑战自己的假设和信仰。

我愿意想象，本书读者也完成了同样的事情。这里讨论的古代作品或其创作者都不是完美无瑕的。塑造那些文化的价值观和做法与我们自己的价值观和做法大不相同；它们是我们中极少人愿意生活的社会的产物。就像产生它们的社会一样，这些作品承载着他们那个时代的价值观和不公正。如果我们认为它们值得保存，并接受它们作为我们共同文化遗产的一部分，并不意味着要同意他们那个时代的价值观，或者将它们作为道德榜样，在此时此地效仿。本书中提到的任何作品都不符合这个标准：不是纳芙蒂蒂时代被剥削的埃及，工人们建造的纪念碑正是他们遭受奴役的著名例子；也不是凶猛的阿育王，他对自己导致的血腥屠杀表示悔恨，却没有放弃自己通过屠杀赢得的领土；不是傲慢自大的希腊人，当然也不是带着军团的罗马人，更不用说哈里发马蒙了，他在梦中与亚里士多德交谈之前，杀死了自己的兄弟来夺取权力。掠夺约柜者不值得因这个行为（如果它真的发生了）而获得崇敬，更不用说欧洲殖民者摧毁了半个地球的人口及其大部分文化。19 世纪的历史学家和考古学家，如费诺洛萨，一心想保存过去，却经常无意中将其摧毁，也犯下了大规模的盗窃罪。所有文化创造者都必须努力应对暴力和剥削，这也是文化史的一部分，接受价值观的差异，并相信未来会向他们展现类似的宽容。

今天对文化借用和所有权的疑虑不仅源自贯穿人类文化的暴力历史，还受到对社交媒体怎样使文化传播看来毫无障碍的焦虑影响。一个很好的例子是最近的一波"浪潮"——不是北斋的《神奈川冲浪里》，而是英文称为"the Korean Wave"或"Hallyu"的"韩流"。它在 20 世纪 90 年代末与互联网一起出现，并在 2012 年达到顶峰，标志事件是韩国说唱歌手、制作人 PSY 发行了名为《江南 Style》的音乐视频。《江南 Style》以首尔最富裕的江南区命名，拍摄了赛马马厩和摩托艇，但这些奢华场景之间也交织插入了破旧的高速公路、一辆随意装点着迪斯科球的普通巴士，还有坐在马桶上的 PSY 等镜头。该视频是第一个在 YouTube 上吸引超过 10 亿次观看的视频，这要归功于它的轻佻世故、对"坎普"（camp）文化的欣然接纳，以及有趣的拍摄场景：PSY 在高档环境里喝咖啡，在地板上或电梯里身处一个男人的双腿之间做出贴身磨人的舞蹈动作。

"韩流"之所以能够吸引如此多的观众，是因为从一开始，它就基于对摇滚、爵士、雷鬼和非洲节拍等多种风格的混合。它的音乐特色依赖于带有沉重节拍的节奏蓝调（R&B）舞曲，旋律桥段和"柔和"的说唱插曲，主要用韩语演唱，偶尔有英语短语（如"Gangnam style"）。这些视频通常以同步的舞蹈动作为特色，这在美国制作的流行文化中不太常见，但在包括宝莱坞在内的其他文化中广为人知。同样值得注意的是其中不存在的东西：英美流行和说唱文化中经常出现的暴力和淫秽。（K-pop 作为"洁版乐趣"的形象也解释了 K-pop 歌手在违反粉丝对道德诚信的高度期望时必须忍受的激烈反应。[1]）

K-pop 的崛起伴随着对韩国文化的强烈反对，还有很多人说它根本不是韩国文化。[2] 虽然 K-pop 确实不代表传统的或典型的韩国艺术（就像《神奈川冲浪里》不代表传统或典型的日本艺术一样），但 K-pop 在韩国女子团体中的确具有深厚根基，其中还包括 20 世纪 50 年代在美国军事基地表演的团体。这些充满活力的团体在 20 世纪 60 年代和 70 年代蓬勃发展，部分原因是他们在韩国军事独裁统治期间设法逃避审查制度，尽管到 20 世纪 70 年代末和 80 年代初，这种文化形式似乎已经衰落。[3]

---

1 Haerin Shin, "The dynamics of K-pop spectatorship: The Tablo witch-hunt and its double-edged sword of enjoyment," in JungBong Choi and Roald Maliang kay, eds., *K-pop—the International Rise of the Korean Music Industry* (Abingdon, UK: Routledge, 2015), 133.
2 Eun-Young Jung, "Hallyu and the K-pop Boom in Japan: Patterns of consumption and reactionary responses," in Choi and Maliangkay, *K-pop*, 116. 国际粉丝常报告说自己被排斥在外；"Introduction," 6.
3 Roald Maliangkay, "Same Look Though Different Eyes: Korea's history of uniform pop music acts," in Choi and Maliangkay, K-pop, 24. 也参见 Gooyong Kim, *From Factory Girls to K-pop Idol Girls: Cultural Politics of Developmentalism, Patriarchy and Neoliberalism in South Korea's Popular Music Industry* (Lanham, MD: Lexington, 2019)。

韩国流行音乐的浪潮实际上是从复兴开始的。韩国于 1987 年恢复文官统治，政府开始支持其新兴的文化产业。首个获得巨大成功的组合是"徐太志和孩子们"，紧随其后的是其他的男子乐队和女子团体。1997 年金融危机后，K-pop 再次重塑自我，也有了更多的英文名称和英文作品标题——就在那时，"K-pop"取代了"Hallyu"（根据中文"韩流"发音而来）成为新现象的标签——在日本吸引了大量的青少年观众，在澳大利亚、拉丁美洲、部分非洲地区、北美和欧洲也迅速吸引了大量青少年观众。（我记得有一次在奥斯陆，我和挪威朋友坐在早餐桌旁，发现他们最小的孩子正在仔细阅读一本韩语教科书，这个 12 岁的孩子在早餐前独自学习韩语，以便更深入地了解他的偶像。）

值得指出的是，早已蔓延到电视剧和电子游戏的 K-pop 浪潮发生在抖音兴起之前。抖音让我们现在发觉自己真正生活在一个"江南世界"里。这一点在视频所激发的无数模仿作品中表现得淋漓尽致。收视率最高的模仿视频里出现了一组动画水果和蔬菜，由"烦人的橙子"（实际上也真的很烦人）主唱，以及不可避免的《枪手 style》（"Gunman style"），其中出现了持枪牛仔。还有《约翰逊 style》，以此纪念美国宇航局在德克萨斯州休斯顿建立的约翰逊空间站，虽然以受欢迎程度而言，这段视频与游戏《我的世界》（*Minecraft*）中的逐个镜头翻拍版本相差甚远。这些模仿品说明了 K-pop 国际粉丝群的创造力，其中仅来自马来西亚的模仿品就有 40 多个。[1] 最近，K-pop 歌手已经跨界进入视觉艺术领域，而来自"防弹少年团"（BTS）的 V（金泰亨）还利用他们在东亚戏剧和表演传统中的深厚历史，在表演中使用了面具。

文化"共享"是否有点过火了？我不这么认为，部分原因是我们不

---

[1] Gaik Cheng Khoo, "We Keep It Local—Malaysianizing 'Gangnam Style': A question of place and identity," in Choi and Maliangkay, K-pop, 146.

可能在"好的"和"坏的"分享之间划清界限；归根结底，我们必须在隔离或流通、纯粹或混合、占有文化或分享文化之间做出选择。流行艺术具有多种功能，其中之一便是检索在某个特定时间的文化传播方式。《江南Style》捕捉到了消费文化和全球化的重要信息，让与它一起成长的观众了解相关形象。虽然我们不需要将每一种形式的文化流动、每一次复兴行为和每一种互联网现象都视为具有重大意义的行为，但K-pop很好地提醒我们，文化历史的轨迹会更加倾向于流通和混合。

如果我们想支持和维持文化创新，就需要用上一切可用的手段。与人类生活中与生俱来的生物进化不同，文化永远不能被认为是理所当然的。这取决于每一代有责任保护和复兴文化的人，包括考古学家、博物馆馆长、图书馆员、艺术家和教师……具体来说，这取决于他们激励未来后代（包括世界各地的《我的世界》玩家、学习韩语的K-pop粉丝）的能力。

时至今日，这些教师和中介的工作比以往任何时候都更加重要。在这个时代，大学作为负责保护文化的机构之一，往往专注于技术和其他"STEM"学科。在美国和其他一些国家，人文学科正在衰落，但将其归咎于其他人并不足够。这个问题有一部分来自我们自己。在推广多元的文化史方面，我们这些人文主义者并非总能发挥自己的作用，而我们已经失去了群众基础——读者、家长和学生，他们应该是我们的主要受众（在我的大学，2021届新生中只有8%的人宣称自己最感兴趣的是艺术和人文学科）。我相信，只要我们能够赢回广大群众，设法将文化多样性的重大意义和动人之处传达给下一代，保持我们祖先创造的文化宝藏的活力，艺术和人文学科就会蓬勃发展。

艺术和人文学科可以做出的贡献还有很多。我们这个时代痴迷于技术创新，还承诺说解决我们最紧迫问题的突破性方案指日可待。但是，我们无法用技术方法走出当下最为激烈的冲突，因为这些冲突基于身份冲突、利益冲突和对立信仰的古老问题。这些冲突只有在我们深刻理解文化历史的前提下才能得到解决，而这只能通过人文学科提供的工具来实现。

过去的文化是新文化生长的土壤——从"农业"（agriculture）这个词中借来的"文化"（culture）一词有其因由。文化需要被照料，其途径就是将生活在今天的人类、我们的祖先以及彼此之间联系起来，以便创造意义的工作能够得到延续。我们需要所有能找到的文化资源来面对我们并不确定的未来，其中包括战争、移民和气候变化造成的大规模破坏，正如未来图书馆所记录的那样。

在未来图书馆的参与者中，有几位受到该项目的启发，开始思考文化的悠久历史。阿特伍德一路追溯它的遥远起源，从而为这本书提供了一个恰当的结论：

> 我把这种相遇——在我的文字和迄今尚未存在的读者之间——想象成我曾经在墨西哥洞穴的墙壁上看到的红色手印。它已经在洞穴中密封了300多年。现在谁能破译它的确切含义？但它的一般含义是普世的，任何人都可以读懂它。它说："你好啊，我来过这里。"[1]

1　Atwood, "Future Library."

致　谢

　　这本书始于与我的伴侣阿曼达·克莱博（Amanda Claybaugh）以及我们的朋友艾莉森·西蒙斯（Alison Simmons）和卢克·梅南德（Luke Menand）共进晚餐时的对话。就像现在人们常做的那样，我们一同哀叹人文学科的没落。突然之间，我发觉自己并不知道人文学科是什么，所以也缺乏基础来判断人文学科究竟是处于没落、进步状态还是像平常那样徘徊不前。在此次令人不安的反思之后，我养成了一种习惯，也就是向每个愿意倾听的人询问他们所理解的"人文学科"是什么。他们的答案让我更加困惑。显然，目前北美大学人文学科的学科集合出于高度偶然，更像是意外和学校安排的产物，而不是关于知识应该如何组织的宏伟愿景。此外，英文中的"humanities"一词并不容易被译入其他语言和文化，尽管人们可以在历史上的不同时刻找到大致相似的等价物，从唐代中国和阿拉伯文学的黄金时代到欧洲大陆的"sciences humaines"和"Geisteswissenschaften"。在某个时刻，我开始意识到自己一直都问错了问题。我真正追求的不是在事后为人文学科的某一特定分支辩护，而是整个传统背后的某种东西：通过接触过去的人造文化物品和实践，从而重新定义现在。如果这本书对人文学科有一个定义，那就是对人类文化的历史和持续生命力的关注。我们作为一个物种，为什么创造了文化？它如何继续塑造我们？而我们又应该如何处理它？

在各方帮助之下，我这本书得以成型，不少人在此过程中发挥了至关重要的作用，包括我亲爱的经纪人吉尔·尼林（Jill Kneerim）。令人伤心的是，这本书出版之时，吉尔已经离开人世，但我在完成这本书的过程中得到她一贯驾轻就熟的指点，她的精神体现在每一页上。这本书，以及我将来要写的每一本书，都要归功于她。我还要感谢我在诺顿出版社的编辑艾伦恩·梅森（Alane Mason），她对什么行得通而什么行不通有着坚定不移的直觉。艾伦恩从一开始就是这项工作的合作伙伴，她不倦地阅读了这本书的不同草稿，并对每一份草稿都毫无保留地表达了自己的见解。特别值得一提的是诺顿出版社的编辑莎拉·图博格（Sarah Touborg），我正在与她一起编写一部《艺术与人文学科导论》，将借鉴本书使用的材料。我们的谈话使我意识到通过教学让文化与每一代人都息息相关的重要性。我想继续感谢诺顿出版社，尤其是感谢与我一起编辑《诺顿世界文学选集》的朋友和同事，包括艾米莉·威尔逊（Emily Wilson）、魏朴和、苏珊娜·阿克巴里（Suzanne Akbari）、芭芭拉·福克斯（Barabra Fuchs）、卡罗琳·莱文（Caroline Levine）、伯里克利·刘易斯（Pericles Lewis）和皮特·西蒙（Pete Simon）（根据他们的顺序排列，这就是我对他们的看法）。通过与这个团队合作，我第一次体会到了人文学科大局作业的乐趣，没有这种大局观念，这本书就不会存在。最后，我非常感谢阿勒格拉·休斯顿（Allegra Huston）精湛的文字编辑功力，她改进了本书的每一页而并非仅仅是修改错误（我很遗憾地说，本来的确有很多错误），以及莫·克里斯特（Mo

Crist）在本书制作过程中的协助工作。

像这样的一本书是以无数专家的著作为基础的。每当我翻阅注释时，胸中都会涌起一种深深的感激之情，我想感谢数代学者，他们孜孜不倦地开展研究，成果往往被埋没，而正是这些研究促成了这本书。书中提到了许多学者，但也有一些学者对本书个别章节提供了极为宝贵的反馈。他们包括温迪·贝尔彻（Wendy Belcher）、乔赛亚·布莱克莫尔（Josiah Blackmore）、大卫·达姆罗施（David Damrosch）、魏朴和玛雅·贾萨诺夫（Maya Jasanoff）、比奥顿·杰伊福（Biodun Jeyifo）、米歇尔·肯法克（Michele Kenfack）、纳扬乔特·拉希里（Nayanjot Lahiri）、乔恩·麦金尼斯（Jon McGinnis）、卢克·梅南德、埃雷兹·纳曼（Erez Naaman）、帕里马尔·帕蒂尔（Parimal Patil）、艾莉森·西蒙斯、埃琳娜·西奥多拉科普洛斯（Elena Theodorakopoulos）、卡米拉·汤森（Camilla Townsend）和尼古拉斯·沃森（Nicholas Watson）。费利佩·费尔南德斯-阿梅斯托（Felipe Fernández-Armesto）通读了全书手稿，并对每一章都提出了极有价值且范围广泛的反馈。

我与以下朋友同事就人文学科的相关问题进行了多次愉快探讨：克里斯托弗·巴尔姆（Christopher Balme）、伦斯·博德（Rens Bod）、大卫·达姆罗什（David Damrosch）、迈克尔·埃斯金（Michael Eskin）、布莱克·戈普尼克（Blake Gopnik）、罗比·哈灵顿（Roby Harrington）、诺亚·赫林曼（Noah Heringman）、保罗·奥尔塔（Paulo Horta）、玛雅·贾萨诺夫（Maya Jasanoff）、李允善（Yoon Sun Lee）、高宇进（Yu Jin Ko）、萨拉宾·利维-布莱曼（Sarabinh Levy-Brightman）、卢克·梅南德、伯纳黛特·梅勒（Bernadette Meyler）、莫妮卡·米勒（Monica Miller）、克劳斯·姆拉德克（Klaus Mladek）、克劳迪娅·奥尔克（Claudia Olk）、帕里马尔·帕蒂尔（Parimal Patil）、海克·保罗（Heike Paul）、约翰·普洛茨

（John Plotz）、托雷·雷姆（Tore Rem）、布鲁斯·罗宾斯（Bruce Robbins）、艾莉森·西蒙斯、马修·史密斯（Matthew Smith）、多丽丝·索默（Doris Sommer）、查理·斯唐（Charlie Stang）、凯瑟琳·斯坦格尔（Kathrin Stengel）、卡尔·温纳林德（Carl Wennerlind）、颜海平（Yan Haiping）和丽贝卡·沃尔科维茨（Rebecca Walkowitz）。应尼古拉斯·穆勒-舍尔（Nikolaus Müller-Schöll）和拉蒙娜·莫斯（Ramona Mosse）的邀请，以及由魏朴和组织的麻省理工学院全球比较人文会议（MIT Comparative Global Humanities Conference），我能够在法兰克福歌德大学（Goethe University of Frankfurt）的荷尔德林讲座（Hölderlin Lecture）上展示这个项目的早期版本，魏朴和在文化翻译方面的研究为本书几个章节提供了灵感来源。

我要感谢的另一批对象是来自哈佛大学的非正式团体，他们在人文学科和职业学院之间建立了联系，其中包括巴拉特·阿南德（Bharat Anand）、罗希特·德斯潘德（Rohit Deshpande）、塔伦·卡纳（Tarun Khanna）、丽贝卡·曼尼克斯（Rebekah Mannix）、多丽丝·索默（Doris Sommer）和苏珊娜·史密斯（Suzanne Smith）。

我在新冠疫情期间写完这本书，这项工作让我保持了一定的理智，为此我要感谢上述每一位帮助我度过这段困难时期。我还想感谢我的兄弟斯蒂芬（Stephan）和埃利亚斯（Elias），以及我的母亲安妮-洛尔（Anne-Lore）。

最重要的是，我要感谢阿曼达·克莱博，她是我的第一位对话者，也是我最敏锐的读者。在过去这两年，还有之前的25年里，她的支持和爱支撑着我所做的一切。这本书是献给她的。

索　引

（条目后的数字为原书页码，见本书边码）

Abolition，废除，212，223—225
Academy (of Plato)，学院（柏拉图的），34
Actors，演员，31
Adaptation，改编，xxi—xxiii
Aeneas，埃涅阿斯，66—69，127
Aeneid (Virgil)，《埃涅阿斯纪》（维吉尔），65—68
Aeschylus，埃斯库罗斯，27—28
Africa，非洲：任意边界，274；殖民主义，266—269，271，273；文化身份，268—269；独立，226，268—269；Oyo，奥约，266—267，271；另见 Death and the Kings Horseman，Nigeria；葡萄牙和非洲，134，189—190，198—200，267；另见 slavery: European slave trade；另见特定国家
Agathocles，阿加托克利斯，51
Ahuitzotl，阿维佐特尔，165
Ajai-Lycett，Taiwo，泰沃·阿贾伊-莱塞特，285
Ajani Ogun(film)，《阿耶尼·奥贡》（电影），283—284
Akhenaten/Amenhotep IV (king of Egypt)，埃赫那顿/阿蒙霍特普四世（埃及国王），3—15，18—21，310n11
Alcuin，阿尔昆，143
Alexander the Great，亚历山大大帝，46—48，61，67，110—111，127
Amarna，阿玛纳，7—8，310n11
Amda Seyon (king of Ethiopia)，阿姆达·塞永（埃塞俄比亚国王），126
Amenhotep III (king of Egypt)，阿蒙霍特三世（埃及国王），6
American Declaration of Independence，美国独立宣言，213—214
American War of Independence，美国独立战争，209—211，213
Anamorphosis，变形，162
Ancient Greece，古希腊，另见 Greece
al-Andalus，安达卢斯，144，199，324nl2
Andronicus, Livius，李维乌斯·安德罗尼库斯，63—64
animal markings and art，动物制作与艺术，xiv，xv，309nn4—5
animals and Ashoka，动物与阿育王，42
Annoying Orange，烦人的橘子，301
Anthropology，人类学，277—279，334nn15—17
Apollo 11，阿波 11 号，294
Appropriation，挪用，xi，xii
Aqueducts，引水渠，165
Arab empire，阿拉伯帝国：非洲与，199；寻求经典文本，320nl8；埃塞俄比亚与，131—133；欧洲与，155，156；希腊与，109—111，320nl4，另见 Aristotle；《众王荣耀》的翻译，131；帝国的宗教，199，320nl4；获得权力，106，122，另见特定国家
architecture，建筑：梅南德之家，59；石柱，37—40，41，42—44，47，50—51，79；罗马风格的，143—144；罗马从希腊带走，68
Aristotle，亚里士多德：阿拉伯帝国与，

299

105，110，112，113—119；评论，321n30；在欧洲的发现，155—156；知识分类，116—117；保存，34—35

Ark of the Covenant，约柜，124—125，126—127，129

Art，艺术：动物标记，xiv—xv，309nn4—5；先锋派，263—264；洞穴艺术，xiv—xix，xix，309nn4—5；丢勒，171—172；雕刻艺术，172，175，176，777，203，247，248—249；嵌花，161—163；长崎绘，253，254；绘画，另见特定画家；画卷，99—102；艺术与进步，263；罗马风格，143—144；雕刻，4，8—12，167，258—259，271，另见特定雕塑；水彩，247—248

Artaud, Antonin，安东·阿尔托，265

Ashoka，阿育王，40—47，49—50，85，313nl4，314n34，314n43

Ashoka pillars，阿育王石柱，37—40，41，42—44，47，50—51，79

Askum, Ethiopia，阿克苏姆，埃塞俄比亚，123—139

Astrolabe，星盘，163，197

Aten，阿顿，7，10—11，12—13，18—19

Athens，雅典，25—32，另见 Greece

Atlantis，亚特兰蒂斯，25—26

Atwood, Margaret，玛格丽特·阿特伍德，287—290，302—303

avant-garde，先锋派，263—264

Avicenna，阿维森纳，另见 Ibn Sina

Aztecs，阿兹特克：艺术作品，173，175—176；图书，167，181，182—183；权力崛起，164；献祭，166，175；特诺奇蒂特兰，164—166，175，178—181，184，220；特诺奇蒂特兰神话，166—167，另见 Moctezuma

The Bacchae (Euripides)，《酒神的伴侣》（欧里庇得斯），281—282

Baghdad，巴格达：几何学，106—107；马蒙，106；造纸术，109；总结，107，118—119，121，另见 Storehouse of Wisdom；城市革命，107—108

Bali，巴厘岛，265

Barbarians，野蛮人，23

Battle of Issus，伊苏斯战争，61

Behaim, Martin，马丁·贝海姆，188，190—191

Belgium，比利时，171

Belley, Jean-Baptiste (J.B.)，贝尔利，让-巴蒂斯特，206—207，214，224—225

Bellini，贝利尼，170

Benedict of Nursia，努尔西亚的本尼迪克特，145，146

Benedictine monasteries，本笃修道院，144—150，163

Berlin Conference，柏林会议，266—267

Bernard of Clairvaux，克莱沃的伯纳德，151

Bernardino de Sahagun，贝尔纳迪诺-德-萨哈贡，181—182

Biafran War，比夫兰战争，273—274

Bible，《圣经》172，293，另见 Ark of the Covenant，Hebrew Bible/Old Testament

Bibliographies，参考文献，121

Black Death，黑死病，170，327n36

Black Jacobins (James)，《黑色雅各宾派》（詹姆斯），226

Black Panthers，黑豹运动，139

Boas, Franz，博厄斯，弗朗茨，334nl6

Bonaparte, Napoleon，拿破仑·波拿巴，224—225，226

Books，图书：阿兹特克图书，167，181，182—183；焚烧，167；丢勒的艺术，171；历史小说，239—245；嵌花，161；批量生产，183，238，另见特定作品

borrowing as fraught，令人担忧的借贷，100—101

索 引

Boston Museum of Fine Arts, 波士顿美术馆, 260
Brahmi script, 婆罗米文字, 47, 50, 51, 230, 314n28, 314n33
Brecht, Bertolt, 布莱希特·贝尔托特, 265
Breda, Toussaint, 杜桑·布雷达, 208, 另见 l'Ouverture, Toussaint
Britain, 英国: 收集印度文物, 51; 殖民主义, 另见 Africa, India, Nigeria; 埃塞俄比亚与, 134—135; 希腊, 230; 罗马帝国与, 233; 索因卡在英国, 269—270, 275; 研究历史, 279
British East India Company, 英国东印度公司, 51, 204, 230
Brooke, Dorothea (character), 多萝西娅·布鲁克, 227—228, 244
Brown, William Wells, 威廉-威尔斯·布朗, 225
brush talk, 笔谈, 92
Brussels, 布鲁塞尔, 171
BTS, 少年防弹团, 301
Buddha, 佛陀, 94—95
Buddhism, 佛教: 反佛诏书, 96—97; 阿育王与, 40—42, 44, 45, 49—50; 佛教与, 75; 文化交流与, 49—50, 74, 80—81, 85—86, 92, 98, 101; 在印度的衰弱, 86; 记忆与, 46; 修道院社区, 74, 75, 145, 另见 Ennin; 雷纳尔与, 220; 丝绸之路与, 50; 道教与, 95—96; 文本翻译, 64, 80, 83—84; 玄奘与, 75—77, 79—80, 81, 82—83; 禅宗, 101
Buddhist statues, 佛像, 77—79, 85, 94—95, 97
Byzantium, 拜占庭, 111, 113

Camoes, Luis de, 路易斯·德·卡蒙斯, 185—187, 191—192, 193—198, 200, 202—205
Carolingian minuscule script, 卡洛林小写体, 143, 159
Carolingian Renaissance, 卡洛林文艺复兴, 144
Carthage, 迦太基, 58
Casaubon, Edward (character), 爱德华·卡苏邦 (人物), 227—228, 229, 237
Casaubon, Isaac, 伊萨克·卡苏邦, 228—229
Catholicism, 天主教, 219—220, 另见 Vatican
Cato the Elder, 老加图, 65
Cervantes, Miguel de, 塞万提斯, 237
Champoilion, Jean-Francois, 让-弗朗索瓦·商博良, 229
Charlemagne, 查理大帝, 140—144, 145, 163
Charles V (king of Spain), 查理五世(西班牙国王), 172—174
Chauvet cave, 肖维岩窟, xiii—xix
China, 中国: 反佛诏书与, 96—97; 佛教与, 74—75, 80; 印度和中国, 另见 Buddhism, Xuanzang; 日本, 90, 98—100, 另见 Ennin, Pillow Book; 戏剧, 265; 唐朝, 73—74, 84, 另见 Ennin; 道教, 95—97; 未经批准的离开, 70; 周朝, 72—73, 另见孔子相关条目; 合唱, 26, 27, 28, 29
Christianity, 基督教: 阿顿/约瑟/摩西, 18; 十字军东征, 155; 启蒙运动和, 219—220; 在埃塞俄比亚, 123—124, 127, 128—131, 133—134; 埃塞俄比亚与, 138—139; 宗教裁判所, 202—203; 伊斯兰教与, 156, 199—201; 犹太教与, 127; 修道院社区, 144—145, 另见 Benedictine monasteries; 关于耶稣的全新记载, 128; 遭到迫害, 97; 重新定义, 159—160, 172, 235; 拒绝恢复, 35; 抄写异教文字, 111; 梵蒂冈, 140, 159—160; 梵蒂冈公共图书馆, 227, 另

301

见 Jesus
Church of Maryam Syon，玛丽亚姆·西翁教堂，123—124，133
Cicero，西塞罗，161
climate zones，气候区域，48
Clottes, Jean，让·克洛特，309n4
cloud storage，云储存，291
coins，硬币，51，54
collections，收集，229，230—233，234，259—261
colonialism，殖民主义：总览，xxii—xxiii；在非洲，266—269，271，273，另见 Death and the Kings Horseman；人类学与，278；殖民主义收藏，51；殖民主义的终结，268—269；不平等交易，234；现代化与殖民主义，233；雷纳尔反抗殖民主义，219—221；重新发现，229，234
Columbus, Christopher，克里斯托弗·哥伦布，174—175
Confucian classics，儒家经典，72—74
Confucianism，儒学 74—75，81，82，96
Confucius，孔子，73
Constantine，康斯坦丁，159—160
Convention of Kanagawa，《神奈川公约》，256
copying texts，复制文本，35，103，120，144—145，147，159，320n18
Corinth，柯林斯，58—59，62
The Coronation of Charlemagne，《查理大帝的加冕典礼》，140
Corpus Hermeticum，《赫尔墨斯文集》228—229
Cortes, Hernan，埃尔南·柯尔特斯，173—174，179—181，220
Councils，理事会，128
Crusades，十字军东征，155
cultural evolutionism，文化进化论，334n15
cultural grafts，文化移植，64—65，68—69
cultural relativism，文化相对主义，279
culture，文化：作为全人类成就的文化，278—280；被定义的文化，xi—xii；被占有的文化，xi，xii，299；被分享的文化，xi—xii，xxii，xxiii，301

d'Alembert, Jean，让·达朗贝尔，219
Dance of the Forest (Soyinka)，《森林之舞》(索因卡)，270—271
Dangarembga, Tsitsi，齐齐·丹格仁布格，292
Dante，但丁，147—148
Darius of Persia，波斯的大流士，61
Das Leben Jesu, kritisch bearbeitet (Strauss)，《耶稣的生平：批判审视》(斯特劳斯)，235—236
David, Jacques-Louis，大卫，雅克-路易，207
Death and the Kings Horseman (Soyinka)，《死亡与国王骑士》(索因卡)，274—276，280—282
Declaration of Independence，《独立宣言》，213—214
Decolonization，去殖民化，另见 independence
Delhi，德里，36—40，另见 Ashoka
democracy，32
Dengel, Lebna，莱布纳·登格尔，133—134
Dessalines, Jean-Jacques，让-雅克·德萨林，225
dharma，佛法，41，42，44，45，49，50
Diamond Sutra (printed scroll)，《金刚经》，317n24
Diaz, Bernal，贝尔纳尔·迪亚兹，181
Diderot, Denis，丹尼斯·狄德罗，219
digital content，数字内容，xxiii
Dinamene，迪娜梅娜，186，187，192
Dionysia festival，酒神节，27，29
Dionysus，狄俄尼索斯，281—282，334n22
disease，疾病，14，49
Disibodenberg，迪西博登堡，145，148—149

索 引

Don Quixote (Cervantes),《堂吉诃德》(塞万提斯), 238
Donation of Constantine,《君士坦丁献礼》, 159—160
Douglass, Frederick, 弗雷德里克·道格拉斯, 225
Dufay, Pierre, 皮埃尔·杜法伊, 214, 215
Dunhuang caves, 敦煌石窟, 83, 317n24
Dürer, Albrecht, 阿尔布雷希特·丢勒, 169—173, 174—178, 183
Dutch empire, 荷兰王国, 253—254

earthquakes, 地震, 55
East India Company, 东印度公司, 51, 204, 230
The Edicts of Asoka (Nikam and McKeon),《阿育王敕令》(尼卡姆和麦基翁), 314n43
education (general), 通识教育, 35, 60—61
Egypt, 埃及：与时间赛跑, 5—6；希腊与, 23, 25—26, 34；悠久的文化传统, 24；表现, 29—30；罗马帝国与, 54, 58, 315n9；储存革命, 16—17, 另见 Nefertiti, Thutmos ekphrasis, 194
Elements (Euclid),《几何原本》(欧几里得), 109—110
Elgin (Lord), 埃尔金勋爵, 229—230
Eliot, George, 乔治·艾略特, 227—230, 235—236, 237—239, 241—244
Eliot, T. S., T. S. 艾略特, 262
Encyclopédie, 百科全书, 219, 221
end of times, 时代的终结, 151
engineering of Tenochtitlan, 特诺奇蒂特兰的工程, 164—166
engravings, 雕版, 172, 175, 176, 177, 203, 247, 248—249
Enlightenment, 启蒙运动, 213, 219—220, 221—223, 226, 236—237
Ennin, 圆仁, 90—94, 96—98, 101

Environmentalism, 环境保护主义；另见 Future Library project
The Epic of Sunjata,《桑贾塔史诗》, 269
es-Senussi, Mohammed, 穆罕默德·埃斯-塞努西, 1—4, 11
Ethiopia, 埃塞俄比亚：阿拉伯帝国与, 130—133；约柜, 126—127, 另见 *Kebra Nagast*；英国, 134—135；基督教与, 123—124, 127, 128—131, 133—134, 138—139；牙买加与, 137—139；锡安教堂的圣母玛利亚, 123—124, 133；葡萄牙与, 134；遥远的, 135, 另见 *Kebra Nagast*
Etruria, 伊特鲁里亚, 62, 63
Euclid, 欧几里得, 109—110
Eugene II (pope), 尤金二世（教皇）, 151
Eurasian exchange network, 欧亚交流网络, 48
Euripides, 欧里庇得斯, 27—28, 59, 281—282
Europe, 欧洲, 155—156, 另见特定国家
Evans, Mary Ann (George Eliot), 玛丽-安·埃文斯（乔治·艾略特）, 另见 Eliot, George
evolution, 进化, xv
Eyck, Jan van, 扬·凡·艾克, 171
Fabrega, Jose Lino, 何塞·利诺·法布雷加, 182
Fafunwa, Ifeoma, 伊菲欧玛·法芬瓦, 284—285
falsafa, 法勒萨法, 114—115, 116
false attribution, 错误贡献, 120
farming, 畜牧业, 48, 107—108
Faxian, 法显, 80
Federico da Montefeltro, 费德里科·达·蒙特费尔特罗, 157—159, 160—163
Fenollosa, Brenda, 布伦达·费诺洛萨, 257
Fenollosa, Ernest, 欧内斯特·费诺洛萨, 256—262
Fenollosa, Mary McNeil, 玛丽-麦克尼

303

尔·费诺洛萨，261—262，265
Fenollosa-Weld collection，费诺洛萨-维尔德收藏，259—261
Feuerbach, Ludwig，路德维希·费尔巴哈，236
Firoz Shah Tughlaq，图格拉克·菲罗兹，36—40，51，86
First Reform Act，第一改革法案，243
floating world，浮世，247，249—250
Florentine Codex，《佛罗伦萨抄本》，182
France，法国，xiii—xix，211—212，224，另见 Paris
Franklin, Benjamin，本杰明·富兰克林，221
French Revolution，法国大革命，207，210—211，213
French Universal Declaration of the Rights of Man and of the Citizen，《人权宣言》，213，214
Freud, Sigmund，西格蒙德·弗洛伊德，18
Future Library project，未来图书馆项目，287—293，294，295，302—303

Gama, Cristovoa de，克里斯托瓦·达·伽马，134
Gama, Vasco da，瓦斯科·达·伽马，133—134，189，193—194，198，200—202，205
"Gangnam Style" (PSY)，《江南 style》(朴载相)，299—301
Garvey, Marcus，马库斯·加维，137，225
Geoffrin, Marie Thérèse (Madam)，玛丽·泰雷兹·罗德·杰夫林（夫人），216—219，221，223
Geometry，几何学，106—107
Germany，德国，21—22，268
Girodet, Anne-Louis，安·路易·吉罗代，207
Global North，全球北方，291—292
Global South，全球南方，292—293
Go game，围棋，100

gods，神，6—8，17—19，另见特定神明
Goethe, Johann Wolfgang von，约翰·沃尔夫冈·冯·歌德，263
Goode, George Brown，乔治·布朗·古德，331n10
grain storage，谷物储存，16—17，108
graphic novels，图像小说，102
"The Great Hymn to the Aten" (hymn)，《阿顿颂诗》，12—13
Great Obelisk，方尖碑，132
The Great Wave of Kanagawa (Hokusai)，《神奈川冲浪里》，246，247，251，256，260
Greece，希腊：阿拉伯帝国与，109—111，另见 Aristotle；阿育王与，314n34；英国与，230；基督教与，148；埃及与，23，25—26，34；关于耶稣的新记载，128；作为欧洲的起源，278；柏拉图与，31—34；柏拉图的雅典故事，25—26；葡萄牙与，192—193；古代文化的重新发现，192—194；在欧洲的复兴，155—156；罗马帝国与，54，58—63，63—69；戏剧，26—32，34，59，63，116，281—282，311n4，另见 Athens
gunboat diplomacy，炮舰外交，255，256，258
Gutas, Dimitri，迪米特里·古塔斯，320n18
Gutenberg, Johannes，约翰内斯·古登堡，159

Haile Selassie，海尔·塞拉西，123—124，137—138
Haiti，海地，225，另见 Saint-Domingue
Hallyu，韩流，299—301
Han Kang，韩江，295
Han Yu，韩愈，xx
Harun al-Rashid，哈伦·拉希德，109，112，113
Hear Word!: Naija Women Talk True

索　引

(Fafunwa),《听见话语！：纳佳女性说真话》（法芬瓦），284—285
Hebrew Bible/Old Testament,《希伯来圣经》/《旧约》，17—19，64，127—128，129，130，132—133，另见 Ark of the Covenant，Bible
Hegel, G. W. E., G. W. E. 黑格尔，226，236，237
heritage and culture，遗产和文化，xi
Hildegard of Bingen，希尔德加德·冯·宾根，144—146，148—154，163
Hinduism，印度教，201
historical novels，历史小说，239—245
historiography，历史学，232—233，233—236，245，259，另见 historical novels
Hokusai，另见 Katsushika Hokusai
Homer，荷马，30—31，65—68，135，147—148，194，195—196，269，另见 Iliad/Odyssey
House of Menander，梅南德之家，59
Huitzilopochtli，维齐洛波奇特利，166
humanism，人文主义，160，302
humanities (general)，人文学科，302
hunting，打猎，36

Ibn Sina，伊本·西拿，xx，113—114，117—122，321n30
Igbo people，伊博人，273—274
ignorance，无知，280
Iliad (Homer),《伊利亚特》（荷马），31，61，66，230，另见 Homer
indentured servants，契约工人，250
independence，独立，209—211，213—214，226，268—269，270—271，273，274
India，印度：阿拉伯帝国与，109，110；英国殖民主义与，51；中国与，另见 Buddhism，Xuanzang；殖民精英，269；欧亚交流网络与，48；拉克什米雕像，另见 S.Indian statue in Pompeii；葡萄牙与，186，189，200—202；罗马帝国与，54；写作，313—314n27，另见 Delhi，Xuanzang

India House，印度之家，190，191，197
Indigenous Peoples，本土居民，174—175，176，208—209，另见 Aztecs
Inquisition，宗教裁判所，202—203
instruments，仪器，153—154
intarsia，嵌花，161—163
interactions，互动，xxii
interactions of cultures overview，文化互动概述，xxii
invented tradition，发明的传统，240
Ireland，爱尔兰，264
Isis，伊西丝，58
Islam，伊斯兰教：基督教与，156，199—201；十字军东征，155；埃塞俄比亚与，131—132；希腊思想与，117—118；寻求知识与，112；一神论与，19；穆斯林商人与，199—200；宗教竞争，112—113；伊斯兰教的崛起，132—133
Israelites，以色列人，124，125
Italian Renaissance，意大利文艺复兴，157—158，197—198，242
Italy，意大利，xx，另见 Roman Empire
Ito, Michio，伊藤道雄，264—265

Jains，耆那教，313n16
Jamaica，牙买加，136—139
James, C. L. R., C. L. R. 詹姆斯，226
Japan，日本：佛教与，92，101，另见 Ennin；中国与，90，98—100，另见 Ennin, Pillow Book；文化和政府政策，90；荷兰王国与，253—254；费诺洛萨，256—259；浮世，247，249—250；《神奈川冲浪里》，246，251；北斋，246，247，249，250—252，253—254，255—256，260；爱尔兰与，264；识字，98—99；长崎绘，253，254；能剧，30，247，249，257—258，264—265；葡萄牙与，252—253；卷轴，99—102，戏剧，30，247，249，264—265；浮世绘，248—249，255；美国与，255—261，264，265；水彩画，247—248

Japonaiserie，日本热，255
Jesuits，耶稣会士，219
Jesus，耶稣，127—128, 150, 235—236, 322n12
Jeyifo, Biodun，比奥顿·杰伊福，333n8
Jinadu (Oyo Kings Horseman)，吉纳杜（奥约国王的骑士），266, 267
Johnson, Samuel，萨缪尔·约翰逊，331n10
"Johnson Style"，约翰逊风格，301
Joseph，约瑟，17—19
Journey to the West (Wu)，《西游记》（吴承恩），86
Judaism，犹太教：犹太教在阿拉伯帝国，199—200；阿顿崇拜与，18—19；基督教与，127；埃塞俄比亚与，129—130；欧洲与，156；修道生活，146；《圣经》的翻译，64，另见 Hebrew Bible/Old Testament al-Juzjani, 120—121

Kabuki，歌舞伎，247, 249
Kano school，狩野画派，248
Kano Tan'yu，狩野探幽，248
Karnak temple，卡纳克神庙，6—7
Katsushika Hokusai，葛饰北斋，246, 247, 249, 250—252, 253—254, 255—256, 260
Kebra Nagast (Ethiopian text)，《众王荣耀》（埃塞俄比亚文本），125—127, 129—132, 133, 135
Kibi no Makibi，吉备真备，99—100, 101, 102
kilts，苏格兰短裙，240
The King Is Dead (Ladipo)，《国王已死》（拉迪波），271
Kitagawa Utamaro，喜多川歌麿，249
Knausgard, Karl Ove，卡尔·奥韦·克瑙斯高，294
Knowledge，知识：亚里士多德的四艺，116—117；伊斯兰教与，118；技能知识，xvii；原理知识，xvii；知识的丢失，另见 loss；知识的重新发现，xix—xx，另见 recovery；知识的储存和传播，xv—xvi, xviii—xix, xxi, xxiii 另见 oral traditions, writing；另见 Storehouse of Wisdom
Kongi's Harvest (film)，《康吉的收获》（电影），283
Korea，韩国，50, 91
Korean Wave，韩流，299—301
K-pop，韩流音乐，299—301
Kumarajiva，鸠摩罗什，80
Ladigbolu I (king of Oyo)，拉迪博卢一世（奥约国王），266, 271, 274—276
Ladipo, Duro，杜罗·拉迪波，271—272, 283—284, 333n9
Lakshmi statue，另见 S. Indian statue in Pompeii
Legend of Ashoka (Buddhist text)，《阿育王传说》（佛教文本），40—42, 44, 79
Lemonnier, Anicet Charles Gabriel，阿尼赛·查尔斯·加布里埃尔·莱门尼尔，216, 277
Leo III (pope)，利奥三世（教皇），141
Levi-Strauss, Claude，克劳德·列维-斯特劳斯，334n16
Lewes, George Henry，乔治·亨利·刘易斯，228
liberal arts，博雅教育，152
libraries，图书馆：进入图书馆，182，印度之家，190, 191, 197；租借图书馆，239；尼尼微城，108；私人图书馆，238；科英布拉大学图书馆，193, 195；梵蒂冈，227，另见 Benedictine monasteries, Future Library project, Storehouse of Wisdom, *studiolo* of Federico
Library of Alexandria，亚历山大图书馆，34, 35, 111
The Life of Jesus, critically examined (Strauss)，《耶稣的生平：批判审视》（施特劳斯）235—236
lingua ignota，未知的语言，154
linguistics，语言学，46

索 引

literacy，识字：荷马的文本，31，98；尼日利亚的知识，270；口述传统与，64；印刷术与识字，238；在罗马帝国，141—142；奴隶制与识字，223；女性与识字，98—99，另见 writing

literary production，文学创作，142—143，另见 Benedictine monasteries，printing press

literati (wenren)，文人，72

logic，逻辑，116

looting，抢劫，20—21

loss，遗失：概述，xxi，xxiii；阿兹特克图书，181；拜占庭文化，111；估下来书写体系；难以辨认，291；印度早期文明，43；新的价值观、信仰，296；在棕榈叶上书写，46；重新书写，148，另见 preservation

Louverture，Toussaint，杜桑·卢维杜尔，208—209，211，212—213，214，215，223—226，330n37

Lowell，Amy，艾米·洛威尔，262

The Lusiads (Camoes)，《卢济塔尼亚人之歌》（卡蒙斯），185，193—198，203—204

Luther，Martin，马丁·路德，160，172

Macaulay，Thomas Babington，托马斯·巴宾顿·麦考利，233—234，269

MacKenzie，J. A.，J. A. 麦肯锡，267

Magellan，Ferdinand，费迪南德·麦哲伦，190，195

Malaysia，马来西亚，301

Mali，马里，269

al-Ma'mun，马蒙，105—106，110，112，113

The Man Died (Soyinka)，《狱中笔记》（索因卡），274

manga，漫画，102

Mann，Thomas，托马斯·曼，18

al-Mansur，曼苏尔，106—107

Mantegna，曼特尼亚，170

Manuel (king of Portugal)，191

maps，地图，188，190—191，193，202

maroons，非洲裔后代，211

masks，面具，27，194，272，279，301

materialism，唯物主义，236

mathematics，数学，116，152

The Matrix (film)《黑客帝国》（电影），35

McCall，Sydney，西德尼·麦考尔，另见 Fenollosa，Mary McNeil

McKeon，Richard，理查德·麦肯，314n43

Mead，Margaret，玛格丽特·梅德，334nl6

medicine，药物，149—150

memorization，记忆，46，114

memory theaters，记忆剧场，162—163

Menander，梅南德，59，60，63

Menelik，孟尼利克，125—126

Mercator，Gerardus，杰拉尔杜斯·墨卡托，202

Mesopotamia，美索不达米亚，108—109，另见 Baghdad metaphysics，116

Mexico，墨西哥，另见 Aztecs，Moctezuma

Mexico City，墨西哥城，184

Miaphysite，合性派，128—129

Middle Ages，中世纪，xx

Middlemarch (Eliot)，《米德尔马契》（艾略特），227—230，237，243—244

Mills，Jean-Baptiste，让-巴蒂斯特·米尔斯，214—215

Misunderstandings，误解，xxii

Moctezuma (emperor of the Aztec Empire)，蒙特祖马（阿兹特克国王），164，166，167—168，178—180. 另见 Aztecs artworks of

modernism，现代主义，263—264，265

monastic community，修道院社区，74，75，144—145，146，另见 Ennin

monks，僧人，74，75，145，另见 Benedictine monasteries

monotheism，一神论，18—20

Moses，摩西，17—18

Mount Fuji，富士山，251，253

Mount Wutai，五台山，93—94，96，97

307

Mu Qi, 穆琦, 248
Muhammad, 穆罕默德, 112, 132—133
Muhammad ibn Tughlaq, 穆罕默德·伊本·图格拉克, 122
Murana (Oyo Kings Horseman), 穆拉纳（奥约国王的骑士）, 267, 275, 276
Murasaki Shikibu, 紫式部, 99, 100, 238
museums, 博物馆, 232, 259, 331nl0
music, 音乐：希腊的音乐, 24；宾根的希尔德加德, 152, 153—154；费德里科工作室里的乐器, 161, 162 韩流音乐, 299—301；史前洞穴里的音乐, xvi

Nagasaki-e, 长崎绘, 253, 254
Napier, Robert, 罗伯特·纳皮尔, 134
Napoleon I (emperor of France), 拿破仑一世（法国国王）, 224—225, 226
Native Americans, 美洲原住民, 另见 Indigenous Peoples
natural philosophy, 自然哲学, 117
Nefertiti (queen of Egypt), 纳芙蒂蒂（埃及王后）, 2—3, 5, 6—12, 13—15, 18—22
Negritude, 黑人性, 333—334n9
Nervous Conditions (Dangarembga), 《神经病》（丹格仁布格）292
New Testament, 《新约》, 128, 129, 132
Nigeria, 尼日利亚：柏林会议, 267；英语与尼日利亚, 333n8；电影产业, 283, 285；独立, 270—271, 273, 274；戏剧, 另见 Fafunwa, Ifeoma, Ladipo, Soyinka
Nobel Prize, 诺贝尔奖, 292
Noh theatre, 能剧, 30, 247, 249, 257—258, 264—265
Nollywood, 诺莱坞, 283—284, 285
nomadic people, 游牧民族, 278
Norway, 挪威, 287—291
Novels, 小说, 239—242, 270
Nuns, 修女, 144, 另见 Benedictine monasteries, Hildegard of Bingen

Nuremberg, 纽伦堡, 169—170, 172, 183

Oba Waja (Ladipo), 《国王已死》（拉迪波）, 271
Odugbemi, Femi, 费米·奥杜格贝米, 284
Odyssey (Homer), 《奥德赛》（荷马）, 31, 63—64, 66, 另见 Homer
Ogun, 奥贡, 281, 334n22
Old Testament,《旧约》, 128, 另见 Hebrew Bible/Old Testament
Olmecs, 奥尔梅克, 167
Omeros (Walcott), 《奥梅罗斯》, 沃尔科特, 269
One Thousand and One Nights (Harun al-Rashid), 《一千零一夜》（哈伦·拉希德）, 109
opera, 戏剧, 265
oral traditions, 口述传统：在埃及, 24；在希腊, 24；在印度, 46, 47；语言学与, 46；识字与, 64；在现代, xxi；组织, 230—232；起源, 103—104
Osiris, 奥西里斯, 58
Oslo, 奥斯陆, 另见 Norway
Our Lady Mary of Zion church, 锡安教堂的圣母玛利亚, 123—124, 133
Ownership, 所有权, 103—104
Oyo, 奥约, 266—267, 271, 另见 Death and the Kings Horseman

pagans, 异教, 111, 112, 147
painters, 画家, 另见 watercolors, 特定艺术家
palimpsest, 重写羊皮纸, 148
paper, 纸, 103, 109, 169, 203
papyrus, 莎草纸, 109
Paris, 巴黎, 216—219, 221, 223
Paterson, Katie, 凯蒂·帕特森, 287—289, 290, 295, 另见 Future Library project
Paul the Deacon, 保罗执事, 142

Perry, Matthew, 马修·佩里, 255
Persia, 波斯, 43, 48, 108—109
The Persians (Aeschylus),《波斯人》(埃斯库罗斯), 28
Petrarch, 彼得拉克, 160—161
Philology, 语文学, 159—160
Philosophical and Political History of the Two Indies (Raynal),《两个印度群岛的哲学与政治史》(雷纳尔), 221
Philosophy, 哲学: 启蒙时代, 236—237; 实验哲学, 221; 伊本·西拿塑造哲学, 119; 自然哲学, 117; 柏拉图改造哲学, 33—34; 柏拉图学院, 34; 从历史角度思考, 237, 另见特定哲学家
physics, 物理, 116
picture scrolls, 画卷, 99—102,
Piero della Francesca, 皮耶罗·德拉·弗朗切斯卡, 135, 136, 157, 158
Pillars, 石柱, 37—39, 41, 42—44, 47, 50—51, 79
Pillow Book (Shonagon),《枕草子》(清少纳言), 87—88, 89—90, 92, 102—103
pinnacles of culture, 文化巅峰, 277—278, 279
plagues, 瘟疫, 170, 327n36
Plato, 柏拉图, 25—27, 30, 31—35, 148
Plautus, 普劳图斯, 63, 68
Plays, 戏剧, 另见 theatre
Pliny the Younger, 小普林尼, 67
Plutarch, 普鲁塔克, 68
Poetry, 诗歌, 89—90, 100, 192, 233, 261—262, 264, 269, 另见 *The Lusiads*
Pompeii, 庞贝, 54—58, 59—61, 62, 68—69, 315n7
Portugal, 葡萄牙: 非洲与, 189—190, 198—200, 267; 埃塞俄比亚与, 134; 禁用的地图, 191; 印度与, 186, 189, 200—202; 日本与, 252—253; 古代文化的重新发现, 192—93; 航行探险, 187—190, 195, 196—201; 战争与伟大, 203; 探险的书写, 191, 192, 193—198, 另见 Camoes, Luis de
Pound, Ezra, 埃兹拉·庞德, 261—263, 265
prehistoric humans, 史前人类, xii—xix
preservation, 保护: 重建保护城市, 121; 复制, 35, 103, 120, 144—145, 147, 159, 320n18; 破坏环境, 57, 另见 Pompeii; 保护伊本·西拿的工作, 120—121; 不可读性, 291; 现代的保护, xxiii; 新的价值观和信仰, 296—297; 局外人, 182; 通过大量生产, 183; 不知疲倦地, 296; 书写与口述相比, 291, 另见 loss
Prester John, 祭司王约翰, 134, 232n29
Prinsep, James, 詹姆斯·普林塞普, 51
printing, 印刷, xxi
printing press, 印刷机: 费德里科拒绝印刷机, 159; 在果阿, 203; 古登堡和印刷机, 159; 印刷机的发明, 159; 印刷术与识字, 238; 路德与印刷机, 160, 172; 印刷机与批量生产, 183; 印刷机在纽伦堡, 169—170
prints, 印刷物, 171
prison writing, 监狱中地写作, 273—274
progressive history, 进步的历史, 230—234, 236—237
Prometheus, 普罗米修斯, 334n22
Prophet Muhammad, 先知穆罕默德, 112, 132—133
PSY, 朴载相, 299—301
Ptolemy, 托勒密, 193
purists, 纯洁主义者, 297—298

Queen of Sheba, 示巴女王, 125—126, 129—130, 133, 135, 136
Qur'an,《古兰经》, 118, 133

Raphael, 拉斐尔, 140, 218

Ras Tafari，拉斯·塔法里，另见 Haile Selassie

Rastafari，拉斯塔法里，138—139

Raynal, Guillaume Thomas François，纪尧姆·托马斯·弗朗索瓦·雷纳尔，206—207，206，210，220—223，330n34，330n37

realism，现实主义，240—243，244

Reconquest，重新征服，199

Record of the Western Regions (Xuanzang)，《大唐西域记》(玄奘)，72，84—85

Recovery，找回：概述，xix—xx，xxiii；阿育王石柱，37—40，47—48；西塞罗信件，161；收集与找回，229—231；殖民主义与，229；去殖民化，271；找回日本艺术，258—259；拒绝找回，35；重新使用书写材料，148

regula Sancti Benedicti，《本笃规则》，145，146，147，149

religion，宗教：阿拉伯帝国的宗教，199，320nl4；阿育王与宗教，44；肖维岩窟和宗教，xvi；宗教竞争，112—113，另见特定宗教

removing/moving culture，移除文化，37—39，51，另见 Ashoka pillars，collections

Renaissance，文艺复兴，xx，157—158，197—198，242

revolution，革命，210—211

rewriting，重新书写，120

rhinoceros，犀牛，176—178

Riehl, Wilhelm Heinrich，威廉·海因里希·里尔，241

rituals，仪式，xvi，276—277，280—282

rituals of introductions，引导仪式，280

Roman Empire，罗马帝国：概述，54；阿拉伯帝国与，111；英国与，233；基督教与，148；罗马帝国的衰落，141；埃及与，58，315n9；罗马帝国皇帝，23nl；奇珍异兽与，315—316nl2；希腊与，58—69；文学创作，141—143；庞贝与，54—55，57；葡萄牙与，192—193；罗马帝国的重新发现，192—193；复兴，141—142；反抗奴隶制，207—208；戏剧，59，63，另见 Charlemagne

Romanesque style，罗马风格，143—144

Romola (Eliot)，《罗慕拉》(艾略特)，242—243

Romulus and Reumus，罗穆卢斯和雷穆斯，65

Rosetta Stone，罗塞塔石碑，229

Rotrude，罗特鲁德，142

ruins，废墟，234

S. Indian statue in Pompeii，庞贝城中南亚女神的雕像，53—54，55，56，57，61，69

Sacrifices，牺牲，166，175

St. Elmo's fire，圣埃尔莫的火，196

Saint Lucia，圣卢西亚，269

Saint-Domingue，圣多明各，207，211—212，214—215，223—225，226，另见 Belief Jean-Baptiste, Louverture, Toussaint

salons，沙龙，216，217，218—219，221，223

samurai，武士，247

Schliemann, Heinrich，海因里希·施利曼，230

The School of Athens (Raphael)，《雅典学派》(拉斐尔) 218

science of past，过去的科学，233—236，245，259，另见 historical novels

Scotland，苏格兰，239—240

Scott, Walter，沃尔特·斯科特，239—240

Scribbler Moon，《涂鸦者月亮》，288

scriptorium，写作室，144，147，151，153

sculpting，雕塑，4，8—12，167，258—259，271

scurvy，坏血病，196

Sebastiao (king of Portugal)，塞巴斯蒂昂(葡萄牙国王)，203，205

Second Reform Act，第二改革法案，244

310

secret languages, 神秘语言, 154
Sei Shonagon, 清少纳言, 88, 99, 另见 Pillow Book
Shakespeare, William, 威廉·莎士比亚, 238
A Short History of the World (Wells), 《简短的世界史》(威尔斯), 313n14
Silk Road, 丝绸之路, 50, 109
"Silly Novels by Lady Novelists" (Eliot), 《女小说家的蠢小说》(艾略特), 241
simile, 明喻, 194
simulated reality, 模拟现实, 35, 另见 theatre
singers, 歌手, 24
slavery, 奴隶制: 奴隶制的废除, 212, 223—225; 经济体系与奴隶制, 223; 埃及的奴隶制, 17, 132; 启蒙运动批评奴隶制, 222—223; 欧洲奴隶贸易, 136—137, 138—139, 207, 209, 220—223, 267; 奴隶制与识字, 223; 剧作家与奴隶制, 63; 圣多明各的奴隶制, 211—212, 214—215, 223—225, 另见 Louverture, Toussaint; 美国的奴隶制, 209—210, 212, 213, 222
social anthropology, 社会人类学, 334n16
Socrates, 苏格拉底, 30, 31—33
Solomon (king of Israel), 所罗门（以色列之王）, 124, 125—126, 129—130, 133, 136
Solon, 梭伦, 23, 25
Sophocles, 索福克勒斯, 27—28
South Asia, 南亚, 30
South Korea, 韩国, 299—301
Southeast Asia, 东南亚, 50
Soyinka, Wole, 沃莱·索因卡, 30, 269—270, 272—276, 280—283, 292, 333—334n9
space crafts, 太空飞船, 293—294
Spain, 西班牙, 173, 212, 另见 Aztecs, Moctezuma; Saint-Domingue

spies, 间谍, 85
Star Trek (TV series), 《星际迷航》(电视剧), 204
Statues, 雕像, 另见 Buddhist statues, S. Indian statue in Pompeii
STEM, 科学、技术、工程与数学, 302
Storage, 储存: 综述, xxi, xxiii; 破坏与储存, 35; 环境的可持续发展与储存, 288—289, 295; 谷物的储存, 16—17, 108; 记忆剧场, 162—163
Storehouse of Wisdom, 智慧宫, 108—110, 111—113, 114—116, 117—119, 121—122, 156
stories, 故事, xvi
Strauss, David, 大卫·斯特劳斯, 235—236
studiolo of Federico, 费德里科的工作室, 157—159, 160—162, 163
suffering, 受难, 41—42, 44—45, 49
suicide rituals, 自杀仪式, 276—277, 另见 Murana summas, 107, 118—119, 121, 122, 155—156
sumo wrestling, 相扑, 247, 249
Syracuse, 叙拉古, 62

Tainos, 泰诺斯, 329n4
The Tale of Genji (Murasaki), 《源氏物语》(紫式部), 99, 238
Taliban, 塔利班, 79
Taoism, 道教, 95—97
taxes, 税收, 210
technology, 技术, 302
Ten Commandments, 《十诫》, 124—125, 126—127, 129
Tenochtitlan, 特诺奇蒂特兰, 164—166, 175, 178—181, 184, 220
Teotihuacan, 特奥蒂瓦坎, 166—167
Terence, 泰伦斯, 63, 68
Tewodros II (emperor of Ethiopia), 特沃德洛斯二世（埃塞俄比亚国王）, 134
Theatre, 戏剧: 在阿拉伯帝国, 116;

311

巴厘岛皮影戏，265；中国戏剧，265；民主与戏剧，32；埃及的戏剧，29—30；希腊的戏剧，26—32，34，59，63，116，281—282，311n4；日本的戏剧30，247，249，257—258，264—265；当地戏剧，286；尼日利亚的戏剧，另见 Fafunwa, Ifeoma, Ladipo, Duro, Soyinka；柏拉图攻击戏剧，33；戏剧与仪式，281—282；罗马帝国的戏剧，59—60，63；苏格拉底与戏剧，31；南亚的戏剧，30；西方现实主义，264，另见 choruses

Things Fall Apart,《瓦解》，270

Thirty-Six Views of Mount Fuji (Hokusai),《富岳三十六景》(北斋)，251，253—254

Thutmose (sculptor)，图特摩斯 (雕塑家)，4—5，7，8—10，108

Timaeus (Plato),《蒂迈欧篇》(柏拉图)，148

time capsules，时间胶囊，293—294，另见 FutureLibrary project

Times New Roman font，新罗马字体，143

Tlaloc，特拉洛克，166

Tlaxcalans，特拉斯拉卡人，178

Tokiwa Mitsunaga，常盘光永，102

transformations，转变，232

Translations，翻译：佛经在中国的翻译，80，另见 Xuanzang；《耶稣的生平：批判审视》，235；费诺洛萨的翻译，261—262；被遗忘的翻译，83—84；希腊文本译成阿拉伯语，110；希腊文本译成拉丁语，63—64；《众王荣耀》，130—131；路德的《圣经》，172；《奥德赛》的翻译，63—64；阿拉伯语写的波斯文本，108—109；从约鲁巴语译成英语，271，另见 Storehouse of Wisdom

transmission，转化，xviii—xix，xxiii，另见 oral traditions，writing

Trojans，特洛伊人，67，68

Troy，特洛伊，230

The Truman Show (film),《楚门的世界》(电影)，35

Tutankhamun/Tutankhaten，图坦卡蒙/图坦卡顿，14—15

typhoons，台风，185—186，187

ukiyo，浮世，247，249—250

ukiyo-e，浮世绘，248—249，254—255

UNESCO heritage sites，联合国教科文组织遗产地，296

United States，美国，209—210，255—261，264，265

Universal Negro Improvement Association (UNIA)，世界黑人进步协会，137

University of Coimbra，科英布拉大学，193，195

urban revolution，城市革命，107—108

Valla, Lorenzo，洛伦佐·瓦拉，160，229

value judgements，价值判断，198—199

Vatican，梵蒂冈，140，159—160

Vatican Library，梵蒂冈图书馆，227

Vellum，皮纸，159

Virgil，维吉尔，65—69，127，147—148，194—196

Visions，异象，150—152

vitamin deficiencey，维生素缺乏，196

VOC，联合东印度公司，253

Volcano，火山，另见 Pompeii

Volmar，沃尔玛，153

Voltaire，伏尔泰，216，218—219

Voting，投票，243—244

Vuong, Ocean，王鸥行，294

Walcott, Derek，德里克·沃尔科特，269

Water，水，165—166

Watercolors，水彩，247—248

Waterspouts，水龙卷，196—197

welfare state，福利国家，41—43

Wells，H. G.，H. G. 威尔斯，313n14

Wilson，Woodrow，伍德罗·威尔逊，268

women，女性，243，284—85，311n4

woodcuts，木刻画，171，203，247，248—249

world literature，世界文学，263

writing，写作：概述，xxi；阿育王石柱，9—40，41，44，47，50—51；查理大帝与，142；汉字在日本，90，91—92；字迹辨认，50—51，143；希腊的写作，24—25，29，31，33；印度的写作，313—314n27；98—99；长寿与，291；美索不达米亚的写作，108；游牧民族与，278；在棕榈叶上书写，46；柏拉图的批评，33；葡萄牙航海探险的记载，191，192；希腊字母表的传播，47；被大幅改编，46，另见 books，literacy

Wu Chengen，吴承恩，86

Wuzong of Tang，唐武宗，95—96

Xuanzang，玄奘：概述，70—71；阿育王石柱与，39—40；佛教与，75—77，79—80，81，82—83；中国与，81；穿越兴都库什，83；穿越印度河，71—72，82；玄奘的名声，86；危险的旅途，76—77；大乘佛教和玄奘，81；《大唐西域记》，172，84—85；恢复文本，80，81，82—83；研究文本，72，73—74，75—76

Yeats，William Butler，威廉·巴特勒·叶芝，264

Yohannis (emperor of Ethiopia)，约翰尼斯（埃塞俄比亚国王），135

Yoruba people，约鲁巴人，267，270—271，273—274，280—283，另见 Oyo

译后记
公元 2062 年还会有译者吗？

《文化的故事》中文版付梓在即，我收到本书作者普克纳教授特别为中文版读者撰写的序言，心情自然激动。序言中再三强调本书赞美文化交流的中介者，尤其是很少得到认可的译者，实在难能可贵。在全书中，作者强调文化接触交流的重要性，也指出任何一个文化都必然是借用混合而成的。此书内容博大精深，时空辽远；章节之间，纵横交错；作为译者，我时常有迷失于丛林之感，但探索之间豁然开朗，也觉得虽苦仍甘。虽然我的研究教学翻译实践都与世界文学、世界历史和文化研究相关，但在翻译此书过程中仍时刻觉得在摸着石头过河。以第五章为例，要将英文描绘的玄奘西域苦旅译为现代汉语，并非难事，但在其中寻找作者所引用的《大唐西域记》原文，则需要考据运用史料的功力。比如说这一段的中文引文，就来自《大唐西域记》卷一，描述玄奘经过窣堵利瑟那国的经历：

> 对于玄奘来说，主要的风险来自路上的普通劫匪，他们并没有把他当作不怀好意的中国入侵者，而只是一个容易下手的对象。另一个危险来自难以捉摸的地形。他差点死在沙漠里，直到最后一刻才被其他旅行者救出。他死里逃生之后，这样描述那些惊险事件："……入

译后记

大沙碛。绝无水草。途路弥漫。疆境难测。望大山，寻遗骨。以知所指。以记经途。"

翻译到这段的时候，我觉得心有戚戚焉。如果说得煽情一点的话，翻译就是一次又一次的冒险之旅，不知道沿途会遇到何种风险，只能在步步摸索之中找到暂时的平静。哪怕是资深译者，也往往会有迷失方向的恐惧。借用玄奘的西域逆旅来形容翻译的前世今生，其实也未尝不可。翻译在中国已有两千多年的历史，由于"五方之民，言语不通，嗜欲不同，达其志，通其欲"（《礼记》），早在周朝已有专职翻译的官员，主要从事口译工作。笔译工作最早始于汉代的佛经翻译。在中国现代化过程中，翻译起到十分关键的作用。公元1862年，京师同文馆正式成立，这是中国近代最早成立的新式教育机构，也承担翻译工作；1873年开设的一所印制所，是中国最早大学出版社的雏型，共出版了各领域的译著17部。公元1898年，受到中日甲午战争和议刺激的严复翻译并出版了托马斯·亨利·赫胥黎的《进化与伦理》（*Evolution and Ethics*）中《序论》与《本论》两篇，命名为《天演论》。对于严复而言，翻译是推动维新改革，富国强家的重要手段。在该书的《译例言》里，他引用《易经》与孔子之言，提出"译事三难：信、达、雅"的说法，并强调忠实传递原文意义，也就是"信"的重要性。然而，正如诸多翻译学者所指出，严复自身的译文更注重的是行文风格，避免"言之无文，行而不远"的情况。事实上，严复独具风格的多部译著在国人的思想启蒙历程中都扮演了重要角色。

如果以京师同文馆在1862年的正式开办作为中国外语教学与翻译人才培养的起点计算，两百年后的翻译行当将何去何从？在欧美国家，翻译学作为一门学科的兴起，与比较文学和文学研究密切相关。作为一门在上个世纪中叶才正式成立的跨领域学科，翻译研究（translation studies）在近二十年来兴起的机器翻译与人工智能（AI）辅助翻译冲击之下，也似乎面临着存在危机。因此，我也时常会反躬自问："公元2062年还会有译者吗？"这个问题其实仿效了本书后记的标题——"公元2114年还会有图书馆吗？"这两个问题实际上都在响应当下人文学科所面临的重大挑战。在当今我们所生活的数字化时代，纸质图书似乎已经失色于互联网、影视作品与电子游戏。2024年1月，普克纳教授在数字生活设计（Digital Life Design）主题大会上以"AI会不会影响文化？"为题作公开演讲。作者的观点是，AI可以用来促进艺术文化创造，如果我们能够善用这项工具的话，那么它并不会影响文化创意的质量。更进一步，AI也有助于我们开展深度智性对话，所以他也建立了一个网络平台，通过ChatGPT让使用者与苏格拉底、亚里士多德、孔子、佛陀等古今智者对话。实际上，AI和语言相似，在某种意义上来说是媒介载体，就像旅者舟楫，不论形状功能，其最终目的与使命是要呈现人类文明数千载的积淀与传承。只要文化交流仍然存在，只要对话还能延续，就仍有译者发挥作用的平台与空间。

在翻译此书过程中，我深觉孔子所言甚是："德不孤，必有邻。"译途跋涉中得到中山大学国际翻译学院旧同事们的大力支持鼓励。我在翻译学院工作期间有幸参与到"世界历史"课程的设计教学，与具有国际视野和多语种人才的文学文化研究团队和翻译研究团队切磋合作，得益良多。特此鸣谢王宾教授、常晨光教授、杨承淑教授、周慧教授、马妍哲教授、马津副教授、曾记副教授、郭聪副教授、范若恩副教授、缪君副教授、聂渡洛博士诸君，并望以此译著致敬母校中山大学百岁校庆与外语学科创办100周年。

黄　峪
2024年9月6日